「 10주년 전면 개정증보판 」

거침없이 빠져드는 기독교 역사

KB193031

거침없이 빠져드는 기독교 역사

저자 유재덕

초판 1쇄 발행 2008. 9. 17.
개정판 1쇄 발행 2014. 3. 6.
개정증보판 1쇄 발행 2018. 4. 3.
개정증보판 7쇄 발행 2022. 10. 14.

발행처 도서출판 브니엘
발행인 권혁선

등록번호 서울 제2006-50호
등록일자 2006. 9. 11.

서울특별시 송파구 백제고분로28길 25 B101호 (05590)
마케팅부 02)421-3436
편집부 02)421-3487
팩시밀리 02)421-3438

ISBN 979-11-86092-64-4 03230

독자의견 02)421-3487
이메일 editorkhs@empal.com

북카페 주소 cafe.naver.com/penielpub.cafe
인스타그램 @peniel_books

도서출판 브니엘은 독자들의 책에 관한 아이디어나 원고를 설레는 마음으로 기다리고 있습니다. 책으로 엮기를 원하는 아이디어가 있으신 분은 위의 이메일로 간단한 개요와 취지, 연락처 등을 보내주십시오. 머뭇거리지 말고 문을 두드리세요. 길이 열립니다.

도서출판 브니엘은 갓구운 빵처럼 항상 신선한 책만을 고집합니다.

HISTORY Christianity

거침없이 빠져드는
기독교 역사

유재덕 | 지음

10주년
전면
개정증보판

브니엘

"어리석은 자는 경험에서 배우고, 지혜로운 자는 역사에서 배운다."
Only a fool learns from his own mistakes. The wise man learns
from the mistakes of others.(Otto von Bismarck, 1815–1898)

우리가 기독교 역사를 공부해야 하는 까닭은 무엇일까? 일차적으로는 역사가 우리의 정체성 형성에 중요한 역할을 맡고 있기 때문이다. 소실되지 않고 거듭 축적되는 기억 덕분에 우리는 존재할 수 있다. 만일 그 과정이 생략된다면 의식의 경계가 붕괴되어 타인과 스스로를 구분하지 못하게 된다. 기독교 역사는 그리스도인들이 세대를 이어가며 전달하는 집단기억이다. 기독교 공동체는 이 집단기억에 의지해서 장구한 세월에도 불구하고 지금껏 고유한 정체성을 유지해올 수 있었다. 기독교가 세월의 흐름에 따라 켜켜이 쌓여가는 기억의 데이터베이스를 구두로, 또는 문서로 전달하려고 무던히 노력하는 것도 바로 그 때문이다. 그러니 우리가 기독교 역사를 공부하는 것은 그리스도인이라는 정체성을 확보하기 위해서 '기억이라는 넓은 창고'(Augustinus)를 부지런히 채우는 행위와 다르지 않다.

기독교 역사는 우리 삶에 반드시 필요한 지혜를 제공한다. 기독교 역사를 뒤돌아보면 충분히 피해갈 수 있는 갈등이나 비극적 사건이 마치 통속적인 드라마처럼 반복해서 발생했다는 것을 알 수 있다. 우리는, 또 우리가 살고 있는 이 시대에는 그런 어리석음을 범하지 않을 것 같지만 누군가의 발언처럼 어쩔 수 없이 "역사는 반복된다. 한 번은 비극으로, 또 한 번은 희극으로." 우리는 그 "또 한 번"이 희극이기를 바라지만 역사는 소박한 기대를 저버릴 때가 더 많다. 인간의 어리석음에서 비롯된 불필요한 갈등이나 비극을 예방하는 데, 그리고 지금보다 더 나은 미래를 맞이하는 데 무엇보다 절실한 것은 역사의 지혜이다. 역사가 허락하는 지혜는 소모적인 경험과 무관하다. 과거를 돌아보고, 그것을 우리의 현재 삶과 조심스럽게 연계하는 성찰, 곧 역사 공부를 통해 충분히 확보할 수 있다.

그리고 역사를 공부하다 보면 덕분에 근시안적 사고를 탈피할 수 있다. 오직 자신이 속한 시대에 갇혀 있다 보면 폭넓고 유연한 사고는 불가능하다. 과거의 그리스도인들이 우리보다 더 똑똑하고 신앙이 좋았다고 판단할 근거는 없다. 그들 역시 자신들에게 닥친 상황을 어떤 식으로든지 해결하다가 우리처럼 실수나 잘못을 범할 때가 잦았다. 지금 우리가 과거 그리스도인들보다 유리한 것은 그들과 달리 참고할 수 있는 역사적인 선례들이 적지 않다는 것이다. 우리가 처한 상황에서 지나간 과거의 기록은 당면한 문제를 해결하는 데 충분한 열쇠가 될 수 있다. 세월은 우리 편이고, 그렇게 볼 때 무슨 이유로든지 기독교 역사를 공부하지 않는 것은 맹목의 상태를 자처하는 일이라고 하겠다.

우리가 기독교 역사를 공부하는 방법은 크게 둘로 구분할 수 있다.

한 가지는 역사를 대상으로 접근하는 것이다. 역사를 마치 사물을 대하듯이 일정한 거리를 유지한 채 관찰하고 체계화하는 방식이다. 이런 접근은 기대하는 정보를 효율적으로 확보하는 데 도움이 될지는 모르지만 역사적 사건을 생생하게 경험하는 데는 일정한 한계를 갖는다. 또 다른 방법은 마음을 열고 역사 내부로 들어가서 깊은 관계를 형성하는 것이다. 달리 말하자면 지금, 바로 자신이 처한 자리에서 과거와 적극적으로 대화하고 동행하는 것이다. 과거 기록을 매개로 역사의 증인들과 만나고 동행할 때 그들에게 깊이 공감하고 더 나가서 공명할 수 있다. 그러다 보면 어느덧 과거는 더 이상 과거가 아니라 우리의 현재, 우리의 미래로 바뀌게 된다. 여기서는 두 번째 접근 방식을 일관되게 따른다.

이 책을 읽는 독자들은 앞서 살다간 인물들의 삶이나 다양한 사건들을 접하고서 감동을 받거나, 경우에 따라서는 본인의 평소 기대와 어긋나는 역사적 실상을 마주하는 과정에서 다소 불편함을 느낄 수도 있다. 하지만 세계사의 변경, 팔레스타인 지역에서 출발해서 2천 년 이상 지속되고 있는 기독교의 역사를 개인적인 정서와 무관하게 살피다 보면 얻게 될 소득은 결코 적지 않다. 특히 크고 작은 어려움들을 슬기롭게 극복해낸 기독교 공동체가 세대에서 세대로 부단히 전해온 역사의 지혜, 그리고 용기와 희망과 믿음은 우리가 앞으로도 계속해서 역사를 만들어가는 데 원동력이 될 수 있다.

「거침없이 빠져드는 기독교 역사」가 출판된 지 어느덧 10주년이 되었다. 그동안 이 책은 10쇄를 거듭해왔다. 비록 때를 따라서 성장을 거듭하는 유기체는 아니지만 출판되었다가 덧없이 사라지기를 반복하는 요즘의 세태와 달리 여전히 사랑을 받고 있다는 게 그저 감사하고 기쁠 따름이다. 10주년 판을 기념해서 여전히 표현이 불명확한 부분을 바로잡았고 설명을 따로 추가해야 할 곳은 과감하게 확대했다. 아울러서 역사의 흐름을 전체적으로 이해하는 데 필요한 시각자료들 역시 보완했다. 기존의 내용 가운데 일부가 바뀌었지만 역사 읽기의 즐거움을 독자에게 선사하겠다는 처음 의도는 조금도 달라지지 않았다.

작업의 진행을 위해 프랑스, 미국, 일본과 마카오, 그리고 원고를 본격적으로 탈고한 이탈리아의 여러 도시들을 방문해서 중요한 역사 현장과 사료를 직접 확인할 수 있는 기회를 가졌다. 기독교 역사와 깊은 관계가 있는 지역을 방문하는 답사가 단순한 기행으로 끝나지 않고, 오래 전 여행자들의 서로 다른 수준들을 평가하면서 남긴 프리드리히 니체(Friedrich Nietzsche)의 마지막 충고처럼 "낯선 세상에서 경험한 것을 자기 안에 담고 돌아와, 그것을 자신의 행위와 작품 속에서 되살리려고 노력"하도록 도와준 분들에게 이 자리를 빌어서 진심으로 감사한다. 기독교 역사는 시절을 좇아 변화를 거듭하니 이런 작업은 앞으로도 계속될 것이다. 원고를 또다시 읽고 손보면서 느꼈던 설렘과 즐거움이 모두에게 고스란히 전해지기를 기대한다.

이탈리아 볼로냐(Bologna)에서
유재덕

C·O·N·T·E·N·T·S
차 례

그리스도인은
누구일까

* * * * *

1세기 당시 로마제국 시민들은 그리스도인의 정체를 제대로 파악하지 못했다. 기독교가 등장한 지 얼마 되지 않아 분명한 정보를 접할 수 있는 통로가 따로 없다는 게 일차적인 이유였다. 시리아의 안티오키아(안디옥)에서 역사상 최초로 그리스도인(크리스티아노이 Christianoi)이라는 이름을 얻은 그들을, 유대인들은 율법을 포기한 변절자로 일찌감치 낙인찍었다. 반면에 그리스도인들은 자신들만이 진정한 메시아를 따르고 있다고 강변하면서 유대인들과는 차원이 다른 하나님의 이스라엘을 자처했다. 심지어 "예수 그리스도의 이름을 부르면서 유대인처럼 사는 것은 언어도단"이라고 말하는 주교(또는 감독)까지 있었다.

반면에 로마 당국자들의 눈에 비친 기독교와 유대교의 모습은 별반 차이가 없었다. 그들에게 기독교는 유대교의 또 다른 종파에 불과했다. 로마제국은 이미 유대인들의 독특한 신앙을 공식적으로 인정하고 있는 터라 유대교와 밀접한 관계가 있어 보이는 그리스도인들에게까지 굳이 관심을 가져야 할 이유가 없었다. 초기 기독교 전도자들이 제국의 어느 곳을 방문해도 신변문제를 굳이 걱정하지 않은 것도 따지고 보면 로마 당국의 이런 소극적인 관용 덕분에 가능했었다.

안정된 환경은 그리스도인들의 소박한 기대와 달리 그렇게 오래가지 못했다. 1세기 후반에 들어서자 상황이 급속히 악화되기 시작했다. 로마 당국은 이제 갓 걸음마를 떼려고 하는 신흥 기독교 공동체를 강력하게 압박했다. 이후로 한동안 앞날을 예측 못 할 만큼 불안정한 상황이 계속되었다. 기독교가 로마 당국의 박해를 받을 즈음 성급한 유대인들은 그리스도인들을 자신들의 회당에서 몰아내고 공식적으로 쌍방의 관계를 청산해버렸다.

기독교에 대한 로마인들의 적대감은 단기간에 형성되지 않았다. 세월이 흐르면서 로마 시민들은 그리스도인들이 어딘지 모르게 자신들과는 다르게 부도덕할 뿐 아니라 신앙적으로도 경건하지 않은 부류로 간주하게 되었다. 상황이 악화된 까닭을 한두 가지 사건들로 국한해서 설명하는 것은 무리이다. 하지만 로마와 예루살렘이라는 지리적으로 전혀 가깝지 않은 두 도시에서 36년이라는 시차를 두고 발생한 두 차례의 대형 화재는 그와 같은 역사적 상황을 이해하는 데 있어서 결정적인 구실을 한다.

[네로는 정말 노래를 불렀을까]

때는 64년 7월 19일이었다. 한여름 밤, 로마 시내에서는 누구도 상상하지 못했던 규모의 대화재가 발생했다. 덕분에 수천 명이 아까운 목숨을 잃어야 했는데, 오갈 데 없는 처지가 된 이들의 숫자는 그보다 훨씬 더 많았다. 무더위를 참아가며 겨우 잠자리에 들었던 주민들이 졸지에 겪은 화재에 대한 감정은 말 그대로 충격과 공포였다. 강력한 불길은 이레 동안 밤낮을 가리지 않고 목재 건물이 주종을 이루는 복잡한 시내를 이리저리 휩쓸고 다녔다. 강하게 불어오는 바람을 타고 널뛰듯이 번져가는 불길을 로마 시민들은 발을 구르면서 그냥 지켜볼 따름이었다. 사람들의 가슴까지 시커멓게 타들어 갔지만 강력한 화재를 제압할 정도로 넉넉히 방화수를 확보해둔 곳은 어디에도 없었다.

마침내 불길이 잦아들고 희뿌연 연기가 걷히자 불타버린 도시가 모습을 드러냈다. 대화재가 로마에 입힌 피해는 간단하지 않았다. 로마의 14개 구역 가운데 무려 10개의 구역이 무엇 하나 제대로 건질 수 없을 정도로 완전히 폐허가 되었다. 로마를 가로지르는 테베레강과 인접한 일부 지역들만이 겨우 화마로부터 온전했다. 시민들은 고대의 온갖 유물과 신전, 그리고 궁전 일부는 물론 자신들의 주택과 재산이 순식간에 한 줌의 재로 변해버린 것을 비통한 심정으로 지켜보아야 했다. 누구라도 붙잡아 세우고서 책임을 따져 묻고 싶은 마음뿐이었다.

✳ 기름 창고의 화재

이탈리아의 작은 해안 도시 안티움에서 태어난 빨강머리 네로(Nero Claudius, 54-68 재위)는 17세에 황제 자리에 올라서 14년간 로마를 통치했다. 어머니 아그리피나(Agrippina, 15?-59)가 황제 클라우디우스(Tiberius Claudius, 41-54 재위)와 재혼하는 바람에 얻은 행운이었다. 네로는 대화재가 발생할 무렵, 로마에서 대략 53km 정도 떨어진 고향 별장에서 한가롭게 휴가를 보내고 있었다. 반역자들에 대한 가혹한 처벌이나 과도한 세금 징수, 부자들의 재산 몰수로 어느 정도 인기는 잃었어도 황제가 한동안 궁전을 비우는 게 별다른 흠은 아니었다. 해마다 여름이 돌아오면 권력자들이나 부유층은 교외에 있는 별장으로 피서를 떠났다. 로마의 여름은 그 정도로 무더웠다.

네로는 시내에 대화재가 발생했다는 급한 전갈을 받자마자 서둘러 돌아왔다. 맹렬하게 번지는 불길을 잡으려고 할 수 있는 노력을 다했다. 사실 대화재가 네로 시대에만 국한된 일은 아니었다. 아우구스투스(Caesar Divi Filius Augustus, BC 27-AD 14 재위) 당시에는 화재가 거듭 발생하자 7천 명의 소방대를 따로 편성하고 건물은 목재가 아니라 벽돌과 대리석으로 건축하게 했다. 하지만 상당한 인구가 밀집해서 살아가는 로마의 상황은 화재에 쉽게 노출될 수밖에 없었다. 티베리우스(Tiberius Julius Caesar, 14-37 재위) 황제 시절에는 27년과 36년에 일어난 화재로 첼리오와 아벤티노 언덕이 한꺼번에 불에 탔다. 54년에는 클라우디우스 황제가 캄푸스 마르티우스 지역 주택가를 불길에서 구하려고 했으나 허사였다.

그런데 64년의 대화재 피해는 이전과는 비교할 수 없을 정도였다. 네로는 그때 팔라티노 언덕에 도무스 트란시토리아(Domus Transitoria)의 완공을 목전에 두고 있었다. '도무스'는 개인의 집, '트란시토리아'는 통행실을 뜻했다. 황제가 소유하고 있는 팔라티노 언덕과 에스퀼리노 언덕을 연결하는 공사였다. 신축 중이던 건축물 역시 대부분 불타버려서 네로 역시 이재민과 다를 바 없었다. 화재가 어느 정도 수습되는 듯하자 네로는 험악한 민심을 달래려고 수천의 이재민들에게 공공시설과 자신의 정원을 개방해서 기거하도록 배려했다. 화재의 잔해와 시체들을 치우는 일까지 직접 나서 지휘했다. 그런데 도시가 재건

황제 네로와 모후 아그리피나의 부조. 59년 네로에게 살해된 아그리피나가 아들에게 월계관을 씌우고 있다. 터키 아프로디시아스 박물관 ⓒWP

되기 시작하자 이상한 소문이 시중에 나돌았다. 네로의 잔인한 음모가 대화재의 원인이라는 것이었다.

시민들 사이에 나도는 검증되지 않은 소문에 따르면 황제가 은밀히 노예들을 풀어서 일부러 화재를 일으켰다고 했다. 네로가 시내에 불을 지른 뒤에 자기 뜻대로 도시 전체를 다시 건설하려 한다는 근거 없는 이야기도 전염병처럼 떠돌았다. 실제로 네로는 화재가 정리되자마자 로마의 재개발 사업에 몰두했다. 도시가 대화재 이전처럼 과밀한 상태로 돌아가지 못하도록 건축법과 재개발 계획을 의욕적으로 제정하고 실행했다. 게다가 궁전까지 화려하게 신축했다. 곳곳에 금은보석과 사치품으로 채워 넣은 건축물의 중앙 홀은 길이가 무려 1,480m에 달할 정도였다. 로마 중심부의 가장 비싼 토지 37만 8천 평에 건축된 궁전, 황금저택(Domus Aurea)은 내부에 사파리는 물론이고 인공호수까지 갖출 예정이었다.

소문이라는 게 대개 그렇듯이 네로와 관련된 이야기 역시 입에서 입으로 전해지면서 더욱 크게 부풀려졌다. 얼마 뒤에는 로마가 불타는 동안 예술가의 기질이 발동한 네로가 팔라티노 언덕의 궁전에서 화재를 배경으로 무대의상을 입은 채 수금(리라)을 타고 노래했다는 그럴듯한 유언비어까지 등장했다. 로마 남동부의 지역 시장에서 처음으로 발생한 대화재의 원인을 그렇게까지 소상하게 규명하는 것은 당시로서는 불가능한 일이었다. 당일의 무더운 날씨, 밤늦게까지 거나하게 술판을 벌이던 상인들, 그리고 그로 인한 부주의한 행동이 함께 어우러지면서 어느 기름 창고에서 우연히 일어난 사고였다는 게 진실에 더 가까웠다.

＊ 박해, 그리고 순교

험악한 민심을 의식한 네로는 궁중 창고를 개방하고 시민들에게 인심을 베풀었다. 시중의 빵 가격도 절반으로 내렸다. 하지만 기대와 달리 황제를 비난하는 소문은 쉽게 잦아들지 않았다. 네로는 자포자기 심정으로 위기를 돌파하는 데 필요한 희생양을 물색하기 시작했다. 바로 그때 그리스도인들이 눈에 띄었다. 그리스도인들은 소수였을 뿐 아니라 로마인들 사이에서는 거의 인기 없는 신흥종교 집단에 불과해서 간단한 상대처럼 보였다.

네로는 급히 그리스도인들을 제물로 삼아 정치적인 난국을 타개할 음모를 꾸몄다. 로마에 거주하는 유대인들이 평소의 정치적 성향 때문에 희생양이 될 수도 있었다. 어쩐 일인지 네로는 그들에게 호의적이었다. 일각에서는 황후 포패아 사비나(Poppaea Sabina, 30–65)가 유대교를 믿었다거나, 또는 네로가 어느 유대인 배우를 좋아했기 때문이라고 해석하기도 한다. 어쨌든지 역사가 타키투스(Publius Cornelius Tacitus, 56–117)는 「로마 연대기」(Annales, 109)에서 네로의 속셈을 정확하게 지적했다. "이 소문을 막기 위해 네로는 희생양을 만들어냈고, 아주 정교하게 계획을 짜서 불량하기로 이름난 그리스도인들을 처벌했다." 역설적이지만 이런 측면에서 볼 때 네로는 초기 기독교를 종교로 간주한 로마제국 최초의 황제였다.

네로는 즉시 병사들을 동원해 로마에 거주하고 있는 약 3천 명가량의 그리스도인들 가운데 십 분의 일을 체포해서 재판정에 세웠다. 놀랍게도 그리스도인들 가운데서 방화범을 직접 자인하는 이들까지 등장했다. 조금도 예상하지 못한 일이었다. 최후의 심판이 닥쳤다고 오해한 치기가 분명했으나, 당국은 의외의 소득을 그냥 흘려보내려고 하지 않았다. 확실한 물증을 확보했다고 생각한 네로는 그것을 근거로 그리스도인들을 박해하기 시작했다. 타키투스는 「로마 연대기」에 당시 상황을 이렇게 기록했다.

네로는 그리스도인들을 살해하기에 앞서 그들을 놀림감으로 사용했다. 일부는 가죽을 걸친 채 개들에게 죽임을 당했다. 나머지 사람들은 십자가에 매달리거나 산채로 불에 타며 밤을 밝혔다. 네로는 자신의 정원을 개방해서 이 모습을 구경할 수 있게 했고, 직접 서커스에 출연하기까지 했었다. …이 모든 일 때문에 사람들은 심지어 본보기로 처벌을 받아 마땅하다고 생각한 이들에 대해서까지 측은한 마음을 품게 되었다.

사도 베드로는 박해가 한창 극성을 떨던 시기에 로마를 떠나지 못하고 순교한 것으로 추정된다. 물론 신약성서 어디에서도 베드로가 로마를 방문했다거나 순교로 삶을 마감했다는 기록은 찾아 볼 수 없다. 다만 90년경에 기록된 클레멘트의 「편지」(Letter of Clement)나 110년경 안티오키아 주교를 지낸 이그나티우스(Ignatius)가 남긴 발언 등이 베드로가 로마를 방문했다가 순교했다는 사실을 뒷받침하고 있다. 비교적 최근에는 로마 가톨릭 당국이 바티칸의 성베드로대성당 지하에서 베드로의 묘지를 확인하려고 고고학자들에게 발굴을 의뢰했지만 기대한 결과를 얻지는 못했다. 수위권을 주장하는 바티칸으로서는 여간 실망스런 일이 아닐 수 없었다.

전해지는 일화에 따르면 베드로는 로마군에 체포되어 현재 로마의 팔라티노와 카피톨리노 언덕 사이에 폐허로 남아 있는 포로 로마노의

로마의 산타마리아델포폴로성당에 전시된 〈베드로의 처형〉(카라바죠, 1600) ⓒWP

마메르티노 감옥에 대략 1년 가까이 투옥되었다고 한다. 그곳에서도 평소처럼 죄수들을 상대로 복음을 전하던 베드로는 순교의 순간이 닥치자 예수 그리스도가 십자가에 매달리던 순간을 기억해냈다. 그러고는 자신은 그리스도와 동일한 자세로 십자가에 매달릴 수 없다고 생각했다. 베드로는 사형을 집행하는 병사들에게 거꾸로 십자가에 매달리게 해달라고 부탁했고, 그렇게 세상을 떠났다.

로마 당국은 초기 기독교의 또 다른 지도자 바울마저 체포했다. 예루살렘을 떠나 지중해 항구도시 카이사레아(가이사랴)를 거쳐서 로마로 압송되었던 바울은 이미 재판을 받고서 연금에서 벗어난 상태였다.

역시 마메르티노 감옥의 차가운 바닥에서 홀로 지내던 바울은 67년 무렵 형장에서 참수된 것으로 보인다. 교육받은 로마시민(Civis Romanus)에게 식민지 출신 베드로처럼 십자가 형틀을 사용하는 것은 국법을 어기는 일이었다. 로마 정치가이자 작가였던 키케로는 십자가형을 가장 잔인하고 불쾌한 처형 방식이라고 말했는데, 많은 사람들이 그의 의견에 동의했다. 물론 베드로와 마찬가지로 현재까지 바울의 순교와 관련된 어떤 역사적 기록도 확인된 바는 없다.

[기독교가 박해를 받은 까닭]

네로 황제의 어이없는 박해는 나름대로 근거가 없지는 않았다. 이미 언급했듯이 그리스도인들은 로마 시민 사이에서 인기가 높지 않았다는 게 결정적이었다. 역사의 파국에 대한 종말론적 신앙 역시 박해의 일부 원인으로 작동한 게 사실이다. 평소 그리스도인들은 세상이 종말을 맞이하는 순간 대재앙이 닥친다고 믿었다. 동기는 불분명하지만, 기록에 따르면 팔라티노 언덕의 황궁 일부를 비롯해서 도시 중앙의 여러 지역을 잿더미로 만들어버린 로마의 대화재를 그리스도의 재림을 가리키는 상징으로 간주한 이들도 있었다. 때문에 주민들이 법정에서 증언한 것처럼 나중에 방화에 실제로 관여한 그리스도인들이 없지 않았다.

하지만 몇몇의 돌출 행동을 그리스도인들에 대한 전반적인 박해의 원인으로 지목하기에는 다소 설득력이 떨어진다. 어느 이교 작가는 로마에 화재가 일어나기 이전부터 "그들의(그리스도인들의) 혐오스러움 때문에 미움을 받았다"고 했다. 로마의 역사가이면서 정치가였던 수에

토니우스(Gaius Suetonius Tranquillus, 69-130) 역시 "모든 역겨운 것은 동쪽으로부터 온다"고 말하면서 그리스도인들을 "또 하나의 미신을 믿는 사악한 자들의 집단"으로 간주했다. 여기서 수에토니우스가 말하는 동쪽이란 오늘날 터키 영토인 소아시아와 중동지역에 해당한다.

그러면 초기 그리스도인들은 어째서 대부분의 로마 시민들에게 호감을 사지 못했을까? 기독교 교부 가운데 한 사람으로서 '아테네의 기독교 철학자'를 자처하면서 역사상 최초로 삼위일체 개념을 철학적으로 설명한 바 있는 아테나고라스(Athenagoras, 133-190)는 2세기 후반에 기독교가 로마제국 안에서 비호감일 수밖에 없었던 이유를 다음 같은 세 가지 용어로 간단하게 정리한 바 있다. "우리(그리스도인)를 (로마인들이) 비난하는 내용은 세 가지이다. 무신론, 인육을 먹는 만찬, 근친상간." 이런 아테나고라스의 주장을 조금 더 확대해서 설명해보면 다음과 같다.

＊ 신을 안 믿는 기독교

먼저, 로마 시민들은 그리스도인들이 믿고 따르는 신의 진정성을 문제 삼았다. 그리스도인들은 누구든지 유일한 하나님, 곧 예수 그리스도 안에 계시된 이스라엘의 하나님만 진정한 신으로 간주했다. 로마인들에게는 이보다 낯설 수 없었고 더 나아가 오만하게 비쳐졌다. 로마에서는 이름이 알려진 신이라면 대상을 가리지 않고 숭배하는 게 일반적인 행태였다. 어느 때는 알려지지 않은 신을 들먹이며 경배할 정도로 신앙심이 강렬했다. 그뿐만 아니라 로마인들은 살아 있거나 죽은 황제들을 신으로 떠받들고 분향했다.

팔레스타인에서 발생한 제1차 유대전쟁을 성공적으로 진압한 황제

베스파시아누스(Titus Flavius Vespasianus, 69-96 재위)가 남긴 일화에서도 그런 믿음을 확인할 수 있다. 베스파시아누스는 자신의 임종을 지키고 있는 사람들을 둘러보면서 입을 열었다. "이런, 이제야 신이 되어가는 것 같은 기분이 드는군(Vae, puto deus fio)." 그렇다고 해서 로마인들이 우리네 전통적인 풍습처럼 전적으로 개인의 이익이라든지 가족의 안녕을 위해 조상이나 황제에게 제사를 지냈다고 생각하면 오해다. 그들은 오직 제국의 번영 때문에 제사를 지냈다. 무수히 반복되는 일상의 제사의식을 통해 로마제국이 신의 가호를 받게 되고, 그럼으로써 제국이 영원히 지속될 것이라고 믿었다.

로마인들은 제국의 식민지로 편입된 지역 주민들이 따르는 종교 역시 오랜 전통을 보유하고, 황제숭배 의식을 거부하지 않을 경우에는 별다른 불이익을 부과하지 않았다. 유대교는 로마당국이 강조하는 종교의식을 충실하게 따르지 않는 입장을 취했지만, 그럼에도 불구하고 제국으로부터 인정을 받은 것은 종교로서 오랜 역사를 유지하고 있었기 때문이다. 하지만 그리스도인들처럼 전통이 오래지 않은 종교가 일반인들의 눈에 신을 부정하는 것으로 비쳐지게 되면 애국심이 부족하다는 비난이 쏟아지는 것은 물론, 집단적인 박해까지 받게 될 소지가 아주 다분했다.

✳ 낯선 기독교

무엇보다 기독교는 과거에는 제국에 존재하지 않았던 새로운 종교였다. 로마인들은 전통적으로 새것을 그다지 신뢰하지 않는 편에 가까웠다. 새것을 고르다 실패하느니 차라리 낡았더라도 확실한 쪽을 선택하는 게 시민들의 일반 심리였다. 로마인들이 익숙하지 않은 유대교를 용납하게 된 것도 따지고 보면 역사적으로 유서가 깊다는 게 일차적인 이유였다. 로마 당국은 두 차례에 걸친 유대인들의 반란을 잔인하게 진압하면서도 어느 정도 유대교를 존중하고 관용했다. 로마제국이 오랫동안 한 주를 8일로 지켜왔으면서도 1세기 중반 이후에 한 주를 7일로 셈하는 유대 관습을 받아들인 것에서도 그런 태도를 일부 확인할 수 있다.

그런데 겉으로 보기에는 기독교와 유대교의 경계가 확연하게 드러나지 않았다. 팔레스타인 지역 유대인들 사이에서 오랜 시차를 두고 출발한 유대교와 기독교는 동일하게 여호와에 대한 믿음을 공유하는 것은 물론, 히브리어로 기록된 성서를 경전으로 확고하게 받아들였다. 유대인들은 그리스도인들이 구약성서로 간주하는 히브리어 성서를 '타나크'(Tanakh)라는 이름으로 불렀다. 이것은 토라(Torah, 율법서), 느비임(Neviim, 예언서), 크투빔(Ketuvim, 성문서)의 머리글자를 따서 조합한 것이다.

초기 그리스도인들 역시 처음에는 유대인 성전과 회당에서 정해진 시간에 함께 예배하면서 시편을 읽고 모세가 정한 율법들을 지키려고 노력했다. 하지만 둘 사이의 공통점은 거기까지였다. 그리스도인과 유대인의 결정적 분기점은 나사렛 출신의 예수를 그리스도, 곧 메시아로 인정하는가 하는 것이었다. 유대인들은 바울처럼 선교에 주력한 이들의 노력에도 불구하고 예수를 메시아로 인정하려 들지 않았고, 그렇게 해서 로마인들 역시 기독교를 유대교와는 다른 새로운 종교로 간주하게 되었다.

로마인들에게 기독교가 낯설고 못마땅한 것은 그뿐이 아니었다. 유대인들은 오래 전부터 성전세를 지불했지만 그리스도인들은 의도적으로 납부를 거절했다. 관리들은 유대인들 가운데 납부자와 비납부자를 구분해서 따로 세금을 매기는 수고를 해야 했다. 게다가 그리스도인들은 황제숭배 의식에 참여하지 않으면서도 그것과 직접 관계가 있는 용어들을 자신들이 구원자로 믿고 따르는 예수에게 사용했다. 우리에게 익숙한 '복음'(good news)은 황제 아우구스투스의 생일을 의미했고, '재림'(parousia)은 그 황제가 특정 도시에 도착한 것을 알리는 말이었다. 본래 낱말 뜻을 이렇게 왜곡해서 사용하는 그리스도인들이 로마인들의 눈에 곱게 보이지 않았을 것이다.

* 부도덕한 기독교

그리스도인들이 지키고 있는 풍습 역시 로마인들이 오해하는 데 어느 정도 일조했다. 그리스도인들은 일주일에 한 차례씩 포도주와 빵을 준비해서 그리스도 예수를 기념하는 '사랑의 식사'(애찬식)를 함께하면서 그의 '몸'과 '피'를 먹고 마신다고 말했다. 사랑의 식사는 누구든지 자유롭게 참석할 수 없었다. 신앙공동체에 정식으로 가입하고 일정 기간 준비과정을 거치고 나서 세례를 받아야 비로소 식탁에 참여할 기회가 주어졌다. 그리스도인들과 식사를 같이 해본 적이 없는 로마인들은 전해들은 이야기만 참고한 채 그들이 잔인한 식인 풍습을 고수하는 게 아닌지 의심했다.

그뿐만 아니라 그리스도인들끼리는 서로를 '형제'와 '자매'라고 불렀다. 당시 이집트에서는 성관계를 맺는 파트너에게 이런 표현을 썼고, 그래서 형제와 자매라고 부르는 그리스도인들은 성적으로 문란하다는 오해를 사기에 충분했다. 주일 예배 때 나누는 '평화의 키스'는 상황을 한층 악화시켰다. 이것은 알렉산드리아의 클레멘스(Clemens, 150?–215?)가 이미 염려한 일이었다. "교회를 사랑 없는 키스만을 일삼는 장소라고 소문을 내는 사람들이 있다. 교회에서 행해지는 부끄러움을 모르는 키스는 신비적이어야 하는데, 지금은 의심과 소문을 부르는 빌미가 되었다." 로마인들은 남 앞에서 입 맞추는 것을 도덕에 어긋나는 행동으로 간주해서 금하고 있었다. 이런 풍습만 놓고 보자면 그리스도인들은 쉽게 수긍할 수 없는 집단이고, 전반적으로는 위험한 밀교(密敎) 추종자들로 비쳐질 수 있었다.

그렇다면 로마인들이 실제로 기독교 집회에 참석할 경우에는 어땠을까? 그리스도인들과 어울리면 의구심이 충분히 해소될 수 있었을까? 그리스도인들의 고집스런 자체 규정을 고려하면 함께 지내더라도 단기간에 로마 시민들 사이에서 나도는 부정적 여론을 잠재우는 게 쉽지 않았을 것이다. 초기 기독교는 요즘과 달리 성찬식 때 세례 받은 신자들만 따로 참석하도록 했기 때문이다. 세례를 지원했다고 해도 마찬가지였다. 세례지원자들은 자격을 갖춘 정식 회원과 달리 예배를 지켜보다가 성찬식이 진행될 때는 반드시 자리를 떠야 했다. 따라서 어떤 식으로든지 그리스도인들에 관한 직접적인 정보를 접할 기회를 갖지 못한 일부 로마 시민들이 식인이나 근친상간의 풍습을 따르고 있다고 비난해도 무리는 아니었다.

✱ 가치관이 다른 기독교

그리스도인들의 가치관 역시 기존의 그것과 상당히 달랐다. 사도 바울은 이렇게 공개적으로 선언했다. "너희는 유대인이나 헬라인이나 종이나 자유인이나 남자나 여자나 다 그리스도 예수 안에서 하나이니라"(갈 3:28). 다시 말해서 예수 그리스도를 믿는 사람끼리는 사회적 지위가 그리 문제 되지 않는다는 뜻이다. 그리스도인들은 바울의 교훈을 자

유대 회당에서 설교하는 사도 바울(모자이크). 바울이 대머리에 검은색 머리를 가진 것으로 묘사되기 시작한 것은 적어도 6세기 이후부터였다.

신들의 삶에서 그대로 실천하려고 노력했다. 계급이나 인종, 그리고 교육이나 부의 차이를 무시하고서 남녀가 함께 그리스도를 기념하는 성만찬에 참여하고, 빈민이나 환자, 고아와 과부, 그리고 죄수나 노약자에게 적극적으로 구호의 손길을 뻗쳤다. 이와 같은 그리스도인들의 행동이 정치적인 이념에 근거한 것은 아니었지만 그 덕분에 로마 시민들의 심기가 불편해진 것도 사실이었다.

그리스도인들은 노예를 비롯한 소외 계층을 환대하고, 있는 그대로 인정하려고 했다. 로마법상 노예는 개인적으로 상속이 가능한 재산이었다. 노예는 주인의 어떤 요구든지 마다할 수 없었고 요구에 불응하면 가축처럼 목숨을 잃었다. 나중에 다시 살펴보겠지만 여성의 지위 역시 열악하기는 노예의 그것과 다를 바 없었다. 로마 남성은 여성을 열등한 존재로 간주해서 정당한 권리를 행사할 기회를 용납하지 않았다. 아내가 물로 희석하지 않은 포도주를 몰래 마시다 들키면 잘해야 이혼이고 최악의 경우에는 죽음까지 감수해야 했다. 하지만 그리스도인들은 달랐다. 그들은 노예를 진심으로 환영하고 여성을 동등한 인간으로 대우했다.

로마 가정에서 아버지는 갓 태어난 자식이 마음에 들지 않으면 유기를 해도 문제가 되지 않았다. 아동의 유기는 당시 세계에서는 그리 낯선 풍경이 아니었고, 아버지가 자녀를 상대로 생사여탈권(Patria Potestas)을 행사하는 것을 당연하게 여길 때도 많았다. 장애를 갖고 태어나거나 식구가 많은 가정에서 태어난 딸의 경우에는 최악이었다. 반면에 그리스도인들은 노예와 여성처럼 버림받은 아이들을 위해 고아원을 직접 운영했다. 이것은 기존 사회 질서와 차원이 달랐다. 최초의 라틴 교부이면서 강력한 변증가인 테르툴리아누스(Tertullianus, 160?-225)는 유아를 기꺼이 살해하는 당시 로마인들의 일반 악습을 이렇게 비난하기도 했다.

유아 살해는 법으로 금지되어 있는데도 너무 빈번하게 일어나고 있다. 다른 사람들이 당연히 알 정도로 이 법을 어겨도 다른 법을 어길 때보다 처벌을 받지 않을 때가 많고, 심지어는 안전하기까지 하다. …당신들은 거룩한 의식을 빌미로 유아를 죽이거나 신에게 바치는 제물로 유아를 죽이지는 않는다. 하지만 더 잔인한 방법으로 유아를 살해한다. 당신들은 유아를 추위와 굶주림과 맹수에게 내어주거나 물에 던져서 더 서서히 죽임으로써 제거한다.

[예루살렘의 몰락]

1세기 중반이 되자 예루살렘에서는 로마인과 유대인의 관계가 최악으로 치달았다. 예루살렘은 BC 63년, 율리우스 카이사르(Gaius Julius Caesar, BC 100-BC 44)의 정적이면서 '젊은 도살자'라는 별명을 가졌던 로마 장군 폼페이우스(Pompeius Magnus, BC 106-BC 48)에게 정복된 이래 겉으로는 평온했지만 언제든 폭력사태가 발생할 수 있는 곳으로 유명했다. 50년경 예루살렘에서는 수천 명의 유대인들이 관례대로 조상들의 이집트 탈출을 기념하는 유월절을 지켰다. 예루살렘 성전 위쪽에는 안토니아요새가 있었다. 사실 여부는 지금껏 불분명하지만 유대 역사가 요세푸스에 따르면 어느 로마 경비병이 요새에서 인파 쪽으로 "자신의 겉옷을 들고서 점잖지 않게 몸을 굽혔다. 그는 몸을 돌려서 그 자세만큼 버릇없는 소리를 냈다." 그것이 자신들을 모욕하는 동작이라는 것을 모를 유대인은 아무도 없었다.

병사의 동작을 목격한 사람들 사이에서 온갖 욕설이 쏟아져 나왔다. 군중의 거친 반발은 얼마 지나지 않아 걷잡을 수 없는 폭동으로 발전했다. 그 과정에서 3만 명 정도의 유대인 남녀가 진압에 나선 로마병력에 의해 살해되었다. 엄청난 비극적 사건이 초래한 인명 피해에 비하면 그 원인이 지나치게 터무니없다고 생각할 수도 있지만, 그로부터 10여 년 뒤에 있게 될 더 큰 비극을 예고하는 이 같은 전조는 이전에도 이미 여러 차례 있었다. 로마 경비병의 철부지 같은 행동은 엄청난 비극적 사건의 물꼬를 튼 사소한 일에 지나지 않았다.

* 욕심이 초래한 비극

이스라엘과 관계없는 이두메 출신, 헤롯 대왕 사후에 로마로부터 위임받아 통치되던 왕국은 즉시 세 아들에게 분배되었다. 정치적으로 민감한 남쪽 유다와 이두메, 사마리아 남부 지역을 물려받은 헤롯 아켈라우스(Herod Archelaus, BC 4-AD 6 재위)는 예루살렘의 유대교 지도자들을 제대로 통제하지 못하는 바람에 권좌에서 10년을 못 넘기고 갈리

〉〉〉 AD(Anno Domini)의 의미는?

'주님의 해'라는 뜻의 라틴어로 흔히 AD라고 줄여 표기한다. 예수 그리스도의 탄생을 역사의 기준으로 삼은 것으로서 최초로 AD를 제안한 사람은 6세기 수도사 디오니시우스 엑시구스('작은 디오니시우스')였다. 교황 요한 1세를 위한 연대기를 작성하도록 지시받은 디오니시우스는 관례대로 로마가 건설된 해를 기준으로 삼으려다가 구세주 예수의 탄생을 기점으로 햇수를 셈했다. 디오니시우스는 신성한 역사와 세속 역사를 균형 잡으려고 예수의 탄생일을 753 A.U.C.(ab urbe condita, 즉 로마도시 건립으로부터) 12월 25일로 잡았다. 거기에 그리스도께서 할례를 받기 전까지의 기간, 8일을 더해서 754 A.U.C.의 1월 1일을 역사의 출발점(AD 1년 1일)으로 삼았다. 디오니시우스의 계산과 실제 헤롯 대왕의 죽음을 고려한 예수 그리스도의 탄생 시기는 적어도 4년 정도 차이가 있다.

아로 유배되었다. 이후로 공석이 된 분봉왕 자리는 로마 총독이 대신했다. 64년에는 게시우스 플로루스(Gessius Florus, 64-66 재위)가 유다의 신임 총독으로 임명받았다. 플로루스의 아내 클레오파트라가 네로 황제의 총애를 받는 사비나 황후를 가까이해서 얻어낸 자리라는 소문이 사람들 사이에 파다했다. 그런데 자금이 필요한 네로가 대리인으로 그를 보냈다는 게 사실에 더 가까웠다.

플로루스는 예루살렘 성전에서 황제에게 매일 희생제사를 바치게 하고 네로의 조각상을 설치했다. 자존심이 강하기로 소문난 유대인들을 조금도 고려하지 않은 모욕적인 행위였다. 그뿐만이 아니었다. 전임자들보다 일찌감치 부를 거머쥐고 싶어 하던 신임 총독은 세금을 과중하게 거두어들이는 수준에서 만족하려고 하지 않았다. 언젠가는 지중해를 마주한 항구도시 카이사레아(가이사랴)에서 일어난 유대인과 시리아의 그리스인 사이에서 빚어진 충돌을 중재한다는 명목으로 개입해서 상당한 뇌물을 챙기기도 했다.

한층 더 과감해진 플로루스는 유대인들의 삼대 절기라고 할 수 있는 유월절과 오순절, 초막절에 예루살렘을 방문하는 순례자들이 갖다 바치는 성전세를 보관하는 성전금고에 눈독을 들였다. 이스라엘 전역은 물론, 지중해 일대에 흩어져 사는 유대계 성인 남성들이 해마다 빠짐없이 지불해야 하는 성전세는 예루살렘 지도층의 수입과 관계가 있었고, 도시 전체를 관리하고 유지하는 데 없어서는 안 되는 주요 수입원이었다. 플로루스는 성전금고에 보관된 금 17달란트를 가로챘다. 현재 기준으로 계산하더라도 엄청난 양(약 561kg)이었다. 예루살렘 성 안팎에는 총독의 물욕과 악행에 관한 소문이 들불처럼 번졌다. 요세푸스 역시 이 플로로스에 대해서 탐욕스럽고 오만하며 완전히 파렴치한 인물이라는 악평을 남겼다. "플로루스보다 더 진실을 멀리하고 더 교묘한 범죄를 저지르기 위해 머리를 쓴 사람은 없었다."

결국 장로 몇몇이 플로루스를 방문해서 성전의 재산을 더 이상 빼돌리지 말아달라고 요구했다. 고집 센 총독은 뒤로 물러날 생각이 조금도 없었다. 총독은 전임자들의 매뉴얼대로 과거에 사마리아라고 불리던 세바스테에 주둔 중인 기마병과 보병을 예루살렘 시장에 풀어놓는 것으로 장로들의 요구에 응대했다. 로마 병사들의 학살과 약탈은 정해진 수순이었다. 예루살렘 거리들이 속속 주민들의 피로 물들었다. 집집마다 약탈하고 사람들까지 해쳤다. 그날 해가 떨어지기 전까지 남녀노소를 가리지 않고 무려 3,600명이 로마군의 손에 목숨을 잃었다. 제1차 유대반란전쟁(66-73)의 시작이었다.

사실 그 사건이 있기 훨씬 이전부터 유대인들 사이에서는 로마제국에 대한 강렬한 분노가 똬리를 틀고 있었다. 식민지 팔레스타인에 거주하는 유대인들은 티베리우스 황제 시대 이후로 줄곧 타락한 관리들의 횡포에 시달리다 보니 인내심이 거의 바닥을 드러내고 있었다. 플로루스 총독의 학정은 그런 분위기에 기름을 끼얹은 격이었다. 예루살렘 지역 유대인들은 더 이상 무고한 죽음을 눈 뜨고 볼 수 없다고 생각했다. 성전 귀족들 역시 과거처럼 로마제국의 권위와 보호를 무조건 앞세우지 못할 정도였다.

시중의 여론은 파국으로 치달았다. 마침내 셀롯당(열심당, Zealots)의 부추김을 받은 군중들이 격렬한 폭동을 일으켰다. 급조된 유대 반란군은 기세를 몰아서 예루살렘과 갈릴리 지역에 주둔하는 로마군 요새에 화력을 집중했다. 그리 길지 않은 공방을 주고받은 끝에 로마군 수비대는 궤멸했다. 군중은 문서보관소에 있던 채무장부들을 끄집어내어 불살랐다. 채무자들을 끌어들이려는 의도였다. 유다 남부에서는 갈릴리 사람 유다의 아들 메나헴(Menachem ben Judah)의 추종자들이 군사 요충지 마사다를 점령했다. 그리고 언제나 로마에 우호적인 태도를 유지하던 대제사장 아나니아스 역시 살해되었다. 민란을 피해 겨우 성을 빠져나온 총독 플로루스는 카이사레아의 로마군 주둔지로 달려갔다.

단숨에 예루살렘 성전을 장악한 반란군은 로마 황제를 위해 하루도 거르지 않고 지내던 제사를 모두 중지시켰다. 반란을 진압하려고 헤롯 아그리파 2세(아그립바 Herod Agrippa Ⅱ, 50-92/100? 재위)가 파병한 2천 명의 기병, 그리고 나중에는 시리아의 안티오키아에 주둔하는 로마 제12군단까지 전투에 가세했으나 한껏 달아오른 유대 반란군의 기세를 꺾기에는 역부족이었다. 로마식 질서가 무너지자 예루살렘은 곧장 내전 상태로 빠져들었다. 유대인이 동족 유대인을 살육하는 싸움은 로마군을 상대할 때보다 오히려 더 잔인했다. 얼마 뒤에는 지중해 일대에 흩어져 있는 디아스포라 유대인들 사이에서까지 반란의 조짐이 나타났다.

＊ 반란의 진압
팔레스타인 지역의 급박한 상황과 제12군단의 패배를 알리는 소식이 황제 네로에게 즉시 전달되었다. 그리스에서 올림픽 전차 경주에 직접 참가하고 있던 네로는 베스파시아누스 장군에게 6만의 병력을 소집하도록 지시를 내렸다. 로마제국은 구겨진 자존심의 회복을 위해서라도 복수하지 않을 수 없었다. 그렇게 해서 여러 전장에서 지휘관으로서 발군의 능력을 발휘했으나, 어느덧 전성기를 훌쩍 넘긴 50대 후반의 베스파시아누스에게 갈릴리와 유다 지역의 반란을 진압해야 할 임무가 주어졌다. 네로 황제의 공식적인 '동무' 였던 그는 유대 총독으로 임명을 받자 두 개 군단을 이끌고 갈릴리 지역으로 출발했다.

전투는 로마 당국의 예상과는 다른 방향으로 진행되었다. 당연히 격렬한 저항을 예상했으나, 어찌된 일인지 유대 반란군의 반격은 그렇게 강력하지 않았다. 반란군들은 로마군을 만나자마자 싸움다운 싸움을 제대로 해보지도 못한 채 그저 도망치기에 급급했다. 베스파시아누스는 주요 거점들을 신속하게 장악해나갔다. 67년에는 갈릴리와 다볼산 지역, 그리고 훗날 요세푸스라는 로마식 이름의 역사가로 널리 알려진 요셉 벤 마티아스(Joseph ben Matthias, 37-100?)가 제사장을 지낸 요타파타마저 로마군 수중에 들어갔다.

처음에 베스파시아누스는 요타파타 전투에서 사로잡은 요세푸스를 황제에게 전리품으로 넘길 생각이었다. 여기서 말하는 전리품은 끔찍한 죽음을 뜻했다. 요세푸스는 베스파시아누스, 그리고 아버지와 같은 이름을 가진 아들 티투스(디도 Titus Flavius Vespasianus, 79-81 재위) 앞에서 이렇게 말했다. "베스파시아누스여! 저는 큰 물결의 전령으로 이곳에 왔습니다. 저를 네로에게 보낸다니 그 이유가 무엇입니까? 카이사르, 곧 황제가 될 사람은 당신과 당신의 아드님입니다." 노새꾼이라는 별명을 가진 베스파시아누스는 여전히 요세푸스를 감옥에 가두었지만 선물로 호의를 표했다. 아들 티투스는 그 이후로 요세푸스의 막역한 벗이 되었다.

68년 6월 9일, 여세를 몰아 예루살렘을 공격할 채비를 하는 베스파시아누스에게 로마로부터 급한 전갈이 당도했다. 재위 동안 국고를 탕진할 정도로 허세를 일삼고, 걸핏하면 정치적으로 의견을 달리하는 이들을 유배와 처형, 자살이라는 극단적 선택으로 몰아간 네로 황제가 정적과의 싸움에서 밀리자 스스로 목숨을 끊었다는 내용이었다. 평소에도 비극의 주인공을 즐겨 공연한 황제답게 "세상이 참으로 훌륭한 예술가를 잃는구나!"라고 한탄하면서 자신의 목을 칼로 찔렀다고 했다. 전혀 예상하지 못했던 희소식이었다. 베스파시아누스는 안정을 잃고 갈피를 못 잡는 로마의 정세를 고려해서 일단 전투를 멈춘 채 사태 추이를 관망했다.

마침내 유다 지역과 이집트에 주둔 중인 로마 군단들로부터 확고한 지지를 확인받은 베스파시아누스가 제국의 일인자를 꿈꾸면서 로마로 돌아갔다. 로마제국의 동부지역 역시 역전의 용장 노새꾼을 황제로 인정해서 힘을 보탰다. 우여곡절 끝에 베스파시아누스는 요세푸스의 거짓말 같은 예언처럼 로마의 황제가 되었다. 그렇지만 팔레스타인에서 미처 마무리 짓지 못한 일을 잊지 않았다. 신임 황제는 맏아들 티투스에게 네 개의 군단을 동원해서 팔레스타인의 반란을 진압하는 임무를 맡겼다.

70년 봄 티투스 장군은 예루살렘성을 물샐 틈 없이 포위했다. 도시 주변에 돌 벽을 쌓고 외부로부터의 식량 유입을 일체 차단했다. 같은 해 8월 5일, 예루살렘은 결국 로마군에게 함락되었다. 전투에서 밀린 반란자들에 대한 자비는 조금도 찾아볼 수 없었다. 대량 학살은 당연한 수순이었다. 그리고 그 과정에서 끝까지 살아남은 사람들은 노예 신세로 전락했다. 예루살렘은 완전히 폐허가 되었고 성전은 불에 타서 무너졌다. 성전과 성벽은 "돌 하나도 돌 위에 남지 않고"(마 24:2) 모두 무너졌다. 남아 있는 것이라고는 오직 성전의 서쪽 벽이 전부였다. 오늘날 사람들이 '통곡의 벽'(서벽, Wailing Wall)이라고 부르는 게 그것이

베스파시아누스 황제 흉상. 나폴리국립고고학박물관 ©유재덕

다. 요세푸스는 「유대 전쟁사」(Ioudaikou polemos, 75?)에서 예루살렘의 마지막 모습을 이렇게 묘사했다.

여기서는 한때 풍요로웠으나 이제는 초토화된 시골의 모습을, 저기서는 모두 살해된 적의 병사들을 볼 수 있었다. 도망치는 사람들과 포로로 잡힌 사람들… 병사들은 성벽 안으로 계속 줄지어 들어오고, 모든 곳이 피로 물들었고, 저항할 능력이 없는 자들의 손은 간절하게 하늘을 향해 빌고 있고, 신전들은 불타고 있고, 집주인들이 안에 갇힌 채 가옥들은 무너져버렸고, 철저히 황폐해지고 비참해진 뒤에도 농경지 사이를 흐르는 것도 아니고, 사람과 동물에게 식수를 공급해주는 것도 아닌, 사방이 여전히 불타고 있는 곳을 흐르는 강을 볼 수 있었다.

이듬해 6월, 티투스는 예루살렘 성전에서 탈취한 기물들과 10만 명의 유대인 포로들을 전리품으로 삼아서 로마에 돌아왔다. 전투 과정을 소개하는 개선식은 눈부실 만큼 화려했다. 15미터 높이의 거대한 이동식 무대에는 잔인한 전투 장면이 생생하게 묘사되었다. 상아와 황금으로 테두리를 두르고 화려하게 채색된 작품을 보러 시민들이 모여들었다. 성전 지성소에서 탈취한 등잔(메노라)과 황금탁자, 은으로 제작된 트럼펫, 토라 두루마리와 성찬용 그릇은 거리에서 선보였다.

끌고 온 포로들 가운데 4만 명은 콜로세움 건설에 투입하고, 나머지는 시장에 노예로 내다팔아서 콜로세움 건축비에 충당했다. 그로부터 10년이 지난 81년, 티투스의 동생 도미티아누스 황제는 개선문을 세워서 승리를 기념했다. 개선문 한쪽에는 성전에서 약탈한 기물들이,

로마의 포로 로마노에 있는 티투스 개선문. 예루살렘 성전에서 탈취한 기물들이 부조로 묘사되어 있다. ⓒ유재덕

또 다른 쪽에는 의인화된 명예, 용기, 승리의 호위를 받으면서 전차에 탄 티투스의 모습이 조각되었다.

예루살렘이 함락된 이후 4년간 반란군의 요새들이 줄지어서 로마군에 접수되었다. 유대 반란군은 계속 남쪽으로 밀리다가 결국에는 사해 부근에 우뚝 솟은 요새 마사다를 최후의 항전 터로 선택했다. 그곳은 과거 율리우스 카이사르 사후에 옥타비아누스와 로마의 권력을 놓고 다투었던 안토니우스의 연인, 이집트의 클레오파트라와 역사적으로 관련이 깊었다. 클레오파트라는 어찌된 일인지 헤롯 대왕이 통치하는 팔레스타인을 손에 넣고 싶어 했다. 소식을 접한 헤롯은 혹시 있을

유대 반란을 성공적으로 진압한 것을 기념해서 71년 베스파시아누스가 발행한 은화. 뒷면에 IUDEA CAPTA(유대가 정복되었다)라는 문구가 기록되어 있다. ⓒJVL

지 모를 이집트 군대의 공격에 대비해서 가족들과 함께 피신할 시설을 마사다에 갖추었다. 곡식창고와 식수를 모으는 물탱크와 공중 궁전이 건축된 그곳은 헤롯의 걱정과 달리 한 번도 피신처로 사용된 적이 없는 말 그대로 천혜의 요새였다.

갈릴리 출신 엘리아자르(Eleazar ben Yair, ?-74)의 지휘 아래 3년간 끈질기게 지속된 반란군의 항거는 로마군의 치밀한 전략에 의해 무력화되었다. 74년 4월, 마사다 주변을 물샐 틈 없이 차단한 채 차근차근 경사로를 건설해서 숨통을 조여 오는 1만 명의 로마군을 규모가 작은 반란군이 막아내기에는 역부족이었다. 반란군은 최후의 항거 수단으로 자살을 선택했다. 자살 도중에 몸을 숨긴 소수 생존자들을 제외한 960명 모두 마사다 요새에서 죽었다. 팔레스타인 지역에서 발생한 유대인들의 반란은 그렇게 해서 모두 진압되었다.

유대전쟁은 그리스도인들에게도 적잖게 영향을 미쳤다. 그리스도인들의 전쟁 참여 여부를 놓고 지금껏 의견이 엇갈린다. 교회 차원에서는 피비린내 나는 유대 전쟁이 진행되는 동안 한 걸음 뒤로 물러나 있었다고 보는 편이 맞다. 초기 기독교를 이끌던 야고보가 62년에 처형되었다. 야고보는 예수의 형제라는 이유뿐 아니라 금욕과 율법을 빈틈없이 준수해서 예루살렘에서 무척 인기가 높았는데, 그것이 유대교 지도자들의 시기를 유발했다. 카이사레아에서 주교를 지낸 유세비우스(Eusebius of Caesarea, 260?-340?)의 「교회사」(Historia Ecclesiastica, 293?)에 따르면 상당수 그리스도인들이 66년 11월경에 요단강 맞은편 트랜스요르단 지역의 펠라로 미련 없이 이주했다고 한다.

마침내 예루살렘에 있는 교회는 그들의 지도자들에게 주어진 계시에 따라 전쟁이 일어나기 전에 그 도시를 떠나 펠라로 불리는 베레아의 한 도시에 정착하게 된다. 그리스도를 믿는 사람들이 예루살렘을 떠나고, 동시에 거룩한 사도들 유대인들의 수도와 온 유대 땅을 완전히 비웠을 때 그리스도와 사도들에게 범한 수많은 악행으로 인해 유대인들에게 하나님의 심판이 임하여 이 불법자들을 인간사에서 완전히 멸절시켰다.

일각에서는 반란의 소용돌이에 휩싸여 있을 때 그리스도인들이 이주했다는 유세비우스의 기록에 이의를 제기하기도 한다. 하지만 이것은 그리스도인들이 전쟁을 모면할 목적으로 동족을 버리고 안전한 도시로 옮겨갔다는, 다분히 현실적인 선택을 한 데 따른 도덕적 비난을 비켜려는 주장에 불과하다. 유세비우스의 기록과는 달리 그리스도인 가운데 일부가 펠라로 이주했고 나머지는 예루살렘에 머물면서 유대전쟁에 본격 참여했다는 절충안을 제시하는 이들도 있다. 이런 주장역시 그럴듯하지만 전쟁 이후 예루살렘교회가 구심점이 되지 못한 데비해서 각 지역 교회들이 성장을 거듭한 것을 고려하면 핵심 지도자들이 전쟁을 겪지 않은 게 분명하다.

전쟁 여파로 유대인들과 그리스도인들 사이를 근근이 이어주던 실낱같은 관계마저도 결국에는 완전히 끊어지고 말았다. 양측의 관계를서둘러서 정리한 쪽은 유대인 지도자들이었다. 팔레스타인 지역의 반란이 종결되자 유대교를 이끄는 장로들은 그와 같은 정치적 비극을 두번 다시 반복하고 싶지 않았다. 때문에 로마 당국으로부터 어떤 식으로든지 정치적으로 의심을 살 수 있는 기독교를 비롯한 외곽 세력들을 유대교 회당에서 선제적으로 몰아냈다.

기록에 따르면 90년경에 오늘날 이스라엘의 텔아비브 야포에 해당하는 야파 인근의 얌니아(Jamnia)에서 바리새인들이 주축이 된 의회가 구성되었다. 1세기 말에 개최된 의회는 유대 경전의 목록을 결정하면서 회당에서 암송되는 열여덟 개의 축복 기원문 가운데 열두 번째 기도에 배교자들, 즉 '나사렛 사람들'을 저주하는 문장을 추가했다. '나사렛 사람들'이라는 표현은 당연히 나사렛 출신 예수를 메시아로 추종하는 그리스도인들을 가리켰다. 그리스도인들 역시 유대인들을 '주님의 살육자'(니사의 그레고리우스)나 '유다의 형상에다 기도가 당나귀울음소리와 비슷한 뱀'(히에로니무스)이라고 조롱했다.

이렇게 해서 그리스도인들의 교회와 유대인들의 회당은 공식적으로 결별한 채 서로 화해를 잊고서 살았다. 그로부터 수십 년 뒤에 시몬바르 코크바(Simon Bar Kochba, ?-135)가 주도한 제2차 유대반란전

공중에서 내려다본 마사다. 오른쪽으로 로마군이 쌓은 램프가 보인다. ©WP

쟁(132–135) 역시 하드리아누스(Publius Aelius Hadrianus Bucce-llanus, 117–138 재위) 황제의 로마군에게 잔인하게 진압되었다. 팔레스타인에서 쫓겨난 유대인들은 한 곳에 정착하지 못하고 지중해 연안과 유럽을 떠돌면서 그리스도를 죽음에 이르게 한 대가를 요구하는 그리스도인들에게서 말할 수 없는 수모와 고통을 겪었다. 유대인들에 대한 중세의 거듭된 테러와 에스파냐에서의 종교재판, 히틀러의 광기 역시 역사적으로 누적된 유대인들에 대한 혐오 정서와 결코 무관하지 않았다.

화해 분위기가 무르익기까지는 거의 2천 년이라는 세월이 필요했다. 1986년에는 교황 요한 바오로 2세, 2010년에는 교황 베네딕토 16세가 각각 로마의 유대교 회당을 방문했다. 요한 바오로 2세는 유대인들이 "그리스도인들의 특별한 형제들이며, 어떤 의미에서는 그리스도인들의 형"이라고 선언했다. 화해의 노력은 거기서 그치지 않았다. 프란치스코 교황 역시 전임자들처럼 2016년 1월, 로마 티베르강 부근의 유대교 회당을 찾아가서 그리스도인과 유대인은 형제이고, 반유대주의는 어떤 형태든지 배격한다고 선언했다. 이것은 1965년 제2차 바티칸공회가 마무리되면서 예수 그리스도의 죽음은 유대인들에게 전혀 책임이 없다고 공개적으로 천명한 '우리 시대'(Nostra Aetate) 선언을 재확인한 것이기도 했다.

[박해를 감내하는 그리스도인]

69년부터 81년 사이에 로마 황제들은 줄곧 기독교를 무시하는 정책을 고수했다. 그런데 베스파시아누스 황제의 차남 도미티아누스(Titus Flavius Domitianus, 81-91 재위)만큼은 전임자들과 성향이 사뭇 달랐다. 그는 형 티투스 황제가 병을 얻어 42세를 일기로 갑작스레 세상을 뜨는 바람에 생각하지 못한 행운을 거머쥐었다.

티투스는 아버지 베스파시아누스 황제를 계승하고 난 이후로 사도 바울을 재판한(행 26:1-32) 헤롯 아그립바의 여동생 베레니케(버니게)와의 염문으로 구설에 오르기도 했지만, 발군의 역량을 발휘해서 어느 황제보다 평판이 좋았다. 자연 재앙마저 티투스의 치적을 어찌지 못했고, 오히려 발 빠른 대처로 가라앉은 민심을 사로잡았다. 79년 베수비오 화산이 폭발해서 폼페이와 헤르쿨라네움이 매몰되는 비극이 발생했다. 신임 황제는 재난 지역에 구호물자를 쏟아 붓고 화산 폭발 직후 그 지역을 방문해서 이재민을 위로했다. 그리고 80년에는 대화재가 사흘 간 지속되어 로마의 신전과 판테온이 무너지자 즉시 재건을 지시하고 재난을 무난하게 수습했다. 하지만 81년 여름, 여행 중에 얻은 열병으로 쓰러져 재위 2년 2개월 20일 만에 숨을 거두었다. 로마 시민들이 마치 가족을 잃은 것처럼 애도하던 황제의 죽음은 기독교를 격랑에 빠뜨렸다.

* 로마의 박해

대머리 도미티아누스가 혈육을 남기지 못하고 세상을 뜬 형의 뒤를 이어서 플라비아누스 왕조의 마지막 황제 자리에 올랐다. 도미티아누스에 대한 후대의 평가는 극단적이다. 한편에서는 치세 동안 지속된 상대적 평화와 성실한 행정을 근거로, 도미티아누스를 절대 권력을 행사한 독재군주로 규정하는 것은 지나치다고 말한다. 반면에 93년 후반부터 암살을 당하기 직전까지의 공포 정치에 주목하는 이들은 그가 네로나 칼리굴라와 전혀 다를 바 없는 로마제국 역사의 괴물로 간주한다. 로마의 역사가 작은 플리니우스(Gaius Plinius Caecilius Secundus, 61-112) 역시 폭정에 시달리던 도미티아누스 시절의 기억을 다음과 같이 기록으로 남겼다. "친구 일곱이 죽거나 추방된 시기였으며… 나는 주변에 떨어지는 벼락의 불길 한 복판에 서 있었고, 마치 종말이 나를 기다리고 있다는 생각을 갖게 할 만큼 분명하고 확실한 조짐이 보였다."

평가가 극단적으로 엇갈려도 신임 황제의 성격 자체가 최악이었다는 데는 서로 이론이 없다. 도미티아누스는 아첨을 기대하면서도 자기 비위를 맞추거나 그렇지 않는 것을 모두 싫어하다 보니 아랫사람들은 쉽게 갈피를 잡지 못했다. 종교적인 측면 역시 마찬가지였다. 독재를 일삼던 도미티아누스는 사후에 신으로 추앙된 이전의 황제들처럼 죽음을 맞이할 때까지 기다릴 정도로 그리 인내심이 강하지 않았다. 그는 어떻게든 황제의 환심을 사려는 아첨꾼들의 제안을 물리치지 않았다. 재위 기간에 스스로를 로마의 '주인이면서 신'(dominus et deus)으로 부르도록 요구했다. 당시에는 황제 중심의 국가 종교에 불참하는 식으로 정부의 지시를 거부할 경우에는 국가에 대한 중대한 범죄로 간주되었다. 권력에 심취한 황제는 거기서 한술 더 떠서 사람들에게 공개적인 선서를 하도록 요구했다.

까다로운 도미티아누스의 과도한 요구는 계속되었다. 유대인들 역시 예외가 될 수는 없었다. 황제는 유대인들에게 예루살렘 성전이 더 이상 존재하지 않으니, 이후로는 로마 당국에 십일조를 바쳐야 한다는 내용의 칙령을 발표했다. 돈으로 군인들의 충성심을 유도하다가 바닥을 드러낸 국고를 채우려는 속셈이라는 것을 알만한 이들은 모두 알고

도미티아누스 황제 흉상. 나폴리국립고고학박물관 ©유재덕

있었다. 그러니 유대인 일부가 황제의 터무니없는 요구에 반발하고 나선 것도 당연했다. 유대인들의 집단행동을 황제의 권위에 대한 직접적인 도전으로 간주한 도미티아누스는 오히려 한층 더 강력하게 대응했다. 유대인들의 전통 풍습을 일체 금지한다는 보복성 법령을 공표했다. 관료들에게 막말을 해대거나 원로원 의원들은 물론이고 가까운 인척마저 거침없이 사형에 처하는 평소 행동을 감안하면 그것도 관대한 수준이었다.

그렇다면 그리스도인들의 경우는 어땠을까? 반유대 법령의 충격은 그리스도인들을 비껴가지 않았다. 유대인들의 회당 예배가 그랬던 것처럼 그리스도인들의 모임에서 정기적으로 진행되는 예배 역시 로마 당국의 강력한 규제를 받아야 했다. 그렇게 해서 역사상 처음으로 이탈리아를 벗어난 지역에서까지 그리스도인들을 상대로 박해가 가해지기 시작했다. 도미티아누스가 95년에 시종들의 공격을 받고 갑작스럽게 죽음을 당했지만 기독교에 대한 박해는 멈추지 않았다. 지속적으로 박해가 가해졌음에도 불구하고 249년까지 어느 황제도 기독교를 로마 당국을 상대로 조직적인 반역 행위를 도모할 가능성이 높은 위험한 집단으로 분류하려고 하지 않았다. 박해의 원인은 대체로 종교적이면서 황제 개인과 관계가 있었다.

✽ 순교의 시대

그리스도인들에 대한 박해는 로마제국 역사상 가장 위대하고 유명한 황제 가운데 하나로 손꼽히는 트라야누스(Trajanus, 98-117 재위)의 즉위 이후에도 여전했다. 현재 터키에 속한 비티니아와 폰투스의 총독을 지낸 플리니우스는 황제 트라야누스에게 편지를 보내 자문을 구했다. 플리니우스는 자신이 그리스도인들을 처리하는 방식을 구체적으로 보고했다. 플리니우스는 그리스도인들에게 세 번의 기회를 주었다. 그리스도를 저주하기만 하면 누구든지 석방했다. 그리스도를 저주하지 않는 시민들은 로마로 압송해 재판을 받게 했다. 그 이외는 즉시 사형에 처했다. 트라야누스는 플리니우스의 깔끔한 일 처리 솜씨에 갈채를 보내면서 그리스도인을 사냥하듯 색출하지 말고 제보가 있는 경우에만 처벌하도록 지시했다.

총독 플리니우스는 그리스도인들이 무엇을 믿고 있는지 알아볼 셈으로 인근 교회에 출석하는 두 명의 여자 집사를 체포해서 심문했다. 별다른 소득은 없었다. 결국 그는 황제에게 자신은 '이상한 미신' 이외에는 아무것도 알 수 없었다고 보고했다. 총독에게는 기독교가 이해할 수 없는 미신처럼 보였을지 모르지만, 수많은 남녀가 소위 그 미신을 포기하는 대신에 자발적으로 죽음을 선택했다. 그 가운데 한 사람이 스미르나(서머나)의 폴리카르푸스(폴리캅 Polycarpus of Smyrna, 69-155?)였다. 유세비우스는 「교회사」(Historia Ecclesiae)에서 폴리카르푸스와의 얽힌 사연을 이렇게 소개했다.

스미르나의 폴리카르푸스는 그리스도인들 사이에서 사도 요한의 제자로 알려진 뛰어난 목회자였다. 오늘날 터키의 남서쪽에 위치한 이즈미르에 해당하는 경기장에서 그리스도인 몇 명이 처형될 예정이었다. 그때 경기장에 모여 있던 군중들이 한목소리로 외치기 시작했다. "무신론자들을 쫓아내라! 폴리카르푸스를 찾아내라!"

앞에서 이미 설명한 것처럼 그리스도인들은 로마의 여러 전통적인 신들을 공개적으로 부정했기 때문에 시민들은 그들을 무신론자, '사악하고 과도한 미신'을 믿는 사람들로 분류해놓고 있었다. 법정에서 유죄로 판결을 받을 경우에는 처형을 달리 면할 수 없었다. 당국은 문제적 인물로 지목된 바 있는 폴리카르푸스 곁에서 시중을 들던 사람들을 잡아다가 그가 피신한 장소를 털어놓을 때까지 계속해서 고문을 가했다.

소식을 전해들은 노년의 폴리카르푸스는 별다른 저항 없이 스스로 걸어 들어와서 순순히 병사들에게 붙잡혔다. 총독은 재판정에서 어떻게든 회유해보려고 노력했다. 그의 전향이 나머지 사람들에게 끼칠 영향을 잘 알고 있는 총독이 부드럽게 말을 건넸다. "나이를 생각하라. '무신론자들이여, 물러가라!'고 말하라."

총독의 회유는 무척이나 집요했다.

"맹세하기만 하면 그대를 풀어주겠다. 그리스도를 저주하라."

군중들 역시 한 음성으로 외쳤다. "저주하라! 저주하라!"

폴리카르푸스는 주변에 있는 사람들을 말없이 천천히 둘러보았다. 그러고 나서 그는 군중을 향해 굳게 다물었던 입을 열었다.

"무신론자들을 쫓아내라니요! 내가 86년 동안 그리스도를 섬겨왔지만 그분은 나에게 단 한 번도 잘못하신 적이 없었소. 그런데 나를 구원하신 나의 왕을 어찌 모욕할 수 있겠소?"

더 이상의 타협은 불가능했다. 병사들이 화형대에 묶으려고 하자 그가 말했다.

"묶지 말아주시오. 이 불로 나오게 하신 그리스도가 역시 감당할 수 있는 능력을 주실 것이오."

폴리카르푸스는 미동도 하지 않고서 산 채로 화형을 당했다.

[신앙의 옹호자들]

2세기 중반에 들어서자 그리스도인 학자들은 비판자들이 자신들을 상대로 퍼붓는 비난과 오해, 그리고 근거 없는 공격을 상대로 일일이 응대하기 시작했다. 그뿐만 아니라 이방 종교들의 다신론이나 신들에 관한 추잡한 일화를 소개하는 신화, 그리고 피로 얼룩진 이방제사나 동물숭배는 미신이며 실제로 악마의 작품이라는 사실을 설득력 있게 거론했다. 작가이면서 동시에 학자인 그들을 사람들은 '변증가들'(apologists)이라는 이름으로 불렀다.

처음에 변증가들은 로마인들을 그리스도인으로 개종시키려는 의도가 없었다. 대부분이 그리스어를 자유롭게 구사할 수 있었던 그들은 일반인들이 흔히 생각하는 것과 달리 그리스도인들이 범죄자가 아니라는 사실을 그리스식 개념을 빌어다가 입증하고 싶어 했다. 교회를 변호하는 글을 작성해서 직접 황제에게 보낼 때도 있었다. 변증가들의 목적은 그리스 철학에 익숙해 있던 사람들에게는 기독교를 합리적으로 설명해주고 유대인들에게는 예수를 메시아, 곧 그리스도로 받아들이도록 이해시키는 것이었다.

✴ 순교자 유스티누스
변증가들 가운데는 팔레스타인 출신 유스티누스(Justinus, 100-165)가 단연 유명했다. 유스티누스는 주로 로마에서 활동하면서 그리스 철학을 수용했다. 그리스도인들이 플라톤을 비롯한 스토아 철학이나 그리스 신화에 비판적이라는 것을 알고 있는 유스티누스가 그리스 철학을 선호한 이유는 이랬다. 그의 주장에 따르면 헤라클리투스나 소크라테스 같은 이교 철학자들은 이미 오래 전에 하나님의 우주적 말씀의 희미한 그림자를 발견했다. 이런 우주 질서가 예수 그리스도에 의해서 육신이 되었다. 그는 이교 철학에도 반드시 기독교 신앙과의 접점이 존재한다고 믿었고, 그래서 그리스 철학자들을 '그리스도 이전의 그리스도인'(Christians before Christ)이라고 불렀다. 한마디로 기독교를 진정한 철학으로 간주한 것이다.

그렇다고 해서 유스티누스가 이교 철학 자체를 자신의 신앙으로 수용한 것은 아니었다. 그는 어느 편지에서 그리스도인의 모습을 이렇게 설명한 적이 있다. "그리스도인들이 다른 사람과 구별되는 것은 그들의 출신이나 언어, 또는 옷 입는 습관 때문이 아닙니다. …그들은 세상의 법을 따르지만 법보다 높은 삶의 방식을 따릅니다. 그들은 모두를 사랑하지만 모두로부터 박해를 받습니다. 그들은 이름도 없으며 저주를 받습니다. 그들은 죽음으로 내몰리지만 생명을 얻습니다. …그리스도인들은 이 세상 안에 있지만 이 세상의 것이 아닙니다."

누구보다 고집이 셌던 이 변증가는 그리스도와 로마 신들 사이에서 선택을 요구받자 즉시 예수 그리스도에게로 돌아섰다. 결국 유스티누스는 스토아 철학을 신봉하던 마르쿠스 아우렐리우스(Marcus Aurelius, 161-180 재위) 황제의 지시에 따라서 165년 형장에서 참수되었다. 그로부터 얼마 지나지 않아 사람들은 유스티누스라는 이름에 '순교자'를 덧붙여서 부르기 시작했다. 기독교 변증가로 살다가 죽음으로 마감한 그의 삶에 '증거'라는 그리스어(martyria)에서 비롯된 '순교자'(martyr)보다 적합한 표현이 있을 수 없었다.

순교자 유스티누스가 발전시킨 기독교 철학은 3세기 초반 교부들 가운데 진정한 천재로 인정받은 알렉산드리아의 오리게네스(오리겐

Origenes, 185?-254?)가 계승했다. 우리가 앞으로 2부에서 또다시 자세히 살펴보게 될 오리게네스는 순교자 유스티누스와 마찬가지로 기독교와 이교문화를 화해시키려고 기독교에 그리스 문화를 수용하는 것은 물론, 거기서 더 나아가 이교문화를 초월하고 지양하는 데 자신의 열정을 모두 바쳤다.

순교자 유스티누스에 대한 후대의 평가 역시 2세기의 그것과 다르지 않았다. 19세기 기독교 역사학자 필립 샤프(Phillip Schaff)는 「교회사」(History of the Christian Church)에서 그를 이렇게 평했다. "유스티누스는 교부 가운데 박식한 신학자이며 기독교 사상가라고 부를 수 있는 최초의 인물이다. 그는 개종 전부터 고전과 철학에 관해서 상당한 지식을 가지고 있었는데, 이런 지식은 기독교 신앙을 변론하는 데 큰 도움이 되었다. 그는 진정한 의미에서 정교한 학자는 아니었다. 하지만 존경할 만하고 관용적이었고, 독서를 많이 하고 기억력이 좋은 사람이었다. …그가 살던 시대에는 비밀단체는 물론이고 정부가 금하는 종교는 로마법으로 처단하기 때문에 기독교를 범죄 집단으로 여기던 때였다. 그는 이런 어려운 시기에 살아서는 용감하게 믿음을 고백했고, 또한 죽음으로써 믿음을 지켰다. …따라서 그는… 비범하고 선하고 유용한 인물이었으며, 순교자들의 대열에서도 누구보다 존경을 받을 만한 사람이었다."

＊ 사도적 증인 이레나에우스

역사를 기독교적으로 해석한 최초의 기독교 작가로 인정을 받고 있는 리옹의 이레나에우스(Irenaeus, 135?-202?)는 직전의 순교자 유스티누스와는 다소 성향이 달랐다. 기독교 변증가 2세대에 해당하는 이레나에우스는 밖에서 제기되는 질문과 기대를 가지고 교회 안으로 들어온 유스티누스와 달리 교회 내부의 전승을 충실하게 계승하면서 교회를 위해 목회자로 활동했다. 이 때문에 철학을 지향한 선배 변증가보다는 사도의 전승을 강조한, 동향의 스미르나 출신 폴리카르푸스에게서 더 큰 영향을 받았다. 실제로 이레나에우스는 기회가 있을 때마다 자신이 어려서부터 위대한 교부 폴리카르푸스의 설교를 듣고 자랐다고 자랑삼아 말했다.

이레나에우스는 170년 무렵 오늘날 프랑스에 해당하는 갈리아의 리옹에 정착했다. 177년 리옹의 노 주교가 마르쿠스 아우렐리우스 황제의 박해로 순교하면서 그 자리를 대신 맡았다. 그리스 철학자들이 구사하는 논리적 언어가 아닌, 설교자의 말투로 교회지도자와 변증가로 활약한 이레나에우스의 명성은 남부 갈리아 지역을 넘어섰다. 그뿐만 아니라 그는 교회의 다양한 분파나 문제에 적극 개입하고 조정하는 한편, 나중에 살펴보게 될 영지주의(Gnosticism) 같은 이단을 반박하거나 교정하면서 기독교의 독창성과 우주적 성격을 강조했다.

이레나에우스가 사도적 전승을 앞세운 것은 영지주의자들을 반박하기 위함이었다. 리옹의 주교가 성서를 근거로 정통성을 주장하자 영지주의자들은 교회의 전승으로 맞받았다. 그들이 보기에 성서 자체가 부패했을 뿐 아니라 진리와 전혀 무관했다. 영지주의자들에게는 전승만이 유일한 규범이었다. 이레나에우스는 영지주의자들의 효과적인 무기를 역으로 활용했다. 교회의 전승이 의미 있는 것은 그것이 사도들에게까지 거슬러 올라가기 때문이라는 게 그의 주장이었다. 당시 대표적인 교회들마다 사도적 전승의 증언자들이 여전히 생존했다. 이단들의 경우에는 기껏 창시자에게로 거슬러 올라가는 게 전부였다. 한편으로 성서를, 또 다른 편으로는 사도적 전승을 강조한 이레나에우스의 전략은 상당한 성과를 거두었다.

기독교는 계시(성서)와 거룩한 전승(전통)에 근거를 두고 성령 안에서 역사하고, 신앙은 보편(catholic) 교회를 통해서만, 그리고 교회의 사도적 말씀을 통해서만 전달된다는 것을 강조한 이레나에우스의 고백은 사도시대와 그 이후 교회의 역사를 연결하는 중대한 가교가 되었다. 덕분에 체계화된 신학을 제대로 갖추지 못한 초기 기독교가 이제 막 형성 중인 성서와 전승을 소재로 삼아서 하나의 단단한 줄을 엮어낼 수 있었다. 목회와 집필, 변증과 선교에 주력하던 이레나에우스의 행적은 190년 이후로 역사에 등장하지 않는다. 202년 무렵 발생한 황제 셉티무스 세베루스(Septimius Severus, 193-211 재위) 박해 때 유스티누스처럼 순교당한 것으로 추정된다.

[순교자의 피는 교회의 씨앗이다]

64년 이후부터 4세기 초반까지만 해도 기독교의 신앙에 입문하려면 그에 앞서 자신의 목숨을 잃어도 아까울 게 없다는 각오를 해야 했다. 250년 이전까지 그리스도인들에게 가해진 박해는 이후의 그것과 비교해보면 다소 제한적이고 산발적으로 진행되었다. '유대교'라는 용어에 맞서 '기독교'라는 용어를 처음으로 사용한 안티오키아 지역 출신 이그나티우스나와 폴리카르푸스 주교, 그리고 블란디나(Blandina), 페르페투아(Perpetua), 펠리키타스(Felicitas)를 비롯해서 수많은 여성들이 그 시기에 박해를 받고 순교했다. 순교를 겨우 모면한 젊은 여성들은 사창가로 팔려가는 수모를 또다시 겪어야 했다.

강력한 박해에도 불구하고 그리스도인들의 숫자는 오히려 예상하지 못한 속도로 늘어갔다. 사람들은 그 원인이 무엇인지 궁금했다. 일차적으로는 하나님의 영, 곧 성령이 교회와 함께하기 때문이라는 게 그리스도인들의 해석이었다. 그리스도인들이 당시의 지중해 세계에 기존의 전통과는 사뭇 다른 영적 관심과 삶의 지침을 제시해서 높은 관심을 불러일으킨 것 역시 기독교의 급속한 성장을 가능하게 만든 또 다른 이유가 될 수 있다. 하지만 그리스도인들이 로마제국 시민들에게 제시한 새로운 종교적 교훈을 간과하면 초기 기독교의 성장 배경을 제대로 설명할 수 없다.

✽ 성장의 동력들

무엇보다 기독교는 로마제국에 일종의 도덕적 지침을 제시했다. 2세기 중반이 되자 로마 당국은 유대인과 그리스도인을 배격하지 않았다. 기독교의 도덕법을 접한 적이 없는 시민들 역시 마찬가지였다. 시민들 가운데 유대교가 주장하는 사랑과 공의의 하나님을 추종하는 이들이 나타났다. 하지만 이들은 할례의 끔찍한 고통 때문에 정식으로 유대교에 입문하는 경우는 거의 없었다. 단지 유대인들의 회당에 재정적으로 도움을 제공하는 수준에서 만족하려고 했다. 유대인들은 그런 시민들을 '하나님을 두려워하는 사람'(God fearer)이라고 불렀다.

기독교는 그 틈을 놓치지 않고 파고들었다. 이방인이 보기에 기독교는 유대교와 달리 고통스러운 할례의식을 거치지 않아도 신앙생활을 할 수 있다는 게 커다란 매력이었다. 게다가 그리스도인들의 우월한 도덕적인 행동은 법이나 관습, 혹은 계급에 근거한 윤리보다는 순수하고 진실한 마음에서 우러나온 것이었다. 일반인들은 그리스도인들의 이런 태도를 있는 그대로 받아들이기 시작했다. 기존의 종교는 상류층 사람들에게 도시와 자신들의 명예를 지키려면 빵과 서커스에 돈을 써야 한다고 가르쳤다. 하지만 기독교는 여유 있는 사람들이 가난한 이들을 돕는 게 마땅하다고 가르쳤고 그대로 실천했다.

게다가 그리스도인들은 평등이라는 개념을 삶 속에서 적극 실천했다. 특히 그리스도인들이 갖고 있던 여성에 대한 견해는 로마인들이 전통적으로 고수해온 그것과는 차원을 달리했다. 로마인 가장들은 가족 모두에게 체벌을 가할 수 있는 강력한 권한(때에 따라서는 가문의 명예를 훼손한 가족을 죽음에 이르게 할 수 있는)을 갖는 것은 물론, 장애아처럼 원하지 않는 아이가 태어나면 별다른 제지를 받지 않은 채 내다 버릴 수 있었다.

반면에 그리스도인들은 달랐다. 기독교 조직을 주도적으로 이끌어

〉〉〉 콜로세움이 순교지?

72년 베스파시아누스 황제가 착공한 콜로세움(현재 콜로세오)의 본래 이름은 '플라비우스 원형극장'(Amphitheatrum Flavium)이다. 당시 원형경기장이 주로 도시 외곽에 건축된 것과 달리 도심에 세워졌다. 건물 대부분은 석재와 콘크리트이며 48.5m의 높이에 직경은 긴 쪽이 188m, 짧은 쪽이 156m로 타원형이다. 대략 5만 명을 수용했고, 공연 뒤에는 76개의 출입구로 많은 인원이 신속하게 빠져나가게 설계되었다. 무대에서는 검투시합, 해상전투, 맹수사냥, 그리고 고대 신화를 주제로 한 연극이 상연되었다. 콜로세움이 그리스도인들의 순교지로 잘못 알려진 것은 내부에 십자가를 세운 교황 베네딕토 14세(Benedictus XIV 1740-1758 재위)의 오해 때문이다. 그리스도인들을 사자에게 던져주는 데 이용된 곳은 콜로세움에서 차로 1분 거리의 키루쿠스 막시무스 원형경기장이다. 원형경기장은 영화 벤허의 무대였다.

가는 남성들은 같은 신앙을 가진 여성들에게 무척 호의적이었다. 그뿐만 아니라 그들은 공동체 안에서 여성들을 차별하지 않고서 수용했다. 경우에 따라서는 살고 있는 주택을 예배 장소로 기꺼이 제공할 정도로 경제적으로 부유한 여인들이 남자들을 대신해서 교회 지도자 역할을 수행할 때도 있었다. 기독교 공동체가 여성을 존중하는 데는 그럴 만한 이유가 있었다. 그리스도인들이 모범으로 삼은 것은 그리스도 예수였다. 그들은 여성을 존중하던 예수의 교훈과 삶을 기준으로 삼아서 일상의 관계에서 그대로 실천하려고 노력했다.

사실 예수 그리스도는 여성을 열등하게 간주하는 유대 남성들의 편견에 도전했다. 1세기 당시 유대교 랍비들의 전형적인 태도와는 다른 모습이었다. 대개 랍비들은 여성을 남성과 동등한 인격체로 대하려고 하지 않았다. 예수는 성별을 가리지 않았을 뿐 아니라 출신 배경과 무관하게 직접 대화하고 가르쳤다(요 4:9, 눅 10:39). 여성들은 그런 예수가 골고다 언덕에서 십자가에 달려서 마지막 숨을 내쉬는 순간까지, 죽음의 공포가 맴도는 자리를 뜨려고 하지 않았다. 부활의 소식을 접했을 때도 누구보다 먼저 믿고 다른 사람들에게 가감 없이 전달했다. 세월이 흐르고 교회 안의 직제가 강화되면서 서서히 변질되기는 했어도 초기 기독교는 자신들이 따랐던 그리스도처럼 여성을 존중했을 뿐 아니라 동역을 마다하지 않았다.

그리고 그리스도인들은 인격적인 신을 제시했다. 로마의 여러 신들은 필요에 따라 만들어지거나 그리스를 비롯한 근동 지역에서 수입한 비인격적 존재들에 지나지 않았다. 반면에 기독교는 신적 존재와의 직접적 교제는 물론이고 그 이상의 무엇을 제공한다고 믿었다. 더 나가서 그리스도인들은 예수 그리스도를 통해서 인간을 이해할 수 있을 뿐 아

고대 로마를 대표하는 건축물인 콜로세움. 로마 시민들에게 다양한 볼거리를 제공했다. ⓒ유재덕

니라 고난에 동참하는 하나님을 직접 경험하고 있다고 확신했다. 이것은 순교라는 심각한 박해에 직면한 그리스도인들에게 상당한 의미가 있었다.

* 블란디나와 페루페투아

유세비우스에 따르면 갈리아의 리옹에서는 블란디나(155?-177)라는 장애인 여성 노예가 새벽부터 한밤중까지 쉬지 않고 고문을 받았다. 주인과 함께 체포된 그녀는 결코 황제에게 분향할 수 없다고 고집을 피웠다. 잔인한 고문을 받으면서도 신음대신 "나는 그리스도인이다. 우리들은 수치스러운 행위를 하지 않았다"는 말만 되풀이해서 주위를 놀라게 했다. 결국 병사들은 블란디나를 경기장으로 끌고 가서 벌거벗긴 채 십자가에 매달고는 굶주린 맹수를 풀었다. 어쩐 일인지 맹수는 거들떠보지도 않았다. 그러자 병사들은 그녀의 피부를 모두 벗겨 내고 채찍질하고 나서 또다시 불에 달군 석쇠에 올려놓았다.

만행은 거기서 멈추지 않았다. 병사들이 상처 입은 블란디나의 몸을 황소우리에 내동댕이치자 성난 황소들이 들이받았고, 결국 그녀는 순교했다. 숨죽인 채 그 모습을 지켜보던 그리스도인들은 블란디나의 죽음에서 오히려 십자가에 달린 그리스도 예수를 목격했다. 자신들처럼 야유를 당하고 고통을 겪고 슬퍼하던 주 예수 그리스도가 바로 그곳에 있었다. 이처럼 그리스도인들에게 가해지는 신체의 고통은 십자가에 매달린 그리스도에 대한 신앙과 중첩되면서 오히려 용기로 바뀌었다.

오늘날의 튀니지에 해당하는 북아프리카의 카르타고 지역에도 3세기 초반이 되자 그리스도인들에 대한 강력한 박해가 밀어닥쳤다. 북아프리카 출신으로 로마 황제가 된 셉티무스 세베루스(Septimius Severus, 145-211 재위)의 칙령을 어겼다는 이유로 페르페투아를 비롯한 다섯 명의 그리스도인들이 한꺼번에 투옥되었다. 이들은 그리스도인이라서 체포된 게 아니라 황제가 금지했음에도 불구하고 기독교로 개종해서 처벌을 받게 되었다. 다섯 명 모두 체포 직전에 세례를 받았다. 귀족 출신 페르페투아를 설득하기 위해서 로마 당국은 연로한 아버지를 내세워 신앙을 포기하도록 종용했다. 페르페투아가 굳게 다물었던 입을 열었다.

"아버지, 이 그릇을 보세요! 이것이 물그릇이거나 다른 무엇이거나 상관이 없을까요? 이것이 본래의 그것과 다른 이름으로 불릴 수 있을까요?"

25만 명 이상을 동시에 수용한 키루쿠스 막시무스 대전차경기장. 이곳에서 그리스도인들의 처형이 있었다. ⓒ유재덕

그러고 나서 말했다.

"그렇다면 저 역시 있는 그대로의 이름인 그리스도인이라는 것 말고는 그 어떤 이름으로도 제 자신을 부를 수 없답니다."

페르페투아는 자신이 잠시 뒤에 맞세 될 운명 때문에 괴로워하는 아버지를 위로했다.

"우리는 우리의 힘을 의지하지 않고 하나님의 힘을 의지하니, 결국에는 하나님이 원하시는 대로 모든 일이 이루어질 것입니다."

그러고는 죽음이 기다리는 원형경기장으로 걸어 나가서 서툰 검투사의 검을 끌어다가 기꺼이 자신의 목에 가져다 댔다.

박해가 가해지면 가해질수록, 그래서 고통의 강도가 심해지면 심해

노예 펠리키타스와 함께 순교한 페르페투아

질수록 그리스도인들은 그만큼 더 십자가 위에서 고난을 겪은 그리스
도 예수와 하나 됨을 극적으로 경험했다. "나로 말미암아 너희를 욕하
고 박해하고 거짓으로 너희를 거슬러 모든 악한 말을 할 때에는 너희에
게 복이 있나니"(마 5:11) 극심한 신체적 고통은 그들과 주님으로 모시
는 예수를 서로 연결하는 매개이면서 동시에 교회 성장의 원동력이 되
었다.

북아프리카 출신의 기독교 변증론자이면서 교부로서도 명성이 높
았던 테르툴리아누스는 이렇게 말했다. "순교자의 피는 교회의 씨앗
이다."

변화하는
기독교,
그리고 전통

＊　＊　＊　＊　＊

초기 기독교는 로마 당국의 산발적인 박해가 찾아올 때마다 조금도 뒤로 물러서려고 하지 않았다. 교회 지도자들은 교인들을 격려하고 보다 체계적으로 조직해서 눈앞의 위기를 극복하려고 시도했다. 때문에 적지 않은 그리스도인들이 신앙을 지키려고 자진해서 순교의 길을 선택했고 덕분에 복음은 로마제국 전체로 퍼져나갈 수 있었다. 그렇게 세월이 흐르고 그리스도인들의 숫자가 늘어가자 과거에는 전혀 생각하지 못한 문제들이 기독교 내부에서 새롭게 제기되기 시작했다. 베드로를 비롯한 사도들처럼 팔레스타인에서 그리스도 예수와 일차적 경험을 공유한 인물들이 세상을 뜨면서 생겨난 일이었다.

기독교의 새로운 세대들은 궁금한 게 적지 않았다. 신앙의 대상이 되는 그리스도 예수는 누구인가? 생활의 터전으로 삼고 있는 이 세상은 근본적으로 선한 것인가, 아니면 악한 것인가? 무엇을 기독교 신앙의 기준으로 삼아야 하는 것일까? 세계 곳곳에 흩어져 있는 각 지역의 교회들과 그리스도인들을 하나로 묶어줄 수 있는 것은 교회의 전통인가, 아니면 성령인가? 2세기와 3세기 그리스도인들은 외부의 박해를 인내하는 동시에 내부에서는 이런 간단하지 않은 질문을 해결할 수 있는 적절한 해답을 얻으려고 부단히 노력했다.

그뿐만이 아니었다. 과거와 현재 사이에서 적절하게 균형을 유지하려고 애쓰는 교회는 로마제국에서 진행되는 변화의 물결을 타지 않을 수 없었다. 기독교 교회는 더 이상 팔레스타인이라는 제국의 변방 지역을 맴돌아야 하는 낯선 신흥 종교가 아니었다. 그리스도인들에게는 그리스 문명에 뿌리를 박고 있는 로마제국 시민들에게 보다 효과적으로 복음을 전달할 수 있는 새로운 언어가 무엇보다 절실했다. 실천적인 그리스도의 제자직보다 이론적이고 사색적인 교리가 강조되기 시작한 것도 바로 그런 이유 때문이었다.

그리스어를 유창하게 구사하고 지적으로 수준이 높은 변증가들이 그런 시대적 흐름을 주도했다. 변증가들은 시기적으로 간격이 있는 그리스도와의 일차 경험을 강조하지 않았다. 그들의 노력 덕분에 하나님, 예수 그리스도, 그리고 세계를 해석해내는 기독교의 다양한 교훈들이 앞 다투어서 교리의 형태로 개념화되었다. 그 과정에서 예수 그리스도에 대한 상이한 이해와 이단 논쟁이 발생했다. 덕분에 기독교는 어느 정도 혼란을 감수하지 않을 수 없었다. 하지만 그것을 통해서 얻은 소득 역시 적지 않았다. 교회가 성장하는 데 필수적인 고통, 성장통이었다.

[변화하는 기독교]

1세기 당시의 기독교는 장로나 주교의 역할을 굳이 따로 구분하려고 들지 않았다. 장로와 주교는 이름과 무관하게 교회 안에서 서로 동일한 역할을 수행했다. 처음에 그리스도인들은 유대교의 전통적인 방식을 그대로 답습해서 공동체를 꾸려나갔다. 특정 현안을 놓고 장로들끼리 함께 협의하고 결론을 도출해내는 방식의 이른바 집단 지도체제 형태였다. 이들은 교회와 관련된 실제적인 업무뿐 아니라 예수 그리스도에 대한 이해와 기본적인 교리까지 성서에서는 구체적인 교훈을 확인할 수 없는 내용을 사도들이나 사도 교부들로부터 전해지는 구전을 기초로 대답하는 역할까지 담당해야 했다.

바울이 지중해 동부지역의 선교에 치중하던 시기에는 장로나 주교보다 예언자와 교사가 교회를 주도했다. 바울은 교회에서 사도나 예언자, 그리고 교사가 맡는 역할을 무엇보다 중시했다. 그들 가운데 특히 사도들은 그리스도 예수와 더불어 생활하면서 활동한 원초적 경험을 전달하는 역할을 담당했다. 사도들은 위임받은 사명을 실천하기 위해서 예수의 부활과 죄의 회개, 그리고 세례를 강조하면서 각 지역으로 흩어져서 교회를 설립했다. 그리스도인들은 공공장소보다는 가정집에서 열리는 작은 집회에 참석했다. 사람들은 예수를 그리스도, 곧 메시아로 신뢰한다고 고백하기만 하면 언제든지 세례를 받을 수 있었다. 이 때까지만 해도 교회는 제도적 성격이 그리 강하지 않았다.

2세기에 접어들면서 그리스도인들은 교회의 내부조직을 정비하는 데 박차를 가했다. 이미 110년경 안티오키아에서 주교를 지낸 이그나티우스(Ignatius, 35?-107?)는 나중에 교회에서 구체적으로 실행될 직제들을 세 가지, 즉 주교(bishop)와 장로(presbyter), 그리고 집사(deacon)로 유형화해서 새롭게 제안하기도 했다. 이그나티우스는 주교직을 특히 강조해서 그리스도인들은 주교를 주님을 대하듯이 받들어야 하고, 주교는 신앙의 통일성을 유지하는 게 마땅하다고 가르쳤다. 교회는 주교의 지도를 받으면서 거행되는 세례와 성만찬, 기도, 성서공부에 초점을 맞춘 하나의 통일된 몸이었기 때문이다.

이와 같은 교회 직제는 2세기 중반에 이르러서 로마교회를 중심으로 본격 도입되었다. 이후로 도시들마다 대개 한 명의 주교 또는 주교협의회가 나머지 신자들의 신앙과 생활을 지도했다. 교회는 신자들 가정에서 모이는 형태를 벗어나서 점차 나름의 건물을 보유하게 되었다. 그리고 이 무렵부터 새롭게 기독교 공동체에 가입해서 신자가 된 사람들은 3년간 교육과정을 거치고 나서 세례를 받을 수 있었다. 장로들 가운데는 유아들에게 세례를 주는 이들도 있었다. 거기에 동의하지 않는 장로들은 어린이가 직접 그리스도를 믿는다고 고백할 수 있는 연령에 도달할 때까지 세례를 뒤로 미루어야 한다고 주장하기도 했다. 하지만 어느 쪽도 그것을 본격적으로 문제삼으려고 하지는 않았다.

그렇다면 무슨 이유로 이렇게 교회의 틀을 전반적으로 손질하게 된 것일까? 무엇보다 바울처럼 강력한 지도력을 소유한 기독교 지도자들의 부재가 원인이 되었다. 갑작스레 밀어닥친 박해로 촉발된 인적 자원의 부재라는 재앙은 초기 기독교로 하여금 어쩔 수 없이 보다 더 조직적이고 체계적인 리더십을 확보하도록 부추겼다. 또 다른 원인은 예수에 관한 정통적 진리를 보존하려는 강력한 욕구였다. 2세기 중반까지만 해도 예수와 관련된 다양한 문서들이 존재했다. 마태복음, 마가복음, 누가복음, 요한복음 외에도 도마복음, 빌립복음, 진리복음을 비롯해서 사도들이 기록했다는 비밀문서와 신화, 시까지 아주 다양했다. 그리고 내부 문제 역시 변화로 이끌었다. 2세기에 들어서자 기독교는 중대한 위협에 직면했다. 기독교의 교훈을 왜곡한 영지주의라는 비밀스러운 지식운동이 교회를 분열 직전까지 몰아갔다. 영지주의자들은 기독교의 다양한 문서들 가운데 필요한 것만 선별했다. 자칫 전통이 붕괴할 수 있는 상황에서 교회는 느슨한 조직을 손보지 않을 수 없었다.

✽ 내부의 위협, 영지주의

기독교의 초기 역사상 가장 심각한 내부적 위협으로 간주한 바 있는 영지주의(Gnosticism)는 다양한 경향들이 혼합된 일종의 종교운동이었다. 현재까지도 영지주의에 대한 평가는 긍정적 견해와 부정적 견해로 구분할 수 있을 정도로 서로 엇갈리고 있다. 영지주의의 추종자들에게 있어서 세계를 구성하는 물질적인 것들은 예외 없이 타락하고 악한 것에 지나지 않았다. 영지주의자들에게는 오직 영적인 것만이 선하고 순수할 따름이었다.

영지주의자들의 부적

영지주의의 가르침을 있는 그대로 옮기면 영적인 지식, 즉 세상의 악의 기원을 파악함으로써 구원을 완성하게 만드는 비밀스러운 지식은 누구든지 소유할 수 있는 게 아니었다. 오직 선택받은 소수의 특별한 사람들만이 그노시스(gnosis)의 상태에 도달할 수 있었다. 영지주의자들은 이 지식이 평범한 인간들은 상상할 수 없는 보다 높은 영역으로부터 자신들에게 직접 전달된다고 믿었다. 따라서 그들은 비밀스럽고 신비한 지식을 소유하지 못한 다른 사람들을 진리의 그림자로 규정하면서 노골적으로 경멸하기도 했다.

12개 정도의 분파들로 구성된 영지주의는 물질을 부정하다 보니 "말씀이 육신이 되어 우리 가운데 거하시매"(요 1:14)와 같은 성서의 내용 역시 배격할 수밖에 없었다. 영지주의자들은 그리스도께서 육신이 된 적이 없다고 주장했다. 그러면 영지주의자들이 생각하는 그리스도는 도대체 누구일까? 그들은 예수와 그리스도를 따로 분리했다. 영지주의자들은 그리스도를 예수라는 이름의 평범한 젊은이를 잠시 사로잡았던 어떤 영으로 간주했다. 단순하게 이런 주장만 놓고 보자면 훨씬 뒤에, 그러니까 19세기와 20세기에 걸쳐서 역사적 예수와 신앙의 그리스도를 구분하려고 했던 유럽 자유주의신학자들의 주장은 그다지 새로울 게 없다.

사도들의 교훈은 달랐다. 그들은 이미 그리스도 예수의 인성, 즉 사람이 지닌 성품을 거듭해서 확인한 바 있었다. 게다가 바울은 그리스도인들에게 육신을 허락한 하나님께 영광을 돌리라고 명령했다("너희 몸은 너희가 하나님께로부터 받은 바…. 값으로 산 것이 되었으니 그런즉 너희 몸으로 하나님께 영광을 돌리라." 고전 6:19-20). 영지주의자들로서는 상상할 수 없는 내용이다. 사도들은 어째서 그리스도의 인성

나폴리 동부지역의 고대 도시 폼페이. 뒤에 보이는 베수비오화산 폭발로 매몰되었다. ⓒ유재덕

을 그토록 강조했을까? 그리스도인들에게 있어서 구원은 물질세계로 부터 영적인 것으로의 후퇴가 아니었다. 오히려 영적 세계와 물질적 세계를 한꺼번에 통일하고 회복시킬 수 있는 전폭적인 갱신이 기독교가 믿고 가르치는 구원의 핵심이었다.

영지주의자들이 기독교 교회 안에서 활개를 치게 된 데는 몇 가지 요인들이 한꺼번에 작용했다. 대표적인 것들만 꼽자면 엘리트주의와 자연 재해의 공포, 그리고 마르키온이라는 인물의 영향이었다. 먼저, 영지주의의 핵심 교리는 두 가지였다. 하나는 선과 악이라는 이원론적 세계관에 관한 믿음이고, 또 다른 하나는 구전이나 비밀문서들이 전해 주는 은밀한 진리에 관한 믿음이었다. 영지주의자들은 선택을 받은 일부에게는 하늘의 영적 요소가 육체 안에 갇혀 있는데, 이런 영의 씨앗을 소유한 소수의 사람들만이 쓸모없는 몸에서 해방이 되면 영의 세계로 다시 올라갈 수 있다고 가르쳤다. 이런 가르침에 매료된 엘리트들은 신비한 측면을 독특하게 자극하는 영지주의에 깊게 빠져들었다.

영지주의가 득세하도록 영향을 미친 또 다른 요인은 자연 재앙에서 비롯된 공포였다. 1세기 후반부터 로마제국 시민들은 여러 재앙에 시달렸다. 63년경부터 갑자기 지진이 심해지더니 79년에는 베수비오 화산이 폭발해서 항구도시이자 로마인들의 휴양지로 유명했던 폼페이와 헤르쿨라네움이 순식간에 폐허로 변했다. 80년대 중반에는 로마제국 전체에 흑사병이 창궐하는 바람에 하루에만 10만 명씩 죽어나갔다. 이런 절박하고 암울한 상황은 세상을 외면하고 영적 세계를 강조하는 영지주의자들이 별다른 노력 없이 추종자들을 확보할 수 있는 온상이 되었다. 그리고 영지주의를 좇아서 신학을 구축했지만, 나중에 테르툴리아누스에게 이단으로 낙인찍힌 마르키온의 영향은 나머지 요인들보다 자세한 설명이 요구될 정도로 결정적이었다.

✳ 마르키온, 영지주의의 사도

영지주의가 득세하도록 적잖게 기여한 사내가 있었다. 목회자의 아들이었지만 행동은 가풍과 전혀 무관했다. 나중에 교회에 분열이라는 충격을 안겨주게 될 그 사내의 이름은 마르키온(Marcion of Sinope, 110?-160)이었다. 마르키온의 아버지는 흑해 남부지역 폰투스교회에서 주교를 지냈다. 그는 처음부터 아버지를 따라서 목회자가 될 생각이 조금도 없었다. 대신에 선박업자의 길을 택했다. 마르키온은 세계 여러 곳을 여행하면서 직접 보고 겪은 일 때문에 세상에 대해서 상당한 염증을 느꼈다. 하지만 염세적인 세계관과 사생활이 서로 무관한 게 그의 결정적인 한계였다.

영지주의의 금욕적 신앙을 추종하는 마르키온은 마땅히 극복해야 할 육체적 욕구에 발목을 잡혔다. 140년경에 마르키온은 아버지의 교회에 출석하는 한 소녀와 육체적 관계를 맺었다. 마르키온이 회개하지 않자 교회는 곧장 파문해버렸다. 마르키온은 로마로 피신했는데, 그곳에서는 그의 범죄 사실을 전혀 눈치 채지 못했다. 로마교회는 부유한 선박업자를 별다른 의심 없이 받아들였다. 현재의 화폐 가치로 환산해도 상당한 거액을 바치고 난 뒤에 얻어낸 환심이었다. 마르키온은 로마에서 영지주의를 신봉하는 교사 케르도(Cerdo)의 지도를 받으면서 자신의 생각을 체계적으로 다듬어나갔다.

마르키온은 다른 영지주의 분파에 속한 사람들과 달리 성서에서 영적인 비밀을 찾아내려고 하지 않았다. 마르키온이 앞세웠던 주장은 대부분 영지주의의 세계관으로부터 직접 빌려온 것들이었다. 그의 주장에 따르면 예수 그리스도의 아버지는 물질세계를 창조하고 분노를 발하는 구약성서에 묘사된 하나님과는 전혀 관계가 없었다. 사랑이 넘치는 예수의 아버지는 누군가의 육체를 부활시키거나 아니면 신체적으로 처벌을 가한 적이 결코 없었다.

심지어 마르키온은 예수 그리스도를 한낱 영으로까지 축소했다. 마르키온은 그리스도가 단지 인간으로 보일 뿐이었다고 주장했다. 이와 같은 주장은 나중에 또다시 가현설, 즉 도케티즘(Docetism)으로까지 발전하게 된다. 마르키온을 따르는 추종자들은 이 세상이 악하다고 생각해서 세속적 욕구는 무엇이든지 철저하게 부정하려고 했다. 마르키온의 추종자들은 성찬식을 가질 때도 포도주 대신에 물을 사용했다. 포도주를 마시면 육체적인 쾌락을 자극할 수 있기 때문이라는 게 그 이유였다. 그들은 남녀 사이의 육체적인 관계 역시 철저하게 금했다. 정식으로 결혼한 부부라고 해서 예외가 될 수 없었다.

마르키온은 추종자들을 가르치다가 한 가지 문제가 해결되지 않았다는 것을 깨달았다. 사도들이 남긴 기존의 문서들과 자신의 가르침이 상충하고 있었다. 마르키온은 자기 생각과 일치하는 기독교 문서들만 따로 편집해서 모순을 해결하려고 시도했다. 바울의 광팬답게 그는 바울의 10개 서신들과 누가복음을 엮어 나름의 정경을 제작했다. 마르키온은 그 과정에서 누가복음에 기록된 예수의 탄생 일화를 과감하게 삭제해버렸다. 바울이 교회들에 보낸 서신들 역시 편집과정을 거쳤다. 서신들 가운데 구약성서와 관련된 구절들은 모두 제거되었다. 구약성서의 하나님과 조금이라도 관계가 있다고 생각되는 내용은 남김없이 배제했다. 마르키온은 새롭게 만들어진 신약성서를 손에 들고 흡족해했지만 로마교회의 생각은 달랐다.

144년, 로마교회는 마르키온이 헌금한 돈을 모두 되돌려주었다. 폴리카르푸스와 리옹의 이레나이우스 같은 기독교 지도자들은 마르키온의 고집스러운 그릇된 가르침을 바로잡아 보려고 노력했다. 기독교의 용어를 빌리고, 심지어 성서를 오용해서 나름의 신앙체계를 구축한 마르키온의 사상은 교회에 상당한 위협이 되었다. 사도로부터 주교에게 전수된 것으로 받아들여지는 정통적 신앙 앞에서도 마르키온은 생각을 굽히지 않았다. 결국 마르키온은 또다시 교회를 떠나야 했다. 그렇지만 고향을 떠나올 때와 달리 이번에는 혼자가 아니었다. 재력을 활용해서 수많은 추종자들을 이끌고 소아시아로 갔고, 덕분에 로마교회는 재정적으로 적잖게 타격을 입어야 했다.

✱ 오리게네스, 영지주의의 흔적

마침내 마르키온을 비롯한 영지주의자들은 2세기가 지나기 전에 교회 밖으로 완전히 밀려났다. 하지만 2백 년 이상 아르메니아, 아라비아, 그리고 다마스쿠스 인근 지역들을 장악한 영지주의는 기독교 내부에 쉽게 지울 수 없는 흔적을 남겼다.

영지주의로부터 상당한 영향을 받은 대표적인 인물을 꼽는다면 단연 북아프리카 알렉산드리아 출신 오리게네스(Origenes, 185?~254?)였다. BC 4세기에 알렉산드로스 대왕이 원정 도중 직접 자신의 이름을 따서 건설한 도시들 가운데 오늘날까지 유일하게 살아남은 알렉산드리아는 무려 50만 권 이상의 장서를 갖춘 도서관이 위치한 고대 학문의 중심지였다. 오리게네스의 아버지 레오니다스(Leonidas)는 202년에 밀어닥친 박해에 맞서 기독교 신앙을 지키려다가 목숨을 잃었다.

오리게네스 역시 처음에는 아버지를 따라서 순교할 생각이었다. 어머니가 아들의 옷을 숨겨놓는 바람에 뜻을 이루지 못했다. 거리에 벌거벗고 나설 것인지를 놓고 고민하던 열여섯 살의 소년은 어머니의 순간적인 기지로 목숨을 건질 수 있었다. 당시 교회로서는 이보다 다행스러운 일이 없었다. 그로부터 얼마 지나지 않아 알렉산드리아 교회는 오리게네스의 타고난 교육직 재능에 주목하게 되었다. 아버지가 세상을 떠나고 두 해 뒤에 소년은 열여덟이라는 약관의 나이에 교회에서 운영하는 교리문답학교 책임자가 되었다.

3세기를 대표하는 여러 명의 탁월한 교부들 가운데서도 진정한 천재로 인정받는 오리게네스는 그리스 사상을 두루 섭렵한 학자이면서 놀라울 정도의 독창적 능력을 소유한 변증가였다. 오리게네스는 특히 다작을 하기로 명성이 높았다. 나중에 라틴어 번역본인 불가타역 성서

오리게네스 ©WP

를 번역한 바 있는 히에로니무스(Hieronymus 또는 Jerome)는 오리게네스가 2천 권의 책을 집필했다고 주장하면서 "우리가 오리게네스가 집필한 것보다 더 많은 책을 읽기란 불가능하다"고 말했을 정도였다.

오리게네스는 플라톤철학에 대한 자신의 풍부한 지식을 적극 활용하면서 영지주의자들과 맞섰다. 그러면서도 그는 때에 따라서는 영지주의와 비슷한 견해를 피력하기도 했었다. 체계적인 신학이 존재하지 않은 시대의 어쩔 수 없는 한계라고 할 수 있다. 오리게네스에 따르면 하나님의 창조는 본디 영적이었다. 하나님은 인간이 타락한 이후에야 비로소 물질세계를 창조했다. 결국 하나님은 모든 피조물(사탄을 비롯한)을 죄 없고, 영적인 상태로 회복시킬 것이라고 오리게네스는 자신의 제자들을 가르쳤다.

그뿐만이 아니었다. 오리게네스 역시 마르키온과 마찬가지로 육체적인 정욕을 실제 삶 속에서 철저히 배격하려고 노력했다. 경우에 따라서는 그보다 더 심한 행동까지 서슴지 않을 정도였다. 그리스도인이라면 마태복음 19장 12절("천국을 위하여 스스로 된 고자도 있도다. 이 말을 받을 만한 자는 받을지어다")을 문자 그대로 따라야 한다고 믿었던 오리게네스는 스스로 자신의 남성을 거세했다. 문자적 해석이라는 함정에 빠진 결과였다. 지나치게 엄격한 금욕생활은 거기서 그치지 않았다. 옷은 한 벌만 소유하고 금식할 때는 물만 마셨고 사람들을 만나러 돌아다닐 때는 신발을 신는 법이 없었다. 맨땅에서 잠을 청한 것도 한두 번이 아니었다. 영지주의자들처럼 오리게네스는 다른 그리스도인들에게 성서 안에서 신비한 메시지를 발견하도록 격려하기도 했었다. 성서의 모든 구절이 문자적이고 도덕적이며 영적인 의미가 있다고 생각했기 때문이었다.

그리스도인들은 일부만이 비밀스러운 지식을 소유할 수 있다는 영지주의자들의 교훈을 수용하지 않았다. 소수에게만 구원이 가능하다는 엘리트주의적 주장은 어느 정도 논리적으로는 설득력이 있어도 모든 사람의 구원을 추구하는 기독교의 보편주의와는 일치하지 않았다. 하지만 성서를 해석하는 방식에 있어서는 영지주의자들로부터 자유롭지 못했다. 오리게네스의 영향을 받은 상당수의 기독교 교사들이 성서 본문에 감추어진 영적인 의미를 발견해야 한다고 계속해서 가르쳤다.

본디 1세기 당시의 그리스도인들은 결혼이라는 의식을 통한 남녀 간의 결합에 이중적인 의미를 부여해서 선택의 기회를 제공했다. 바울은 욕망에 불타는 상태보다는 결혼이 낫다고 가르쳤다. 오리게네스 역시 바울과 비슷한 주장을 피력했다. "하나님은 우리에게 아내와 결혼하도록 허락하셨다. 왜냐하면 모든 사람이 절대적으로 순결한 최상의 조건에 있는 것은 아니기 때문이다." 3세기 중반에 이르게 되자 그리스도인들은 결혼을 통해서 접하게 되는 신체적 즐거움을 더 이상 거론하지 않았다. 오직 생식만을 위한 결혼, 즉 정숙한 결혼이나 평생 순결을 유지하는 게 그리스도인의 이상적인 덕목으로 강조되었다. 이 모두가 영지주의가 남긴 흔적들이었다.

[새로운 전통의 수립]

기독교 신앙에 상당한 위협이 되었던 영지주의자들의 운동을 전체적으로 살펴보면 그들 모두 부정적인 영향만 미친 게 아니라는 것을 알 수 있다. 어떻게 보면 역설적으로 당시 그리스도인들에게 스스로의 정체성을 근본부터 다시 생각해볼 수 있는 새로운 기회를 제공했다. 그런 측면에서 볼 때 영지주의자들은 이단이라기보다는 기독교의 경쟁자였다. 영지주의자들이 제기한 질문은 개략적으로 다음과 같다. "그리스도인으로서 믿고 따라야 할 신앙의 내용은 무엇일까?" "그리스도인의 신앙의 기준은 무엇일까?" "진정한 사도의 가르침을 결정할 수 있는 권한은 누구에게 있는 것일까?"

이 세 가지 문제는 2세기 그리스도인들 또는 교회의 정체성과 직접적으로 관계가 있었다. 첫 번째 문제는 교회가 인정하고 예배에 활용할 수 있는 신약성서를 히브리어 성서, 즉 구약성서에 기초해서 정경으로 확립하는 것과 관계가 있었다. 계속해서 두 번째 문제는 신앙 또는 진리의 규범 원칙을 결정해서 정통적 신앙의 토대를 확보하는 것이 올바른 해답이 될 수 있었다. 그리고 마지막 문제는 사도를 대신할 수 있는 존재로서 주교직을 비롯해서 교회의 핵심이 되는 직제를 수립하는 것으로까지 확대되었다.

✻ 신앙의 내용, 정경

2세기의 기독교는 마르키온과 같은 영지주의자들에 대항할 목적으로 제일 먼저 성서의 정경화 작업을 서둘렀다. 마르키온은 추종자들에게 유대인들이 사용하는 히브리어 성서에 신적 권위를 부여해서는 안 된다고 가르쳤다. 기독교와 유대교의 완벽한 단절을 시도한 마르키온은 예수의 삶과 사역을 영지주의와 그리스 사상을 빌어서 왜곡하고 변경시켰다. 교회가 어떤 식으로든지 역사적 예수의 모습을 제거하고 싶어 하던 마르키온의 태도를 경계하면서 그보다 덜 배타적인 방향으로 가닥을 잡아나간 것은 다행스러운 일이었다.

그리스도인들은 예수 그리스도가 계시한 하나님(요 8:58)이 히브리어로 기록된 구약성서에서 "나는 스스로 있는 자"라고 소개한 여호와라는 데 의견의 일치를 보았다. 예수가 메시아라는 증거 역시 그의 삶 전체가 히브리어 성서의 예언을 성취한 데 있었다. 당연히 그리스도인들은 이론의 여지없이 유대인들의 경전을 영감으로 기록된 하나님의 말씀으로 받아들였다. 로마에 의해서 제1차 유대전쟁이 진압된 이후에 개최된 얌니아회의에서 목록이 결정된 구약성서 외에는 그 무엇도 정경으로 인정하지 않은 유대인들과 달리 그리스도인들에게는 신앙생활에 도움이 될 만한 문서들이 적지 않았다.

2세기 후반에는 단편 성서가 만들어졌다. 1740년, 이탈리아 출신의 신부이면서 고고학자로 활약했던 무라토리(Ludovico Antonio Muratori, 1672-1750)가 정식으로 출판한 바 있는 이 단편 성서(「무라토리 정경」)에는 정경의 범위를 확대하려는 교회의 의지가 담겨 있었다. 계속해서 교회는 정경을 결정해서 영지주의를 비롯한 이단들과 맞설 수 있는 무기로 활용할 생각이었지만, 사실 이것은 그리 간단한 문제가 아니었다. 당시에는 나름대로 적법성을 주장하는 문서들이 수를 헤아리기 어려울 정도로 도처에 존재했다.

그리스도인들은 네 개의 복음서와 사도행전, 바울 서신 13통, 베드로전서, 요한일서, 요한의 계시록, 히브리서, 야고보서, 요한이서와 요한삼서, 유다서, 베드로후서와 베드로의 계시록, 그리고 헤르마스의 목자 이외에도 다양한 문서들을 신앙생활과 예배에 적극적으로 활용했다. 결국 그리스도인들은 복잡한 상황을 정리하고 교회가 지침으로 삼을 수 있는 문서들을 선별하기 위해 기존의 문헌들을 상대로 다음과 같은 질문 세 가지를 던졌다.

- 사도와 관련된 책인가?
- 세계의 교회들이 그 책을 사용하고 있는가?
- 교회가 이미 하나님에 관해서 알고 있는 바와 일치하는가?

이런 기준들을 근거로 선별 작업을 하는 과정에서 마르키온 때문에 억울하게 피해를 입어야 했던 바울의 서신인 목회서신(디모데전후서와 디도서)이 정경에 추가됨으로써 신뢰를 회복했다. 요한복음은 몬타누스처럼 신플라톤철학에 물든 이단이 애용해서 자칫 정경에서 빠질 위험에 처하기도 했지만, 요한일서와 요한이서, 요한삼서의 동일 저자로 판명되어 요한계시록과 함께 목록에 포함되었다. 몇 권의 성서는 여전히 논란거리였으나 367년 무렵에 정경화 작업이 마무리되면서 공식적인 목록이 등장했다. 그 목록을 기준으로 정통 신앙을 위협하는 문서들이 폐기되었는데 영지주의 문헌들이 일차 목표가 되었다.

4세기에 기독교가 로마제국을 대표하는 공식 종교로 인정받고 정경이 법적 구속력을 갖게 되면서 이단으로 탄핵된 문서들을 소지하는 것 자체가 불법으로 간주되었다. 이

복음서를 기록하는 요한(페드로 베루구에테)
ⒸBridgeman Art Library

단 서적은 불태우고 파기해야 했다. 그와 같은 조치에 동의하지 않은 몇몇 수도사가 위기에 처한 금서들을 흙으로 빚은 단지에 숨겨서 아무도 모르게 땅속에 묻어두었다. 그 가운데 일부는 1945년 12월 이집트의 나그함마디(Nag Hammadi)라는 마을 인근에서 어느 농부가 우연히 발견할 때까지 1600년 이상을 그렇게 보내야 했다.

* 신앙의 규범, 고백

어느 교회든지 세례를 베풀 때는 예외 없이 동일한 질문을 제기한다. "예수님을 그리스도로 믿는가?" 사실 세례 직전에 대상자에게 이렇게 묻는 것은 그다지 새로울 게 없는 기독교 교회의 오랜 전통이었다. 예수 그리스도의 제자들은 "주는 그리스도시요 살아 계신 하나님의 아

들"(마 16:16)이라고 신앙을 고백했고, 사도 바울 역시 "예수 그리스도를 주"(빌 2:11)로 인정하도록 그리스도인들을 가르친 바 있었다. 초기 기독교는 성서에 기록된 이런 신앙고백을 근거 삼아서 세례지원자들에게 신앙에 관해서 질문을 던지고 답변하도록 요구했다.

이런 신앙고백은 2세기 이전까지는 신앙의 규범 형태로 정형화되지 않았다. 전체적으로 볼 때 느슨하게 조직된 부흥운동 조직에 가까웠던 초기 교회는 오직 생존에 주력하다 보니 신앙고백을 체계화하는 데까지 관심을 가질 만한 여유가 없었다. 하지만 세월이 흐르면서 세례를 행할 때 관용적으로 사용하는 요약된 교리가 그리스도인들의 내적 생활과 실천적 요구에 부응하기 위해 한층 더 정교해지고 교육적인 성격을 띠게 되었다. 마르키온과 같은 이단이나 다양한 분파주의 운동이 그와 같은 작업을 한층 더 가속화했다.

마르키온이 축출된 이후로 로마교회에는 세례에 관한 일련의 질문들(신앙 규범, Rule of Faith)이 과거보다 한층 더 발전된 형태로 등장했다. 그 내용을 정리해보면 대충 이랬다. "나는 전능한 하나님 아버지를 믿는다. 그리고 우리 주 독생자 예수 그리스도를 믿는다. 그리고 성령과 거룩한 교회와 육체의 부활을 믿는다." 누가 보더라도 이런 내용에는 영지주의자들의 주장을 배격하려는 의도가 담겨 있음을 쉽게 알 수 있었다.

마르키온은 그리스도의 아버지가 물질세계와는 전혀 무관하다고 가르쳤다. 정의를 요구하면서 자신의 율법을 위반하는 모든 사람을 벌하는 하나님과 예수가 전한 사랑과 용서의 하나님은 같을 수 없었다. 그리스도인들은 마르키온의 주장에 동의하지 않았다. 그들은 하나님을 전능한 아버지이며 하늘과 땅을 만든 창조주로 믿는다고 공언했다.

마르키온은 그리스도가 인간이 아니라고 주장했다. 하지만 그리스도인들은 예수 그리스도의 탄생과 죽음을 긍정했다. 마르키온은 인간의 몸이 구속과 무관하다고 말했지만 그리스도인들은 그와 달리 육체의 부활을 긍정했다.

로마교회에서 만들어진 신앙 규범은 계속해서 내용이 추가되었고 표현은 한층 더 정교해졌다. 마르키온 이외에도 가현설을 주장했던 도케티즘(Docetism)과 성자 예수를 성부 하나님보다 열등한 존재로 간주하려고 한 단일신론(Monarchianism)을 반박하기 위함이었다. 신앙 규범은 나중에 사도신경의 형태로 발전했다. 오늘날까지 예배에 사용되고 있는 사도신경을 누가, 또 언제 처음 만들었는지는 알려져 있지 않다. 일각에서는 예수 그리스도의 열두 제자들을 사도신경의 저자로 내세우기도 하지만, 2세기 초반 로마교회에서 만들어진 신앙을 위한 규범이 오랜 역사적 변천 과정을 거쳐서 4세기 무렵에 오늘날의 형태로 완성되었다고 보는 편이 더 정확하다.

사도신경이 전 세계적으로 보급되어 교회에서 본격적으로 사용되기 시작한 것은 신성로마제국 당시의 일이었다. 8세기에 들어서서 샤를마뉴(Charlemagne) 황제는 서로 이익을 달리 추구하는 제국 전체의 내부 결속을 다지는 한편, 독일왕국과 이탈리아왕국, 부르고뉴왕국의 지배를 공고히 할 목적으로 종교의 힘을 빌리기로 했다. 일차적으로 황제는 통일되지 않은 교회예배의 표준화를 시도했다. 계속해서 사도신경을 프랑스어, 독일어, 라틴어로 각각 번역해서 일반에 보급하도록 지시를 내렸다. 그 이후로 사도신경은 기독교를 대표하는 정통적 신앙의 모범이면서 기준으로 그리스도인들 사이에서 받아들여지게 되었다.

✽ 신앙의 수호자, 주교들

일단 영지주의를 수용하는 바로 그 순간부터 성직자의 권위는 설 수 있는 자리를 잃어버렸다. 영지주의자들은 신성한 권능의 진정한 근원, 즉 존재의 심원을 알게 되는 것은 물론이고 진정한 아버지와 어머니를 알 수 있다고 가르쳤다. 사람들은 통치하고 심판하는 조물주로서의 '이스라엘의 하나님'을 진정한 하나님으로 착각하고 있는데, 진정으로 구원을 받는 날에는 전통적으로 신뢰해온 조물주의 권위와 심판의 영역까지 초월할 수 있다는 게 그들의 주장이었다. 조물주에게 권한을 위임받은 지상의 지도자라고 알려진 교회의 주교들 역시 그 권위를 제대로 인정받을 수 없었다.

주교들은 일찍이 자신들의 도시에 살았거나 방문했을지 모르는 사도들을 권위와 가르침의 근거로 삼았다. 그들은 사도들에게 직접 지명을 받았고, 또 자신들이 후계자를 지명함으로써 사도의 권위가 단절되지 않고 계승된다고 주장했다. 주교들은 하나님의 자녀들을 책임지고 양육하다 보니 서로를 '파파'(papa)라고 불렀다. 파파라는 말이 라틴어로 '아버지'를 뜻하는 것에서 알 수 있듯이 거기에는 하나님의 자녀를 양육하는 영적인 아버지라는 의미가 담겨 있었다. 문제는 영지주의자들이었다. 그들은 성직 그 자체에 특별한 의미를 부여하려고 하지 않아서 권위적인 주교들에게는 적잖은 위협이 되었다.

영지주의자들은 목회자와 평신도 사이의 간극을 제도적으로 고수하는 정통 교회와 달리, 그런 이원적 구분 자체를 거부했다. 일반 교회처럼 구성원들을 계급화하고 서열화해서 우월한 자와 열등한 자로 나누지 않고, 평등을 고수하는 원칙을 엄격하게 지키려고 노력했다. 그렇다면 공동체를 이끌어가는 지도력은 누구에게 주어졌을까? 영지주의자들은 제비를 뽑아서 선택된 사람에게 사제나 예언자의 업무를 맡겼다. 집회 때마다 제비를 뽑았기 때문에 서열이 정해져도 그때뿐이었다. 제비를 뽑는데 남녀의 구별은 따로 없었다. 그들은 이런 장치를 통해 인간이 주도하는 선택의 과정을 완전히 배제하고자 했다.

반면에 교회는 주교, 사제, 부제, 평신도로 구성되는 수직적 계급제도를 지향했다. 로마교회의 대변인이었던 클레멘트는 이스라엘의 하나님만이 온 세상을 다스리고 있으며, 그 하나님이 모두가 복종해야 하는 주인일 뿐 아니라 법을 제정해서 반란자를 처벌하고 순종하는 자들에게 반드시 상을 내리는 심판자라고 역설했다. 하나님은 지상의 통치자와 지도자에게 권한을 위임했는데 그들이 바로 교회를 이끌어가는 주교와 사제와 부제였다. 교회 지도자들에게 고개를 숙이지 않는 자는 거룩한 하나님의 권위에 불복하는 것과 다르지 않았다.

그 후로부터 한 세대 뒤에 안티오키아의 이그나티우스(Ignatius of Antioch, 35?-108?)는 거기서 한술 더 떠서 주교와 사제, 부제로 이루어진 세 가지 계급이 천상의 신성한 계급제도를 그대로 반영하고 있다고 주장했다. 천상에서는 하나님 밑에 신성회의, 그리고 신성회의 밑에는 사도가 자리 잡고 있고 지상에는 주교 밑에 사제(장로)와 부제(집사)가 다스린다는 것이었다. 그런 제도를 결여한 것은 그 무엇도 교회라고 부를 수 없다는 게 이그나티우스가 내린 최종 결론이었다. 이로써 주교가 교회 안에서 교사와 예언자의 역할까지 모두 대체하게 되었다.

성직의 계급구조가 확립되자 교회의 통일성과 위계 역시 한층 더 명확해졌다. 그런데 권위가 강화되어가는 것에 비례해서 문제도 늘어갔다. 폴리카르푸스가 마르키온을 만나러 로마를 방문할 무렵 그곳에서는 부활절의 시기를 결정하는 문제를 놓고 한창 논쟁이 진행 중이었다. 폴리카르푸스처럼 로마 제국의 동부지역에 속한 교회들은 유대인들이 해마다 지키는 유월절의 절기에 맞추어서 예수 그리스도의 부활을 축하했다. 그렇지만 서부지역의 그리스도인들은 유월절이 끝나는 주일까지 기다려야 했다. 두 지역의 그리스도인들은 부활절이 돌아오면 음식을 가져다가 함께 나누어 먹었다.

스미르나의 폴리카르푸스 ⓒWP

때문에 봄이 돌아올 때마다 어떤 이들은 음식을 멀리하고 금식을 했고, 또 다른 이들은 아무렇지 않게 성대하게 잔치를 벌이는 웃지 못할 일이 동일한 신앙을 고수하는 교회 안에서 벌어지고 있었다. 폴리카르푸스와 로마교회를 대표하는 아니세투스(아니체토 Anicetus, 154/155-165 재위) 주교는 부활절 시기를 놓고 토론을 벌였지만 서로 일정한 합의에 도달하지 못했다. 그렇다고 해서 둘 사이에 불미스런 일은 따로 없었다. 폴리카르푸스는 아니세투스와 별다른 다툼을 벌이지 않은 채 순순히 로마를 떠났다. 폴리카르푸스 사후에 로마교회의 주교들은 한층 더 강력한 권한을 갖게 되었다.

폴리카르푸스가 로마를 방문한 지 30년이 지난 뒤에 부활절의 시기를 정하는 문제가 또다시 로마에 올랐다. 당시 로마교회의 주교는 빅토리우스(빅토리오 Victorius, 189-199 재위)였다. 빅토리우스는 전임자들과 달리 강경했다. 빅토리우스의 강력한 요구 때문에 예루살렘 인근 지역 교회들까지 로마교회의 절기 방식을 그대로 수용해서 지켰다. 반면에 나머지 동방지역 그리스도인들은 기존처럼 유월절 기간에 부활절을 지키는 풍습을 계속 고수했다. 그러자 로마교회의 주교는 자신의 지시를 따르는 그리스도인들과 동방 그리스도인들 간의 교류를 단절하도록 지시했다. 대다수의 교회 지도자들이 이런 조처에 반발하고 나섰다.

어느 주교는 이렇게 호소했다. "당신 이전에 로마교회를 이끌던 장로들은 아시아의 풍습을 따르지 않았다. 그러면서도 그들은 아시아에 있는 교회들과 평화롭게 지냈다. 우리가 다른 시기에 금식할 수 있다는 바로 그 사실이 우리가 지닌 신앙의 통일성을 입증하는 것이다!" 동방지역의 어느 장로는 빅토리우스에게 보낸 편지에서 사도 빌립과 요한이 유대인의 유월절 기간에 부활절을 지키는 동방지역의 풍습을 따랐다고 주장했다. 빅토리우스는 여전히 고집을 꺾으려고 하지 않았다. 그가 보기에 동방지역 교회들은 구원받을 수 있는 가능성이 전혀 없었다. 고집스러운 로마 주교가 세상을 떠나자 그리스도인들 대부분이 그의 지침을 무시했다. 오늘날 전 세계의 교회들이 유월절 기간에 부활절을 기념하는 것은 로마제국 동부에 자리 잡고 있던 교회들의 유산에 따른 것이다.

[하나님의 새로운 음성]

위계질서를 강화했지만 그것만으로는 교회가 직면한 문제들을 모두 해결할 수 없었다. 제도화에 따른 불만이 표출되기 시작했다. 2세기 중반 무렵에 성령과 개인의 성결을 강조하는 강력한 물결이 오늘날의 터키 지역에 해당하는 프리기아와 소아시아에 위치한 교회들을 휩쓸었다. 개인적인 성장배경을 전혀 알 수 없는 몬타누스(Montanus)와 그를 따르는 두 명의 여성 동역자 막시밀라(Maximila)와 프리스킬라(Priscila)는 주변의 그리스도인 동료들에게 자기 부정을 적극적으로 실천하도록 요구했다. 이른바 새로운 예언자들과 은사주의자들은 신앙의 정통성을 주장하고 있는 교회 주교들의 기대를 철저하게 외면했다.

나름대로 명분이 없지는 않았다. 예언자들은 지도력을 행사하는 주교들이 교회 구조를 계급화하고 영지주의자들이 자신들의 모임을 배타적으로 운영하자 그것을 비판하면서 과거 1세기 당시의 교회로 돌아가야 한다고 부르짖었다. 영지주의자들이 비밀스러운 지식을 통해 구원에 도달하려고 노력했다면, 예언 운동을 주도한 은사주의자들은 하나님의 영을 의지했다. 그들은 성령의 감동을 주장하면서 열광적으로 예언했다. 수준 높은 윤리적 규범을 강조하는 순수한 삶에 카리스마적인 강력한 메시지를 추가하자 사람들의 반응은 가히 폭발적이었다.

소아시아에서 시작된 이 운동은 남쪽과 서쪽으로 맹렬히 번져나가서 나중에는 북아프리카와 로마에까지 당도했다. 교회 당국자들은 새로운 계시를 강조하는 예언자들을 처리하는 문제를 놓고 골치를 썩였다. 예언자들은 자신들만이 진정한 그리스도인이라고 주장하면서 기존 교회의 메시지를 강력하게 배척했다. 더 나가서 성령이 자신들을 통해서 지금도 여전히 말씀하고 있노라고 주장했다. 그것의 진위를 확인할 방법은 존재하지 않았다. 예언자들의 예언이 정말 성령의 음성이라면 좋겠지만 환상에 불과하거나 사탄에게 사로잡힌 것이라면 문제가 아닐 수 없었다.

✳ 전통인가, 성령인가

소용돌이에 말려들게 된 교회들은 어떤 식으로든지 결단하지 않을 수 없었다. 소아시아 지역과 로마교회는 소위 새로운 예언자들을 인정하려 들지 않았다. 그 때문에 교회 지도자들과 예언자들의 관계는 극도로 악화되었다. 동일한 기독교 신앙을 공유한 이들의 모습과는 너무 거리가 멀었다. 나중에는 로마의 그리스도인들과 새로운 예언자들이 예수를 믿는다는 이유로 목숨을 내놓아야 하는 순간에도 서로를 인정하려 들지 않았다. 심지어는 경기장에서 순교할 때조차 같은 짐승에게 한꺼번에 잡아먹히는 일이 벌어지지 않도록 집행인들에게 따로 부탁할 정도였다. 예언자들이 비난을 받은 것은 다음의 이유 때문이었다.

먼저, 그들은 제도권과 무관했다. 기독교는 처음부터 순회전도자들에게 적잖게 신세를 졌지만 이미 직제까지 완비한 정통 교회는 성령을 앞세워서 기존 질서를 뒤흔드는 예언자들의 돌출 행동이 기꺼울 리 없었다. 둘째는 반복되는 말실수였다. 예언자들은 잦은 말실수로 화를 불러들였다. 가령 몬타누스는 170년경에 스스로를 '보혜사 성령'이라고 주장했다. 과거의 예언자들은 대언자로 만족했지만, 몬타누스는 성령이나 되는 듯 예언을 했다. 그뿐만이 아니었다. 몬타누스는 새 예루살렘이 프리기아 사막의 삼림 마을 페푸자에 곧 임할 것이라고 예언했다. 이런 황당한 예언은 교회 지도자들에게 그릇된 인상을 남겼다. 그리고 셋째는 과도하게 엄격한 금욕주의였다. 히폴리투스(Hippolytus of Rome, 170-235)는 이렇게 비판했다. "그들은 특별 금식이나 의례, 그리고 그 운동에 가담했던 여성들의 충고를 받아들여서 채식하는 습관을 갖게 되었다." 새로운 예언자들에게는 결혼 역시 금기사항이었다. 막시밀라와 프리스킬라는 이런 교훈을 지키려고 남편들과 헤어져야 했다.

소아시아 지역의 주교들은 몬타누스파의 처리 문제를 놓고 몇 차례에 종교회의를 가졌다. 주교들이 최종적으로 내린 결론은 출교 처분이었다. 이후로 새로운 예언자들과 추종자들은 교회에 발붙일 수 없었다. 처음에는 미온적인 태도를 보이던 로마교회 역시 몬타누스주의자들을 거부하는 쪽으로 가닥을 잡게 되자 소아시아 교회의 주장은 한층 더 탄력을 받았다. 승세를 굳힌 것으로 확신한 교회 지도자들은 예언자들을 강하게 밀어붙였다. 교회는 몬타누스파 사람들이 거액의 자금을 유용할뿐더러 사치와 향락을 즐기고 추종자를 돈으로 매수했다고 비판했다. 몬타누스가 여성에게도 직분을 허락한 것을 비난하면서 여성의 성직 참여를 금지했다. 사실 교회가 역사적으로 여성의 성직 참여를 금지한 것은 몬타누스파를 견제하려는 의도였으나 나중에는 거스를 수 없는 전통으로 자리를 잡았다.

그렇다면 새로운 예언자들에 대한 이런 비판의 근거는 충분했을까? 그들의 주장을 이단으로 판단하는 것은 물론, 탐욕과 탐심이 가득한 사람들로 규정한 교회의 주장은 실제 모습과는 상당한 거리가 있었던 것으로 보인다. 몬타누스파 사람들은 교회에서 떠돌아다니는 소문과는 달리 신실하고 거룩하고 겸손한 것은 물론, 절제까지 꾸준하게 실천했다. 예언자들을 적극적으로 비판하던 변증론자 테르툴리아누스가 만년에 그 운동에 가담한 것만 보더라도 그들의 도덕 수준이 어느 정도였는지 가늠해볼 수 있다. 테르툴리아누스는 흠결을 찾기 어려울 만큼 청렴하고 뜨거운 신앙을 소유한 인물이었다. 그는 정통을 자처하는 그리스도인들의 삶에 염증을 느끼고 있었다. 덕분에 교회는 새로운 예언자들의 도덕성을 끝까지 부정하지 못했다.

[신앙을 보존하려는 노력들]

영지주의나 새로운 예언자들 이외에도 다양한 소수 종파들이 교회 안팎에서 활발하게 활동하고 있었다. 앞에서 잠깐 언급한 바 있는 도케티즘과 단일신론, 유대교의 관습이나 전통만을 고수한 에비온파(Ebionites), 그리고 조로아스터교처럼 페르시아의 이원론에 근거해서 금욕생활을 강조하던 마니교(Manichaeism)가 대표적이었다. 390년경에는 어느 주교가 156개의 이단들이 활동 중이라고 보고할 정도로 소수 종파들의 숫자가 대폭적으로 증가했다. 이렇게 소수 종파들이 성행하게 된 것은 2세기나 그 이후에까지도 기독교 신앙이 확고하게 자리잡지 못했다는 것을 보여주는 반증이기도 했다.

　물론 이와 같은 혼란을 바로 잡으려는 기독교의 적극적인 노력이 없지는 않았으나 별다른 성과를 거두지는 못했다. 오히려 그리스도인들끼리 감정의 골만 점차 더 깊게 패였다. 그리고 나중에 가서는 심각한 인신공격을 주고받을 정도로 상황이 크게 악화되었다. 교회 지도자들은 의심스러운 교리를 주장하고 있는 소수 종파들에 대해서 아주 단호한 태도를 취했다. 누구보다도 정통적 신앙의 중요성을 강조한 키프리아누스(치프리아노 Cyprianus, 210?-258)는 이단들의 위험성을 본격적으로 지적하면서 "교회를 어머니로 섬기지 않는 자는 하나님을 아버지로 모실 수 없다"고까지 주장했다. 젊은 시절 이단에 빠졌던 히포의 주교 아우구스티누스 역시 교회 밖에는 구원이 있을 수 없다고 단언했다.

기독교가 정통 신앙을 보존하려고 했던 노력은 다음 두 가지로 정리할 수 있다. 일차적으로 교회들은 이단들에 맞서 주교가 주도하는 일련의 지시를 고안해냈다. 일각에서는 주교를 성령의 역사가 전해지는 통로로 간주했는데 로마교회 출신 주교들이 특히 적극적이었다. 주교에게 교회의 거룩함이 내재하고 있다고 본 것이다. 노아의 방주처럼 교회 안에는 정결하거나 부정한 피조물들이 공존하고 있지만 주교와 결합되어 있는 한 그들은 하나님의 영과 연결된다고 생각했다. 이처럼 주교의 권위를 앞세우는 방식은 효과를 발휘해서 교회의 통일성을 유지할 수 있었지만 개인의 거룩함과 성령의 역동성을 강조하는 기독교의 초창기 모습은 흘러간 옛 노래가 되고 말았다.

이와는 다르게 모든 신자를 하나님의 영이 전달되는 통로로 간주하는 이들이 있었다. 성령의 직접적인 교통을 확신하고서 몬타누스파 운동에 가담한 테르툴리아누스가 대표적인 인물이었다. 그와 의견을 같이 하던 이들은 거기서 한 걸음 더 나가서 교회의 거룩함은 그리스도인들 각자에게 내재된 것이라고 주장했다. 그들은 거룩하지 않은 사람이 교회에 들어오면 더 이상 그리스도의 거룩한 신부가 될 수 없다는 지적도 잊지 않았다. 하지만 성령의 한결같은 역사와 엄격한 윤리를 강조한 그들은 교회의 공격을 체계적으로 방어하지 못한 채 독단적인 도덕개혁운동이라는 껍데기만 남기고 소멸하고 말았다.

누구나 알고 있듯이 이후로 기독교의 역사는 교회의 권위를 대표하는 주교들이 주도했다. 주교들과 맞서 치열하게 주도권 다툼을 벌이던 다양한 종파들은 이단이라는 낙인이 찍힌 채 기독교 역사의 무대에

서방과 동방교회의 교부들

〈 서방교회 〉	〈 동방교회 〉	
1세기 (95년-약 150년) 교부들		
로마의 클레멘트	이그나티우스 폴리카르푸스 거짓 바나바	
2세기 (120년-220년) 변증가들		
테르툴리아누스	아리스티데스 순교자 유스티누스 타티아누스 아테나고라스 테오필루스	
3세기 (180년-250년) 논쟁가들		
이레나이우스 대 영지주의	알렉산드리아 학파 판타이누스 클레멘트 오리게네스	안티오키아학파
4세기 (325년-460년)		
히에로니무스 암브로시우스 아우구스티누스	아타나시우스 카이사레아랴의 바실리우스	크리소스토무스 테오도레

서 퇴장해야 하는 운명을 맞이했다. 이 모두가 누구든지 평등하게 권위를 공유할 수 있는 신앙공동체로부터 권리와 의무를 골고루 감당해야 하는 공동의 신앙 사회로 변모하는 과정에서 빚어진 일이라고 볼

수 있다.

이단 논쟁과 직접 관련이 있는 당사자들 가운데는 쉽게 치유될 수 없을 정도로 깊은 상처를 입은 사람들도 있었다. 그렇지만 기독교 교회로 하여금 고유한 신앙을 명확하게 정리할 수 있는 결정적인 계기를 제공했다는 긍정적 측면이 존재하는 것도 사실이다. 특히 소아시아 지역의 새로운 예언자들과의 갈등 속에서 교회 지도자들은 성서의 계시가 개인적인 계시보다 우선권을 갖고 있다고 공개적으로 선언함으로써 이후로 성서를 정통과 이단을 가늠하는 기준으로 활용할 수 있는 근거를 마련할 수 있었다. 이것은 영지주의자들과의 투쟁을 통해서 구약성서에 대한 신앙을 확증하게 된 것만큼이나 의미가 있는 일이었다.

기독교의
승리와 **실패**

＊　　＊　　＊　　＊　　＊

로마 황제들에게 박해를 받기 시작한 지 거의 두 세기 반이 지난 311년, 비로소 그리스도인들은 제국으로부터 공식적으로 신앙의 자유를 허락받았다. 오랫동안 크고 작은 박해에 시달리던 그리스도인들 가운데는 기독교가 4세기에 로마제국을 대표하는 종교가 되고, 또 그로부터 얼마 지나지 않아서 이교도 신전과 예배가 완벽하게 폐쇄될 것으로 예상한 경우는 거의 없었다. 이처럼 불가능해 보이던 일이 우여곡절 끝에 마침내 눈앞에서 현실이 되었다. 이 모두 교회가 로마제국의 마음을 사로잡았기 때문에 가능한 일이었다.

　　그리스도인들은 법과 관습, 계급의 윤리에 맞추어 행동하려고 하지 않았다. 이방 종교를 믿는 로마 상류층은 도시와 스스로의 권위를 과시하려고 축제 때마다 엄청난 돈을 쓰는 것을 미덕으로 알았다. 그리스도인들은 가난하고 병들고 부모를 잃고, 또 배우자와 사별한 이들에게 도움을 펼쳤다. 고달픈 삶을 사는 이들은 그리스도인들과 강력한 연대감을 느꼈다. 피비린내 나는 제물, 향내, 신상이나 신전 의식을 배격하고 영적이면서도 철학적으로 예배하는 기독교는 교육 수준이 높고 부유한 이들 사이에서 점차 인기를 얻었다. 올바른 교훈(orthodoxy)보다 올바른 삶과 행동(orthopraxis)에 관심을 가진 교회는 부드러운 혁명으로 사회 전반에 침투했다.

하지만 거기까지였다. 이후로 기독교는 과거와 달리 현실 정치에 밀착하는 쪽으로 방향을 틀었다. 로마 황제들은 교회를 위해서 기꺼이 관대한 후원자와 보호자가 되어주었고 교회는 제국의 영원한 번영을 놓고 기도했다. 이단의 위협이 심각할 경우에는 황제가 직접 전체 주교들을 소집해서 회의를 진행했다. 이것이 선례가 되어 신학이나 목회에 문제가 생길 때마다 이른바 공회가 소집되었고 황제는 최고의 사제가 되어 회의를 주도하면서 긴급한 현안을 논의하고 처리했다. 황제와 주교들은 서로 협력을 아끼지 않았다.

기독교는 황제의 적극적인 비호를 받아가면서 서서히 로마제국의 겉모습을 닮아 나갔다. 교회는 얼마 지나지 않아 정통성과 보편성을 추구했고 점차 법률적인 체계마저 갖출 수 있게 되었다. 제국과 교회의 이런 밀월관계가 언제나 바람직한 결과로 이어지지는 않았다. 교회가 로마제국에서 외적인 승리를 거둔 것은 부정할 수 없는 사실이었다. 하지만 어느 정치 집단들보다 권력의 풍향에 예민하고 세속화를 거부하지 못하는 기독교 교회를 사람들은 언제까지 승리자로 간주하지 않았다.

[몰락하는 로마제국과 기독교]

로마인들은 제국이 영원할 것으로 확신했다. 그런데 미래를 낙관할 수 없는 불길한 조짐이 제국 안팎에서 꼬리를 물었다. 로마제국은 이미 전성기를 지나 쇠락의 길에 접어들고 있었다. 226년에 등장한 대제국 사산조 페르시아는 북쪽 게르만족에게 시달리는 로마제국의 또 다른 위협 세력으로 부상했다. 로마인들이 고티(Ghoti) 또는 그토네스(Gtones)라고 부르던 고트족은 흑해 연안을 근거지로 삼은 채 로마제국의 동쪽 국경을 제집처럼 넘나들며 약탈을 일삼았다. 오랫동안 문명과 야만을 구분해온 국경 방어벽은 더 이상 제구실을 하지 못했다. 그뿐만이 아니었다. 프랑크족, 카르피족, 그리고 반달족이 앞다투어서 라인강을 건넜다. 이민족들이 마치 재앙의 파도처럼 로마제국으로 밀어닥쳤다.

신으로 추앙받던 로마제국의 지배자, 황제들의 권위 역시 바닥으로 곤두박질쳤다. 3세기에는 권력을 차지하려고 암투를 벌이는 바람에 몇 번이나 황제가 바뀌고 살해되었다. 로마의 황제가 되기를 주저하거나, 심지어 페르시아의 포로가 되어 죽을 때까지 노예 신세를 벗어나지 못한 황제까지 있었다.

국경지대에서는 군인들이 내키는 대로 황제를 선출하기도 했다. 잉글랜드 북부를 가로지르는 방벽에서부터 태양이 뜨겁게 내려쬐는 시리아의 유프라테스강변까지, 그리고 유럽 북부의 저지대를 지나 비옥한 평야를 거쳐 흑해로 흘러드는 라인-다뉴브강 일대에서 북아프리카 해안의 풍요로운 평원과 이집트 나일강의 기름진 협곡까지 뻗어 있는, 그리고 지중해를 '우리의 바다'(mare nostrum)라고 거침없이 부르던 대제국이 중심을 잃은 채 흔들리고 있었다.

∗ 파티가 부른 비극

마흔다섯 살의 필리푸스(Marcus Julius Philippus, 244-249 재위)는 나이 어린 황제를 독살하고 자리를 대신 차지했다. 248년, 제국 최초의 아랍인 황제였던 그는 로마에서 화려한 연회를 개최했다. 로마 건국 1천 주년을 성대하게 기념하는 행사였다. 날짜를 정확하게 계산하면 247년 4월 21일이 되어야 했지만, 필리푸스는 그 이듬해에 연회를 베풀었다. 로마의 원형 경기장 콜로세움에서는 수많은 이벤트가 진행되었다. 제국의 과거를 축하하고 새로운 역사의 장이 열리는 것을 기념하기 위해서 줄잡아 엘크 10마리, 호랑이 10마리, 하이에나 10마리, 사자 10마리, 기린 10마리, 표범 30마리 등 수많은 짐승들과 함께 1천 명의 검투사들이 피를 흘려야 했다.

행사는 행사에 불과했다는 게 바로 드러났다. 이후의 상황은 기대와 다르게 말 그대로 절망과 탄식뿐이었다. 이민족들의 침입은 더욱 극성이었고, 로마에는 전염병까지 나돌면서 민심이 악화될 대로 악화되었다. 제국 외곽에 위치한 군단들의 충성심을 확보하고 고트족의 침입을 격퇴하도록 파견한 발칸 출신 데키우스의 배신은 결정타가 되었다. 군부의 부추김을 받아서 황제 지명을 수락한 데키우스가 휘하 군단을 이끌고 로마로 진군하자 황제 필리푸스는 부하들의 등쌀에 떠밀린 채 전투에 나섰다가 패배하고 살해되었다.

마침내 249년에 황제가 된 데키우스(Trajan Decius, 249-251 재위) 역시 국경 지역에서 분쟁이 일어날까봐 전전긍긍했다. 고트족과의 전투는 신임 황제에게 상당한 부담이었다. 데키우스는 로마인들이 예로부터 섬겨오던 신들에게 가호를 구하고 나서 칙령을 반포했는데, 그리스도인들에게는 악몽과 다를 바 없는 내용이었다. 누구든지 황제의

로마 탄생 2770주년(2017년 4월 21일)을 기념해서 로마 군단의 행진을 재연하고 있다. ⓒCD

안녕을 위해 희생 제사를 지낸 뒤에 리벨루스(libellus)라는 이름의 제사증을 받도록 요구했다. 제사증을 소지하지 않을 경우에는 황제와 국가에 대한 반역자로 간주되어 예외 없이 투옥되고 고문을 당하는 봉변을 겪거나 사형에 처해질 수도 있었다.

일각에서는 데키우스 박해를 이전 정권, 그러니까 아랍인 필리푸스 황제에 대한 적대감에서 비롯된 것으로 해석하기도 한다. 기독교를 믿은 전임 황제에 대한 분풀이 대상이 그리스도인들이었다는 것이다. 반기독교 정서가 카르타고와 알렉산드리아로 번져서 대학살이 빚어졌다. 오리게누스를 비롯해서 여러 명의 주교들이 검거 열풍의 희생양이 되어 감옥에서 세상을 떴다. 로마 시민들은 대부분 그리스도인들을 박해하는 데키우스의 정책에 이의를 제기하지 않았다. 오히려 박해를 당연하게 간주하는 이들도 적지 않았다. 그리스도인들이 이전에 열렸던 개국 기념 연회에 참석하기를 거부한 게 결정적인 빌미가 되었다.

그리스도인들은 신앙 때문에 이교 축제에 참여할 수 없었다. 사흘간 거리에서 연회를 즐기며 건국을 축하하는 시민들이 보기에 그들은 한심한 방관자에 불과했다. 미운털이 박힌 그리스도인들을 위해서 누구도 변론을 자청하지 않았다. 다행히 데키우스의 박해는 길지 않았다. 하지만 그의 박해는 이후로 수십 년간 교회 내부에서 지속될 갈등과 분열의 씨앗을 남겼다.

황제는 251년 고트족과 도나우강 하류의 남쪽 늪지대에서 전투를 치르다가 죽었다. 일부 사료에 따르면 그의 죽음은 적과 사전에 내통한 후계자 때문이었다고 한다. 그곳은 로마에서 멀리 떨어진 지역이라서 시신조차 수습할 수 없었다. 그리스도인들은 당연히 그 일을 하나님의 심판으로 여겼다.

✳ 사과는 어느 선에서

박해는 지나갔지만, 그렇다고 교회가 어둠의 터널을 완벽하게 벗어난 것은 아니었다. 불행한 시절의 과거사 청산 문제로 갈등이 빚어졌다. 순교를 감수할 만큼 용기가 없는 그리스도인들은 목숨을 보전하려고 도망을 치거나 일반인들처럼 제사를 지냈고, 그것도 아니면 호의적인 관리들에게 뇌물을 건네고 제사증을 샀다. 그런 그들이 정치적 환경이 바뀌자 다시 교회로 복귀했다. 국가와 타협한 교인들은 자신들의 부끄러운 과거는 불가항력적인 선택이었다고 주장했다. 이미 잘못을 회개했으니 박해가 있기 이전의 지위를 회복시켜달라고 교회에 요구했다.

교회는 간단하지 않은 딜레마에 직면했다. 목숨을 걸고 신앙을 고수한 이들이 배교자들을 순순히 용서할 리 없었고, 그렇다고 회개한 이들을 계속해서 외면할 수도 없는 노릇이었다. 북아프리카 카르타고의 주교 키프리아누스 역시 그런 고민으로부터 자유롭지 못했다. 키프리아누스에게 있어서 배교자 처리 문제는 자신의 신상과도 직결되어 있었다. 그 역시 데키우스의 박해를 피해 한동안 교회를 비우고 은거했다가 복귀한 바 있었다. 교회가 그런 선택을 권유하기도 했었지만, 박해가 한창일 때 자신들의 주교를 잃어야 했던 로마교회가 키프리아누스를 비난하는 서신을 보낼 정도로 여론은 곱지 않았다.

라틴어권 신학자를 대표한 키프리아누스는 고심을 거듭하던 끝에 결국 해결책을 제시했다. 이른바 차등적 처벌이었다. 아무런 생각 없이 기독교 신앙을 포기한 자들은 엄벌하되 고문을 견디지 못하고 굴복한 신자들에게는 참회의 기간을 단축해주는 게 바람직하다는 내용이었다. 종교를 배반한 그리스도인들이 과거처럼 교회로부터 인정을 받기 위해서는 자신들이 범한 잘못을 진심으로 회개하고 있음을 행동으로 입증해야 했다.

모두가 이런 해결책을 수용하지 않았다. 카르타고 사람들 대부분은 어떤 식으로든지 박해자들에게 협력한 주교는 누구든지 합법적인 성직안수나 세례, 또는 성만찬을 집례할 자격이 없다고 주장했다. 그들은 실제로 카르타고의 신임 주교를 배격하기도 했었다. 신임 주교를 안수해준 주교가 박해 때 성서를 불사르도록 넘겨주는 잘못을 범했다는 게 그 이유였다. 이 그리스도인들은 나중에 자신들의 지도자였던 도나투스(Donatus)의 이름을 그대로 따서 도나투스주의자들로 알려졌다.

7년 뒤에 또다시 박해의 물결이 밀어닥쳤다. 데키우스 사후 몇 차례 더 권력 다툼이 벌어지고 나서 발레리아누스(Publius Licinius Va-lerianus, 253-260 재위)에게로 제위가 돌아갔다. 발레리아누스는 동방의 강력한 제국 페르시아를 상대로 힘에 버거운 싸움을 벌여야 했다. 황제는 유프라테스 강 유역에서 페르시아군과의 전투에 대비하고 있었다. 세계사의 한 장을 차지할 정도로 중대한 전투(에데사)를 앞둔 로마군 진영에 불운이 덮쳤다. 유프라테스강이 범람하고 흑사병이 나돌았다. 발레리아누스는 하늘을 노하게 만든 이유를 따져보았으나 딱히 짚이는 게 없었다. 그렇게 고민하는 중에도 수천 명이 죽어 나갔다.

좌절한 황제는 그리스도인들의 불경한 행동에 로마의 신들이 분노해서 흑사병과 페르시아인을 보낸 것이라고 결론지었다. 마침내 칙령이 내려졌다. 누구보다 신성한 황제를 자처하던 발레리아누스의 지시는 이랬다. "어떠한 곳에서도 그리스도인들의 집회는 허락하지 않는다. 그들은 공동묘지에 자주 가서도 안 된다. 이 자애로운 명령에 불복하는 자는 누구를 막론하고 참수될 것이다."

키푸리아누스 주교를 비롯한 다수의 그리스도인들이 목숨을 잃었다. 키프리아누스는 이전에 실추된 명예를 회복하고 싶었다. 그는 이교신에게 제사하라는 재판관의 지시를 당당히 거부하고 자신의 소원을 이루었다. 258년 9월 14일, 주교는 형장에서 형리가 휘두른 도끼날에 자신의 목을 기꺼이 맡겼다.

* 마지막으로 찾아온 박해

284년 디오클레티아누스(Valerius Diocletianus, 284-305 재위)가 황제 자리에 올랐다. 훤칠한 키에 깡마른 몸매, 창백한 얼굴에 코가 컸던 황제는 누구보다 성격이 강했을 뿐만 아니라 모든 면에서 다재다능

발레리우스 디오클레티아누스 ⓒWP

했다. 디오클레티아누스는 전통적인 종교를 추종한 로마제국의 마지막 황제였다. 하루도 거르지 않고 주피터와 이란에서 수입된 미트라 신(광명의 신)에게 제사를 지냈고 제물로 바쳐진 짐승의 내장을 뒤적거리면서 하늘의 뜻을 가늠했다. 디오클레티아누스의 신앙은 광신이나 감정적인 행동과 거리가 멀었다. 냉정하고 논리적인 행정가인 그는 제국의 단결과 시민들의 충성을 유도하려는 목적이 더 컸고, 때문에 처음에는 기독교에 대해서 별다른 관심을 갖지 않았다.

디오클레티아누스는 능수능란하게 흐트러진 제국을 통합하고 황제의 권한을 강화해나갔다. 권력의 누수를 막으려고 제국을 둘로 쪼갰다. 오랜 전우인 막시미아누스(Valerius Maximianus, 286-305 재위)에게 서방을 맡긴 채 자신은 동방을 직접 통치했다. 지금으로서는 서방을 택하는 게 당연하겠지만 동방의 막대한 경제력과 사산왕조 페르시아와의 경쟁 관계를 고려한 결정이었다. 이제 무게 중심이 동방으로 기울고 있었다. 두 황제는 서로 형제의 의를 맺었으나 제국의 총지휘권은 여전히 디오클레티아누스가 가졌다.

두 명의 황제만으로는 외부의 위협과 대제국의 행정 업무를 감당할 수 없다고 생각한 디오클레티아누스는 293년에 사분통치(四分統治, Tetrarch)에 착수했다. 두 명의 정황제(正皇帝, Augustus) 아래 또다시 두 명의 부황제(副皇帝, Caeser)를 각각 두었다. 부황제는 황제의 근위대장 출신이었다. 디오클레티아누스는 갈레리우스, 막시미아누스는 콘스탄티우스를 부황제로 각각 선택했다. 그리고 계속해서 두 황제는 결속력을 한층 더 다질 목적으로 부황제들을 입양했다. 이것은 두명의 황제들이 전임자들과 달리 암살을 모면하고 온전히 황위에서 물러나기 위해 마련한 안전장치였다. 부황제들은 부인들과 이혼하고 황

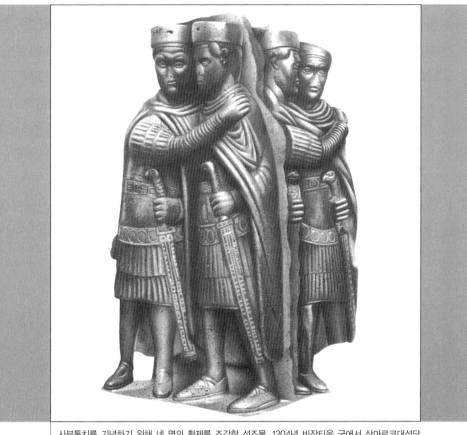

사분통치를 기념하기 위해 네 명의 황제를 조각한 석조물. 1204년 비잔티움 궁에서 산마르코대성당
의 보물창고로 옮겨졌다. ⓒWP

녀들과 다시 결혼해서 사위가 되어야 했다.

　디오클레티아누스의 기대처럼 네 명의 황제들은 말 그대로 제국의
드림팀이 되었다. 그들은 제국을 효율적으로 통치했다. 295년부터
305년 사이에 로마제국은 동방지역에서 강국 페르시아를 격파하고 아
프리카에서는 이집트의 반란을 제압할 정도로 국력을 강화했다. 그 중

로마의 지하 묘지 카타콤. 카타콤은 그리스도인들의 비밀 집회 장소로 사용되었다. ©WP

심에는 물론 디오클레티아누스가 자리 잡고 있었다. 그는 제국을 위해 재정을 확보하고 제국을 관통하는 도로를 닦았고 화려한 건축물을 잇달아서 건축했다.

　디오클레티아누스는 시대의 흐름에 정통한 개혁자였지만 종교만큼은 달랐다. 하루는 황제가 제사를 지내려고 하는데 제물에 문제가 생기는 바람에 의식을 치르지 못하는 일이 있었다. 부황제 갈레리우스의 영향 때문인지 몰라도 디오클레티아누스는 책임을 모두 그리스도인의 탓으로 돌렸다. 황제는 로마의 신들에게 제물을 바치지 않는 그리스도인들을 공직에서 해고했다. 일차 정화 조치였다. 계속해서 황제는 교회의 기물을 약탈하고 파괴하도록 지시를 내렸다. 303년 2월 23일의 일이었다. 일차 정화 때 해고되지 않은 군인과 관리들이 결국 자리를 지키지 못하고 밀려났다. 하지만 피를 부르는 박해는 없었다.

얼마 지나지 않아 황궁에서 두 차례 화재가 발생했다. 두 황제의 안전이 위협받는 상황이 되자 디오클레티아누스는 신하를 추궁했고 갈레리우스는 그리스도인들에게 의심스러운 눈초리를 보냈다. 사실 두 번째 화재는 갈레리우스의 자작극이었으나 네로 시대와 마찬가지로 그리스도인들이 영문도 모른 채 희생양이 되어야 했다. 갈레리우스에게 설득된 디오클레티아누스는 아내와 딸이 그리스도인이었음에도 기독교에 대해서 아주 엄격한 태도를 보였다. 수천 명의 그리스도인들이 재판도 거치지 않은 채 목숨을 잃어야 했다. 그리스도인들이 통과해야 할 마지막 박해의 관문이었다.

「 밀비아누스 다리의 전투 」

305년 디오클레티아누스와 막시미아누스가 나란히 황제의 자리에서 은퇴하자 갈레리우스(Galerius Valerius Maximianus, 293-311 재위)와 콘스탄티우스(Flavius Valerius Constantius, 293-306 재위)가 정황제가 되었다. 갈레리우스는 성격이 강한 반면에 자비심이 부족했다. 그는 이전에도 디오클레티아누스를 설득해서 그리스도인들을 박해하도록 만들었고, 303년부터 304년까지 그리스도인들을 직접 앞장서 탄압했다.

사실 콘스탄티우스가 나이가 더 많고 선임이었으나 갈레리우스는 제대로 대접하려고 들지 않았다. 오히려 갈레리우스는 동료의 영토까지 넘보았다. 그는 콘스탄티우스의 아들 콘스탄티누스를 인질로 요구해서 데리고 있었다.

콘스탄티누스(Flavius Constantinus, 307-337 재위)는 아버지 콘스탄티우스가 장교 시절 소아시아 비티니아에서 선술집 하녀 겸 마구간지기에게 얻은 아들이었다. 정치적으로 수완이 좋았던 콘스탄티우스는 황제 막시미아누스의 눈에 드는 바람에 승진을 거듭했다. 그는 공동 황제들의 요구대로 아들을 낳아준 여인을 버리고 황녀를 부인으로 맞이했다.

나중에 황제 자리에 오른 콘스탄티누스는 친모를 잊지 않고 황궁으로 불러들였는데, 그녀가 헬레나 아우구스타(Helena Augusta)였다. 헬레나는 예수 그리스도에 대한 신앙이 깊기로 유명했다. 예루살렘을 방문해서 성묘교회의 건축을 직접 감독했고 그리스도가 매달린 십자가의 진본 조각들을 발견한 것으로 알려졌다. 십자가의 진위는 지금껏 불분명하지만 나중에 동방 정교회는 그 일을 높이 사서 헬레나를 성인으로 봉헌한 바 있다.

마침내 콘스탄티누스가 갈레리우스의 손아귀를 벗어날 절호의 기회가 찾아왔다. 브리타니아에서 토착민을 상대로 전쟁을 준비하던 콘스탄티우스는 갈레리우스에게 아들을 전쟁에 파견해달라고 전갈을 보냈다. 갈레리우스로서는 요구를 물리칠 만한 마땅한 구실이 달리 없었다. 그렇게 해서 콘스탄티누스는 아버지와 재회했다. 306년 콘스탄티우스가 중병에 걸려 세상을 떠나자 군부는 곧장 콘스탄티누스를 황제로 추대했다. 갈레리우스는 군부의 요청대로 콘스탄티누스를 부황제로 인정하지 않을 수 없었다.

이미 디오클레티아누스와 함께 황제의 자리에서 은퇴한 막시미아누스는 의견이 달랐다. 그는 자기 아들 막센티우스가 콘스탄티누스보다 못할 게 없다고 생각했다. 막센티우스는 서방 황제 세베루스를 몰아냄으로써 아버지의 기대에 적극 부응했다. 갈레리우스는 자신이 임명한 세베루스를 폐위시킨 막센티우스를 동료 황제로 인정할 수 없었다.

세월은 갈레리우스의 편이 아니었다. 회복할 수 없는 병을 얻어 자리에 눕게 된 갈레리우스는 자신이 구상한 종교박해 프로그램이 실패했다는 것을 인정하지 않을 수 없었다. 스스로 불순하게 규정한 그리스도인들은 강력한 박해에도 불구하고 여전히 로마의 신들을 인정하지 않고 그리스도 예수의 교훈을 따랐다. 기독교의 신이 자신에게 벌을 내려서 고통을 겪게 되었다고 생각한 갈레리우스는 311년 4월말 세상을 뜨기 직전에 그리스도인들에게 관용을 베푸는 칙령을 내렸다. 거기에는 "그리스도인들이 사회 질서를 어지럽히지 않아야 한다"는 궁색한 조건이 붙어 있었다.

* 콘스탄티누스의 꿈

사분통치가 막을 내리자 콘스탄티누스는 권력을 독점할 기회를 엿보았다. 그때 막센티우스(Valerius Maxentius, 306-312 재위)가 직접적인 빌미를 제공했다. 로마에 설치된 콘스탄티누스의 조각상을 파괴해버렸다. 이것은 선전포고와 다름이 없었다. 콘스탄티누스는 군대를 이끌고 알프스를 넘어 진군했다. 많은 병력들을 거느린 막센티우스는 로마의 울타리 안에서는 거의 무적이었지만 시민들 사이에서는 인기가 바닥을 쳤다. 욕심이 많고 부도덕한 폭군이라는 것을 모르는 이들이 없었다. 막센티우스가 만일 콘스탄티누스와 맞서려고 군대를 이끌고 로마의 성문을 나서지 않았더라면 시민들이 봉기를 일으켰을 것이다.

막센티우스는 콘스탄티누스가 로마에 접근하는 것을 막으려고 밀비아누스(밀비오) 다리를 파괴했다. 그리고 혹시 있을지도 모를 퇴각을 예상해서 여러 척의 배를 엮어서 다리를 만들어두었다. 강의 북쪽에서 전투가 벌어졌다. 막센티우스가 동원한 병력은 보병 17만 명, 기병 1만 8천 명이었고, 콘스탄티누스에게는 9만 8천 명의 보병대와 기병대가 전부였다. 전투가 시작되자 어찌 된 일인지 수적으로 열세인 콘스탄티누스의 병력이 막센티우스를 강하게 밀어붙였다. 알 수 없는 어떤 능력에 사로잡힌 것 같았다. 결국 한계를 느낀 막센티우스의 군대가 배다리를 통해 로마 방향으로 도망하려고 했다. 그러나 막센티우스가 강을 건너는 순간에 묶여 있던 배들이 갑자기 깨졌다. 막센티우스를 비롯한 수백 명의 병사가 테베레강에서 익사했다.

시민들은 승리를 거둔 콘스탄티누스가 이전에는 볼 수 없었던 생소한 상징이 그려진 깃발을 앞세우고 입성하는 모습을 지켜보았다. 황제는 플라미니아 가도(Via Flaminia)를 지나 개선문을 통해 로마로 들어왔다. 현재 콘스탄티누스 개선문으로 부르는 이 문은 막센티우스가 자신을 위해 건축한 것인데, 그로부터 3년이 지난 315년에 완공되었다. 콘스탄티누스는 과거 역대 황제들의 전례를 무시하고 카피톨리노 언덕 신전을 방문해서 제사를 지내지 않았다. 전통을 중시하는 원로원으로서는 당황스러울 수밖에 없었다. 의원들은 밀비아누스 다리에서 전투가 있기 전에 자신들이 모르는 어떤 일이 있었던 게 분명하다고 생각했다.

사실이 그랬다. 전투 하루 전 콘스탄티누스는 간절히 기도를 올렸다. 모르긴 해도 평소처럼 태양신에게 기도했을 것으로 역사학자들은 해석한다. 콘스탄티누스가 태양을 바라보자 갑자기 십자가 모양의 빛이 보였다. 그러고는 소리가 들렸다. "이 표적으로 승리를 얻으리라(In hoc signo vinces)." 또 다른 전설에 따르면 꿈속에서 그리스도가 나타나서 콘스탄티누스의 방패에 거룩한 상징을 그려 넣도록 지시했다고 전한다. 콘스탄티누스가 실제로 환상을 목격했는지의 여부에 대해서는 의견이 분분하다. 하지만 콘스탄티누스가 312년 이후로 기독교 신앙을 가진 것만큼은 분명했다. 그가 본 십자가는 그리스어로 그리스도라는 이름의 첫 두 글자에 해당하는 XP를 포개놓은 것처럼 생겼다.

　아무튼 다음 날 아침이 되자 병사들은 영문도 모른 채 지시대로 자신들의 방패에 두 개의 글자를 그려 넣어야 했다. 콘스탄티누스는 자신의 개인 전투 깃발에도 '키로십자가'를 그려 넣었다. 그는 자신의 종교 체험을 근거로 막센티우스와의 전투에서 승리를 확신했다. 병력의 숫자나 전투가 벌어지는 위치를 고려하면 누가 보더라도 전세가 불리했지만 콘스탄티누스와 그를 따르는 병사들은 상황을 역전시켰다. 콘스탄티누스 개인으로서야 그보다 좋을 수 없었지만 안타깝게도 이 사건을 계기로 역사상 최초로 예수 그리스도의 십자가가 세속의 권력 다툼에 본격적으로 연루되었다.

＊ 기독교의 새로운 협력자

한 해 뒤인 313년에 콘스탄티누스와 동료 황제 리키니우스(Valerius Licianus Licinius, 308-324 재위)는 밀라노칙령을 함께 발표했다. 누구든지 자유롭게 종교를 선택하고 그 사상을 좇아서 살 수 있다는 칙령은 그리스도인들에게 말할 수 없이 반가운 소식이었다. 개인들은 몰수당한 재산과 집터를 돌려받았고 교회는 공인받았다.

칙령의 내용 가운데 일부를 인용해보면 이랬다. "우리의 목적은 그리스도인들과 다른 모든 사람이 마음껏 예배하게 하는 것이다. 그러니 하늘에 거하는 신은 누구든지 우리와 호의적일 것이다." 콘스탄티누스는 그리스도를 자신의 개인적인 수호자로 간주했다. 그리스도의 죽음을 상징하는 십자가는 매력적일 뿐 아니라 황제의 권력을 지탱해주는 기반이 되었다.

콘스탄티누스 황제는 교회의 지도자들을 적극적으로 지지하고 폭넓게 교류했다. 콘스탄티누스는 스스로를 그리스도인이라고 굳게 믿었다. 물론 이것은 하루아침에 내려진 결정이 아니었다. 디오클레티아누스와 갈레리우스의 궁정에서 지내는 동안 로마인들이 그리스도인들을 박해하는 게 옳지 않다는 사실을 잘 알게 되었다. 그리고 무엇보다 기독교를 박해하는 데 선봉에 섰던 갈레리우스가 맞이한 비참한 죽음과 그리스도인들에 대한 관용을 부탁했던 그의 유언으로부터 받은 영향이 컸다.

하지만 콘스탄티누스는 예수 그리스도를 태양신과 혼동했던 것으로 보인다. 어떤 면에서 볼 때 그런 혼란은 근거가 없지 않았다. 그가 보기에 그리스도인들 역시 로마인들처럼 태양신을 섬기는 것 같았다. 그리스도인들은 예수 그리스도를 '의의 태양'이나 '세상의 빛'이라고 불렀다(요 8:12). 게다가 그들은 태양의 날(Sun-day)이 돌아올 때마다 한자리에 모여서 예배했다. 콘스탄티누스는 기독교를 최초로 인정한 황제답게 성베드로대성당을 건축하도록 지시하는 것은 물론이고 과거에 당국이 몰수한 교회의 재산을 모두 돌려주었다. 그리스도인들을 관직에 중용했고, 기독교가 '주님의 날'이라고 부르는 일요일, 태양의 날

콘스탄티누스 황제의 흉상. 카피톨리니미술관 ⓒ유재덕

을 휴일로 지정했다. 태양신을 기념하는 12월 25일에 그리스도의 탄생
을 기리기 시작한 것 역시 콘스탄티누스가 내세운 치적이었다.

324년 7월 3일, 콘스탄티누스는 승리의 상징을 앞세우고 또다시
출전했다. 정적인 동로마제국 황제 리키니우스와의 마지막 결전이 기
다렸다. 최후의 전쟁에서 콘스탄티누스는 승리했고 로마제국은 다시
한 번 완벽하게 통일되었다. 승리의 가장 큰 수혜자는 단연 그리스도인
들이었다. 그리스도인들은 고위관직을 차지하고 교회 건축이나 복구
를 명목으로 황제에게 보조금을 지원받았다. 황제는 기독교 신앙을 지
키고 전파하는 데 장애가 되는 것은 모두 제거했다. 주교들이 권력을
좇아서 황제 주변으로 모여들기 시작했다. 그런데 오랫동안 고대하던

자유가 주어지자 그리스도인들 사이에 잠복해 있던 종교적 긴장이 겉으로 모습을 드러냈다.

북아프리카 알렉산드리아의 아리우스(Arius, 256-336)는 당시 사람들에게 기독교의 신앙 가운데 예수 그리스도의 본성과 의미를 설명하는 일에 특별히 관심을 가졌다. 이를 위해 오래된 플라톤 방식으로 하나님의 본성에 접근했다. 플라톤이 설명했듯이, 하나님이 영원하고 파악할 수 없다면 예수 그리스도는 하나님과 동일하지 않다. 우리는 복음서를 통해 그리스도의 삶과 교훈을 알 수 있기 때문이다. 하나님은 나눌 수 없으니 만물이 존재하기 이전에 예수 그리스도가 창조되거나 태어난 것을 인정하면 하나님과 동일하지 않다는 뜻이 된다. 아리우스는 이렇게 주장했다. "아버지가 아들을 낳았다면 태어난 자는 반드시 존재의 시작이 있었을 것이다. 그렇다면 아들이 존재하지 않았던 시간이 있었다는 게 분명해지고, 그가 비존재로부터 존재하게 되었다는 결론이 필연적으로 도출될 수밖에 없다."

아리우스는 음악이 군중에게 무슨 능력을 발휘하는지 잘 알고 있는 인물이었다. 그는 자신의 신학 사상을 외우기 쉬운 곡조로 만들었고, 덕분에 얼마 지나지 않아 알렉산드리아 거리에서 이런 노래를 쉽게 들을 수 있었다. "한때 아들은 존재하지 않았다!" 아리우스의 주장은 동방교회를 갈등의 소용돌이로 밀어 넣었다. 무엇보다 로마제국의 분열을 염려한 성직자 황제 콘스탄티누스는 서둘러서 전체 주교들을 황궁이 있는 니케아(현재 터키 이즈닉)로 소집했다. 니케아는 교통의 요충지였고 콘스탄티노플이 건설되기 이전까지 동방제국의 수도였던 니코메디아에서 가까웠다.

325년 7월 4일, 3백 명의 주교들이 2천 명의 장로들, 그리고 집사들과 함께 황궁에 모였다. 콘스탄티누스는 스스로를 교회의 주교이면서 사도로 선포하고 나서 회의를 주재했다. 사도행전에 기록된 예루살렘공회 이후 기독교 최초의 공회로 인정받은 니케아공회의 시작이었다. 그 자리에서 일부 사람들이 일어나서 아리우스를 비난했다. 그들은 아리우스가 예수 그리스도의 신성을 부정한 것을 강력하게 문제삼았다. 물론 아리우스의 지지자들 역시 없지 않았다. 그런데 교회의 대표자들 대부분은 아리우스가 누구인지 제대로 알지 못했다.

아리우스를 지지하는 어느 주교가 그 장로의 사상을 소개하기 전까지는 회의가 조용했다. 주교가 그리스도가 창조되었다고 주장하는 순간에 소란이 일었다. 또 다른 주교가 소리쳤다. "신성모독이오!" 어느 주교는 아리우스의 문서를 찢어버렸다. 갑자기 참석자 대부분이 아리우스를 정죄하는 데 의견을 같이했다. 다른 주교가 끼어들어 아리우스의 주장을 배격하는 신조를 제안했다. 그의 주장은 약간의 수정을 거쳐서 니케아신조라는 이름을 갖게 되었다. 내용에 "아버지와 본래부터 하나"(homoousios)라는 표현이 추가되었다. 동방지역 그리스도인들은 예수를 하나님으로 믿었지만 "아버지와 본래부터 하나"라는 헬라식 표현을 이해할 수 없었다. 그럼에도 동의하지 않은 사람은 둘에 불과했다. 공회는 두 명의 주교(아리우스까지 포함해서)를 추방해버렸다.

콘스탄티누스는 니케아신조를 거부할 경우에는 상대가 누구든지 가리지 않고 오지로 귀양을 보냈다. 황제에게는 정확한 교리보다는 제국의 안정과 질서가 무엇보다 중요했다. 327년까지 대부분의 교회들이 황제에게 별다른 이의를 제기하지 않고 말없이 협력했다. 이런 분위기에 편승해서 콘스탄티누스는 평소 생각대로 아리우스의 복권을 시도했다. 황제의 처사를 마뜩찮게 여기는 이들이 없지는 않았지만 반발

아리우스의 정죄(6세기 작품) ©WP

하는 소리는 예상보다 그렇게 높지 않았다. 그런데 아리우스의 주장이
최초로 쟁점으로 부각되었던 이집트 알렉산드리아의 주교 아타나시우
스(Athanasius, 293?-373) 만큼은 달랐다.

아타나시우스는 작은 키에, 피부가 검어서 적수들은 '검은 난쟁이'라고 불렀다. 아타나시우스는 어려서부터 이집트 사막에서 경건한 기독교 수도자를 섬겼다. 나중에 아타나시우스는 다른 수도자들로부터 상당한 존경을 받았다. 325년 아타나시우스는 집사의 신분으로 니케아에 도착했다. 공회가 끝나고 난 뒤에 알렉산드리아의 주교가 중병에 걸렸다. 주교는 아타나시우스에게 자리를 대신 맡아달라고 부탁했다. 그러자 그는 요청을 거절하고 사막의 수도자들에게로 몸을 피했다. 몇 주가 흐른 뒤에 아타나시우스가 다시 모습을 드러냈다. 교회는 아타나시우스가 극구 사양했음에도 그 자리에서 주교로 안수해버렸다.

그로부터 얼마 지나지 않아서 아타나시우스는 콘스탄티누스 황제와 갈등을 빚게 되었다. 아타나시우스는 아리우스를 교회의 일원으로 복권시키라는 황제의 제안을 공개적으로 거절했다. 아리우스는 여전히 일관되게 성자 예수의 신성을 부정하고 있었다. 콘스탄티누스는 자신의 의견을 따르도록 아타나시우스에게 위협을 가했다. 콘스탄티누스는 무려 5년 동안 압박한 뒤에도 아타나시우스의 태도가 바뀔 조짐이 보이지 않자 결국에는 반역죄라는 명목으로 귀양을 보냈다. 아타나시우스에게는 이것을 포함해서 17년간 여섯 차례나 반복되었던 귀양 생활의 시작이었다.

[행복한 황제의 죽음과 교리 논쟁]

327년에 콘스탄티누스는 동방과 서방을 한꺼번에 통치할 목적으로 보스포루스해협 건너편의 비잔티움에 건설한 '새로운 로마'(Roma

Nova)로 수도를 옮겼다. 이후로 콘스탄티누스의 도시라는 뜻을 가진 콘스탄티노폴리스, 줄여서 콘스탄티노플이라는 이름을 얻은 새로운 도시는 이탈리아의 옛 수도 로마를 대신해서 1,200년간 로마제국의 중심지가 되었다. 그에 비해서 로마와 이탈리아, 그리고 서부의 속주들은 제국 안에서 비중이 줄어들게 되었다. 계속해서 황제는 제위 계승 문제마저 정리했다. 세 아들, 콘스탄티누스 2세(337-340 재위), 콘스탄티우스(337-361 재위), 콘스탄스(337-350 재위)는 물론이고 형이 남긴 자식들에게까지 골고루 영토를 물려주었다.

콘스탄티누스는 임종 직전에서야 아리우스파에 속한 니코메디아의 유세비우스(Eusebius of Nicomedia, ?-342?) 주교를 청해서 세례를 받았다. 그가 세례를 제때 받지 않은 이유 때문에 역사학자들 사이에서는 지금껏 의견이 분분하지만 4세기의 신앙관을 고려하면 어느 정도 이해는 가능하다. 당시 사람들은 어찌 된 일인지 세례를 받고 나서 저지른 죄는 결코 하나님으로부터 용서를 받지 못한다고 믿었다. 때문에 가능한 한 세례를 나중으로 미루었다. 콘스탄티누스의 경우처럼 임종 때 주어지는 세례는 유아세례를 받지 못한 이들 사이에서는 비교적 흔한 일이었다.

콘스탄티누스는 "우리 구세주께서도 본보기로 세례를 받으셨던 곳(요단강)"에서 세례를 받고 싶다고 기회가 있을 때마다 입버릇처럼 말했다. 337년 성령강림 대축일 마지막 날(5월 22일) 콘스탄티누스 황제는 영원히 눈을 감았다. 하나님의 징표를 직접 목격했을 뿐 아니라 그것을 신성한 유물로 간직하도록 유럽에 소개했고, 더 나아가 신앙 안에서 사도라는 호칭을 받고 싶어 했던 누구보다 행복한 황제의 죽음이었다. 그를 성인으로 추대한 동방과 서방교회는 지금도 각각 성 콘스탄티누스, 성 콘스탄티누스 대제(Sanctus Constantinus Magna)라고 부른다.

＊ 배반자 율리아누스와 아타나시우스

세 명의 황제가 이끌던 제국의 권력은 우여곡절 끝에 콘스탄티우스 2세에게 넘어갔다가 결국에는 율리아누스(Julianus, 361-363 재위)가 최종적으로 물려받게 되었다. 신임 황제는 기독교를 무척이나 혐오했다. 거기에는 그럴 만한 개인사가 있었다. 율리아누스가 여섯 살 때였다. 콘스탄티우스 2세를 추종하는 군인들이 율리아누스의 가족을 남김없이 살해했다. 권력투쟁 과정에서 빚어진 비극이었다. 단지 어리다는 이유로 운 좋게 살아남게 된 율리아누스는 줄곧 홀로 지내면서 간간히 사촌들의 살해 위협에 시달려야 했다.

　율리아누스가 황제가 되자 권력에 안주하던 교회 지도자들은 곧장 특권을 상실했다. 새로 즉위한 황제는 오지로 귀양을 떠났던 주교들을 모두 불러들였다. 교회 내부에 심각한 분란을 조장해서 세력을 약화시키고 그 사이에 이교신앙을 부활시키려는 전략이었다. 정치적 후원이 끊긴 교회는 예상대로 곧장 혼란상태에 빠져들었다. 하지만 얼마 뒤 율리아누스의 음모를 알게 된 동방교회와 서방교회는 다툼을 그치고 상대방의 의견에 귀를 기울였다. 서로 사이가 제아무리 나빠도 교활하게 교회를 파괴하는 황제보다는 가까울 수밖에 없었다.

　역시 오랜 귀양살이에서 돌아온 아타나시우스는 니케아신조의 지지자들과 반대자들에게 알렉산드리아에서 종교회의를 갖자고 제안했다. 한자리에 모인 서방교회의 주교들은 동방교회가 '아버지와 본질상 하나'라는 표현을 싫어하는 이유를 그제야 비로소 깨닫게 되었다. 마침내 기독교를 대표하는 두 집단은 아버지, 아들, 그리고 성령이 같은 본질을 공유한 세 위격이라는 데 동의했다. 주교들 가운데 성령의 신성을 부정할 경우에는 정죄하고 파직시켰고 회개하면 평신도로 받아들였다.

율리아누스 황제는 교회를 솜씨 있게 하나로 엮어내는 아타나시우스의 능력이 두려웠다. 때문에 '검은 난쟁이'는 황제의 눈을 피해 또다시 깊은 사막으로 피신해야 했다. 율리아누스의 병사들이 아타나시우스를 만났을 때 그는 선박으로 나일강을 통과하고 있었다. 황제의 지시를 따르는 배가 느리게 가는 아타나시우스의 배에 접근했다. 병사 가운데 하나가 소리쳤다. "아타나시우스를 보셨소?" 작은 키의 주교는 솔직했다. "그렇다네! 자네 앞에 서 있으니 잡으려면 서두르게." 그의 말을 듣는 둥 마는 둥 병사들을 태운 배는 곧장 지나쳤고, 덕분에 아타나시우스는 무사할 수 있었다.

사막의 수도자들은 율리아누스가 죽을 때까지 아타나시우스를 숨겨주었다. 나지안주스의 그레고리우스(Gregorius Nazianzenus, 329-390)는 나중에 아타나시우스를 이렇게 회고했다.

그는 정말 겸손하고 낮은데 마음을 두었다. 그의 덕행은 비길데 없을 정도로 숭고했다. 그는 모두에게 정중했다. …그는 설교할 때 온유했고 친절했고 열정적이었고, 그리고 상냥했다. …그의 삶은 천사 같았고 자신을 비난하는 이들에게 항상 부드러웠다. 결코 난폭한 대응을 하지 않았다. 그의 삶은 항상 설교의 현장이었다. 누구든 그를 닮고 싶어 했다. 금식과 기도로 금욕적 삶을 살았다. 항상 하나님을 찬양하는 삶을 살았다. 부유한

자들의 부정을 지적하는데 주저하지 않았고 겸허한 자들에게
늘 자신을 낮추었다.

율리아누스 황제는 페르시아를 상대로 원정을 나섰다가 그곳에서
치른 전투에서 입은 상처가 회복되지 않는 바람에 세상을 떴다. 과거
자신의 할아버지처럼 태양신을 '최고의 신'(Summa Divintas)으로 복
원하려고 하던 시도는 거기서 모두 끝났고, 거꾸로 돌아가던 역사의 시
계는 본래의 방향으로 다시 움직이게 되었다. 신학 역시 아리우스파의
기세가 한풀 꺾이면서 아타나시우스의 의도대로 흘러갔다.

* 위대한 카파도키아인들
4세기 후반, 그러니까 아타나시우스의 죽음 이후에 네 명의 동방교회
출신 그리스도인들이 니케아신조의 적극적인 지지자가 되었다. 그들은
위대한 바실리우스(Basil of Caesarea, 329 또는 330-370), 누이 마크
리나(Macrina, 330?-379), 동생 니사의 그레고리우스(Gregorius of
Nyssa, 335?-395?), 그리고 그 형제들과 아주 가깝게 지내던 나지안
주스의 그레고리우스였다. 그들은 요즘의 터키 지역에 속한, 실크로드
가 통과하는 길목에 자리 잡고 있는 카파도키아에서 함께 모여 살았다.
니케아신조에 대한 위대한 카파도키아인들의 강력한 지원으로 동
방과 서방제국의 신학은 하나로 통합되었다. 바실리우스, 니사의 그레
고리우스, 그리고 나지안주스의 그레고리우스는 하나님이 외적으로는
성부와 성자와 성령이라는 세 개의 위격으로 존재하지만 본질적으로
는 모두 하나라고 주장했다. 바실리우스는 그것을 이렇게 표현했다.
"결과적으로 하나님의 하나님 되심을 고백하고 각 위격 안의 개별적인

카파도키아. 300년부터 1300년까지 400개 이상의 교회, 예배처와 수도원이 자리 잡고 있었다. ⓒWP

속성을 구분하여 각 위격의 독특한 고유성을 고백하면서도 하나됨을 보전하는 만족스러운 방법이 있다." 이와 같은 그의 주장은 451년에 개최된 칼케돈공회에서 새롭게 보강되었다. 즉 예수 그리스도는 하나의 신성과 하나의 인성, 두 본성을 가진 하나의 (신적인) 인간이다.

마크리나, 그리고 이어서 바실리우스는 수녀와 수도사를 위해 동방 지역에서는 최초로 공동체를 설립했다. 특히 바실리우스는 수사학 교사를 하다가 1년간 이집트와 팔레스타인 지역을 돌아다니며 고행자들을 만났다. 고향으로 돌아오자마자 가문이 소유한 영지에 수도사 공동체를 설립했다.

두 사람의 공동체에 가입한 이들은 묵상만으로 시간을 보내지 않았다. 묵상뿐 아니라 노동을 실천했다. 수도사들은 노동을 하면서 시편을 노래했다. 그들은 자신들이 재배하고 만든 것들을 시장에 내다 팔았다. 거기서 얻은 수입은 전부 빈민 구제에 사용했다. 대부분의 수녀나 수도 사와 달리 마크리나와 바실리우스는 극단적 금식이나 자기 징계를 금했다. 그들은 세상에서 물러서지 않고 오히려 수도회와 수도원을 도시에 설립하려고 노력했다. 수도사와 수녀들은 도시에서 많은 어린이들을 가르치고 치료했다.

[사막의 은둔자들]

오래전부터 사람들은 황무지와 사막의 적막함에 마음이 끌렸다. 오직 하나님만 찾으려고 고독을 선택한 이들에게는 그보다 좋은 장소가 없었다. 외딴 공간에 기거하는 은둔자들은 고독과 기도로 일생을 보냈다. 도시에 사는 종교적인 사람들은 은둔자들의 삶을 동경하고 언제든지 동참하고 싶어 했다. 앞서 소개한 아타나시우스는 육체적인 안락과 쾌락을 포기한 은둔자들의 삶에 매료되었고, 그래서 나중에는 은둔자 안토니우스의 전기를 직접 집필하기도 했다. 그 책은 당시 사람들에게 곧장 베스트셀러가 되었다.

안토니우스는 어느 날 교회에서 "가서 가진 것을 다 팔아 가난한 사람들에게 나누어주어라"는 예수 그리스도의 교훈을 듣고 상당한 충격을 받았다. 문자 그대로 구원자의 지시를 수용한 그는 소유를 정리해서 가난한 이들에게 분배했다. 그러고는 다른 은둔자들의 영적인 지도를 받으면서 사막에 기거했다. 복음과 규율에 헌신한 안토니우스의 삶은 사람들에게 깊은 감동을 안겨주었고 많은 사람들이 사막을 찾아왔다. 사막의 은둔자들은 지극히 가난하게 살면서 생명을 부지할 정도만 먹고 배고픔을 견뎠다. 이들이 나중에 수도원운동의 모체가 되었다.

파코미우스(Pachomius, 292?-346?)는 은둔자들을 모아서 공동체를 조직했다. 식탁을 함께하고, 노동을 분담하고, 성찬에 함께 참여하고, 성서를 묵상하는 규칙을 처음으로 제정한 인물이 바로 파코미우스였다. 그에 의해서 시작된 수도원 생활은 얼마 지나지 않아서 본격적으로 퍼져나갔다. 파코미우스는 남자 수도원을 조직했을 뿐 아니라 여성을 위한 신앙공동체를 구상했다. 여성들이 함께 어울리면서 신앙생활을 하는 것도 충분히 가능한 일이었다.

교회 지도자들 역시 남편과 자녀 양육에 구속되지 않고 자유롭게 기도와 선행에 힘쓰면서 하나님 말씀을 연구하도록 적극 권장했다. 하나님이 자신들에게 명상의 삶을 살도록 부르고 있다고 믿는 여성들이 수녀원에 가입했다. 또 어떤 이들은 가족이 강요하는 억지 결혼을 피하려고 가입하기도 했다. 자신의 의사와 관계없이 수녀원에 들어온 사람

⟩⟩⟩ 기둥 위의 성자

사막의 수도사들 가운데는 극단적인 금욕을 실천한 사람들도 있었다. 시리아 출신의 수도사 시므온은 2m 높이의 기둥을 세우고서 그 위에 앉을 곳을 마련한 채 거의 바닥에 내려오는 법이 없었다. 어쩌다 내려오기도 했었는데, 그때는 더 높은 기둥으로 옮겨 가기 위해서였다. 그가 마지막으로 머물렀던 기둥은 그 높이가 무려 18m나 되었다. 황제를 비롯한 많은 사람들이 시리아 사막에 기거하는 그에게 지도를 받기 위해서 몰려갔다.

들도 있었다. 아버지들이 결혼 비용을 대지 않을 셈으로 수녀원에 들여
보낸 여자들이었다.

* 히에로니무스와 여성 금욕자들

초기 수도사들 가운데 누구보다 흥미롭고 탁월한 사람을 한 명만 꼽으
라면 당연히 히에로니무스(예로니모 Eusebius Hieronymus, 347?-
420)일 것이다. 히에로니무스는 우리가 다음 장에서 살펴보게 될 히포
의 주교 아우구스티누스와 동시대에 속한 인물이었고, 수도원생활과
학문을 결합시킨 극도로 예민한 학자이면서 수도사였다. 달마티아와
판노니아 국경 부근의 작은 도시 스트리도니아의 기독교 가정에서 태
어났다. 순전히 학문에 대한 관심 때문에 360년부터 7년간 로마에서
유학했다. 그리스어와 라틴어 고전을 집중적으로 공부하면서도 기독
교 교부들의 저술에는 별다른 관심을 보이지 않았다. 그는 어느 날 꿈
에서 "너는 키케로주의자이지 그리스도인이 아니다"라는 음성을 듣고
서 세속 학문을 포기하고 헌신적인 그리스도인이 되었다.

히에로니무스는 시리아 사막에 은둔하기 전까지 이교 작가들을 숭
배했다는 사실을 부끄러워했고 육체적인 것은 무엇이든지 멀리하다
보니 약간 이상한 교훈이나 관습을 남겼다. 예수 그리스도의 어머니 마
리아가 줄곧 처녀로 지냈다는 주장을 기독교 역사상 최초로 옹호했다.
그리고 무슨 일이 있어도 몸을 씻으려고 하지 않았다. 그리스도가 자신
을 단번에 영원히 씻어주었기 때문이란 게 목욕을 기피한 가장 큰 이유
였다. 그뿐 아니라 목욕은 잠든 욕망을 일깨울 뿐이니 어떻게든 피하지
않을 수 없다는 신념을 갖고 있었다. 히에로니무스는 하나님 이외에는
아무것도 생각하지 않으려고 히브리어를 배우는 데 진력했다.

히에로니무스와 사자. 히에로니무스가 사막에서 지낼 때 사자의 발에 박힌 가시를 뽑아주었다는 전설
이 있다. 때문에 그의 그림에는 사자가 자주 등장한다. ⓒWP

    2년간 고통스럽게 지내고 난 뒤에 히에로니무스는 하나님이 홀로
사는 것을 바라지 않는다는 것을 깨닫고서 다시 로마로 돌아왔다. 로마
교회 주교 다마수스(다마소 Damasus, 366-384 재위)는 그의 마음을
단번에 사로잡을 정도로 매력적인 계획을 제안했다. 교회에서 믿고 사
용할 만한 라틴어성서를 번역하는 작업이었다. 다마수스 주교는 이전
부터 히에로니무스의 높은 학문적 수준을 알고 있는 터라 갖가지 성서

번역판이 나돌고 있는 혼란스런 상황을 바로잡을 수 있는 적임자로 그를 지목했다.

부유한 로마인 과부 마르켈라(Marcella)가 라틴어 성서 번역프로젝트에 소요되는 비용을 일체 후원하기로 약속했다. 마르켈라는 남편과의 사별 후에도 재혼하지 않고 홀로 지내면서 직접 성서를 연구할 정도로 열성적인 여성이었다. 히에로니무스는 마르켈라를 아주 높게 평가했다. 로마에서 멀리 떨어진 팔레스타인에서 지낼 때도 의미가 불분명한 성서의 본문들과 씨름하고 있는 목회자들에게 마르켈라를 직접 소개할 정도로 신뢰했다.

> 그녀(마르켈라)는 정말로 뛰어난 미덕과 총명함, 거룩함과 순수함을 지녔다. …나는 이것만은 꼭 밝히고 싶다. 오랜 연구와 명상을 통해서 우리 내부에 모인 것이 거의 본성으로 바뀌었다. 그런데 바로 이것을 그녀가 맛보았고 배웠고 소유했다(히에로니무스, 「편지」, 127).

히에로니무스는 귀족 출신 여성들에게 성서와 금욕의 실천을 가르쳤다. 마르켈라의 저택에서 나중에 누구보다 막역한 동료로서 함께 작업하게 될 여성 제자를 만났다. 그녀의 이름은 파울라(Paula)였다. 파울라는 귀족 가문의 출신이었으나 남편과 사별하고 수도원 공동체에 적극 참여하다가 히에로니무스를 만나자 스승으로 모셨다. 파울라와 마르켈라는 스승의 교훈을 좇아 평생 목욕을 하지 않을 정도로 자기부정을 철저하게 실천했다. 히에로니무스 역시 파울라를 자신의 희망과 두려움, 의문과 꿈을 놓고 허물없이 대화할 수 있는 상대로 간주했다.

그녀는 뛰어난 학자가 되었고, 마침내 히브리어만큼은 스승을 넘어서는 수준에 도달했다. 히에로니무스가 남긴 서신에는 파울라가 어떤 자세로 지성을 추구했는지 고스란히 드러나 있다.

> 그녀(파울라)는 성서를 암송했다. …그녀는 딸과 함께 신구약성서를 통독할 수 있게 해달라고 내게 재촉했다. …내가 어떤 구절에서 어찌할 바를 몰라서 솔직히 모르겠다고 털어놓으면 그녀는 내 대답에 만족하지 않으려고 했다(히에로니무스, 「편지」, 108).

히에로니무스는 384년 무렵에 복음서의 번역을 마쳤다. 그리고 내친 김에 번역을 계속해서 405년까지 구약성서를 포함한 라틴어 불가타(Vulgata, 뜻은 '보통 말') 성서의 번역을 모두 완성했다. 하지만 오랫동안 끌어온 힘겨운 작업을 끝마쳤다는 즐거움보다는 고통이 더 컸다. 히에로니무스가 필생의 사역을 마무리하기 몇 달 전 제자 파울라가 세상을 떠났다. 히에로니무스는 그로부터 십여 년이 흐른 420년 베들레헴에서 숨을 거두었다. 시신은 파울라가 묻힌 곳에서 멀리 떨어지지 않은 예수탄생기념성당 지하에 매장되었다가 나중에 로마에 있는 성마리아대성당(산타마리아마죠레)으로 옮겨졌다. 교회는 8세기에 히에로니무스를 교회박사로 공식 인정했다.

국가 종교
기독교와
제국의 멸망

＊　＊　＊　＊　＊

기독교는 4세기에 우호적인 황제들 치하에서 상상하지 못하던 지위를 누렸다. 권력의 풍향에 예민한 이들은 변화의 낌새를 곧장 알아차렸다. 콘스탄티누스는 기독교 성직자의 세금을 면제해주었고 주교들에게는 원로원의원에 버금가는 지위를 부여했다. 화폐마다 기독교 상징들을 새겨 넣었다. 일요일을 공휴일로 선포해서 기독교식 예배를 위한 확고한 토대를 제공했다. 황제의 후계자들 역시 산 제물을 바치는 공공의식을 금지하는 것은 물론, 신전을 폐쇄하고 이교도들의 주요 성소를 열성적인 그리스도인들이 공격해도 문제삼지 않았다. 그리스도인들은 정부의 간헐적인 조치를 더 나아가서 당연한 것으로 만들었다.

　변화의 과정을 밟고 있는 기독교는 과거와 달리 더 이상 어렵고 소외된 계층을 대변하는 종교가 아니었다. 교인이 늘어나고 재산이 불기 시작하면서 교회들은 저마다 한껏 위용을 자랑하는 대형 건축물들을 계속해서 건축해나갔다. 그뿐만이 아니었다. 교회는 이단들의 제압을 명분으로 정통 교리와 관행에서 배제된 소수파들에게 서슴지 않고 폭력을 휘둘렀다. 과거의 피해자가 이제는 가해자의 입장이 되었지만 그에 따른 별다른 성찰은 없었다.

성직자들은 세속 지도자들에 버금가는 권력과 부를 향유했다. 경기장에서 죽임을 당하거나 아니면 적어도 누구나 꺼리는 오지로 추방당할 각오를 해야 지도자가 되던 과거와 상황과는 달랐다. 그것이 지나치다 보니 히에로니무스처럼 지각 있는 사람들이 세태를 걱정하는 글을 남길 때도 있었다. "교회의 벽은 금으로 빛나고 있고 천장과 기둥머리도 마찬가지다. 이에 비해서 그리스도는 가난하고 헐벗고 굶주린 사람들 사이에서 죽어가고 있다."

입바른 소리를 하는 이들은 소수에 지나지 않았다. 로마교회를 책임진 주교들은 돈에 관한 한 걱정을 하지 않아도 될 정도였다. 화려한 옷차림으로 황제가 주관하는 수준의 연회를 베풀면서 손님들과 마음껏 즐겼다. 주교들 가운데 상당수가 과거 귀족 가문 출신들이다 보니 권력과의 타협은 자연스러웠고 열매는 달콤했다. 성직은 더 이상 남을 섬기는 그리스도 종의 역할과 무관했다. 그리스도의 발언은 관심 밖에 있었다. "인자가 온 것은 섬김을 받으려 함이 아니라 도리어 섬기려 하고 자기 목숨을 많은 사람의 대속물로 주려 함이니라"(막 10:45). 교회가 나가야 할 길은 분명했지만 거기에 관심을 보이는 이들은 드물었다.

[야만인들의 대공세]

종이 되어야 할 교회 지도자들이 진정한 종의 자세로 섬기는, 사람들에게 존경받는 지도자들을 있어야 할 자리에서 몰아냈다. 더 나아가 정부의 적극적인 지원을 등에 업은 채 평소 욕망한 것들을 마치 전리품인양 챙겼다. 일찌감치 권력의 속성에 맛을 들인 로마교회는 350년부터 군주식 중앙집권체제를 향해 서서히 나가고 있었다. 우리가 살펴본 대로 로마제국의 교회는 황제가 대표자였다. 콘스탄티누스 이래 황제들은 교회를 국가에 편입된 공식적인 법적 단체로 간주해서 다른 조직처럼 최고의 행정 권한을 직접 장악했다. 황제는 어느 주교와도 상의하지 않고 공회를 소집할 수 있었다. 실제로 콘스탄티누스는 니케아에서 공회를 개최하고 주교들을 소집해서 교회법을 인준했다.

공적 사회에서 확실하게 한 자리를 차지하게 된 공인된 교회는 종교를 넘어서서 정치로까지 영역을 확장해나갔다. 4세기 중반부터 로마교회는 타 지역 교회들에게 법적 우월성을 주장하기 시작했다. 물론 콘스탄티노플 교회를 추종하는 교회들은 그런 태도를 철저하게 외면했으나 로마교회의 주교들은 고집을 꺾으려고 하지 않았다. 5세기부터 본격화되기 시작한 이민족들의 침입은 로마제국의 멸망을 앞당기는 비극적인 일이었으나 로마교회는 혼돈의 시기를 자신들에게 유리한 방향으로 틀어놓았다.

* "남쪽으로 내려가자!"

역사에서 비극은 언제든지 반복되기 마련이다. 준비가 허술할 때면 더욱 그렇다. 410년, 누구도 두 눈으로 직접 보면서도 믿기 힘든 일이 벌어졌다. 야만족이 '영원한 도시'를 약탈했다. 이전까지 로마가 함락된 것은 단 한 차례였다. 로마인들은 BC 390년에 북이탈리아에 자리 잡은 갈리아인(켈트족)의 공격에 맞섰지만 패하는 바람에 카피톨리노 언덕을 제외한 나머지 지역을 한꺼번에 내어준 적이 있었다. 이후로 로마인들은 그 수모를 잊지 않으려고 했고, 덕분에 800년간 수도는 이민족들이 결코 넘볼 수 없는 땅이 되었다. 251년에는 황제 데키우스가 고트족의 함정에 빠져 목숨을 잃기도 했으나 그것은 변방에서의 사건이었다. 율리우스 카이사르가 건물을 짓기 위해 해체해버린 성벽을 275년에 아우렐리아누스(Lucius Domitius Aurelianus, 270-275) 황제가 새로 쌓아올려도 시민들은 별다른 감흥을 느끼지 못했다.

이제 '팍스 로마나'(Pax Romana, 로마의 평화)는 더 이상 어느 곳에도 존재하지 않았다. 서고트족이 발칸반도 남동쪽 정착지 트라키아를 떠나서 로마를 약탈하고 파괴한 것은 제국의 수준을 가늠할 수 있는 상징적 사건이었다. 사실 고트족의 침입은 이미 훨씬 전에 있었던 일종의 풍선효과 때문에 빚어졌다.

오랫동안 중국과의 접경지역에 터를 잡고 살던 훈족(또는 흉노족)은 중국인들이 장성을 쌓고서 경작지를 찾아 유목민들의 삶의 터전인 초원지역을 개간해 들어오자 서쪽으로 계속해서 밀려났다. 372년, 훈족은 볼가강을 건너서 유목을 하는 알란족(지금의 이란인)을 짓밟았다. 그러고는 고삐를 늦추지 않은 채 고트족(Ostrogoth와 Visigoth)까지 제물로 삼았다.

훈족의 공격에 당황한 고트족은 고향땅을 포기해야 했다. 우리에게 익숙한 소위 '게르만족 대이동'의 시작이었다. 동고트족은 이탈리아, 서고트족은 프랑스 남부지방과 에스파냐로 밀고 들어갔다. 결국에 서로마제국은 라인강 일대에 주둔하는 병력을 철수시키지 않을 수 없었다. 덕분에 반달족, 부르군트족, 알레마니족을 비롯한 이민족들은 별다른 제지를 받지 않고서 강을 건넜다.

로마를 유린하는 고트족 ©WP

동로마제국 역시 상황이 안 좋기는 마찬가지였다. 황제 발렌스가 378년 남하하는 고트족 연합군과의 전투에서 전사한 이후로는 제국의 면모를 회복하지 못했다. 밀라노의 주교 암브로시우스(Ambrosius)는 당시 상황을 제대로 간파했다. "훈족이 알란족을 덮치자 알란족은 고트족과 타이팔리족을 덮쳤다. 고트족과 타이팔리족은 로마를 덮쳤다. 그런데도 그것은 아직 끝나지 않았다."

게르만족의 이동은 서유럽과 남유럽의 지배자 서로마제국의 멸망을 재촉했다. 도나우강 하류 출신인 서고트족 수령 알라리크(Alaric)는 마케도니아와 그리스 일대를 거침없이 휩쓸고 다녔다. 401년과 403년에는 이탈리아로 쳐들어갔고, 또다시 408년 가을에는 로마를 포위하기까지 했다. 알라리크는 서로마 황제에게 자기 사람들이 농사를 지을 수 있는 땅과 함께 18톤의 금과 은, 후추 1톤을 요구했다. 호노리우스 황제는 알라리크의 요구를 거절했다. 그러자 알라리크는 다시 10만의 대군을 이끌고 410년에 로마를 공격했다.

서고트족은 사흘간 로마제국의 옛 수도를 마음껏 유린했다. 알라리크의 라이벌이자 역전 노장이었던 로마군 총사령관 스틸리코(Flavius Stilicho, 365?-408)는 황제의 음모로 이미 목숨을 잃은 뒤라서 더 이상 견제 세력은 존재하지 않았다. 교회들만 알라리크가 사전에 내린 지시 덕분에 겨우 화를 모면했다.

전리품을 한껏 챙긴 알라리크와 부하들이 로마를 떠났다. 한곳에 오랫동안 머물지 않는 게르만족이다 보니 식량을 비롯한 군수물자를 조달할 방편이 따로 없었다. 알라리크는 북아프리카를 정복해서 식량을 조달할 생각으로 이탈리아 남부로 내려가다가 갑자기 세상을 떴다. 살기등등하던 초반의 기세에 비하면 결말은 초라했다. 고트족으로 대표되는 야만족들의 공격은 로마제국의 운명에 관한 신학적 논의를 촉발하는 계기가 되었다.

✳ 재앙의 원인은

5세기 초반에 로마가 약탈당했다는 사실을 잘 알고 있던 야만족들은 이미 기력을 상실한 늙은 제국을 상대로 거듭해서 전과를 올렸다. 대공습은 끊이지 않고 계속되었다. 닥치는 대로 파괴한다고 해서 '반달리즘'(Vandalism)이라는 이름을 역사에 남긴 반달족이 에스파냐와 북아프리카 사이에 있는 지브롤터해협을 단숨에 건넜다.

430년 6월에는 아우구스티누스의 주교구였던 히포 레기우스의 성 밖으로 모습을 드러냈다. 그들과 함께 바다를 건너온 알란족과 손을 잡은 반달족은 439년까지 카르타고를 비롯한 북아프리카 지역 대부분을 점령하고 자신들의 왕국을 구축해나갔다. 북아프리카의 속주들은 더 이상 로마의 식량창고가 아니었다. 곡창지대를 상실한 로마제국의 재정적 손실은 회복이 불가능할 정도였다.

452년에는 훈족이 이탈리아를 침입해서 로마 시민들의 안전을 위협했다. 훈족은 수수께끼 같은 정체불명의 부족이었다. 전해지는 이야기로는 훈족 아이들은 걷는 법을 배우자마자 말 타는 법을 익혔다고 한다. 훈족의 전사들은 늘 서너 마리의 말을 함께 끌고 다니면서 필요할 때마다 갈아타는 방식으로 신속한 기동력을 유지했다. 덕분에 훈족은 적들이 연락병을 통해 소식을 주고받기도 전에 눈앞에 나타났다. 훈족과 맞서는 상대는 연락이 닿기도 전에 멀리서 이는 먼지구름과 요란한 말발굽 소리, 비 오듯 쏟아지는 화살을 보고 훈족의 침입을 알아차렸다. 그런 막강한 군대를 이끌고 '하나님의 채찍'이라는 별명을 가진 훈족의 족장 아틸라가 로마를 공격해왔다.

훈족의 공습이 있고나서 몇 해가 흐른 455년에 또다시 반달족 병사들을 가득 태운 선단이 들이닥쳤다. 오늘날 로마의 피우미치노 공항에서 그리 멀리 떨어지지 않은 오스티아 항구가 상륙지였다. 일찍이 황제 클라우디우스가 테베레강과 지중해가 만나는 지점에 인공적으로 만든 항구였다.

반달족의 우두머리 가이세리크(Gaiseric)가 이끄는 군대는 같은 해 6월 15일부터 보름 동안 로마 시내 전체를 체계적으로 약탈했다. 이미 410년에 있었던 서고트족의 약탈과 달리, 가이세리크의 경우에는 지중해를 끼고 있는 로마제국 전체에 별다른 뉴스거리가 되지 못했다. 로마가 더 이상 회복이 불가한 상태라는 것을 알 만한 사람들은 모두 알고 있었다. 그리고 476년에는 고트족 족장 오도아케르(Odoacer)가 서로마제국을 대표하는 소년 황제를 퇴위시켜버렸다.

야만족들의 거듭된 침략은 서방제국의 시민들에게 엄청난 공포를

> ⟩⟩⟩ 훈족이 흉노족?
>
> 370년경부터 동고트족을 공격하기 시작해서 453년 아틸라의 죽음과 함께 세력이 와해된 훈족은 험상궂은 인상과 생고기를 체온으로 덥혀서 먹는 강인함, 그리고 가공할 만한 잔인함으로 악명이 무척 높았다. 훈족의 기원은 몽골초원에서 이주해온 흉노족으로 간주하는 게 일반적이다. 훈과 흉(노)이라는 명칭의 유사성이나 양쪽 모두 몽골로이드적인 외모와 유목민이라는 점이 그와 같은 주장을 뒷받침하는 근거들로 꼽힌다. 헝가리(Hungary)가 이름이 비슷해서 훈족의 후예라는 의견이 일부 제기되기도 하지만, 직접적인 관계를 확인할 수 있는 역사적 근거나 자료는 일체 없다.

안겨주었다. 더 큰 문제는 그렇게 계속되는 야만족들의 공세를 감당해낼 강력한 군대가 로마제국에 더 이상 존재하지 않는다는 것이었다. 병력의 부재는 이미 5세기 초반부터 줄곧 문제점으로 지적되었지만, 그렇다고 해서 달리 해결할 수 있는 방도가 없었다. 히에로니무스는 성지 베들레헴의 수도원에서 알라리크의 병사들이 로마를 공격했다는 소식을 접하자 말로 다할 수 없는 착잡한 심경을 글로 절절이 토로한 바 있다.

> 오래되어도 사라지지 않는 피조물은 있을 수 없다. 그러나 로마여! 그 누가 전 세계를 정복해서 건설한 로마가 멸망하고, 모든 나라의 어머니가 그들의 무덤이 되리라고 믿었겠는가? 우리는 고통 받는 저 사람들을 구할 수 없다. 우리가 할 수 있는 일이라고는 그저 그들을 가엾게 여기고 그들과 함께 눈물을 흘리는 일 뿐이다.

나머지 제국의 시민들 역시 히에로니무스와 같은 심정이었다. 그들은 이민족들에 의한 재앙이 어째서 시작된 것인지 알고 싶어 했다. 일부는 제국의 새로운 종교, 기독교를 재앙의 원흉으로 간주했다. 로마의 수호신들이 화가 나서 야만인들로부터 제국을 지켜주지 않는다는 것이었다. 이탈리아를 벗어나서 그곳으로 피신한 귀족들이 거기에 동조하고 나섰다. 또 일부는 그것을 하나님의 심판으로 해석했다.

지중해를 마주한 채 역시 야만족들의 공습에 시달리던 북아프리카에서도 로마의 몰락은 민심의 이탈을 가속화했다. 탁월한 지성으로 그런 혼란을 벗어나도록 도움을 준 독보적인 인물이 있었다. 밀라노의 정원에서 그리스도 예수에게 귀의한 북아프리카 출신의 한 사내였다.

[북아프리카의 교부]

키는 크지만 호리호리한 몸매에 아주 짙은 갈색 피부를 가진 젊은이가 균형을 제대로 잡지 못한 채 밀라노의 한 정원을 홀로 거닐고 있었다. 심경은 무척 착잡했다. 신앙을 가지려고 해도 뜻대로 되지 않았다. 들고 있던 성서 사본을 바닥에 떨어뜨리고서 불안하게 걸음을 옮겼다. "주님, 언제까지입니까?" 그가 흐느끼면서 말했다.

그때 갑자기 아이의 노랫소리가 들렸다. 계집아이인지 사내아이인지 분명하지는 않았다. "집어 들고 읽어라! 집어 들고 읽어라!(Tolle lege! Tolle lege!)" 그가 급히 자리로 다시 돌아갔다. 성서의 사본을 펴 들자마자 갑자기 한 구절이 눈에 띄었다. "낮에와 같이 단정히 행하고 방탕하거나 술 취하지 말며… 오직 주 예수 그리스도로 옷 입고 정욕을 위하여 육신의 일을 도모하지 말라"(롬 13:13-14).

유난히 긴 코에 검은 눈, 두툼한 입술을 가진 그 사내는 나중에 「고백록」(Confessiones)에서 이렇게 회상했다. "나는 더 이상 읽고 싶지도 않고 또한 더 읽을 필요도 없었다. 그 구절을 읽은 뒤에 곧장 확실성의 빛이 내 마음으로 들어왔다. 그러자 의심의 모든 어두운 그림자를 몰아내버렸다." 평범한 젊은이, 지금껏 이름이 알려지지 않은 여자의 남편, 그리고 '하나님의 선물'이라는 뜻의 아데오다투스(Adeodatus)를 아들로 둔 그가 육체의 탐욕과 맞서 수행해온 길고도 지루한 내적 투쟁을 끝내는 순간이었다. 그리스어를 배우기는 싫어하면서도 라틴

히포의 아우구스티누스(보티첼리) ©WP

어를 탁월하게 구사하던 그 사내의 이름은 아우렐리우스 아우구스티누스(어거스틴 Aurelius Augustinus, 354-430)였다.

＊ 방탕한 아프리카 청년

354년 북아프리카의 타가스테(Thagaste, 현재 알제리)에서 아우구스티누스를 낳은 모니카는 그리스도인이었고 아들을 구원시키려고 갖은 노력을 다했다. 자식에 대한 기대는 컸지만 신앙에 무심하던 남편 파트리키우스와 달리 눈물로 기른 자식은 절대 방탕하지 않는다는 믿음을 포기한 적이 없었다. 아우구스티누스는 십대 시절부터 기독교 교리가 조잡하고 단순하다는 이유로 믿음을 포기해버렸다. 흑인도, 그렇다고 유럽인도 아닌 대개가 북아프리카 해안지역에 거주하는 누미디아인(Numidian)의 후손이었던 아우구스티누스는 즐거움과 진리를 찾기 위해서라면 어떤 방법도 마다하지 않았다.

〉〉〉 마니교

241년 마니(Mani)가 페르시아에서 창시한 마니교(Manichaeism)는 조로아스터교의 일파로써 기독교와 불교를 융합한 이원론적 종교운동이었다. 바빌로니아 지역 출신 마니는 어린 시절부터 기독교와 페르시아의 종교가 혼합된 종교 환경에서 성장하면서 환상을 여러 차례 경험한 것으로 알려졌다. 마니는 세계를 빛과 어둠, 선과 악, 정신과 물질의 대립 관계로 파악하고서 정신을 물질의 굴레로부터 해방시켜야 한다고 주장했다. 그는 진정한 영적 예수는 육체가 없고, 그러니 실제로 죽었을 리 없다고 가르쳤다. 마니교는 선택받은 자와 듣는 자라는 이중적인 형태의 공동체를 유지했다. 선택받은 자는 마니의 교훈을 통해서 지식을 얻어서 구원에 도달한 이들을, 듣는 자는 일종의 평신도로서 10개의 도덕법을 준수하는 이들을 가리켰다.

아우구스티누스는 영지주의와 비슷한 종파인 마니교의 일원으로 가입했다. 그는 마니(Mani)와 추종자들의 가르침에 심취해서 9년을 보냈다. 하지만 그는 완전한 마니교 신자가 될 수 없었다. 진정한 마니교 신자가 되려면 성생활을 부정해야 했는데, 아우구스티누스에게 있어서 그것은 절대로 불가능한 요구였다. 그는 하나님에게 이렇게 기도한 적이 있었다. "주여, 저를 순결하게 하옵소서." 그러면서도 결코 자신의 속내를 감추지 않았다. "하지만 지금은 그리하지 마옵소서."

　마니교에 만족하지 못하던 아우구스티누스는 얼마 뒤 진리를 찾아서 이탈리아로 건너가기로 했다. 모니카는 아들이 이탈리아로 가는 것을 막아달라고 기도했다. 무엇보다 아우구스티누스가 그곳에서 죄악에 휩쓸리는 게 두려웠다. 어머니의 간청을 외면한 채 도착한 로마에서의 생활은 완전히 기대 밖이었다. 384년 가을, '카테드라'(cathedra) 시험을 통과하고 수사학 교수직을 얻자 미련 없이 로마를 떠나 이탈리아 북부 롬바르디아평원에 위치한 밀라노로 옮겨갔다. 아우구스티누스는 오래 전 콘스탄티누스 황제가 종교의 자유를 보장하는 칙령을 공표했던 밀라노에서 생의 전환점을 맞이했다. 그곳에서 마니교의 가르침을 완전히 포기했다. 그가 보기에 마니교의 주장은 지나치게 독단적이었다.

　밀라노에서 아우구스티누스는 자신보다 대략 열네 살 위였던 암브로시우스의 설교를 처음 들었다. 작은 키에 열정적인 암브로시우스는 370년대에 밀라노의 총독을 지냈다. 기독교 신앙을 공개적으로 고백한 적은 없었지만 니케아신조를 공개적으로 지지하고 있었다.

　밀라노의 주교가 세상을 뜨자 아리우스의 추종자들과 니케아신조 지지자들 사이에 긴장이 조성되었다. 새로 주교를 추대하는 문제를 놓고 양측이 물리적 충돌 직전까지 갔다. 이미 로마에서도 주교 선출 문제로 폭동이 일어나는 바람에 137명이 목숨을 잃은 바 있었다. 당국은 조바심을 냈으나 문제는 예상하지 못한 방식으로 해소되었다.

밀라노 대성당에서 암브로시우스 총독이 니케아신조를 소리 높여서 지지했다. 그러자 한 아이가 나서서 갑자기 소리쳤다. "암브로시우스! 주교!" 군중이 그 말을 받아서 그대로 반복했다. "암브로시우스! 주교!" 암브로시우스는 손사래를 쳤다. 사실 그는 그리스도인이 아니었다. 세례조차 받지 않았으니 주교가 되는 것은 불가능했다. 군중은 고집을 꺾으려고 하지 않았다. 결국 암브로시우스는 주교가 되고 난 뒤에 세례를 받았다.

암브로시우스는 알렉산드리아 교회의 방식대로 설교했는데, 그곳에서는 성서를 거대한 알레고리로 간주했다. 그의 접근은 한계가 있었지만 아우구스티누스는 암브로시우스의 방식 덕분에 성서의 깊이를 새삼 깨닫게 되었다.

성서에 대한 새로운 관점을 갖게 되었지만 또 다른 문제가 있었다.

〉〉〉 아리우스와 그 후계자?

아리우스는 신플라톤주의의 영향을 받아서 단일한 본질의 절대자를 추구했다. 그런 하나님이 유한한 존재인 인간으로 세상에 나타나는 것은 있을 수 없는 일이었다. 그 때문에 아리우스는 하나님과 예수 그리스도가 하나라는 삼위일체 교리를 받아들일 수 없었다. 이런 그의 주장은 이단으로 판정을 받았지만 19세기 말에 등장한 '여호와 증인'은 교리 면에서 아리우스와 흡사한 점이 많다. 자신들을 완전한 하나님을 증언하는 사람들로 간주하는 그들은 그리스도 예수를 유한한 피조물로 간주한다.

아우구스티누스는 대충대충 신앙생활을 하는 신자가 되려고 하지 않았다. 만일 그리스도인이 된다면 그는 세상과 단절한 수도사가 되고 싶었다. 그런데 아우구스티누스는 금욕생활에는 조금도 자신이 없었다. 수도사가 되기에는 이미 남녀 관계에 관해서 지나치게 많이 알고 있었다. 그래서 그는 이렇게 고백하지 않을 수 없었다. "하지만 저는 독신 생활을 할 수 없습니다!"

밀라노를 찾아온 모니카 역시 아들이 수도사가 되는 데 동의하려고 하지 않았다. 아들은 발렌티니아누스 가문의 마지막 황제 발렌티니아누스 2세(Flavius Valentinianus Ⅱ, 371-392 재위)가 체류하는 밀라노에서 이미 유명 인사가 되어 있었다. 권력의 중심부에 들어선 자식이 상류층 가문의 여성과 만나 결혼하기를 바랐다. 제국 변방 출신으로 지적이고 총명한 젊은이에게는 부유한 가문의 딸과 결혼하는 것보다 성공에 도달할 수 있는 지름길이 없었다. 아우구스티누스가 이미 동거 중인 이름 모를 여인과의 관계를 청산한 것도 따지고 보면 모니카의 자식에 대한 그런 욕심에서 비롯된 일이었다.

＊ 히포에서의 해프닝

하루는 아프리카 출신의 그리스도인 친구가 아우구스티누스를 방문했다. 친구는 사도 바울이 기록한 서신을 꺼내 보이면서 자신이 회심하게 된 과정, 그리고 두 명의 예기치 못한 회심자들에 관한 소식을 전해 주었다. 두 명의 고위 관리가 아타나시우스의 「안토니우스 전기」(Vita Antonii, 360?)를 읽고 나서 스스로 수도사가 되었다는 내용이었다. 충격적인 소식이었다. 아우구스티누스는 하나님의 은혜를 더 이상 외면할 수 없었다. 결국 무화과나무가 늘어선 정원에서 어느 아이가 부른 노래 덕분에 하나님의 음성을 들었다.

마음의 모든 불안과 설렘에 대한 결정적인 대답을 얻은 아우구스티누스는 마침내 하나님을 만났다. 하찮은 것들의 달콤함을 포기하고 지난날의 어지러운 생각들을 모두 떨쳐버릴 수 있었다. 그는 자신의 저서 「독백」(Soliloquia, 386/387) 첫 머리에서 그 경험을 이렇게 기도로 표현했다. "참되고 지고한 생명의 하나님, 참되고 지고하게 사는 모든 것이 당신 안에서, 당신으로 말미암아, 당신을 통해서 살아갑니다." 오직 하나님과의 관계에만 집중하려는 마음이 기도에 고스란히 드러났다. "나는 당신만을 사랑합니다. 나는 당신만을 따릅니다. 나는 당신만을 찾습니다. 나는 당신만을 섬길 준비가 되어 있습니다."

밀라노교회의 관행처럼 부활 성야에 있을 세례를 위해 아우구스티누스와 아들 아데오다투스, 친구 알리피우스는 세례를 위한 교리교육을 정성껏 받았다. 교육은 사도신경의 기원과 열두 조항에 대한 개략적인 설명과 해설로 모두 끝났다.

387년 4월 24일 부활 성야, 33세의 아우구스티누스는 암브로시우스의 지휘로 완공되어 '순교자들의성당'이라는 또 다른 이름을 가진 오늘날의 암브로시우스성당(Basilica di Sant' Ambrogio)에서 세례를 받았다. 나중에는 서방교회를 대표하는 4대 교부 가운데 한 명으로 꼽히는 밀라노의 교부와 전설적인 로마 총사령관 스틸리코가 이 성당에 나란히 묻히게 된다. 거룩한 밤에 진행된 세례식에 대한 기억을 「고백록」은 짧게 암시한다.

마침내 우리는 세례를 받았고, 지난 삶의 근심거리가 우리에게서 달아났습니다. 그 무렵에는 인류 구원을 위한 당신의 드높은

아우구스티누스의 회심 ©WP

계획을 곰곰이 생각하는 놀라운 기쁨이 그리 만족스럽지 않았
습니다. 당신을 향한 찬송과 노래, 아름답게 울려 퍼지는 당신
교회의 소리에 몹시 감동하여 나는 얼마나 울었는지요! 그 소리
들은 내 귀에 흘러들었고 진리는 내 마음에 녹아들었습니다. 거
기서 경건한 사랑이 타올랐고 눈물이 흘러내렸습니다. 저는 눈

물과 더불어 마냥 좋기만 했습니다.

암브로시우스 주교에게 세례를 받은 아우구스티누스는 고향으로 돌아갈 채비를 했다. 아우구스티누스 일행은 아프리카로 가는 배를 타기 위해 로마를 거쳐 오스티아 항구 근처에 있는 숙소에 도착했다. 그곳에서 어머니 모니카가 심한 열병 때문에 세상을 떴고, 전쟁 때문에 다시 로마로 돌아가서 거의 일 년 가까운 시간을 보내야 했다. 388년, 북아프리카의 타가스테로 돌아온 아우구스티누스는 수도사가 되었다. 로마의 상류사회는 아우구스티누스 같은 지식인이 세례를 받는 게 아주 이례적이라서 모두 그를 주목했다. 고향 사람들은 그의 저서를 읽고서 설교를 들으러 찾아왔다. 그 무렵 아들 아데오다투스가 세상을 떴다.

은둔생활은 그렇게 길지 않았다. 하루는 아우구스티누스가 친구를 만나러 북아프리카의 히포, 오늘날의 알제리 항구(안나바)에 해당하는 히포 레기우스(Hippo Regius)의 교회를 방문하자 예상치 못한 일이 벌어졌다. 지역 사람들이 둘러싼 채 즉석에서 설교를 요청했고, 끝난 뒤에는 주교에게로 데려가 안수를 요구했다. 주민들의 환호는 강렬했다. 지금으로서는 상상할 수 없는 일이었지만 당시는 비교적 흔했다.

아우구스티누스는 눈물을 참을 수 없었다. "모든 이가 한마음으로 원하며 그분의 서품이 이루어지기를 간청하면서 열광하고 소리 지르며 졸라대고 있는데, 그분은 펑펑 울고 계셨다." 어려서 교회와 지도자들을 모욕하던 자신을 하나님이 비웃는 것만 같았다. 사람들은 주교로 추대하지 않은 게 서운해서 그런 게 아닌가 하고 생각했다. 교회는 아우구스티누스를 장로로 안수했고, 그로부터 6년이 흐른 뒤에 마침내 히포의 주교가 되었다.

아우구스티누스는 히포의 주교로서 와해 직전의 교회를 통합하는 일에 주력했다. 당시 그곳에서는 펠라기우스(Pelagius, 360?-418)라는 이름의 수도사가 폭풍의 눈으로 부상했다. 펠라기우스는 신앙은 몰라도 신학의 방향을 잘못 잡은 게 확실했다. 펠라기우스가 보기에는 로마제국 도처에 거룩하지 않은 그리스도인들이 넘쳐났다. 펠라기우스는 경건한 삶을 강조할 목적으로 구원은 하나님의

아일랜드 출신의 수도사이자 신학자 펠라기우스 ⓒWP

은혜만으로 이루어지는 게 아니라고 설교했다. 사람들은 천부적으로 거룩해질 수 있는 능력을 타고난다는 게 그의 생각이었다. 인간은 자력으로 죄악을 벗어나서 스스로 구원을 완성할 수 있다고 가르쳤다. 나중에 펠라기우스는 원죄마저도 부정해버렸다. 세상에 죄를 갖고 태어나는 사람은 없다는 것이었다.

펠라기우스의 가르침이 히포에서까지 유행하게 되자 아우구스티누스가 전격적으로 반격에 나섰다. 펠라기우스를 반박하면서 인류가 타락한 것은 원죄 때문이라고 주장했다. 이 타락은 너무 철저해서 인간은 누구든지 근본적으로 죄의 성향을 갖고서 태어난다는 게 아우구스티누스의 소신이었다. 때문에 구원은 오직 하나님의 은총에 의해서만 가능했다. 그의 신학에는 인간의 공적이 비집고 들어갈 수 있는 여지가 조금도 없었다. "원죄를 부정하는 것은 그리스도의 구원을 부정하는

행위이다.”

16세기에 독일의 비텐베르크에서 종교개혁을 시작한 마틴 루터가 아우구스티누스회 수도원 출신이었다는 것은 결코 우연한 일이 아니었다. 아우구스티누스의 사상은 이방인을 위한 사도를 자처했던 바울의 교훈과 대체로 일치했다. 하지만 의견이 다른 부분도 없지는 않았다. 아우구스티누스는 인간의 죄악을 성적(性的)으로 전달되는 결함으로 간주했다. 게다가 그는 유아세례가 원죄를 없애고 하나님의 은혜를 받아들이도록 준비시킨다고 믿었다. 결국 아우구스티누스는 펠라기우스와 추종자를 추방하고 교회 안에서 빚어진 혼란을 종식시켰다. 때문에 19세기의 탁월한 신학자 가운데 한 사람인 뉴먼(John Henry Newman)은 그를 ‘서구 사회의 위대한 등대’ 라고 불렀다.

✻ 하나님의 도시, 인간의 도시

아울러 아우구스티누스는 서로마제국의 몰락에 관해 나름의 신학적 해석을 제시해야 했다. 전성기를 넘기고 말기에 접어든 로마제국이 고트족 같은 야만인들의 무리에게 약탈을 당하자 일반인들은 국가의 무능을 탓하지 않고 그리스도인들에게 비난의 화살을 날렸다. “우리가 신들에게 제사를 지낼 때 로마는 번성했다. 이제 제사가 금지되니 보라. 무슨 일이 벌어지고 있는지!”

이것은 고대 로마인들만 가진 불만이 아니었다. 18세기 영국 역사가 에드워드 기번(Edward Gibbon) 역시 「로마제국 쇠망사」(The History of the Decline and Fall of the Roman Empire, 1776)에서 제국의 시민들처럼 찬란한 로마 문명의 몰락은 기독교의 야만성에서 비롯된 게 분명하다고 주장했다.

기독교는 로마인들에게 도덕성을 제공하는 동시에 국가의 바탕이 되는 충성심을 제거했다. 게다가 기독교는 로마인들의 현실적이면서 실제적인 관심을 약화시키는 한편, 신비주의를 끌어들이고 종말을 준비하는 데 힘을 소진하게 만들었다고 기번은 주장했다. 5세기 당시 로마인들이 가졌던 불만을 그대로 대변한 것이다.

그리스도인들은 평소에 그리스도가 로마제국의 안녕을 위해 싸울 것이라고 주장했다. 그런데 막상 싸움이 벌어지는 마당에 그리스도는 조금도 앞으로 나서려 하지 않았다. 그렇다면 그리스도는 싸움의 상대를 바꾼 것일까? 어째서 하나님은 로마의 운명을 외면하는 것일까? 세상에 종말이라도 도래한 것일까? 궁금하기는 당시 그리스도인들 역시 마찬가지였다.

마침내 서방교회 교부 가운데 가장 탁월한 사상가로 꼽히는 아우구스티누스가 직접 나서서 제기된 질문에 대답을 했다. 리비우스(Titus Livius, BC 64 또는 59–AD 12 또는 17)가 이미 오래 전 집필한 「로마사」(Ab Urbe Condita Libri, BC 27–25)의 내용 가운데 일부만 인용해도 기독교를 비판하는 이들이 고수하는 논거를 일거에 무너뜨릴 수 있다는 게 아우구스티누스의 생각이었다. 그는 비판자들이 소란만 떨 뿐 로마의 역사도 제대로 알지 못하는 게 분명하다고 직격탄을 날렸다. 로마제국은 그리스도가 이 세상을 찾아오기 이전부터 상당히 많은 재앙을 겪었으나 그 책임을 신성한 힘에 돌리지 않았다고 반박했다.

아우구스티누스는 이교도들의 비판에 논리적으로 맞서려고 15년간 각고의 노력 끝에 완성한 「하나님의 도시」(De civitate Dei, 425)에 기존 로마의 역사관과 명확하게 선을 긋는 새로운 로마제국의 역사관을 담았다. 아우구스티누스의 시각은 당시로서는 가히 혁명적이라고 할 수 있었다. 그는 로마제국이 영원할 것이라는 주장이 근거를 찾을 수 없는, 공허한 것에 지나지 않는다고 일축했다. 한마디로 로마가 직면하고 있는 위기는 기독교의 탓이 아니라는 것이었다. 로마제국이 언제 몰락할지는 전적으로 하나님에게 달려 있다는 게 그의 확고한 믿음이었다. 모두 22권으로 구성된 책의 방대한 내용을 간단히 정리하면 다음과 같다.

세상에는 처음부터 두 종류의 인간적인 도시가 있었다. 하나는 물질적이고 자신을 자랑하는 인간의 도시(civitas terrena)이고, 또 다른 도시는 자신을 경멸하면서 창조주를 향하는 영적인 도시(civitas Dei)이다. 야만족들의 침입으로 잿더미로 변해가고 있는 로마제국은 형이하학적인 인간의 도시일 뿐이다. 지상의 도시가 야만인들의 침입으로 몰락함에 따라 하나님의 도시는 더욱 분명해졌다. 하나님의 도시는 참된 그리스도인의 마음과 영혼 안에 있다. 그리고 그것은 어느 적에 의해서도 정복될 수 없다. 하나님의 도시에 속한 시민들이 지상의 도시에 바치는 충성은 일시적일 뿐이고, 로마제국은 세계 역사에 등장한 무수한 나라들 가운데 하나라서 딱히 고결하거나 영원히 지속될 운명이 아니다.

아우구스티누스에 따르면 로마는 인간들에게 제아무리 많은 혜택을 제공하고 기독교를 새로운 종교로 표방하더라도 지상의 도시가 맞이할 운명을 벗어날 수 없었다. 그뿐만 아니라 제국의 지배 영역이 제아무리 광대하고 그 존속 기간이 길다고 해도 하늘의 예루살렘과는 비교 자체가 불가능하다. 하나님의 도시는 로마와는 비교가 안 되는 강렬한 빛을 내뿜는다. 하나님의 도시에는 승리가 아니라 진리가 있고, 높은 지위가 아니라 거룩함이 있다. 그리고 그곳에는 평화가 아니라 지복이 있고, 생명이 아니라 영원함이 존재한다.

「하나님의 도시」의 집필을 모두 끝내고 채 두 해가 지나지 않아 반달족들이 몰려오고 있다는 급박한 소식이 전해졌다. 고령의 아우구스티누스는 430년 8월, 치명적인 열병에 걸렸다. 병상에서 더 이상 일어나지 못할 것을 예감한 그는 고열에 시달리면서도 회개를 주제로 한 다윗의 시편들을 읽으면서 담담하게 죽음을 맞이할 준비를 했다. 같은 해 8월 28일, 말 그대로 '진실로 부지런한 하나님의 꿀벌' 이었던 아우구스티누스는 반달족이 히포의 방어선을 돌파하기 하루 전에 숨을 거두었다. "미련하게도 나는 모든 것을 다 내 머리로 이해하고 싶어." 그가 지상에서 마지막으로 남긴 말이었다.

아우구스티누스의 유해와 그가 남긴 상당한 분량의 작품들은 반달족의 약탈과 방화를 피해 기적적으로 보존되어 히포에서 이탈리아 사르데냐의 칼리아리로 옮겨졌다. 나중에 그의 유해는 또다시 칼리아리에서 이탈리아 북부의 파비아로 운반되어 치엘 도로의 성베드로대성당 제대 밑에 안치되었다.

아우구스티누스는 한쪽 발을 고대 세계에, 그리고 또 다른 쪽 발은 막 시작되고 있는 중세를 딛고 선 채 북아프리카와 서방세계를 대표했던 탁월한 정신적, 신학적 지도자였다. 그가 남긴 사상들은 역사에서 소멸한 로마제국을 대신해서 중세 사회가 출발하는 데 상당한 도움이 되었다.

[황제와 교회의 갈등]

4세기가 끝나갈 무렵 서로마제국은 정치적으로 몰락하고 있었지만, 종교적으로는 교회가 제국으로부터 독립을 모색하는 방향으로 가닥을 잡아갔다. 반면에 동로마제국에서는 교회와 정치가 여전히 서로 단단하게 결속되어 있었다. 비잔티움을 지배하는 황제는 최고의 사제이며, 동시에 최고 권력자였다. 동방교회는 황제의 지시를 받아야 했다. 우리가 4세기말을 지나서 5세기까지 동로마제국을 중심으로 벌어진 일련의 사건들을 제대로 이해하기 위해서는 먼저 그 당시에 복잡하게 형성된 정치 지형도를 잠시 살펴볼 필요가 있다.

배반자 율리아누스가 어이없이 죽음을 맞고 난 뒤 몇 차례 양위 과정을 거쳐 결국 테오도시우스에게 황제의 자리가 돌아갔다. 친화력이 있고 점잖을 뿐 아니라 어떻게 해야 제국을 제대로 운영해야 할지 잘 아는 그는 병력을 강화해서 발칸 지역 방어선이 야만인들에 의해서 붕괴하지 않도록 심혈을 기울였다.

380년에 중병에 걸린 황제는 죽음을 염두에 두고 서둘러서 세례를 받은 덕분에 교회의 정식 멤버로서 제국을 다스리는 최초의 그리스도인 황제가 되었다. 그 때문에 그는 제국과 교회의 통합을 저해할 수 있는 것들을 과감하게 제거했다. 그 과정에서 서방교회의 정치적 독립은 한층 더 가속화되었고, 동방교회는 교리의 갈등이 심화되었다.

* 암브로시우스와 테오도시우스

황제 테오도시우스(Theodosius, 379-395 재위)는 제국의 질서 유지에 관심을 갖고 능숙하게 업무를 처리하면서 교회와의 관계를 우호적으로 이끌어갔다. 사람들이 콘스탄티누스 이후로 황제다운 황제가 서로마제국을 다스리고 있다고 생각할 정도로 무척 인기가 높았다. 황제의 배후에는 행정관료 출신으로, 두뇌가 명석하고 설득력이 뛰어난데

밀라노의 암브로시우스. 밀라노성당의 제단 벽면에 그려진 그림으로 바로 옆 왼쪽에는 세례 요한, 오른쪽에는 아우구스티누스가 함께 그려져 있다. ⓒWP

다가 실행력까지 갖춘 밀라노교회의 주교 암브로시우스가 있었다.

4세기 말 암브로시우스의 활약은 눈부실 정도였다. 테오도시우스 황제가 이단을 배격한 것이나 그라티우스 황제가 이교를 배척한 것, 그리스와 로마 조각상들의 파괴와 로마의 국가 종교로서 기독교를 공인한 것, 아울러 그리스와 로마 문명이 종말을 맞이했다는 사실을 공식적으로 알리는 신호탄이 된 고대 올림픽의 폐지(393년) 등이 모두 암브로시우스의 작품이었다. 하지만 황제와 밀라노 주교는 늘 우호적이지 않았다. 결정적인 두 가지 사건으로 둘 사이에 갈등의 골이 깊게 패였다.

예기치 않게 분쟁이 격화되는 바람에 밀라노 그리스도인들 가운데 일부 강경파가 안식일마다 유대인들이 의식을 진행하는 회당(시나고그)으로 몰려가서 불을 지르는 일이 벌어졌다. 테오도시우스는 당연히 그들에게 책임을 묻고 나서 회당을 재건하도록 지시했다. 그런데 암브로시우스는 황제의 명령을 다음과 같은 이유로 단호하게 거절했다. "건물을 다시 건축한다고 해서 이와 같은 소요를 정당화할 수 없습니다! 그것은 하나의 회당, 그러니까 불신의 건물, 하나님에게 저주를 받은 장소에 지나지 않을 따름입니다."

유대인을 혐오하는 암브로시우스의 기세에 눌린 황제는 처음의 주장에서 한 발자국 뒤로 물러서는 것처럼 보였다. 이번에는 회당을 복구하는 데 소요되는 자금을 모금하도록 교회에 지시를 내렸다. 하지만 이것 역시 암브로시우스가 보기에는 여전히 지나치게 과분한 조처였다. 흥분을 참지 못한 암브로시우스 주교는 만일에 교회에 부과한 부담금을 취소하지 않을 경우에는 황제라고 해도 교회에서 파문시켜버리겠다고 위협했다. 테오도시우스 황제는 강경한 태도를 고수하는 주교 앞에서 어쩔 수 없이 고개를 숙여야 했다.

또 다른 사건의 경위는 이랬다. 390년에 오늘날 그리스 제2의 도시이자 마케도니아 지방의 중심 도시인 테살로니키(데살로니가)에서 수비대장이 살해당한 사건이 발생했다. 대중에게 인기 높은 전차경주자를 수비대장이 체포하자 성난 군중이 사령부를 습격해서 그의 목을 베어버렸다. 소식을 들은 황제는 격노해서 관련자 전원을 응징하도록 지시를 내렸다. 황제는 얼마 뒤에 바로 지시를 철회했지만, 명령을 접수한 군대는 경기를 보려고 경기장에 모여든 7천 명의 군중을 이미 학살한 다음이었다.

학살 소식은 순식간에 제국 곳곳으로 퍼져나갔고 황제에 대한 비난이 거세졌다. 학살이 있기 전에 황제에게 관용을 호소한 암브로시우스는 자신의 존재를 각인시킬 절호의 기회를 놓치지 않았다. 그는 테오도시우스를 출교시켰다. 황제가 죄를 공개적으로 회개하기 전까지는 성찬식에 참여할 수 없다고 선언했다. 결국 황제가 사죄의 뜻으로 허리에 삼베를 묶고 재를 덮어쓴 채 몇 주를 지내고서야 암브로시우스는 성찬식 참여를 허락했다.

이 사건은 영적 권력이 세속 권력보다 한참 우위에 있음을 알리는 계기가 되었고, 그로부터 687년이 흐른 뒤 이탈리아의 카노사에서도 똑같은 일이 반복되었다. 이후로 황제는 한층 더 적극적으로 기독교를 지원하지 않을 수 없었다.

＊ 올림피아스와 테오도시우스

또 한 사람이 테오도시우스 황제에게 강하게 반발했다. 하지만 방식은 암브로시우스 주교와 사뭇 딴판이었다. 올림피아스(Olympias)는 결혼한 지 불과 두 해 만에 남편을 잃었다. 부유한 남편은 세상을 떠나면서 사랑하는 아내에게 막대한 재산을 남겨주었다. 덕분에 그녀는 25세의 나이에 당시 세계에서 가장 부유한 사람 가운데 한 명이 되었다. 올림피아스는 재혼을 하지 않고 여생을 그리스도에게 헌신하기로 다짐했다. 노예들을 사서 풀어주는 데 재산을 사용했다. 교회는 그런 그녀의 확고한 믿음을 인정하고 집사로 임명했다.

세상은 홀몸이 된 올림피아스를 가만히 내버려두지 않았다. 그녀의 재산을 기대하고 수많은 청혼자들이 밀려들었다. 올림피아스가 사촌의 청혼을 거절하자 테오도시우스 황제는 기다렸다는 듯이 모든 재산을 몰수해버렸다. 올림피아스는 그 즉시 황제에게 감사의 마음을 전했다. "제가 재산을 갖고 있었더라면 교만의 희생물이 되었을 것입니다." 누구보다 눈치가 빨랐던 테오도시우스 황제는 그녀의 말이 무엇을 뜻하는지 깨닫자마자 고스란히 재산을 돌려주었다. 그런데 올림피아스의 감사는 헛말이 아니었다. 그녀는 이미 요한(요안네스 Joannes, 349?~407)이라는 이름의 주교를 통해 진정한 소유가 무엇인지 깨닫고 있었다.

요한은 시리아 안티오키아 출신의 사제였다. 그는 일찍이 동로마제국에서 가장 뛰어난 수사학교에서 대중을 상대하는 연설법을 익혔다. 사람들로부터 뛰어난 설교 실력을 인정받아서 나중에는 크리소스토무스(Chrysostomus), 즉 '황금 입'이라는 그리스어 별명을 얻게 되었다. 알렉산드리아 교회의 영향을 받은 설교자들과 달리 요한은 언제나 성서 본문이 의도하는 일차적인 의미에 초점을 맞추어서 설교하려고 했다.

테오도시우스 황제가 세상을 떠난 뒤에 권력에 눈이 먼 어느 환관이 테오도시우스의 아들을 이용해서 동로마제국을 장악하려고 했다. 환관은 요한 크리소스토무스를 콘스탄티노플의 주교로 임명했다. 환관은 요한이 자신에게 신세를 졌기 때문에 그를 통해서 교회 역시 지배할 수 있을 것으로 희망했다. 하지만 계획은 수포로 돌아갔다. 요한은 환관이 생각하는 그런 인물과는 거리가 멀었다. 비록 권력의 힘을 빌어서 주교의 자리에 오른 것은 사실이었지만 환관의 지시를 곧이곧대로 따를 정도로 어리석지는 않았다. 게다가 그는 사막의 수도사들처럼 금욕을 실천해서 환관의 분노를 샀다.

요한 크리소스토무스는 사람들에게 거룩한 삶을 역설했다. 당시에는 결혼하지 않은 교회의 사제들이 소위 '영적인 자매'들과 생활하는 게 다반사였다. 요한은 어찌 된 일인지 '영적인 자매들'이 '영적인 어머니들'이 되어가고 있다고 세태를 비꼬는 기록을 남기기도 했다. 요한의 지시를 따르는 미혼 사제들은 여자들과 살림을 차리는 것을 상상하지 못했다. 그는 사제들에게만 거룩한 삶을 요구하지 않았다. 거리낌 없이 호색하는 황후의 생활을 공개적으로 비난하는 설교를 했다. 황후는 입을 막아볼 셈으로 교회에 값비싼 선물을 보냈다. 요한은 그녀에게 감사를 표하면서도 여전히 같은 설교를 반복했다.

403년에 황후는 요한 크리소스토무스를 외딴곳으로 귀양을 보냈다. 요한이 추방된 날 밤 그를 따르는 사람들이 폭동을 일으켰다. 그 바람에 건물 서너 채가 한꺼번에 불에 타고 말았는데 그것은 결정적인 판단착오였다. 사태는 요한을 지지하는 세력의 의도와는 전혀 다른 방향으로 흘러갔다. 요한의 적대자들이 방화사건이라는 호재를 그냥 흘려보낼 리 없었다. 그들은 화재를 빌미로 요한을 추종하는 올림피아스에게 방화범이라는 누명을 씌워서 추방해버렸다. 일거양득이었다. 결국 요한과 올림피아스는 귀양지에서 돌아올 수 없었고 그곳에서 삶을 마감해야 했다.

[동방교회의 분열과 서방제국의 종언]

서방교회가 정치적 격랑에 휩쓸리던 시기에 동방교회는 교리 문제 때문에 심각한 몸살을 앓았다. 논쟁의 중심에는 시리아의 라오디게아교회 주교 아폴리나리우스(Apollinarius, 310-390)와 콘스탄티노플의 주교 네스토리우스(Nestorius, ?-451?)가 있었다. 뛰어난 성서 해석과 금욕생활로 이름이 널리 알려진 아폴리나리우스는 예수 그리스도가 인간의 몸을 가졌지만 인간의 정신까지 소유한 게 아니라고 주장했다. 그가 보기에 그리스도는 지상의 육체와 신성이 결합된 존재였다. 그러자 위대한 카파도키아인들 가운데 한 사람이었던 니사의 그레고리우스가 반박하고 나섰다. "신성이 인간 정신의 자리를 차지한다면 그것이 내게 무슨 도움이 되는가? 오직 육체와 결합된 신성은 진정한 인간이 아니다!"

황제 테오도시우스는 평소의 성격처럼 불붙은 논쟁을 서둘러서 진압하려고 381년에 각 지역의 교회들에 공회의 소집을 알렸다. 콘스탄티노플에 모여든 150명의 주교들은 새로 만들어진 니케아신조에 전적으로 신뢰를 표시했다. 이 신조는 예수 그리스도의 독특한 신성에 관해서 니케아공회에서 확인된 진리를 그대로 반복했다. 이후로 그리스도인들은 그것을 '니케아신조'라고 불렀지만 그것으로 문제가 완전히 해결되지는 않았다.

✳ 영원한 맞수, 네스토리우스와 키릴로스

428년, 네스토리우스가 안티오키아를 떠나서 콘스탄티노플로 갔다. 막강한 권한을 가진 콘스탄티노플 총대주교직에 취임하기 위해서였

11세기에 제작된 요한 크리소스토무스의 부조 ©루브르박물관

다. 유프라테스강 상류에 있는 조그만 마을에서 태어난 네스토리우스는 수려한 외모에 매혹적인 음성, 거기에 논리적인 사고와 탁월한 언변까지 갖추어서 설교를 할 때면 예배당을 가득 메운 사람들의 찬탄과 아멘으로 말이 자주 끊길 정도로 인기가 높았다. 동로마제국의 황제 테오도시오스 2세가 수도 콘스탄티노플을 대표하는 주교로 임명한 것도 바로 그런 명성을 접했기 때문이었다.

누군가 비꼰 것처럼 네스토리우스는 불을 지르는 것으로 자신의 업무를 시작했다. 그는 거짓 교훈이 책임진 도시에 발붙이지 못하게 할 목적으로 아리우스를 공개적으로 추종하고 있는 교회에 불을 질렀다. 하지만 걷잡지 못할 정도로 불길이 크게 번지는 바람에 교회는 물론, 인근 거리까지 함께 불타고 말았다. 덕분에 네스토리우스 주교는 별다른 소득 없이 사람들로부터 방화범이라는 험악한 별명을 얻었다.

네스토리우스는 얼마 뒤 콘스탄티노플에서 마리아 숭배 논쟁이 한창이라는 것을 알게 되었다. 논쟁을 한 문장으로 정리하면 이랬다. "마리아는 하나님의 어머니(Theo-tokos)인가, 아니면 인간의 어머니(anthrop-tokos)인가?" 네스토리우스는 마리아의 일반적 칭호, 그러니까 '하나님의 어머니'라는 표현을 이단적인 오류라고 비난했다. 그는 자신의 현란한 말솜씨로 예수 그리스도가 하나님일 뿐 아니라 완벽하게 인간이라는 것을 사람들에게 설득하려고 했다. 네스토리우스는 그리스도 예수가 두 가지 성품(하나는 인간적이고, 또 하나는 신적인)을 지녔고, 마리아는 인간의 성품을 낳았다고 생각했다. 그래서 마리아를 그리스도의 어머니(Christo-tokos)라고 부르는 편이 보다 더 정확하다고 주장했다.

알렉산드리아의 총대주교 키릴로스(키릴 Cyrillus, 315?-387)는 신학적으로 탁월한 사상가였다. 반면에 성품은 냉혹하고 사생활은 부도덕했다. 대주교의 신분임에도 불구하고 415년에는 히파티아라는 이름의 여인을 죽여도 좋다고 승인하기도 했었다. 네스토리우스의 주장이 날개를 달고서 알렉산드리아에까지 전해지자 키릴로스는 그가 예수를 두 가지 성품으로 구분하고 있다고 강력하게 비난하고 나섰다. 둘 사이의 논쟁 때문에 동방교회 전체가 소용돌이에 빨려 들어갔다.

황제 테오도시우스 2세는 교회의 평화를 위해서 공회를 개최해달라는 네스토리우스의 요청을 받아들여 431년 6월 7일, 즉 오순절에 에페수스(에베소, 현재 터키의 셀축)에서 공회를 소집한다는 칙령을 발표했다. 그곳에 제일 먼저 도착한 키릴로스는 예상 밖으로 신속하게 움직였다. 그는 네스토리우스에게 안 좋은 감정을 가진 에페수스와 예루살렘교회의 주교들, 그리고 자신이 직접 대동한 관리와 사제를 동원해서 손쉽게 의장의 자리를 차지했다. 의장석에 앉은 키릴로스는 일사천리로 네스토리우스와 그 추종자들을 정죄하고 정회를 선언해버렸다. 지지자들이 도착하지 않은 네스토리우스는 참석을 거부하고 자리를 비운 상태였다.

뒤늦게 도착한 네스토리우스의 동료들은 키릴로스의 어이없는 행동에 격분해서 공회(두 번째)를 소집하고서 이번에는 거꾸로 키릴로스를 파문해버렸다. 그렇게 마무리되리라는 네스토리우스파의 기대와 달리 상황은 종료되지 않았다. 로마교회의 대표자들이 도착해서 공회의 소집을 재차 요구하고서 이번에는 또다시 키릴로스의 손을 들어주었다. 결국 네스토리우스는 주교직에서 쫓겨나 435년 페트라로 유배되었다가 이집트 중부 파노폴리스에서 숨을 거두었다.

✳ 어정쩡한 화해의 부산물

문제의 당사자가 교회의 조속한 안정을 기대하는 황제의 지시로 귀양을 떠났지만 교회의 혼란은 곧장 정리되지 않았다. 동방교회는 키릴로스가 주도하는 알렉산드리아교회와 네스토리우스의 지지 기반이 된 바 있는 안티오키아교회의 입장이 서로 첨예하게 대립하면서 분열이 계속 심화되었다. 회복은 결코 쉬워 보이지 않았다. 에페수스공회의 결의와 무관하게 네스토리우스를 추종하는 주교들은 이단에게 가해지는 박해를 피해 페르시아로 옮겨가서 자신들만의 교회를 조직해나갔다. 그리고 6, 7세기 무렵에는 콘스탄티노플에서 멀리 떨어진 인도, 아라비아, 중국에까지 진출했다.

특히 당나라에서는 네스토리우스파가 경교(景敎)라는 이름으로 파사사(波斯寺)라는 교회당을 세울 정도로 태종의 열렬한 지지를 받았다. 네스토리우스파는 635년에 〈일신론의 옹호〉라는 논문을 황제에게 직접 헌정하기도 했다. 이들의 활약상은 1625년 중국 시안에서 발견되었고, 현재는 같은 지역 베이린(碑林) 박물관에 소장된 '대진경교유행중국비'(大秦景敎流行中國碑)를 통해 확인할 수 있다. 로마를 대진으로, 기독교를 경교로 표기하고 있는 비석에는 경교의 선교 내력과 대략 150년간의 경교의 부침 과정이 시리아어와 한자로 기록되어 있다. 비문 가운데 전래 과정을 소개한 내용 가운데 일부를 그대로 옮기면 다음과 같다.

> 대진국에 아라본이라는 높은 승려가 있었다. 그는 청운을 점쳐서 진리의 경전을 싣고, 바람의 흐름을 살피면서 힘들고 어려운 길을 달려 정관 9년 장안에 도착했다. 황제는 재상 벙현령을 시

커 의장대와 함께 서쪽 교외로 보내 깍듯이 환영하여 대궐로 모셔오게 했다. 황실 서각에서 경전을 번역케 하고 내전에서도 도를 물어보았다. 그것이 옳고 참됨을 깊이 알게 되니 특별히 명령을 내렸다. 정관 12년 추7월, 조칙을 내렸다.

동서를 잇는 실크로드를 타고 중국에 전래된 경교는 이후로 세력을 확장하다가 측천무후(則天武后)의 섭정기간(685-704)에 처음으로 기세가 꺾였고, 황소의 난을 거치면서 몰락의 길을 걷게 되었다. 이후로 경교는 원나라의 등장과 함께 세력을 회복하고서, 심지어 고려에서까지 일부가 활동했다는 기록을 남기기도 했지만 몽골의 급격한 몰락으로 초래된 대대적인 박해 때문에 16세기 중반 무렵에는 동아시아와 유라시아 초원에서 거의 대부분 자취를 감추고 말았다.

알렉산드리아에서는 키릴로스가 세상을 떠나고 난 뒤(444)에 후계자들이 그의 사상을 계승했다. 사람들은 그들을 일컬어서 단성론자라고 불렀다. 단성론(Monophysitism)을 고수하는 이들은 네스토리우스를 배격하고 키릴로스의 기독론을 과도하게 추종하다 보니 그리스도의 신적 성품이 "한 방울의 포도주가 대양에 흡수되는 것처럼 그리스도의 인성을 흡수했다"고 주장하게 되었다. 예수의 몸은 우리의 몸과 본질적으로 같지 않다는 게 단성론자들의 생각이었다. 단성론은 이집트 콥트인들 사이에서 인기가 높았다. 반면에 대부분의 그리스도인들에게는 단성적 사고가 예수 그리스도의 인성을 무시하는 것처럼 비쳤다.

결국 또다시 회의가 소집되었다. 사자라는 뜻의 이름을 가진 로마교회 주교 레오(Leo I, 440-461 재위)는 너무 늦게 초대장을 받는 바람에 회의에는 직접 참석하지 못했다. 대신 그는 「교서」(Tome, 449)라고 부르는 자신의 가르침을 요약한 문서를 참석자들에게 발송했다. 레오는 네스토리우스처럼 예수가 두 가지 본성(신성과 인성)을 모두 소유하고 있지만 하나의 성품으로 통합되어 있다고 믿었다. 단성론자들은 레오의 교서를 무시하고 자신들과 의견을 달리하고 있는 로마교회로부터 등을 돌렸다.

새로운 황제 마르키아누스(Flavius Marcianus, 450-457)가 451년 칼케돈에서 또다시 공회를 소집했다. 500명 이상의 주교들이 그곳에서 니케아신조, 키릴로스의 저서, 그리고 레오의 교서를 가져다가 적당히 버무렸다. 재료가 새롭지 않으니 결과 역시 예상대로 기존의 것과 다르지 않았다. 그렇게 해서 그리스도에 대한 공식적인 규범이 만들어졌다. "그리스도는… 혼돈이 없고, 분리나 별거도 없는 것으로 인정되지만… 그리스도는 두 가지 본성으로 나누어지는 것처럼 보이지도 않았다." 그리스도에 대한 이런 신학적 해석을 '양성론'이라고 부르는데, 이로써 그리스도의 본성 논쟁은 마침표를 찍었다.

그때까지도 귀양살이를 벗어나지 못하던 네스토리우스의 심경은 착잡했다. 어찌 된 일인지 공회는 자신의 주장을 추종하면서도 죄인으로 취급하고 있었다. 공회는 결국 단성론자들을 파문해버렸다. 하지만 칼케돈공회 이후에도 이집트와 시리아 지역에 속한 일부 그리스도인들은 물러서지 않은 채 계속해서 단성론을 고수했다. 결국 양쪽 진영은 말싸움을 넘어서서 유혈사태까지 불러오게 되었다. 결국 싸움에서 패배한 단성론자들은 로마교회는 물론이고 동방교회로부터도 떨어져 나갔다. 이집트와 에티오피아의 콥트교회와 시리아의 야고보교회는 그렇게 해서 지금까지 단성론의 신학을 고수하고 있다.

✻ 마침내 찾아온 제국의 종말

몇 차례에 걸쳐 발생한 교회 내부의 갈등과 그로 인한 혼란을 거치면서 동방제국은 눈에 띄게 쇠약해졌다. 하지만 서방의 상황은 더 나빴다. 콘스탄티누스 황제의 재위 때 형태를 갖추었던 행정조직은 무너지고 교육이나 치안질서 같은 사회의 기본 체제는 완벽하게 증발해버렸다. 서방제국의 황제는 신변의 보호를 위해 로마에서 한참 떨어져 있는 이탈리아 북부 도시 라벤나에 황궁을 신축했지만 시민들은 그다지 관심이 없었다. 거듭되는 야만인들의 침입을 막아주거나 끊어진 수도를 연결해주고 산적들이 여행길을 위협하지 않게만 해준다면 누가 황제가 되더라도 문제될 게 없었다.

동로마제국 황제는 서로마제국의 불안한 정치적 상황에 별다른 관심을 보이지 않았다. 그나마 믿을 곳이라고는 로마교회가 전부였다. 교회는 혼란 속에서도 나름대로 있어야 할 자리를 견고하게 지키고 있었다. 교회는 황제와 그 수하들이 담당해야 할 일을 대신 감당했고 국경너머에 자리 잡고 있는 야만인들을 개종시키려고 상당한 노력을 기울였다. 혼란했던 시대에 두드러지게 활약한 주교를 꼽는다면 레오 1세가 있었다.

레오는 서방제국이 야만족들의 침입으로 고전하던 기간에 21년 동안 로마교회의 주교를 지내면서 말 그대로 동분서주하지 않을 수 없었다. 이미 앞에서 언급한 것처럼 레오가 동방교회의 갈등을 처리하기 위해 소집된 회의에 발송한 바 있는 「교서」는 이후로 기독교 신학을 체계화하는 데 적지 않게 이바지했다. 하지만 한가하게 신학을 논의하기에는 서방제국의 상황이 간단하지 않았다. 사실 로마의 시민들이 레오를 존경한 것도 그의 신학이 아니라 야만족과 맞서는 과정에서 보여준 담

바티칸 서명의 방 벽화에 묘사된 레오 1세와 아틸라(라파엘로) ⓒ유재덕

대함 때문이었다.

452년, 이미 살펴본 것처럼 훈족을 이끄는 아틸라가 알프스의 동부 지역을 넘어와서 이탈리아를 공격했다. 훈족 기마병이 로마로 진군하자 두려워서 감히 누구도 그 앞을 가로막을 생각을 하지 못했다. 황제나 군대는 어디에서도 찾아볼 수 없었다. 오직 로마교회의 주교 레오뿐이었다. 16세기에 라파엘로가 바티칸의 '서명의 방'(stanza della Seg-natura) 한쪽 벽면에 그려 넣은 프레스코처럼 로마교회 주교는 직접 말을 몰고 320km를 가서 로마로 이어지는 민키오 강둑에서 아틸라를 만났다. 그곳에서 레오는 아틸라를 설득해서 병사를 이끌고 진로를 변경해서 돌아가게 만들었다. 일설에 따르면 당시에 엄청난 뇌물이 아틸라에게 건네졌다고 한다. 아무튼 레오는 그 일을 계기로 로마를 구원한 인

물이라는 칭송을 듣는 것은 물론이고 정치적 입지까지 다질 수 있었다.

455년에는 북아프리카에서 몰려온 반달족이 로마를 포위했다. 반달족은 서로마제국을 한껏 짓밟았다. 이번에도 레오는 아틸라처럼 반달족의 족장 가이세리크를 찾아가 설득해서 돌려보내려고 했다. 하지만 회유하는 수준에서 만족해야 했다. 둘 사이에 합의가 이루어졌다. 먼저, 교회와 그 관련 시설은 약탈 대상에서 제외한다. 아울러 저항하지 않는 자는 죽이지 않고 포로는 고문하지 않는다는 내용이었다.

로마의 주교는 기독교와 무관한 로마를 바쳐서 시민들의 목숨을 구했다. 도시의 재산이 철저하게 유출되었으나 무고한 목숨을 잃은 사람들은 별로 없었다. 사전의 약속대로 순응적이니 굳이 피를 묻혀야 할 이유가 없었다. 476년에는 고트족 족장 오도아케르가 서방 황제 로물루스 아우구스투스(Romulus Augustus, 475-476 재위)를 폐위시켰다. 폐위된 황제는 연금을 약속 받고 나폴리 부근의 빌라에 은거했다. 당연한 일이었지만 이후로 황제와 서로마제국은 지상에서 자취를 감추었다.

제국의 멸망을 지켜보던 당시 사람들은 별다른 감흥을 갖지 못했다. 오히려 410년 알라리크가 로마를 약탈했을 때 받았던 충격이 그보다 훨씬 더 강력했다. 사람들이 476년이라는 연도에 본격적으로 의미를 부여하기 시작한 것은 르네상스시대 이후의 일이었다. 제국이 멸망했다고 해도 당시로서는 바뀐 게 그리 많지 않았다. 콘스탄티노플에는 여전히 서방 세계를 상대로 주권을 주장하는 황제가 버티고 있었다. 그뿐만 아니라 행정조직에 따라서 편제된 로마교회의 수장이 권력의 공백을 메우면서 교회에 유리한 쪽으로 이끌어갔다. 서서히 중세의 계절이 다가오고 있었다.

기독교 세계의
분열과
이민족의 **개종**

역사적으로 구분할 경우에 중세는 서로마제국이 멸망한 5세기부터 비잔티움이 무너진 1453년, 또는 르네상스를 포함해서 종교개혁 시대까지 1천 년 이상의 기간을 전체적으로 포괄하는 것으로 알려져 있다. 사실 중세라는 용어는 학문적 용어라기보다는 15세기 중엽 이탈리아 출신 어느 사서가 르네상스와 고대 세계를 대조할 목적으로 만들어낸 용어였다. 당시 인문주의자들은 인간의 창조성이 극도로 발휘된 그리스-로마의 황금기와 이후에 도래할 황금기(르네상스 시대) 사이에 위치한 중간기를 추악하고 암울한 시대로 규정했다. 중세를 암흑의 시대로 정의한 그들의 생각에는 옳은 것도, 그렇지 않은 것도 있었다.

중세는 사상적으로 무척 빈곤했을 뿐만 아니라 삶의 질 역시 열악했다. 이슬람권에서는 이미 상하수도 시설과 목욕탕에다 난방장치까지 갖춘 채 생활했다. 반면에 서방 세계의 거리는 쓰레기와 오물이 넘쳐났다. 하수처리 시설은 찾아보기 어려웠다. 중앙정부가 없다 보니 치안상황 역시 말 그대로 엉망이었다. 동전을 주조하지 못해 땅을 경제 기본단위로 삼아야 했다. 지주(영주)는 자급자족하는 장원(영지)을 건설했고 스스로 기마기사단을 보유해야 했다. 이외에도 세속 권력을 동경하는 교황들의 다툼, 터무니없는 마녀와 이단 심판, 그리고 십자군 원정은 중세를 깊은 암흑의 세계로 몰아넣는 데 일조했다.

그렇다고 중세라고 해서 언제나 어두운 측면만 존재하지는 않았다. 알아듣지 못하는 말을 하는 야만인으로 치부하던 침략자들에게 맥없이 무릎 꿇은 서방세계와 달리 동방제국은 계속해서 번영을 구가했다. 소양이 부족한 교황들을 비롯해서 권력이나 부를 유일한 삶의 가치로 삼은 이들이 적지 않았지만, 일상에서 그리스도를 본받으려고 노력하는 이들을 만나는 것도 그렇게 어려운 일이 아니었다. 그 가운데 일부는 수도사로서 복음을 위해 치열한 삶을 살았고, 또 일부는 영주나 국왕의 위치에서 자신들의 신앙을 실천했다.

아우구스티누스를 비롯한 비중 있는 사상가들의 학문적 결실과 중세 철학의 형성, 서유럽의 주요 도시들에 위치한 대학들을 중심으로 전개된 철학과 법학 및 의학의 발전, 초보 형태의 민족과 국가 개념의 출현, 기독교 문화의 형성과 이민족들의 선교는 중세시대를 비추는 빛과 상징이 되었다. 그리고 동방제국과 이슬람 간의 전쟁으로 서방이 고립되었지만, 이후 십자군전쟁에 따른 문화의 교류는 도시의 부활과 새로운 사상을 수용하는 계기가 되었다.

[최고 사제, 교황]

이제 서방에서 고대의 문명을 계승할 수 있는 힘 있는 세력은 교회가 전부였다. 교회 당국으로서는 게르만족의 침입이 반드시 부정적인 일은 아니었다. 고트족은 기독교에 관대했다. 더 이상 피에 굶주린 모습으로 묘사되던 야만족이 아니었다. 니케아공회의 결정을 추종하는 로마교회로부터 이단으로 배척당한 아리우스파였지만, 그래도 그리스도인들이었다. 로마 주교들은 고트족의 종교적 관용을 활용해서 정치 공백기에 세력을 적극 확장해나갔다. 로마 주교들이 교황직이라는 역사상 가장 오랜 제도를 확립하고서 영적 권위는 물론 세속의 권위까지 겸해서 행사하게 된 데는 몇 가지 요인들이 동시에 작용한 결과였다.

먼저, 로마의 주교들은 어느 도시의 주교들보다 권한이 막강했다. 수도가 동방으로 옮겨간 이후에도 로마는 도시 자체가 하나의 세계였다. 451년 칼케돈공회에서 콘스탄티노플 주교에게도 역시 총대주교라는 직함을 부여하는 바람에 로마 주교의 체면이 어느 정도 구겨지기는 했었지만 그때도 명목상으로는 여전히 로마 주교가 교회를 대표하는 선임이었다.

그뿐 아니라 로마교회 주교는 고대 로마와 중세를 연결하는 가교의 역할을 담당했다. 레오를 포함한 로마의 주교들이 황제가 사라지고 없는 서방 세계를 이끌었다. 덕분에 콘스탄티누스 이래 황제의 전유물이었던 '최고 사제'(pontifex maximus)라는 칭호는 대대로 그들의 몫으로 돌아갔다. 그리고 로마 주교들은 황제의 권위에서 완전히 독립한 로마의 교황제도를 수립하기 위해서는 어떤 수고도 마다하지 않았다. 이것의 실상을 확인하려면 주교(교황) 가운데 적어도 세 명의 삶을 들여다 볼 필요가 있다.

＊ 시인(詩人) 주교 다마수스

로마는 4세기와 5세기에 걸쳐서 기독교 도시로 완전히 탈바꿈했는데, 그 변화의 중심에는 다마수스(다마소 Damasus, 366-384 재위) 주교가 있었다. 에스파냐 출신 다마수스는 로마를 새롭게 변모시키는 일에 황제와 귀족의 자금을 아낌없이 끌어다 썼다. 그는 앞서 거론했듯이 히에로니무스에게 불가타성서 번역을 맡겨서 라틴어성서를 표준화했다. 로마 주교 직속의 사료보관소를 신축하도록 독려하고 사도와 주교, 순교자들의 방치된 묘소와 기념물을 대대적으로 보수하고 공덕과 업적을 기리는 자작시를 대리석 장식에 새겼다. 지하묘지라는 뜻의 카타콤(카타콤바 catacomba) 역시 다마수스가 아피아 가도(Via Appia)주변 무덤을 정비하는 과정에서 처음 사용한 카타쿰바스(catacumbas, 구덩이 또는 동굴의 옆)에서 유래했다. 제국의 기독교 공인 역시 그의 재위 기간(380년) 동안의 일이었다.

이런 업적들을 고려한다면 5세기의 걸출한 주교로 명성을 떨친 레오의 등장 이전까지 다마수스 주교에 필적할 인물은 그리 많지 않았다. 하지만 다마수스의 행적은 시인의 낭만적인 삶과는 상당한 거리가 있었다. 그는 교황제도의 기반이 되는 '사도좌'(apostolic see)와 로마교회의 우위를 지키기 위해서라면 물불을 가리지 않았다. 전통적으로 로마 주교들은 경쟁 지역의 주교들과 권력을 다툴 때면 역사적인 자료를 능숙하게 활용했는데, 다마수스는 그보다 더 적극적이었다. 그의 후임자들이 교황령(敎皇令)을 발표하고, '콘스탄티누스의 기증서'라는 이름의 거짓 문서를 만들어서 로마를 포함한 서방제국의 절반을 교황이 증여받았다고 주장한 것도 따지고 보면 다마수스의 영향 때문으로 볼 수 있다.

다마수스는 가까이는 밀라노의 암브로시우스, 멀리는 동방교회의 바실리우스를 상대하면서 적잖게 부담을 느꼈다. 실력만 놓고 보면 두 사람을 압도하는 게 쉽지 않았다. 콘스탄티노플의 총대주교 역시 기회만 있으면 황제의 권력에 기대어서 로마교회와 경쟁하려고 들었다. 이런 상황에서 다마수스는 베드로와 바울이 로마에 교회를 세웠다는 두 사도 이중기원설과 수많은 순교자를 배출한 곳이라는 정통성을 앞세워 경쟁자들을 제압하려고 했고, 유적지와 사료를 체계적으로 정비하여 구체적으로 입증하려고 했다. 하지만 설득이 제대로 먹히지 않을 때는 폭력마저 불사했다. 다마수스가 연루된 폭력 사건은 한둘이 아니었다.

366년, 리베리우스 주교(리베리오 Liberius, 352-366 재위)가 세상을 떠났다. 로마교회는 후임자를 결정하는 문제를 놓고서 두 패로 의견이 갈렸다. 대부분이 다마수스를 후임 주교로 추대하려 했으나 일부에서는 리베리우스의 부제를 지낸 우루시누스(Ursinus)를 적극 지지했다. 다수파가 후임을 논의하는 사이에 우루시누스가 주교로 안수되었다는 전갈이 급히 전해졌다. 소위 대립교황(주교)으로 옹립된 것이었다. 곤봉으로 무장한 다수파가 달려가서 우루시누파를 덮쳤다. 사흘간 싸움이 지속되다가 결국 우루시누스는 파문을 당하고 다마수스가 주교좌에 오르는 것으로 사건은 일단락되는 듯했다.

소수파는 간단하게 물러서려고 하지 않았다. 그들이 교회의 문을 걸어 잠그고 농성에 들어가자 다마수스파가 또다시 중무장을 하고 습격했다. 곤봉과 손도끼, 칼로 무장한 사내들이 일부는 교회 지붕으로 올라가서 기왓장을 뜯어 아래로 던지고, 또 일부는 문을 부수고 불을 지르면서 농성장에 난입했다. 이때의 충돌 과정에서 무려 137명이 목숨을 잃었는데 희생자는 모두 소수파였다. 이후에도 반대자들을 과감하게 폭력으로 억압했던 다마수스의 유일한 목표는 로마교회와 주교의 철저한 우위에 있었다.

✻ 베드로의 대리자 레오

앞에서 야만족들의 침입과 관련해서 잠시 살펴본 바 있는 레오 주교 역시 다마수스와 마찬가지로 교황권의 강화를 위해 노력했다. 하지만 방법은 다마수스와 달랐다. 로마 북부지역 토스카나의 귀족 출신이었던 레오는 황제의 지시를 받고 갈리아에서 논쟁을 중재하다가 급한 전갈을 받았다. 자신이 부제로 섬기고 있던 로마 주교 식스투스 3세(식스토 Sixtus III, 440-461)가 세상을 떠나서 그의 후임자로 선출되었다는 것이었다.

주교직에 오른 레오는 첫 설교에서 "복된 사도 베드로의… 권력이 유지되고 권위가 빛을 발하는 곳에 영광"을 선언했다. 일찍이 로마제국의 수도였고 베드로와 바울이 순교한 곳이었지만, 콘스탄티노플의 기세에 눌려 점차 그 빛이 바래가던 로마가 베드로의 대리자를 자처하는 새로운 지도자를 얻게 된 것이다. 레오의 등장으로 로마 주교는 신학적으로나 법률적으로 기독교 국가의 수장이 되었다. 그는 세 가지 성서 본문(마 16:13, 눅 22:31-32, 요 21:15-17)을 근거로 삼아서 교황제의 이론적 틀을 완성했다. 그리스도께서 영원한 반석 베드로의 믿음 위에 교회를 세우겠다고 약속했다는 것, 그리고 로마 주교가 사도 베드로의 권위를 계승했다는 게 핵심이었다.

이와 같은 주장은 본디 콘스탄티누스 황제의 의도와는 달랐다. 콘스탄티누스가 생각하던 교회의 역할은 제국을 통합하는 데 필요한 접착제였다. 그런데 한 세기 뒤에 레오가 그의 생각을 단번에, 그것도 완벽하게 뒤집어버린 것이다. 덕분에 지금껏 265명의 교회 군주들이 계속해서 대를 잇는 베드로 왕조가 본격적으로 출범했다. 레오는 산발적으로 거론되던 기존의 성서, 역사, 법률의 내용을 하나로 엮어 교황제의 개념을 확립했다. 간단히 요약하면 이랬다. 베드로는 사도 가운데 으뜸이었고(성서), 그 권위는 합법적 후계자인 로마 주교에게 전해졌으며(역사), 로마의 주교는 베드로를 통해 그리스도의 권위와 기능을 계승했다(법).

레오의 주장에는 문제가 적지 않았다. 먼저 성서는 레오가 주장하는 권위를 인정하지 않는다. 오히려 그리스도의 제자는 겸손히 섬겨야 한다는 게 성서의 핵심적인 교훈이다. 더 나아가 성서를 보면 베드로의 위치는 오히려 불안정했다. 그는 스승에게서 사탄이라는 꾸지람을 들었고(마 16:23), 바울의 비판을 듣기까지 했었다(갈 2:11-14). 그리고 레오는 베드로의 권위를 로마 주교가 계승했다고 주장했지만 성서 어디에도 그와 같은 내용을 찾을 수가 없었다.

결정적 한계를 지닌 레오의 주장이 수용된 데는 당시 정치적 상황과 무관하지 않았다. 야만인들의 침입으로 지푸라기라도 잡아야 할 신세가 된 황제 발렌티니아누스 3세(Valentinianus Ⅲ, 425-455 재위)는 레오의 의견을 받아들여서 칙령을 발표했다. "사도좌의 수위는 군주가 갖춘 주교의 위엄, 로마의 위엄, 그리고 거룩한 공회의 결정에 근거하므로 이 사도좌의 권위를 훼손하는 일체의 불법은 불가하다." 레오의 주장은 이제 준엄한 실정법으로 바뀌었다. 이후로 모든 게 레오의 뜻대로 움직이는 것처럼 보였다.

451년 10월 소아시아 비티니아의 칼케돈에서 공회가 열렸다. 훈족의 족장 아틸라와 담판을 벌이기 한 해 전이었다. 그리스도에 관한 교리를 바로잡으려고 350명의 주교가 모였지만 레오의 추종자들이 분위기를 주도했다. 그런데 폐회를 이틀 앞두고 의외의 결정이 내려졌다. 레오에게는 떠올리기도 싫은 악몽의 순간이었다. 새로운 로마, 즉 콘스탄티노플의 주교에게 총대주교라는 직함이 주어졌다. 물론 서열상 2위라는 규정이 여전히 살아 있었지만 교황의 지배를 명분상으로만 인정한다는 뜻이었다. 레오 측의 강력한 저항에도 이후로 기독교는 서방의 로마교회와 동방의 그리스교회라는 두 개의 기형적인 머리를 갖게 되었다.

* 하나님의 영사 그레고리우스

교황권이 가장 취약한 시기에 역설적으로 가장 강력한 주장이 제기되었다. 로마교회의 주교 젤라시우스(젤라시오 Gelasius, 492-496 재위)는 비잔티움의 황제에게 다음 같은 내용의 서신을 보냈다. "세상을 지배하는… 두 가지 권한 중에서…(주교권)…이 더 큰 무게를 갖습니다. 그 권한에 관한 한 왕들조차도 하나님에게 복종해야 하기 때문입니다." 교황의 영적 권위가 황제의 세속적 권위보다 우월하다고 주장하는 이른바 교황제의 대헌장이었다. 그렇지만 이런 주장은 한동안 희망 사항에 불과했다. 레오 1세 사후 교황들은 아주 미미한 존재로 전락했다. 처음에는 동고트족 지배자에게, 그 이후에는 비잔티움제국의 황제들 때문에 어깨 한 번 제대로 펴보질 못했다.

특히 동로마의 황제 유스티니아누스 1세(Justinianus I, 527-565 재위)는 자신이 직접 신적 영감을 받았다고 확신한 나머지 누구에게도 머리를 숙이지 않으려고 했다. 황제는 교회 역시 국가의 일부로 보았기 때문에 동방과 서방의 모든 주교들에게 자신이 직접 내린 칙령을 따르도록 요구했고 지시에 반대한 주교들을 정죄하라는 요구를 하기도 했다. 교황의 권위는 하나님의 영사(consul)라고 불리는 그레고리우스(그레고리오 Gregorius, 550-604 재위)가 로마의 주교가 되면서 비로소 기사회생할 수 있었다.

그레고리우스가 주교가 되기 직전의 로마는 최악의 상황이었다. 홍수, 전쟁, 흑사병이 한꺼번에 닥치다 보니 수레마다 시체가 쌓여갔다. 멀쩡한 사람도 정신을 놓아버릴 처지에 주교마저 세상을 떠났다. 반 년 동안 후임을 못 정하다가 작은 키에 대머리, 게다가 건강마저 좋지 않은 그레고리우스에게로 빈자리가 돌아갔다.

그레고리우스는 교황을 배출한 귀족가문 출신이었다. 그는 몰락한 로마와 기독교를 지켜낼 수 있는 두 가지 전략을 고안해냈다. 하나는 붕괴된 행정을 교회가 대신 담당하는 것이었고, 또 다른 하나는 야만족을 개종하는 것이었다. 주교는 황제 대신에 세금을 걷어서 주민을 먹여 살렸다. 이민족 랑고바르드족과는 화친을 맺었다. 그리고 오래전부터 관심을 갖고 있던 선교사업을 강화했다.

그레고리우스는 어려서 '앵글-랜드'(잉글랜드) 노예들이 배에서 내리는 모습을 처음 목격했다. 그가 물었다. "저들이 어디서 왔나요?" 누군가 대답했다. "저들은 앵글족이다." 그러자 다시 물었다. "저들이 앵글족이면 누가 다스리죠?" 또다시 대답이 이어졌다. "아엘라지." 그레고리우스는 그 말을 잘못 들었다. "알렐루야라고요? 그러면 저들이 사는 나라에서는 하나님의 이름이 찬송을 받으시는 거네요! 앵글족이 아니라 천사군요(Non Anglii, sed angeli)." 그레고리우스는 세월이 흐른 뒤에도 어릴 적 일을 잊지 않았고, 그래서 북아프리카 히포의 주교를 지낸 위대한 신학자와 동일한 이름의 수도사 아우구스티누스(Augustinus Cantuariensis, ?-604)를 앵글로색슨족에게 파송했다.

사실 그레고리우스는 자신에게 주어진 로마교회의 총대주교라는 직함을 그리 탐탁지 않게 여겼다. 외적 권위를 중시하지 않고, 소박함을 추구하려고 했던 그레고리우스는 자신을 '하나님의 종들 가운데 종'이라고 즐겨 불렀다. 사람들은 그런 모습을 존경해서 언제나 그의 이름 앞에 '위대한'이라는 표현을 추가해서 권위를 인정했다. 하지만 후계자들은 대중들이 전임자에게 열광하던 이유를 잊은 채 삶과 유리된 권위를 탐닉하는 데 전념했고, 그 덕분에 교황권은 전반적으로 쇠퇴를 반복했다.

[야만인과 수도사]

그레고리우스에게 이르러서 귀족계급으로 확고하게 자리 잡은 교황제도는 이후로도 우여곡절을 거듭했다. 어느 때는 기꺼이 최고권을 인정받고, 또 어느 때는 도덕적 신용이 바닥까지 추락하기도 했었다. 영적 권력과 세속적 권력의 공공연한 투쟁을 바탕으로 교황과 군주 사이에 존재한 갈등은 교회를 권력 투쟁의 장으로 변질시키거나 오류와 탐욕의 본거지로 만들기도 했다.

그런데 그와 같은 암흑 속에서도 교회의 권력과 전혀 무관하게 순수한 열정을 갖고서 야만인이라고 불리는 이민족들에게 삶 전체를 바친 이들이 있었다. 거룩한 삶을 추구하던 중세의 수도사들이 바로 그들이었다. 중세 초반의 교회는 이들 선교사 덕분에 예수 그리스도의 정신과 교훈을 있는 그대로 보존할 수 있었다.

＊ 베네딕투스의 「규칙」

베네딕투스 수도회의 창설자이며 「규칙」(The Rule, 540?)의 저자 베네딕투스(베네딕토 Benedictus of Nursia, 480?-547?)와 이란성 쌍둥이 누이 스콜라스티카(Scholastica)가 오늘날 노르차라고 부르는 이탈리아의 누르시아에서 태어났다. 베네딕투스는 젊은 나이에 로마에 공부하러 갔다가 로마시민들의 부도덕한 생활을 목격하고 염증을 느끼고 도중에 포기해버렸다. 그러고는 인적이 드문 외딴곳을 찾아가 은둔과 금욕생활을 시작했다. 그는 마음을 비우기 위해 수없이 고행을 시도했고, 마음의 탐심을 물리치려고 벌거벗은 채 가시와 찔레 밭에서 뒹구는 고통도 마다하지 않았다.

　그렇게 3년을 보낸 뒤에 근처 수도원에 들어갔지만 베네딕투스가 지나치게 엄격한 삶을 요구하는 바람에 다른 수도사들로부터 불만을 샀다. 수도사들과의 심각한 갈등으로 생명의 위협까지 느끼게 된 베네딕투스는 근처 동굴로 잠시 몸을 피했다가 그곳을 떠났다. 이 일을 계기로 신앙을 위한 엄격한 훈련도 좋지만 인간의 연약성을 고려해야 한다는 것을 새삼 깨달았다.

　베네딕투스는 529년 로마와 나폴리 중간에 있는 몬테카시노(Monte Cassino)에 베네딕투스 수도원을 세웠다. 몬테카시노는 오래 전부터 군대가 이동하는데 사용된 라티나 가도(Via Latina) 왼편에 우뚝 솟은 전망이 좋은 산이었다. 수도원이 세워지던 해에는 기독교를 믿는 유스티아누스 황제가 그리스 아테네에서 9백 년간 존속되어온 플라톤의

누르시아의 베네딕투스 ⓒWP

아카데메이아를 법령으로 폐쇄한 역사적 사건이 역시 있었다.

베네딕투스는 기왕의 규칙을 토대로 해서 베네딕투스수도원의 운영 규칙을 만들었다. 그의 규칙은 유연한 중도 노선을 따르면서도 엄격함을 유지했다. 수도생활을 "온전한 마음으로 하나님을 추구하는 생활"로 정의한 베네딕투스는 수도사 지원자들에게 1년간 예비단계를 거치도록 했다. 그 기간 동안에 진정성과 성실함을 확인받은 지원자들은 세 가지 내용을 서약해야 했다. 즉 모든 소유를 포기하겠다는 청빈의 서약, 모든 성적 관계를 포기하겠다는 순결(독신)의 서약, 그리고 언제든지 수도원의 지도자들에게 복종하겠다는 순종의 서약이 그것들이었다.

베네딕투스수도원의 일과는 하루도 거르지 않고서 일곱 번씩 반복되는 예배, 개인적인 묵상과 영적 독서, 공동체를 유지하기 위한 노동, 식사와 수면으로 이루어졌다. 베네딕투스수도원은 특히 침묵을 강조해서 거의 모든 시간을 침묵으로 보내야 했는데 밤에는 더 그랬다. 거칠고 불안정한 당시 사회에서 영적인 삶과 평안을 갈망하는 이들에게 기도와 노동을 강조하던 베네딕투스수도원은 일종의 피난처가 되어주었다. 베네딕투스는 꼿꼿이 선채 하늘을 향해 두 팔을 쳐들고 임종하는 순간까지 몬테카시노를 떠나지 않았고 스콜라스티카와 함께 무덤에 안장되었다.

589년에 랑고바르드족(북이탈리아에 왕국을 건설한 게르만족의 한 부족)이 들이닥쳐서 베네딕투스 수도원을 파괴했다. 수도사들은 몬테카시노를 떠나 황급히 로마로 피신했다. 수도사들이 로마에 도착했을 때 그들이 가져온 규칙이 그레고리우스 주교의 마음을 사로잡았다. 특히 '순간의 망설임도 없는 복종'을 중시하는 수도원장과 수도사들 간의 서약에 주교의 관심이 꽂혔다. 그레고리우스는 수도사들이 자신들만의 거룩함을 지키기 위해 외딴곳에서 홀로 지내는 것을 탐탁지 않게 여겼다. 수도사라면 야만족의 땅으로 가서 수도원을 짓고 이교도를 개종시키고 가르치는 게 당연하다고 생각했다.

그레고리우스 주교는 앵글로색슨족을 개종시키기 위해서 베네딕투스회수도원 수도사들을 영국으로 파송했다. 수도사들 가운데는 나중에 캔터베리의 아우구스티누스로 알려지게 될 인물이 무리에 함께 끼어 있었다. 그레고리우스는 기독교의 메시지를 존중하는 자세로 전하되 이교도를 불필요하게 공격하는 것은 옳지 않다는 충고 역시 잊지 않앉다. 아우구스티누스는 켄트의 에델베르트 왕을 개종시켰고, 또 다른 선교사들의 활약으로 599년 성탄절 무렵에는 1만 명의 영국인들이 세례를 받게 되었다. 결국 켄트의 수도였던 캔터베리는 영국 기독교의 중심지로 변모했다.

✳ 부활절 스캔들

아일랜드의 켈트족은 '아일랜드의 사도'로 불리는 패트릭(파트리치오 Patrick, 390-460?) 덕분에 기독교로 개종이 이루어졌다. 로마제국의 브리튼 식민지 지방의회 의원이었던 귀족의 가문에서 태어난 패트릭은 일찍부터 그리스도인으로 성장했으나 16세가 되던 해에 아일랜드 해적에게 붙잡히는 바람에 노예로 팔려가게 되었다.

나중에 그는 서품을 받기 위해서 6년간 노예생활을 하던 아일랜드를 탈출해서 브리튼으로 갔고, 거기서 주교가 되어 다시 고향으로 돌아올 수 있었다. 유명한 '세 잎 클로버의 비유'처럼 삼위일체와 같은 기독교의 기본 교리들을 쉽고 재미있게 설명해서 인기가 무척 높았고, 그런 그의 노력으로 켈트족은 일찌감치 기독교를 수용하게 되었다.

아일랜드의 사도 패트릭 ⓒWP

나중에 앵글로색슨족이 브리튼을 짓밟자 아일랜드의 켈트족 그리스도인들은 로마는 물론이고 콘스탄티노플교회와 관계를 단절했다. 덕분에 그들은 나름의 고유한 기독교의 행정과 예배 형식을 발전시킬 수 있었다. 켈트족 그리스도인들은 주교의 지휘를 받지 않았고 수도사와 수녀가 교회를 이끌었다. 영국제도에 로마교회의 전통이 퍼져나가면서 켈트지역의 수도사들과 로마에서 파송한 수도사들 사이에 긴장이 형성되었다. 켈트교회와 로마교회가 부활절을 서로 달리 지키고 있는 게 불화의 원인이었다. 문제를 해결하기 위해 양측이 664년에 북잉글랜드의 휘트비에서 만났다.

종교회의에서 양측은 서로의 주장을 굽히려고 하지 않았다. 로마교회는 처음부터 강력하게 밀어붙였다. 켈트족마저 자신들의 관습을 따르면 서방이 한꺼번에 부활절을 축하하는 것은 물론, 그것을 계기로 로마 주교의 입김이 강화될 수 있었다.

내부에서 예상치 못한 목소리가 터져 나왔다. 657년 휘트비에 공동체를 설립해서 수백 명의 수도사들을 훈련시켰고, 나중에는 5명의 주교까지 배출하게 될 힐다와 또 다른 주교가 켈트교회를 편들고 나섰다.

)>> 부활절 명칭의 유래

부활절은 본래 유대인의 유월절을 가리키는 용어인 페사크(Pesach)에서 유래한 라틴어 파스카(Pascha), 그리고 이스터(Easter)라는 두 가지의 이름으로 불렸다. 고대 아일랜드에서는 유월절을 파스카, 그리고 잉글랜드와 다른 모든 게르만 지역에서는 이스터라고 각각 불렀다. 그러다가 나중에 지역과 관계없이 이스터로 통일되었다. 이스터는 달의 이름이기도 한 이교 여신 에오스터(Eostre)에서 유래했다.

두 사람은 켈트 그리스도인들에게도 자신들만의 고유한 전통을 따를 수 있는 권리가 있다고 주장했다. 치열한 논쟁이 끝에 양측은 로마의 관습을 수용하는 쪽으로 가닥을 잡았다. 이후로 서방 유럽 전체가 같은 날 부활절을 축하하게 되었고, 로마 주교의 강력한 영향력이 아일랜드에까지 미치게 되었다.

[남쪽에서 불어온 폭풍]

무함마드(Muhammad ibn Abdallah)는 570년경 아라비아의 작은 항구 메카에서 태어나 632년 메디나에서 사망했다. 610년, 무함마드는 천사 지브릴이 유일신(알라)에게서 가져온 뜨거운 메시지를 전달받았다. 나중에 '권능의 밤,' 또는 '운명의 밤'으로 불리게 된 사건이었다. 처음 두 해 동안 무함마드는 일절 침묵으로 일관했다.

그러다가 또다시 고통스러운 과정을 거치면서 거듭 메시지가 주어지자 마침내 연상의 아내 하디자와 그리스도인이었던 그녀의 사촌 와라카에게 자신이 경험한 것들을 모두 털어놓았다. 무함마드는 612년부터 설교를 시작해서 개종자를 확보해나갔다. 구약성서에 기록된 모세의 교훈처럼 사람들에게 우상을 멀리하고 유일신 알라를 믿도록 가르쳤다.

처음에는 소규모의 추종자들만이 귀를 기울였다. 하지만 반복되는 우상숭배 금지에 관한 설교는 메카를 지배한 쿠라이시족의 일부 가문들을 자극하기에 충분했다. 그들은 무함마드를 알라의 사도로 인정하려고 하지 않았다. 우상과 그에 따른 의식을 거침없이 비판해대는 그의 주변에 다양한 계층의 사람들이 모여드는 만큼 양측의 갈등은 점점 더 고조되었다.

무함마드는 622년에 성난 우상장수들의 살해 위협을 피해서 추종자들과 함께 야스리브(Yathrib)로 급히 떠났다. 지금은 '예언자의 도시'라는 뜻의 메디나(Medina, 도시)로 이름이 바뀐 그곳에서 이슬람 역사는 결정적 전기를 마련했다.

무함마드는 야스리브에서 메카의 우상 숭배자들을 상대로 지하드(聖戰)를 선포했다. 624년과 627년, 두 차례의 전투에서 메카군에게 참패를 안겼다. 특히 메디나 주변에 참호를 파고 40일간 치른 전투에서는 3만 명의 병력으로 10만 명의 메카군을 물리쳐서 무함마드에게 하나의 전환점이 되었다. 이후로는 소극적인 방어에서 적극적인 공격으로 전략을 변경했다.

마침내 630년에 메카로 돌아오게 된 무함마드는 추종자들을 모아서 군대를 조직했다. 그는 자신의 추종자들을 '알라에게 복종하는 이들'이라는 뜻으로 무슬림(Muslim)이라고 불렀다. 그때부터 그들의 종교는 '복종'을 의미하는 이슬람(Islam)으로 주변 세계에 알려지게 되었다.

* 유목민들의 정복전쟁

무함마드 사후에 추종자들은 아라비아에서 서쪽으로 쉬지 않고 전진했다. 638년에는 눈처럼 흰 낙타를 탄 칼리프 앞에 예루살렘교회의 총대주교가 무릎을 꿇었다. 그리고 641년까지 시리아, 팔레스타인, 그리고 이집트 전역을 점령했다. 파죽지세로 서진을 계속하는 이슬람 군대를 어찌하지 못하던 비잔티움제국의 병력은 결국 지중해 서안지역에서 완전히 밀려나고 말았다.

설교하는 무함마드(오른쪽) ⓒWP

북아프리카 지역에서는 무슬림의 군대가 오늘날 리비아 지역에 해당하는 트리폴리까지 진격했다. 동부지역의 상황 역시 나쁘기는 마찬가지였다. 무슬림은 아르메니아 지역 대부분을 장악하고 나서 코카서스를 거쳐 이란의 옥수스강과 아프가니스탄의 헤라트, 그리고 인도 아대륙의 신드까지 진출했다.

711년 무렵에는 이슬람 군대가 지중해를 건너 북아프리카 맞은편의 에스파냐와 포르투갈마저 지배하게 되었다. 이슬람 지도자들이 막강한 병력을 이끌고서 승승장구하며 영토를 확장해나가자 유럽의 군주들은 말할 수 없는 두려움에 사로잡혔다. 군주들은 사막의 야만인으로 치부하던 이슬람교도들이 북아프리카와 소아시아 지역 전체를 손아귀에 넣는 한편, 더 나아가 동로마제국의 콘스탄티노플까지 포위하

무슬림들은 해상무역에도 능했다. 인도는 물론 중국과 우리나라까지 무역의 상대를 넓히기도 했다.

는 상황에 이르게 되자 할 말을 잃고 넋을 놓아버렸다.

　이슬람교도들이 무함마드 사후 약 1세기만에 그토록 놀라운 영토의 확장을 거듭할 수 있었던 비결은 무엇이었을까? 일차적으로는 무슬림들이 생각하는 전쟁의 개념을 새롭게 이해할 필요가 있다. 지금도 그렇지만 서구에서는 오랫동안 이슬람교가 추종자들을 전쟁으로 몰아넣는 호전적인 종교라고 생각해왔다. 하지만 이슬람을 연구하는 학자들이 언급하는 내용에 따르면 그것은 어느 정도 사실과 다르다. 학자들은 무슬림이 전쟁을 수행하는 데 있어서 종교적 측면은 중요한 고려 사항이 아니었다고 주장한다.

　무슬림의 정복전쟁은 이슬람교가 등장하기 이전부터 아라비아 지역에서 성행한 약탈전쟁(ghazu)과 어느 정도 궤를 같이했다. 천연자원의 혜택을 전혀 누릴 수 없던 아라비아 지역 사람들은 고대부터 대상들을 습격해서 얻은 재물에 의존해서 생계를 꾸릴 수밖에 없었다. 때문에 그들은 물건은 빼앗아도 굳이 대상들의 생명까지는 해치려고 들지 않았다. 그런 약탈이 국제적인 규모로 확대된 게 7세기에 진행된 무슬림의 정복전쟁이었고, 그와 같은 과정에서 이슬람의 거대 제국을 형성하게 되었다.

이슬람의 눈부신 약진을 설명할 수 있는 또 다른 요인은 그들의 종교정책에서 확인할 수 있다. 나중에 토마스 아퀴나스(Thomas Aquinas)가 무슬림들이 한 손에는 칼, 또 다른 손에는 「꾸란」(또는 「코란」)을 들고 이슬람 신앙을 강요한다고 주장하기도 했지만 이것은 역사적 사실과 거리가 있다. 일부 불가피한 상황을 제외하면 무슬림이 초기에 무력으로 이슬람교를 전파했다는 역사적 기록은 찾아볼 수 없다.

무함마드는 신을 따르는 바른 종교는 인간이 만든 잡신들을 거부하는 게 마땅하고, 정의와 평등은 동일한 신성에서 비롯된다고 가르쳤다. 이슬람제국에서는 유대교이든 기독교든 간에 경전을 보유한 종교를 믿으면 '신민'(딤미 Dhimmi)이라고 해서 보호를 받았다. 그들이 피해를 입으면 군사적 보복도 마다하지 않았다. '경전의 백성들'(Ahl al-kitab)이라고 불리던 비무슬림, 즉 유대인이나 그리스도인처럼 이슬람 등장 이전부터 경전을 가진 이들이 신앙을 강요받지 않은 것은 그 때문이었다. 이미 합당한 계시를 받았다는 게 그 이유였다. 「꾸란」 역시 '경전의 백성들'이 따르는 종교를 존중하도록 무슬림에게 명령한다.

경전의 백성들을 인도함에 있어서 아주 친절한 방법으로 하되
논쟁하지 말라. 그러나 그들 중에 사악함으로 대적하는 자가 있

반석의 돔. 예루살렘에 위치한 이곳에는 690년 무함마드가 승천한 곳으로 알려진 바위가 있다. ⓒWP

다면 말하라. "우리는 우리에게 계시된 것과 너희에게 계시된 것을 믿느니라. 우리의 신과 너희의 신은 같은 한 분의 신이시니 우리는 그분에게 순종함이라"(「꾸란」 29:46).

관대한 세금정책 역시 이슬람의 급속한 전파에 기여했다. 개종을 강요받지 않는 신민들은 무슬림과 달리 상당히 높은 인두세를 내야 할 의무가 주어졌다. 당국은 쉽게 세금을 걷으려고 그리스도인과 유대인들에게 눈에 띄는 옷을 입게 하거나 묵직한 천을 목에 걸고 다니도록 했다. 때문에 그리스도인들 가운데는 무슬림의 칼이 아니라 지나치게 과도한 세금이 무서워서 스스로 이슬람교로 개종한 이들도 있었다. 덕분에 한때는 이슬람 당국이 '개종 금지 백서'를 발표해야 할 정도로 그리스도인들 가운데 개종자들이 많았다.

아울러 동방교회가 고수한 종교적 불관용 정책으로 인한 민심의 이반이 이슬람교의 확산에 일정 부분 이바지했다. 동방의 콘스탄티노플 교회는 이미 오래전부터 북아프리카 교회들(특히 콥트교도)을 배격하고, 심한 경우에는 폭력적인 박해를 가하기도 했었다. 그들이 단성론 신학을 끝까지 고수한다는 게 그 이유였다. 그런데 이집트 지역을 장악한 무슬림은 교회를 폐쇄하지 않았을 뿐 아니라 자유롭게 예배하도록 허용했다.

이 때문에 이미 신학적으로 동방교회와 단절되어 있던 북아프리카의 여러 교회는 무슬림이 밀려들어오자 자발적으로 자신들의 예배당을 이슬람의 사원으로 개조하는 일까지 있었다. 이집트의 콥트교회나 시리아의 단성론자들이 운영하는 교회는 무슬림의 지배를 콘스탄티노플로부터 독립할 수 있는 계기로 활용했다. 이와 같은 민심의 이반은 동로마제국의 수도에서도 역시 마찬가지였다. 당시에 이슬람 군대가 콘스탄티노플까지 진격할 수는 없었지만, 만일 그런 일이 벌어졌더라면 그 지역 사람들은 대부분 뒷짐을 진 채 방관했을 것이다.

✻ 동방과 서방교회의 격리

남쪽 사막에서 불어온 뜨거운 태풍은 마침내 동방과 서방의 관계를 단번에 날려버리고 말았다. '우리들의 바다'라고 불리던 지중해 연안은 서로 이질적이면서 적대적인 두 개의 문명이 존재하게 되었다. 기독교 세계의 중심지였던 지중해가 변경지역이 되고 말았다. 이른바 지중해 공동체의 해체였다.

당시 동방의 비잔티움제국은 내우외환에 시달렸다. 남쪽과 동쪽에서는 아라비아의 강력한 침략자들을, 북쪽에서는 슬라브족의 공격을 막아내기 위해서 전쟁을 치르면서도 내부적으로는 끊임없이 정쟁에 시달려야 했다.

외부의 위협에 맞서 국론을 통일하고 병력과 방어체제를 강화하는 게 무엇보다 시급했지만 군대를 책임진 장수들이 오히려 반란을 주도하는 일이 비일비재했다. 그들은 황제가 무상으로 팔아넘긴 영지와 휘하의 병력을 결합해서 강력한 세력을 형성하고 제위에 도전했다. 695년 유스티아누스 2세(Justinianus Ⅱ, 685-695, 705-711 재위)가 추방되면서부터 시작된 정치 불안은 717년까지 계속되었고, 그 시기에 황제의 자리를 차지하려는 혁명이 일곱 차례나 발생해서 다섯 명의 황제들이 비참한 최후를 맞았다.

서방의 교회 역시 거침없는 사막 침입자들의 위협에 시달리다가 동방제국의 황제와 연결된 고리를 잃어버리고 말았다. 동방제국과 연대하는 길이 사라져버린 로마교회는 이민족과 긴밀한 관계를 유지하는 것 이외에는 달리 타개책을 찾을 수 없었다. 안티오키아, 예루살렘, 알렉산드리아가 차례차례 이슬람 군대의 수중에 떨어지면서 전체 기독교 국가의 정치 지형 역시 대폭 바뀌었다. 총대주교라는 직함을 유지하는 다섯 개 도시들 가운데 두 곳, 즉 로마와 콘스탄티노플만이 온전했다.

북아프리카를 대표하는 알렉산드리아를 로마의 뒤를 잇는 서열 두 번째 도시라고 줄곧 주장해온 로마교회의 주교로서는 더없이 아쉬운 상황이었고, 콘스탄티노플의 주교는 평소 희망처럼 양자 구도로 고착된 것에 환호했다. 게다가 이슬람 군대에 장악된 지역의 수도사와 성직자가 교회나 수도원의 재산과 책을 가지고 모여들었기 때문에 콘스탄티노플교회는 나날이 세력이 강해졌다.

[그림이 빚은 갈등]

이콘(icon, 또는 eikon)이라고 부르는 성화나 성물을 총칭하는 성상(聖像)은 한 때 사람들의 신앙심을 기르는 데 도움을 주기도 했지만, 또 어느 때는 피를 부르는 결정적 원인이 되기도 했었다. 사실 로마제국의 시민들은 고대부터 성상에 익숙했다. 로마인들은 황제를 묘사한 그림이나 조각물을 대할 때는 마치 실재 인물에게 하듯이 정성을 다했다. 황제들이 그리스도인이 되고 난 뒤에도 그런 풍습은 여전해서 군대나 법정, 또는 주요 관공서마다 황제의 성상이 설치되는 게 일반적이었다.

6세기에는 교회나 정부 모두가 나서서 성상의 제작과 성인들을 존경하는 것을 적극 장려하는 일까지 있었다. 신앙에 도움이 된다는 게 그 이유였다. 사람들은 판자에 그려진 초상화를 성스럽게 대했다. 당시로써는 그런 정책이 어떤 부작용을 낳게 될지 예상할 수 없었다.

세월이 흐르고 성상을 통한 신앙심의 함양이라는 교육적인 의미가 퇴색하자 지방마다 성상을 대상으로 우상숭배에 빠져드는 일이 빈번해졌다. 성상은 마치 부적인양 사용되었다. 그것을 걱정스럽게 지켜보는 사람들이 생겨나기 시작했다.

✳ 성상 파괴자들
성상숭배는 결국 콘스탄티노플에 피바람을 불러왔다. 로마제국의 고

그리스도의 초상화를 파괴하는 사람들

토를 회복하고 비잔티움제국의 전성기를 구가해서 후대에 황제라는 칭호 대신 대제로 불린 유스티니아누스 1세(Justinianus I, 527-565 재위)가 오래 전에 재건축했던 하기야소피아성당이 일차 표적이 되었다. 하나님의 세 가지 속성(지혜, 평화, 능력)을 기념해서 봉헌되었던 세 개의 성당(Hagia Sophia, Hagia Irene, Hagia Dynamis) 가운데 한 곳인 하기야소피아성당 서쪽 면에는 황궁 쪽으로 이어지는 거대한 청동 문이 설치되어 있었다. 그 문에는 성당 이름이 기록되어 있었고, 문 위로는 황금으로 장식된 예수 그리스도의 성화가 크게 설치되어 있었다. 새로 제위에 오른 레오 3세(Leo III, 717-741 재위)는 콘스탄티노플에서 가장 크고 유명한 성상을 파괴하기로 마음을 굳혔다.

725년 황제가 성상을 파괴하려고 한다는 소문이 나돌면서 그 도시 주민들 사이에서는 긴장이 감돌았다. 실제로 궁정 입구에는 이미 그리스도의 얼굴 대신 십자가가 걸려 있었다. 황제가 근위대를 파견하자 시민들 역시 긴박하게 움직이기 시작했다. 항아리와 냄비로 무장한 여인들이 병사들이 성상을 제거하려고 설치한 발판을 발로 차서 무너뜨렸고, 그것을 신호로 성난 군중들이 일거에 달려들어서 파괴 작업을 주도하는 지휘관을 살해했다. 근위대 역시 성상옹호자들의 지도자를 공격했다. 군중들의 시위가 잇달았고 군부와 함대에서까지 폭동이 꼬리를 물었다. 727년에는 라벤나 총독이 반란을 일으켰는데, 이것을 계기로 나중에 베네치아공화국이 출범했다.

시민들은 황제 레오 3세를 '성상 파괴자'라고 불렀다. 하지만 황제는 시중의 여론과 무관하게 뒤로 물러날 의도가 없었다. 730년에는 한 술 더 떠서 성상금지령을 내렸다. 모든 성상을 즉시 파괴하고, 거역할 경우에는 체포해서 형벌에 내리겠다는 내용이었다. 로마 교황을 비롯한 성상 숭배자들은 목숨을 잃는 한이 있어도 성상 파괴를 막아보려고 노력했다. 황제 역시 나름대로 성상을 파괴해야 할 명분이 없지는 않았다. 일각에서는 레오 3세가 성상을 파괴하기로 한 까닭을 교리적으로 성상을 금지하는 이슬람의 영향에서 찾기도 한다. 하지만 당시의 정치 상황에서 그 이유를 찾는 편이 훨씬 더 설득력이 있다.

의도대로 이민족들의 침입을 막아내지 못하고 화산 폭발 같은 자연 재해로 제국이 적잖은 피해를 입게 되자 황제는 일련의 사건을 성상을 숭배하는 데 따른 하나님의 분노로 받아들였다. 성상숭배가 다음과 같은 모세 율법을 위반했다는 것이었다. "너를 위하여 새긴 우상을 만들지 말고 또 위로 하늘에 있는 것이나 아래로 땅에 있는 것이나 땅 아래 물속에 있는 것의 어떤 형상도 만들지 말며"(출 20:4). 결국 동방의 수도원들이 고스란히 피해를 입었고 성상 파괴를 비난한 로마의 교황 역시 궁지에 몰렸다. 8, 9세기 내내 황제들은 레오 3세처럼 공공 예배에서 성상의 사용을 금지하고 지지자를 줄곧 박해했다.

수난의 하나님의 어머니. 성상으로 사용된 그림은 다양해서 그리스도, 마리아, 성인들이 소재가 되었다.

✱ 성상 지지자들

그렇다면 성상 지지자들은 어째서 성상의 파괴를 반대한 것일까? 일차적으로는 동방교회의 고유한 신앙 때문이었다. 6세기 중엽 이후로 동로마제국은 기독교가 일반화되자 오히려 구심점을 잃었다. 웅장한 대성당이나 엄숙한 의식으로는 더 이상 사람들의 종교적 욕구를 충족시키지 못했다. 서방이 개인적 참회에 집중하듯이 동방의 그리스도인들이 성인에게 집착한 것도 이때부터였다. 그들은 휴대 가능한 크기의 성상을 성인들의 현존으로 받들었다. 교회에서나 볼 수 있는 성상을 개인들이 소장하게 되자 신앙의 사유화가 진행되었다. 사람들은 베일을 늘어뜨리고 향을 피운 채 성상에 절하고 입을 맞추었다. 그들에게 성상은 있음 그 자체였다.

또 다른 이유는 경제적 이득이었다. 동방제국은 소수의 특권층 이외에는 대체로 생활이 어려웠다. 수도원 역시 마찬가지였다. 모든 수도사가 성상을 숭배한 게 아니지만 상당수 수도원들이 성상을 만들어 생계를 꾸려나갔다. 다마스쿠스의 요한(요한네스 Joannes Damascenus, 730?-760)의 주장 역시 성상 지지자들을 이해하는 데 도움이 된다. 그는 성상숭배는 잘못이지만 성상은 신앙의 성장에 필수적이라고 평가하면서 이렇게 말했다. "문자를 아는 사람에게 글씨가 있듯이 성상은 글을 모르는 이들을 위한 것이다. 말을 귀로 듣듯이 성상은 눈으로 보는 것이다." 더 나아가 "우리는 이교도들처럼 형상 그 자체를 숭배하는 게 아니라 그 상을 통해서 하나님과 성인들을 숭배하는 것"이라고 주장하는 이들도 있었다.

성상과 관련된 논쟁은 곧장 종결되지 않았다. 황제 레오 4세(Leo Ⅳ, 775-780 재위)가 어린 아들을 남기고 세상을 뜨자 황후 이레네 (Irene)가 제국의 실질적인 권력자로 등장하게 되었고, 덕분에 성상 지지자들은 안도했다. 그리스 아테네 출신이었던 이레네는 성상에 대해서 처음부터 관대했고 파괴자들의 반발에도 불구하고 성상의 자유로운 숭배를 허락했다. 그뿐만 아니라 그녀는 로마 교황과의 관계를 복원할 목적으로 제7차 공회를 소집했다.

787년에 350명이 넘는 주교들이 성상 논쟁을 끝내기 위해서 니케아에 모여들었다. 니케아에서 두 번째 개최된 공회는 성상 파괴자들을 이단자로 규정하고 탄핵해버렸다. 성상 숭배가 그 대상을 숭배하는 것과 조금도 다르지 않다는 선언을 추가했다. 그러면서도 성상은 존경의 대상이지 결코 예배의 대상이 될 수 없다는 것 역시 분명하게 선언하고 하나님에 대한 예배는 '숭배'(worship), 성상에 대해서는 '경배'(veneration)라고 해서 행위 자체의 성격과 등급을 구분했다. 이후 815년경에 또다시 제2차 성상파괴가 일어났지만, 여황제 테오도라가 정교회 회의(843년)를 소집해서 성상숭배를 다시 허락함으로써 성상 때문에 공방을 주고받은 오랜 논란에 마침표를 찍었다.

⌈ 프랑크족이 우두머리가 되다 ⌉

중세의 이변들 가운데 하나는 야만인 프랑크족이 서방제국의 운명을 결정할 수 있는 권력을 잡은 일이다. 프랑크족은 프랑키아, 즉 현재의 독일 서부지역에서 세력을 형성했다. 클로비스 1세(Clovis I, 481–511 재위)가 왕위에 오른 뒤에는 프랑크족이 서유럽 지역 대부분을 지배하게 되었다. 496년경에는 3천 명에 달하는 병사들과 더불어서 세례를 받았다. '흉포한 자'라는 뜻을 가진 프랑크인답게 무척이나 거칠고 교활했던 클로비스는 프랑크족을 위해 라틴어로 된 법전을 발행했고, 만년에는 메로빙거 가문이 단독으로 프랑크 왕국을 지배할 수 있는 기틀을 마련했다. 그가 기독교 신앙을 갖게 된 것은 정치적 야심 때문이었으나, 여기에는 또 다른 이야기도 함께 전해지고 있다.

클로비스는 490년 무렵 그리스도인이었던 클로틸드와 결혼했다. 그녀는 남편을 기독교로 개종시키려고 애썼지만 번번이 실패로 돌아갔다. 그런데 전투를 앞둔 어느 날 밤 부인이 열심히 기도하는 것을 지켜본 클로비스는 감동을 받고서 싸움에서 이기고 돌아오면 곧장 기독교로 개종하겠다고 약속했다. 클로비스는 약속을 지켰고, 나중에는 니케아신조까지 받아들였다.

그의 개종은 정치적으로도 효과를 발휘했다. 나중에 서방제국에 속한 지역을 정복하기 시작했을 때 공개적으로 반대하는 교회가 전혀 없었다. 프랑크족 역시 그리스도인들이었기 때문이다. 600년경 프랑크족은 중부 유럽 대부분을 장악했다.

✳ 잔인한 전도자 샤를르

알프스 너머에서 세력을 확대한 프랑크족은 로마 교황과 급속히 가까워졌다. 교황으로서는 위협적인 존재인 랑고바르드족을 견제할 수 있는 유일한 대안으로 프랑크족을 염두에 두고 있었고, 프랑크 왕국은 교황의 신임을 통해 자신들의 권력기반을 다질 수 있었기 때문이다. 양측이 가까워지는 것에 위협을 느낀 랑고바르드족이 침입해오자 교황은 알프스를 넘어가서 프랑크족의 국왕 포팽 3세에게 도움을 청했다. 키 작은 포팽(Pepin the Short, 751-768 재위)은 두 차례(754년과 756년) 전투로 랑고바르드족을 정복하고서 교황으로부터 선물과 보물을 한껏 챙긴 채 돌아갔다.

사실 교황이 안겨준 선물은 그뿐만이 아니었다. 포팽의 두 아들이 이미 로마의 수호자로 임명되어 있었다. 이후로 로마교회와 프랑크 왕조는 한층 더 긴밀해졌다. 포팽 3세는 나중에 거짓으로 밝혀지기는 했지만 '콘스탄티누스의 기증서'라는 문서를 근거로 이탈리아 중부지역 전체를 교황에게 넘겨주었다. 이 거짓문서에는 로마의 주교들이 다른

클로비스의 회심

주요 도시들의 관할권을 갖는 것은 물론이고 서방의 모든 지역을 양도받는다는 내용이 담겨 있었다. 오늘날 세계에서 가장 작은 국가인 바티칸시국 역시 이 거짓 문서 덕분에 출발할 수 있었다.

하지만 대표적인 프랑크족 국왕은 포팽의 아들 샤를르(Charles)였다. 샤를르는 814년에 세상을 뜰 때까지 서방 지역 대부분을 지배했다. 그는 정복에 주력한 아버지처럼 아랍인들을 에스파냐 북부로 밀어내고 자신의 왕국을 확대했을 뿐 아니라 지금의 독일 지역에 둥지를 틀고 있는 색슨족을 개종시켰다. 샤를르가 이민족을 개종시키는 방식은 아주 단순하고 잔인했다. 전쟁에서 승리를 거두고 특정 부족을 지배하게 되면 일제히 세례를 받게 했다. 세례의 거절은 죽음을 뜻했다. 덕분에 그가 다스리는 백성들 가운데 9할 이상이 기독교로 개종했다. 샤를르에게는 그들이 실제로 그리스도인이 되었는지는 중요하지 않았다. 언젠가 게르만족 가운데 일부가 세례를 거부하는 일이 있었다. 샤를르는 단 하루 만에 4,500명의 목을 베어버리고는 진지로 돌아와서 아무렇지도 않은 듯 성탄절을 축하하는 일까지 있었다.

〉〉〉 콘스탄티누스의 기증서

교황령의 근거가 된 콘스탄티누스의 기증서는 두 부분으로 구성되었다. 고백 부분에는 콘스탄티누스 황제가 문둥병에 걸렸지만 교황이 치유했다는 것이, 증여 부분에는 동방교회에 대한 수위권과 교황에게 증여된 지역이 열거되어 있다. 이 문서는 콘스탄티누스와 상관없이 8세기 후반에 작성되었지만 중세 내내 교황의 세속권력을 정당화하려는 의도로 활용되었다. 15세기에 거짓으로 밝혀졌지만 로마 가톨릭은 19세기에야 비로소 문서의 위조 사실을 시인했다.

* 상처 입은 교황

799년의 일이었다. 신임 교황 레오 3세(Leo Ⅲ, 795-816 재위)에게 불만을 품은 이탈리아 귀족 몇몇의 주도로 교황청을 장악하기 위해 사전에 치밀하게 마련한 음모에 따라서 청부업자가 동원되었다. 이 모습은 국왕이나 황제 자리를 놓고 빚어진 세속의 권력다툼과 조금도 다르지 않았다.

레오 3세는 서로마제국을 대표할 수 있는 합법적인 권력자였으나 실상은 토착세력들의 이익을 대변해야 하는, 실권이 없는 허수아비에 지나지 않았다. 레오의 경우처럼 이전에도 교황의 자리 때문에 일종의 쿠데타가 빈번하게 발생했었다. 상황이 그렇다 보니 분위기에 도취해서 성급히 교황을 자처하다가 눈을 뽑히거나 혀가 잘려나간 사내가 한둘이 아니었다. 이번에는 산타 수산나(Santa Susanna)성당의 추기경 차례였다.

레오 3세가 봉변을 겪은 것은 교황 하드리아누스 1세(하드리아노 Hadrianus Ⅰ, 772-795 재위)의 후임자 선출 과정과 관계가 있었다. 하드리아누스가 세상을 뜨자 귀족들은 자신들이 지지하는 추기경을 후임자로 세우고 싶어 했지만 뜻대로 풀려가지 않았다. 귀족들이 추대한 교황 후보자가 오히려 경쟁자 레오 3세를 편들고 나섰다. 결국 레오 3세가 콘클라베에서 하드리아누스의 후계자가 되었다. 교황청을 장악하려고 했던 귀족들은 순순히 물러서려고 하지 않았다. 마침내 극단적인 선택을 한 귀족들이 자객을 고용했다. 신임 교황은 정체를 모르는 괴한들의 습격을 받고 납치된 뒤에 혀가 잘렸다. 마침 두 명의 프랑크족 사제들의 도움으로 겨우 곤경에서 탈출한 교황은 곧장 샤를르를 찾아갔다.

프랑크의 국왕 샤를르는 상처 입은 레오 3세를 따뜻하게 맞아주었을 뿐 아니라 나중에는 호위 병력까지 딸려 로마로 돌려보냈다. 전임 교황 하드리아누스에게서 동방제국 황제를 대신하는 기독교 국가의 유일한 수장으로 인정받은 바 있는 샤를르로서는 당연히 베풀어야 할 수준의 환대였다. 그런데 양측의 갈등은 납치라는 극단적 사건이 봉합되는 수준에서 간단히 해결되지 않았다. 납치를 시도한 귀족들은 자신들의 뜻대로 상황이 돌아가지 않자 이번에는 신임 교황을 중범죄와 파렴치범으로 고발하는 서신을 샤를르에게 보냈다. 레오 3세가 간통을 저지르고 교회 재산을 잘못 사용했다고 비난하는 내용이었다.

정상적인 상황이라면 로마교회를 대표하는 교황은 당연히 제국의 황제에게 호소해야 마땅했다. 하지만 서방이나 동방제국을 가릴 것 없이 어느 곳에도 황제는 존재하지 않았다. 당시 동방제국의 콘스탄티노플에서는 황후 이레네가 아들을 폐위하고 직접 권력을 휘두르고 있었다. 서로마제국이 멸망한 이후로는 콘스탄티노플이 종주권을 주장하면서 로마교회의 운영을 일일이 간섭하려고 들었지만, 교황은 자신의 운명을 한낱 여자에게 맡길 수는 없는 일이라고 생각했다. 그렇게 해서 결국 교황의 보호자를 자처하는 프랑크 왕국의 지배자 샤를르에게 다시 한 번 도움을 요청하게 되었다.

* 멜기세덱 같은 황제

800년 12월 23일, 샤를르는 군대를 이끌고서 로마를 방문했다. 로마 라테란 궁전의 비밀 회의실에서 샤를르, 레오 3세, 랑고바르드족의 대표 등이 모여 긴 회합을 가졌다. 상정된 안건은 두 가지였다. 범죄와 연루된 교황의 연임 문제, 그리고 콘스탄티노플에 있는 황제에게 계속해서 제국의 전권을 맡기는 게 정당한지의 여부를 확인하는 것이었다.

연임과 관련된 논의는 이미 사전에 짜인 각본대로 먼저 교황이 나서서 무죄를 강변하면, 이어서 샤를르가 인정하는 식으로 진행되었다. 샤를르는 "사도좌는 누구도 심판할 수 없다"고 주장하면서 교황이 순결서약을 하는 선에서 첫째

샤를마뉴의 대관식

안건을 마무리 지었다. 문제는 두 번째 안건이었다. 쉽게 논의가 진전되지 않았다. 서로마제국이 478년에 멸망한 이후 콘스탄티노플의 동방 황제가 전권을 갖게 되었지만 세력이 약해질 대로 약해진 상태이다 보니 황제라고 부르기도 어려울 정도였다. 결국 프랑크족의 국왕 샤를르가 동방제국 황제를 대신하는 게 가능하다는 결론이 내려졌다.

이틀 뒤에 샤를르는 성탄절 성찬식을 기념하는 촛불이 켜진 베드로 대성당을 방문해서 기도를 올렸다. 샤를르가 자리에서 일어서는 순간 교황이 그의 머리에 왕관을 씌우고는 기름을 부었다. 예정에 없었던 돌발적인 행동이었다. 그러고는 교황이 엄숙하게 선언했다. "하나님이 수장으로, 그리고 평화로운 국왕으로 면류관을 씌어준 아우구스투스 샤를르여." 이어서 교황은 동로마 황제를 대하듯이 샤를르의 발 앞에 엎드린 채 머리를 조아렸다. 그러고는 주변을 둘러보면서 만세를 삼창하도록 요구했다. "신앙심이 깊은 샤를르. 하나님의 관을 쓴 황제. 위

대한 평화의 황제 만세!" 역사상 최초로 교회가 직접 황제를 추대하는 순간이었다.

조금도 예상하지 못한 해프닝에 당황한 샤를르는 순간적으로 머릿속이 복잡해졌다. 황제의 즉위식은 전임 황제가 직접 주관하도록 해야 한다는 게 그의 평소 지론이었다. 하지만 구약성서의 멜기세덱처럼 세속 권력을 차지하는 것은 물론이고 자신이 교회의 수장이 된다는 것 역시 상당히 매력적인 일이었다. 교황의 속셈이 무엇인지 훤히 꿰뚫고 있었지만 마침내 상황을 받아들이기로 했다. 나중에 사람들은 이 황제를 샤를마뉴(Charlemagne, 800-814 재위), 즉 '위대한 샤를르'라고 불렀다.

샤를마뉴 대제는 스스로를 교회의 수장, 또는 하나님의 심부름꾼이라고 부르면서 로마교회의 진정한 수호자를 자처했다. 샤를마뉴는 당시 대부분 사람들이 그랬던 것처럼 글을 읽을 수는 없었지만 학문을 중시했다. 예술과 지식을 존중하고, 그리스와 로마의 고전을 사랑해서 성서 이외에도 세속적인 서적들 역시 열정적으로 수집했고, 직접 손에 넣지 못할 경우에는 직접 제작했다.

샤를마뉴의 통치 덕분에 예술과 학문이 급속히 발전하게 되면서 이른바 '카롤링거 르네상스'가 진행되었다. 황제는 신성로마제국의 수도 아헨(Aachen)에 궁정학교를 설립하고, 요크셔 출신 알퀸(Alcuin, 735?-804)을 교장으로 임명했다. 샤를마뉴는 모든 수도원에 학교를 세우고 "하나님의 도움을 받아서 배울 수 있는 모든 사람을 교육하라"는 지시를 내렸다.

수도사들은 고대의 라틴문학 작품들을 필사하고 주석을 달았다. 이후로 수도원들은 문화의 보고가 되었다. 그리고 황제는 교회의 주교들을 직접 임명하고 교육을 받게 했을 뿐만 아니라 로마교회가 이탈리아 중부 지역을 장악하도록 허락했다. 이렇게 해서 사람들은 476년 고트족에 의해 종말을 맞았던 서로마제국의 부활을 다시 한 번 꿈꿀 수 있게 되었고, 새롭게 소생한 꿈은 샤를마뉴 사후에도 여전히 시들지 않았다. 나중에는 새로운 이름, 즉 '신성로마제국'을 통해 생명을 이어나갔다.

그렇다면 교황들의 처지는 어땠을까? 샤를마뉴의 도움으로 위기를 극복할 수 있었지만 그 이후로 교황들은 황제의 감시를 받아야 하는 처지로 전락했다. 레오 3세 사후에 존경을 받는 교황이 등장하기도 했지만 대개는 함량 미달이었다. 896년에 교황 포르모수스(포르모소 Formosus, 891-896 재위)의 후임이 된 스테파누스 6세(스테파노 Stephanus Ⅵ, 896-897 재위)는 선임자를 무덤에서 끄집어내어 처벌하는 이른바 '시체공회'를 개최해서 교회의 권위를 크게 실추시켰다. 비슷한 상황은 이후 1세기 이상 조금도 개선될 기미를 보이지 않았고, 계속해서 악화되었다. 그 기간에 44명의 교황과 비합법적인 대립교황이 줄지어서 등장했다. 그들 가운데 9명이 살해되고 9명이 해임되었으며, 또 7명이 추방당했다.

이른바 '창녀정치'(pornocrcy) 시기(904-1046)에는 이탈리아 출신의 귀족부인이었던 마로치아(Marozia, 890?-932?)가 교황을 배후에서 조종했다. 마로치아는 교황의 어머니이면서 살인자이자 한 사내의 부인으로서 교황권과 왕권을 좌우했다. 955년에는 그녀의 손자 요한네스 12세(요한 Johannes ⅩⅡ, 955-964 재위)가 교황의 자리에 올랐다.

요한네스 12세는 교황으로 뽑히기 전에 악마를 위해 축배를 들었을 정도로 사악한 인물이었다. 교황이 되고 나서도 악마와 같은 생활방식을 전혀 고치려고 하지 않았다. 요한네스 12세가 죽고 난 뒤에도 로마교회의 주교좌를 더럽히는 부패는 여전히 계속되었다. 로마교회는 절대적으로 개혁이 필요했다. 어느덧 시간이 흐르면서 교회의 개혁이 시작되었으나 개혁은 분열이라는 깊은 상처를 남겼다.

[반목하는 동서교회]

동방교회와 서방교회는 줄곧 불화를 거듭했다. 물론 겉으로는 서열이 존재했지만 동방교회는 황제가 사라진 서방에서 고집스레 수위권을 주장하는 교황의 권리를 인정하려고 하지 않았다. 로마교회도 마찬가지였다. 종이호랑이에 불과한 비잔티움 황제를 등에 업은 채 거들먹거리는 동방교회는 지상의 진정한 교회를 자처하는 로마교회에 눈엣가시였다. 때문에 교황들은 비잔티움의 황제와 결별하거나, 그도 아니면 적어도 황제와 동방교회를 서로 떼어놓으려고 애썼다. 이런 심각한 갈등 속에서도 표면적으로 동서교회는 자신들을 여전히 한 몸으로 간주했다. 그리고 샤를마뉴가 황후 이레네에게 청혼했을 때 실제로 하나가 될 수도 있었다.

하지만 비잔티움 귀족들의 반대와 9세기부터 13세기까지 동서교회가 주고받은 세 차례의 공방으로 둘은 완벽하게 분열되었다. 이런 단절은 1965년 12월 7일에 교황 바오로 6세와 아테나고라스 총대주교가 바티칸에서 만나서 1054년에 발생한 파문 사건을 없었던 일로 간주할 때까지 계속되었다. 그리고 이후로도 상대방을 수용하려는 노력이 거듭

되었지만, "가톨릭교회 이외의 기독교는 진정한 교회가 아니다"라고 주장해서 또다시 파문을 일으킨 교황 베네딕토 16세(Benedictus XVI, 2005-2013 재위) 경우처럼 기회만 있으면 덧나는 상처가 되었다.

* "그리고 아들로부터"라고?

동방과 서방의 교회를 갈라서게 만들었던 원인 가운데 하나는 '필리오케'(filioque)에 관한 교리 논쟁이었다. 필리오케를 말 그대로 옮기면 "그리고 아들로부터"라는 간단한 표현이지만 파괴력은 상당했다. 필리오케는 성령이 성부는 물론이고 성자에게서도 나온다는 뜻으로 사용되었는데 예수 그리스도의 신성을 강조한 표현이었다. 이것은 이미 오래 전에 히포의 주교를 지낸 아우구스티누스가 피력한 삼위일체 개념에서 다루어졌고, 6세기와 7세기를 지나면서 서방교회의 공식적인 신조에 점차 추가되기 시작했다.

니케아신조의 내용은 본디 이랬다. "(성령)은 아버지로부터 나간다." 개정된 신조는 다음과 같이 변경되었다. "(성령은) 아버지와 아들로부터 나간다." 샤를마뉴 이후 프랑크족 출신 황제들도 기회가 있을 때마다 이 표현을 지지했고, 로마교회는 신성로마제국 황제의 강요로 1014년에 미사용 니케아신조에 정식으로 그 문구를 삽입했다. 그러면서 자신들의 나쁜 기억은 조금도 탓하지 않은 채 동방교회만을 비난했다. 제국 동쪽의 그리스인들이 고의적으로 필리오케라는 표현을 삭제했다고 생트집을 잡았다.

필리오케를 추가한 게 어째서 그렇게 문제가 된 것일까? "그리고 아들로부터"라는 표현을 니케아신조에 추가한 것은 공회의 권위를 훼손하는 행위였다. 이미 앞에서 살펴본 것처럼 황제이면서 사제를 자처한 콘스탄티누스의 지시로 니케아에 모인 동서교회 지도자들은 역사적인 제1차 공회에서 한목소리로 니케아신조를 승인했다(325년). 아들 그리스도 예수를 아버지 하나님과 본질적으로 동일한 실체로 선언한 니케아신조를 이후에 개최된 에페수스와 칼케돈공회 역시 추인했고, 동서교회는 그 신조를 어떤 경우에도 변경하지 않겠노라고 서약한 바 있었다. 한번 결정된 신조를 변경하는 일은 공회의 절대 권위를 부정하는 것과 다르지 않았다.

필리오케는 동서교회가 서로 다른 삼위일체 교리를 갖고 있음을 보여준 상징적 표현이었다. 로마교회 신학자들은 신적 존재가 아버지, 아들, 그리고 성령 안에 동일하게 내주한다고 믿었다. 반면에 동방교회 신학자들은 한 존재는 오직 하나의 위격 안에서만 내주한다고 주장했다. 아버지는 이 신적 존재를 성자와 성령과 공유하지만 아들이나 성령의 신성이 감소하는 것은 아니다. "(성령)은 아들을 통해 아버지로부터 나간다"고 해석한 동방교회는 성령이 "아버지와 아들로부터 나간다"고 고백할 수 없었다. 성령이 "아버지와 아들로부터" 발생하면 아들은 아버지에게서만 나올 수 있는 신적 존재를 성령과 공유하는 셈이기 때문이다. 이처럼 동서교회는 신학적 견해를 달리했다.

✽ 두 명의 총대주교

신학적 차이는 그뿐만이 아니었다. 교회에서 벌어진 정치적 사건 역시 동서교회가 분열하는 데 적지 않게 이바지했다. 콘스탄티노플교회의 총대주교 포티우스(Photius, 858-867/877-886 재위)는 858년 자신의 강력한 경쟁자였던 이그나티우스(Ignatius)를 총대주교직에서 몰아내고 멀리 유배를 보냄으로써 평소 희망처럼 교회를 대표하는 일인자를 자처할 수 있게 되었다. 이그나티우스는 포티우스와 달리 성상 파괴를 적극적으로 반대했고, 교황과 가깝다 보니 섬에 유배를 당하게 된 자신의 처지를 로마에 급히 알리고 도움을 요청했다.

로마의 교황은 당연히 그와 손을 잡고서 포티우스의 총대주교직 승인을 차일피일 미루었다. 교황이 보기에 동방제국 교부들의 자율성을 앞장서서 옹호할 뿐 아니라 성령이 아버지와 아들에게서도 나온다는 필리오케 조항을 반대하는 포티우스는 정치적 야심을 굳이 숨기려고 하지 않는 위험인물이었다. 결국 교황은 863년 4월 라테란에서 열린 종교회의에서 포티우스의 모든 성직을 박탈하고 파문해버렸다. 아울러서 이그나티우스를 비롯한 성상 지지자들을 남김없이 복직시키도록 지시했다. 포티우스는 교황이 콘스탄티노플의 일에 부당하게 간섭하고 있다고 반발했다.

마침내 867년에 콘스탄티노플에서도 포티우스가 주관하는 종교회의가 소집되었다. 포티우스는 회의에 참석한 주교들을 설득해서 라테란 종교회의의 결정을 완전히 뒤집는 쪽으로 상황을 몰아갔다. 포티우스가 필리오케라는 표현을 덧붙인 것을 문제삼아서 로마 교황을 회의에 고발하자마자 종교회의는 기다렸다는 듯이 파문을 결의했다. 그로부터 5년이 지난 뒤 교황은 니케아신조에서 "그리고 아들로부터"라는 표현을 빼겠다고 제안해왔다. 하지만 한 가지 조건이 추가되었다. 교황이 교리에서 한 발 물러서는 대신에 동방교회는 모든 교회를 상대로 로마교회가 우위에 있다는 것을 수용해야 했다. 포티우스로서는 받아들일 수 없는 제안이었다.

또다시 5년이 더 지나고 이그나티우스가 세상을 떠난 뒤에야 로마와 콘스탄티노플은 겨우 묵은 감정을 털어낼 수 있었다. 하지만 그동안 서로 골이 너무 깊게 패이다 보니 동서교회는 1054년에 완전히 분열할 때까지 실질적으로 두 개의 교회로 존재했고, 그 덕분에 유럽의 남동부와 동부 지역을 선교할 때도 협력을 하기보다는 사사건건 경쟁하지 않을 수 없었다.

* 돌아올 수 없는 다리를 건너다

동서교회는 세 번째 공방을 거치면서 법적으로 완벽하게 갈라서게 되었다. 교황 레오 9세(Leo Ⅸ, 1049-1054 재위)는 개혁적인 인물이었다. 레오 9세는 훔베르트, 힐데브란트, 로렌의 프레데리크 같은 걸출한 인물들을 거느리고 이탈리아, 독일, 프랑스 지역에서 몇 차례씩 종교회의를 개최하면서 교회의 개혁을 주도했다. 교황은 교회를 책임지고 있는 사제들이 세속 권력자들처럼 자신들의 지위와 특권을 자식들에게 그대로 세습하는 것에 대해서 사뭇 부정적이었다. 교회 권력의 무임승차를 미연에 방지할 목적으로 사제들의 결혼을 공식적으로 금지시킨 것도 레오 9세였다.

〉〉〉 동방정교회라는 이름은 어떻게 생겨났을까?

서방교회와 갈라진 동방교회를 우리는 흔히 동방정교회라고 부른다. 이것은 동방교회의 그리스도인들을 지칭하는 정확한 표현이 아니다. 동방교회는 자신들을 정교회(Orthodox Church)라고 부른다. 스스로 정통 기독교를 승계했다고 주장하는 것이다. 하지만 그런 주장을 인정하려고 들지 않는 서방교회는 그냥 동방교회(Eastern Church)라고 줄곧 불렀다. 이 때문에 어느 쪽의 손도 들어주려고 하지 않는 중립적인 사람들은 이 두 가지 명칭을 합쳐서 동방정교회라고 부르기 시작했고, 그렇게 해서 오늘날처럼 이름이 굳어지게 되었다.

아울러 로마교회가 외부의 간섭에서 벗어나고 귀족들이 교회의 권력을 넘보지 못하도록 싸움을 벌여나갔다. 그렇게 해서 확보한 소득 가운데 하나가 이탈리아 남부지역의 회복이었다. 레오 9세는 시칠리아를 콘스탄티노플 주교의 손에서 되찾을 수 있다면 동방제국과의 격렬한 다툼도 사양하지 않았다.

로마교회의 교황이 시칠리아 총대주교를 직접 임명했다. 그러자 콘스탄티노플의 총대주교 미카엘 세룰라리우스(Michael Caerularius)는 자신이 책임진 도시에 있는 서방교회들을 즉각 폐쇄하고 사제들을 추방하는 것으로 응답했다.

교황은 급히 사절단을 보내서 화해를 요청했다. 레오 9세가 파송한 사절단을 이끈 대표는 홈베르트 데 실바 칸디다(Humbert de Sil-va Candida, 1000 또는 1015-1061)였다. 홈베르트는 로마를 떠나기에 앞서 교황의 이름으로 동방교회 총대주교의 파문을 선언하는 칙령을 작성했다. 레오 9세는 교황이 된 지 불과 5년을 못 넘기고 1054년 4월 19일에 세상을 떴다.

이미 교황이 이 세상 사람이 아니었음에도 홈베르트는 같은 해 7월 16일 성찬식이 한창 진행 중인 콘스탄티노플의 하기야소피아성당에 들어섰다. 그리고는 다소 과장된 몸짓으로 총대주교의 파문교서를 성당 제단에 올려놓고서 말했다. "우리는 정도를 넘어서는 욕설과 교황청에 대한 위법을 참을 수 없기에, 또한 그 점에서 가톨릭 신앙이 심각하게 훼손당한 사실에 주목하고 회개를 모르는 미카엘 세룰라리우스와 그의 지지자들에게 파문을 선포한다."

홈베르트의 문서에는 그릇된 정보가 상당 부분 포함되어 있었다. 영국 출신 현대 역사학자 스티븐 룬시먼(Steven Runciman)은 홈베르트가 작성한 문서를 자세히 검토한 뒤에 거기에 담겨 있는 왜곡된 내용을 「동방의 분열」(The Eastern Schism, 1983)에서 다음과 같이 일일이 바로잡으면서 인용한 바 있다.

> 그들은 성직을 매매하고(훔베르트도 알다시피 이것은 로마교회의 대표적 폐단이었다), 거세를 권장하고(로마에서도 같은 악습이 있었다), 라틴사람들에게 새로 세례를 베풀고(당시는 그렇지 않았다), 사제에게 결혼을 허락하고(이것은 사실과 달랐다. 기혼자만 그랬고, 이미 서품을 받은 자는 불가능했다), 분만하다가 죽어가는 여성에게 세례를 베풀고(이것은 초기 기독교의 좋은 관습이었다), 모세의 율법을 버리고(이것은 사실이 아니다), 수염을 깎는 사람과 영적 친교를 거부하고(그리스인들은 면도하는 사람들을 싫어했지만 그 정도는 아니었다), 신조의 한 구절을 누락시키는(사실은 정반대였다) 등의 죄를 저질렀다.

훔베르트는 성서의 기록을 따라서 자신의 신발을 벗어들고는 먼지를 털면서 당당하게 큰소리로 외쳤다. "하나님이 보시고 판단하시리라!" 이로써 동방교회와 서방교회는 더 이상 한 자리에서 성찬식을 나눌 수 없는 처지가 되고 말았다. 동방교회에 속한 집사 가운데 한 사람이 급히 나서서 훔베르트를 밖으로 데리고 나갔다. 그러고는 훔베르트에게 이미 세상을 떠난 교황이 작성한 파문의 내용을 철회해달라고 사정했다. 그는 간청을 냉정하게 거절했다.

사실을 파악한 미카엘 총대주교 역시 그냥 넘어가지 않았다. 파문이 선언되고 며칠이 지나지 않은 24일, 이번에는 미카엘이 교황 레오 9세와 파문장을 가져온 사절단 일행을 거꾸로 파문해버렸다. 이렇게 해서 끊임없는 분쟁을 거치면서도 오랫동안 하나의 교회를 유지해온 동방과 서방교회는 법적으로 완벽하게 단절되었다. 그 결과는 비극적이었는데, 특히 십자군전쟁 과정에서 빚어진 콘스탄티노플의 약탈 사건 때문에 서방교회에 대한 동방교회의 심리적 적대감은 한층 더 커졌다.

지상에 있는
하나님의 도시

* * * * *

우리가 중세를 암흑의 시기로 규정하는 이유는 간단하다. 이미 앞에서 살펴본 것처럼 그 시대에는 관심을 갖고 둘러보더라도 무엇 하나 제대로 건질 수 없을 만큼 전반적으로 상당히 열악했다. 기독교만 따로 떼어놓고 보더라도 상황은 달라지지 않았다. 잇따른 이민족들의 침입과 그에 따른 동서교회의 지역적 분리, 세속 권력과 교회 사이에서 빚어진 갈등, 몇 차례 공방을 주고받는 과정에서 빚어진 동서교회의 정서적 분열, 그리고 제4차 십자군의 자비를 모르는 행위가 결정적으로 초래한 분열의 고착화에 이르기까지 암울한 사건들의 연속이었다. 그 사이에 교회 지도자들은 기독교 신앙을 삶의 기준으로 삼고 있는 공동체를 내세워 잇속을 챙기고 부를 축적했다.

　　서방 세계의 기독교는 교황의 권력이 강화되는 만큼 급속하게 세속화의 길을 계속해서 걸었다. 교황들은 교회보다 자신들의 앞가림을 위해서 세금을 더욱 무겁게 매겼고, 함께 가까이 지내는 측근들을 변방

교구의 명목상 주교로 임명했다. 원격 통제를 통해 그곳에서 발생하는 수입까지 직접 챙기기 위함이었다. 그리고 명분이 없지는 않았으나 교회가 본격적으로 세속 권력을 상대로 경쟁에 나서면서 기존 세력과의 암투는 불가피했다. 덕분에 신앙과 영성의 부흥에 힘써야 할 교회의 에너지가 엉뚱한 쪽에서 소진되었다.

교회들은 겉모습을 치장하는 일에도 열심이었다. 특히 11세기 이후 거의 3백 년에 걸쳐 외적 경건을 가장한 명예욕 덕분에 이탈리아와 갈리아에서는 기존 교회당의 개축이 붐을 이루었다. 사실 대부분의 교회 건물이 애초에 아주 튼튼하게 건축되어서 그전까지는 개축의 필요성을 느끼지 못했다. 하지만 교회들끼리 경쟁이 치열해지다 보니 인근 교회보다 더 화려한 교회건물을 소유하고 싶어 했다. 그렇게 해서 주교좌가 위치한 거의 모든 대성당, 여러 성인들에게 바쳐진 수도원의 성당, 그리고 마을의 작은 예배당조차 신자들을 동원해서 화려하게 중수했다.

신앙과 도덕이 몰락했다고 해서 모두가 바닥을 헤매지는 않았다. 암울한 상황에서도 십자가에 시선을 고정한 채 흔들림 없이 신앙을 실천한 이들이 있었다. 지상에 있는 하나님의 도시라고 부를 수 있는 그들은 전통을 보존하고 묵묵히 봉사에 힘쓴 수도사, 어떤 역경에서도 복음을 전파한 선교사, 깊이 있는 신앙을 체험하도록 이끈 신비주의자, 그리고 신학을 비롯한 철학과 법학 등 다양한 학문의 발전에 이바지한 스콜라철학자였다.

덕분에 교회는 영적 역할은 물론 교육과 의학을 비롯한 사회 전반의 결핍을 메꾸었고, 결국 르네상스와 종교개혁을 위한 디딤돌을 확보하게 되었다. 지상에 있는 하나님의 도시는 지금껏 국제관계에 암운을 드리우고 있는 11세기의 불행한 사건 때문에 주목을 받았다.

[십자군 원정대]

중세 사람들은 성지순례를 다녀오면 지은 죄를 용서받는다고 믿었다. 그래서 순례자들은 성지, 즉 그리스도와 관련된 유물이나 성인의 유골이 안치된 성당을 위험을 무릅쓰고 여행했다. 순례의 절정은 물론 성지 예루살렘의 방문이었다. 말세에는 천상의 예루살렘이 지상에 있는 예루살렘으로 하강해서 죽더라도 성지에서 죽으면 최후의 심판날에 그리스도와 함께 부활하게 된다는 게 순례자들의 믿음이었다. "하나님께로부터 하늘에서 내려오는 거룩한 성 예루살렘을 보이니"(계 21:10) 따라서 교회가 보기에 순례자들의 여정을 어떤 식으로든지 방해하는 것은 개인의 영원한 구원을 가로막는 아주 위태롭고 위험천만한 행위였다.

638년 이후로 예루살렘을 장악한 무슬림들 역시 그와 같은 그리스도인들의 신앙을 인정했고, 덕분에 한때는 약 1만 2천 명으로 구성된 대규모 순례단이 별 탈 없이 예루살렘을 방문하는 일까지 있었다. 순례자들은 지상의 예루살렘을 통해 천상의 예루살렘을 상상했다.

순례를 장려하는 수도원들, 소아시아를 횡단해서 성지로 이어지는 육로의 개통, 거기에 첫 밀레니엄을 맞는 열기가 더해지면서 성지순례 규모는 급속히 성장했다. 그런데 셀주크 튀르크족이 예루살렘을 지배하자 상황은 급변했다. 그들은 성지를 찾아오는 순례자들에게 상당한 액수의 통행세를 부과했는데, 그 일로 순례자들 사이에서 불평이 터져나왔다. 오랫동안 성지를 장악하지 못하고 있던 교회의 걱정은 현실이 되었다.

✷ 원정대의 결성

교황 우르바누스 2세(우르바노 Urbanus Ⅱ, 1088-1099 재위)는 성지 탈환을 위해 십자군을 조직하려고 했다. 물론 거기에는 긴박한 전쟁이 사라진 시대에 골칫거리로 전락한 기사들을 자신의 깃발 밑에 결집하려는 정치적 의도 역시 한 자락 깔려 있었다.

1095년 11월 18일, 프랑스 클레르몽에서 우르바누스는 나무로 만든 연단에 올라서서 기독교 역사상 몇 안 되는 영향력 있는 설교를 시작했다. "동방의 형제들은 도움을 청해야 한다! …튀르크인들과 아랍인들이 그들의 영토를 점령했다. 짐은 여러분에게 호소한다. …그 사악한 종족들을 그 땅에서 박멸하라!" 자신의 지시를 따르는 사람은 죽어도 사면을 받고 모든 죄를 용서받는다고 거침없이 말했다.

반응은 교황마저 놀랄 정도로 뜨거웠다. 군중이 한 음성으로 외치기 시작했다. "그것은 하나님의 뜻이오! 그것은 하나님의 뜻이오!" 그러자 이번에는 교황이 군중의 음성을 그대로 받아 라틴어로 '데우스 불트'(Deus vult)라고 단호하게 선언했다.

18세기 역사가 에드워드 기번(Edward Gibbon)은 거룩한 평화를 지지해온 그리스도인들이 거룩한 전쟁으로 돌아서게 된 역사적 과정을 검토하고 나서 이렇게 결론을 내렸다. "근대의 차가운 철학으로는 죄로 물든 광신적 세계에서 빚어진 실상을 제대로 파악할 수 없다. 목자의 음성에 맞추어서 무수한 강도, 방화범, 살인범들이 자신들의 영혼 구원을 위해 기독교 형제들에게 저지른 행동을 이교도들에게 반복하려고 일어섰다. 계급이나 종파와 무관한 범죄자들은 속죄의 조건을 열정적으로 수용했다."

나중에 안티오키아에서 세상을 떠나게 되는 주교 아데마르(Adhe-

1200년에 제작된 예루살렘 지도(네덜란드 국립도서관). 콘스탄티누스의 어머니 헬레나가 예루살렘에서 십자가를 발견한 것으로 알려진 이후로 그리스도인들의 순례가 끊이지 않았다. ©WP mar, 1045-1098)의 지휘를 받아 귀족과 농노, 신부와 수도사 수백 명이 겉옷에 십자가를 그려 넣었다. 그들의 출정은 예루살렘으로의 순례이면서 동시에 '불신자들'을 상대로 한 전쟁이었다. 교황은 십자군에 참여한 사람들에게 성직자처럼 소송을 취하하는 것은 물론이고 재산의 보호까지 약속했다. 그렇게 해서 굵직굵직한 세계사 사건에 관한 기록에서 빠짐없이 거론되는 제1차 십자군이 결성되었다. 목적지는 지구의 배꼽(omphalos)이라고 불리는 성지 예루살렘이었다.

모르긴 해도 십자군 가운데 가장 냄새가 역겨운 인물을 꼽으라면 은둔자 피에르(Pierre, ?-1098?)가 일순위였을 것이다. 프랑스 아미앵 출신의 거무튀튀한 이 순회수도사는 수십 년간 한 번도 목욕을 한 적이 없었다. 누군가의 증언에 따르면 자신과 얼굴이 무척 비슷한 노새를 타고 다녔다고 한다. 하지만 피에르는 누가 무슨 말을 하더라도 십자군의 스타였다. 사람들이 성물을 만들려고 그가 타고 다니는 노새의 털을 뽑아갈 정도로 인기가 높았다. 피에르는 프랑스 북부와 독일지역을 순회하면서 무슬림을 상대할 수 있는 십자군의 필요성을 역설해서 9개월 만에 무려 4만 명의 추종자들을 끌어 모았다.

아녀자들이 다수 포함된 그 군중은 피에르가 문자 그대로 젖과 꿀이 흐르는 가나안 땅으로 자신들을 인도할 것이라고 기대에 부풀었다. 그래서 아예 가족과 재산을 모두 챙겨서 예루살렘으로 이주하려고 한 이들도 적지 않았다.

피에르가 이끄는 농민 십자군은 유럽의 중부지역을 가로질러 행군했는데 지나는 곳마다 약탈과 방화를 일삼아서 사람들의 분노와 거센 비난을 초래했다. 농민군에는 병참(兵站)이라는 개념이 존재하지 않으니 당연한 결과였다. 헝가리에서는 신발 한 켤레 때문에 빚어진 아주

농민군을 이끌고 출정하는 피에르 ⓒWP

사소한 말다툼이 폭동으로 비화해서 주민 4천 명이 원정에 나선 농민들에게 살해되는 일까지 있었다.

마침내 피에르의 십자군 원정대는 콘스탄티노플에 도착해서 주민들로부터 환대를 받았다. 하지만 도시는 얼마 뒤 혼란에 빠져들었다. 농민군은 이미 기나긴 행군 과정에서 살육과 약탈과 파괴를 일삼았는데, 콘스탄티노플에 도착한 뒤에도 잔인한 버릇을 여전히 버리지 못했다. 주민들은 십자군의 횡포를 막아보려고 급하게 식량을 제공했지만 소용이 없었다. 물건을 강탈당했다는 불만의 소리가 콘스탄티노플의 관공서들마다 밀려들었다. 황제 알렉시우스 1세(Alexius Ⅰ, 1081-1118 재위)는 기강이 문란한 피에르의 농민군이 무슬림의 상대가 될 수 없다는 것을 간파하자 그들을 배에 실어 보스포루스해협 건너편에 내려주는 선에서 관계를 끝내버렸다.

농민군은 거의 두 달에 걸쳐서 비잔티움 황제의 보호를 받고 있는 현지 그리스인들을 약탈하고 살해했다. 그러고 나서 1096년 10월 20일에 무슬림의 은신처를 향해서 곧장 쳐들어갔다. 결과는 참패였다. 이교도 튀르크 병사들의 매복에 걸리는 바람에 그리스도의 군대를 자처하던 2만 명에 가까운 사람들이 영원한 순교자 대열에 합류하고 말았다.

콘스탄티노플에 식량을 요청하러 갔던 피에르와 일부만이 목숨을 구했다. 여전히 하나님이 십자군의 편이라는 확신을 포기하지 않은 수도사 피에르는 농민군의 경로를 좇아서 내려온 또 다른 원정대에 참여했다. 그들은 농민군과 달리 서유럽 봉건군주들이 주도하는 전문적인 군사조직이었고, 군비는 물론 규율까지 제대로 갖추고 있었다.

일반의 예상과 달리 제1차 십자군 원정대는 상당한 전과를 올렸다. 그들은 1097년 6월에 니케아를 점령했고, 1098년에는 안티오키아를 되찾았다. 십자군은 여세를 몰아서 거룩한 성 예루살렘 공략에 나섰다. 그들은 성스러운 유물을 손에 든 사제들을 앞세우고 나팔을 불고 깃발과 무기를 들고 예리코(여리고, Jericho)의 성벽을 맨발로 행진했다. 구약성서에 기록된 여호수아의 군대 모습을 그대로 흉내 낸 모습이었다. 성벽 돌기가 모두 끝나자 십자군은 맞은편에 위치한 올리브산에 모여 사제들의 연설을 듣고, 무기를 점검하고 보충하느라 분주하게 시간을 보냈다. 사다리, 공성기계, 투석기, 포환, 화살 등이 차곡차곡 준비를 마쳤고 여자와 노인들은 공성기계에 사용될 가죽을 바느질하면서 힘을 보탰다. 이제는 더 이상 물러설 곳이 없었다. 이기거나 예루살렘 성벽 위에서 죽어 천국으로 직행하거나 둘 중 하나였다.

1099년 7월 13일 밤, 십자군은 준비를 완료했다. 다음 날 아침 일찍 공격을 개시한 십자군은 투석기로 포환들을 쉴 새 없이 퍼붓고 화살을 날렸다. 무슬림과 유대인들은 강력하게 저항했지만 한 번 뚫린 다마스쿠스문을 더 이상 감당할 수 없었다. 7월 15일, 예루살렘이 십자군의 수중에 떨어졌다. 그리스도인 병사들은 대 학살극을 펼쳤다. 예루살렘 성 안으로 쇄도한 십자군은 닥치는 대로 무슬림을 살육했다. 예루살렘

안티오키아를 포위한 십자군들(중세 작품)

성전산에서는 십자군의 칼을 받고 무슬림들이 흘린 피가 발목까지 차오를 정도였다. 무슬림 성직자들과 수피 금욕주의자들을 포함해서 1만 명이 그곳에서 살해되었다. 십자군을 이끈 어느 귀족은 나중에 이런 기록을 남겼다.

> 아름다운 광경이 눈앞에 펼쳐졌다. 우리 병사들은 적들의 머리를 잘랐고 어떤 병사들은 활을 쏘아 그들을 탑에서 떨어지게 했으며, 또 어떤 병사들은 그들을 화염 속에 던져 넣음으로써 더 오래 고문을 가했다. 길거리에는 머리, 손, 발의 무더기들이 쌓여 있었다. 사람과 말의 시체를 피해 길을 골라 다녀야 했다.

하지만 그것으로 상황은 종결되지 않았다. 무슬림 다음 희생제물은 유대인들이었다. 대략 1천 년 전 골고다 언덕에서 일어난 비극에 대한 보복이었다. 십자군은 회당(synagogue)으로 몰려가 불을 지르고 유대인들을 붙잡아 산채로 불태우고는 주님이 장례된 성묘교회에서 피 묻은 손을 모은 채 눈물을 흘리면서 감사기도를 올렸다. 성묘교회 밖에 널려 있는 시신들이 여름의 열기 속에서 악취를 풍기며 썩어갔다.

오늘날까지 유대인과 무슬림들이 기독교를 신뢰하지 않는 것도 그리스도의 이름으로 자행한 이 엄청난 학살 때문이라고 할 수 있다. 기독교와 이슬람 사이에 빚어지는 21세기의 문명 충돌은 이때 이미 예고되었다. 르몽드의 종교전문 대기자 앙리 탱(Henry Tincq)에 따르면, 1995년 11월 예루살렘의 라틴 총대주교는 우르바누스 교황의 십자군 원정호소 900주년을 기념하여 클레르몽을 방문한 자리에서 이렇게 선언했다.

두 명의 십자군(미누톨로성당의 프레스코, 14세기)

종교적 극단주의와 종교전쟁을 낳는 것은 교리가 아니라… 인
간이다. 만일 모든 신자가… 하나님을 경외하는 데 힘을 쏟으면
하나님에 대한 탐구와 존경은 더는 전쟁과 범죄, 증오의 명분이
되지 못할 것이다(「예언자, 죄인 그리고 성인들의 이야기」 Les
genies du christianisme, 1999).

* 제4차 십자군과 '쩐' 의 전쟁

1198년에 인노첸티우스 3세(인노첸시오 Innocentius Ⅲ, 1198-1216
재위)가 교황의 자리에 올랐다. 제2차와 제3차 십자군 원정이 기대했
던 만큼의 성과를 거두지 못했지만 그는 또다시 십자군 결성을 계획했
다. 인노첸티우스는 사자심왕 리처드(Richard the Lionheart, 1189-
1199 재위)의 의견을 그대로 받아들여서 육로가 아닌 선박으로 지중해
를 건너 이집트에 있는 이슬람 본거지를 공략할 생각이었다. 베네치아
상인들이 수송비로 8만 4천 개의 은화를 받고 갤리선으로 십자군들을
아프리카 해안까지 실어다주기로 동의가 이루어졌다.

1202년이 되자 제4차 십자군 참가자들이 베네치아공화국으로 속
속 모여들었다. 그런데 예상과는 달리 십자군의 숫자가 3분의 1 정도
밖에 모이지 않았고, 모금된 은화 역시 고작 5천 개에 불과했다. 성지
가 있는 팔레스타인이 아니라 이집트로 간다는 것에 실망한 탓이었다.
선박과 선원의 수송을 책임진 베네치아의 손실은 상당했다. 베네치아
의 도제(Doge, 국가수반) 엔리코 단돌로(Enrico Dandolo, 1107?-
1205)는 약속된 수송비를 지불하지 않으면 병사들을 억류하겠다고 위
협했다. 그러면서 도제는 헝가리 항구도시 차라를 공격해주면 수송비
를 면제할 수도 있다고 제안했다. 차라는 베네치아의 오랜 지배를 받다
가 독립한 도시였다. 십자군은 교황을 추종하는 차라를 함락시키고 주
민들을 추방했다. 소식을 접한 교황은 십자군을 맹비난하고 모두를 파
문했다.

바로 그때 권력 다툼에서 밀려나 있던 비잔티움의 왕자가 조건부로
십자군을 지원하겠다고 나섰다. 십자군이 콘스탄티노플로 가서 황제
를 몰아내는 일에 협조해주면 필요한 비용을 모두 지불하겠다고 약속

했다. 황제는 삼촌이었지만 황위 찬탈자였다. 십자군과 베네치아 모두에게 매력적인 제안이었다. 일이 잘 풀리게 되면 십자군은 이집트 원정을 계속 진행해서 교황의 마음을 돌릴 수 있었고, 베네치아는 경쟁 도시 제노바를 따돌리고 최고의 무역항으로 발돋움할 수 있는 절호의 기회였다. 교황은 콘스탄티노플을 상대로 군사 행동에 나서는 것을 당연히 반대했다. 하지만 누구도 교황의 지시를 따르려고 하지 않았다.

1203년 7월 5일, 베네치아의 수송선을 타고서 비잔티움에 도착한 십자군은 단 한 차례의 공격만으로 콘스탄티노플을 함락시켰다. 시민들은 십자군이 자신들의 내정에 간섭하리라고는 꿈에도 생각하지 않았다. 십자군이 이교도의 징벌이라는 대의를 포기한 채 왕자 알렉시우스(Alexius, 1081-1118 재위)를 비잔티움의 새로운 황제로 추대하자 시민들은 반발하기 시작했다.

십자군은 사전에 약속된 대로 황제에게 자금 지원을 요구했으나 이미 비어 있는 국고 때문에 불가능했다. 성지를 오염시키는 이교도를 몰아내겠다는 원대한 꿈을 품고 유럽을 떠난 십자군 병사들은 이제 콘스탄티노플에서 오도 가도 못하는 신세가 되고 말았다.

소요가 지나쳐서 인기 없는 황제가 시민들에게 살해되는 일까지 벌어지자 십자군 지도부는 결국 콘스탄티노플의 공격을 재개하기로 결정했다. 어느 사제가 교황의 승인을 받지도 않은 채 이렇게 선언해버렸다. "여러분이 만일 이 땅을 정말로 정복해서 로마에 복종시킨다면 죽는 사람들은 모두… 교황으로부터 관용을 받게 될 것이다." 교황의 관용을 받게 되면 지상에서의 처벌, 즉 지은 죄에 대해서 고행을 하지 않아도 되었다.

1204년 4월 9일, 성 금요일에 십자군은 옷에 붉은 십자가를 긋고 나서 콘스탄티노플을 함락시켰다. 그들은 사흘간 그리스도의 이름을 앞세우고서 동료 그리스도인들을 약탈하고 살해했다. 도시에 세워진 성상들은 모두 파괴되었다. 하기야소피아성당에서는 금으로 제작된 제기들이 강탈당했다. 기록에 따르면 이때 약탈된 재산이 총 90만 은마르크였다. 그 가운데 약 10만 은마르크를 십자군이 차지하고 베네치아는 대략 20만 은마르크를 확보했다. 나머지 가운데 일부는 새 황제의 몫이었고, 일부는 원정에 참여한 기사들이 개인적으로 챙겼다. 성당 안에서는 십자군이 끌어들인 매춘부들이 제단 위에서 음란한 노래를 부르며 춤을 추었다. 어느 작가는 이렇게 탄식했다. "어깨에 십자가를 짊어진 이 자들보다 무슬림이 더 자비롭다." 그렇게 사흘간 약탈이 진행되고 나서 동방제국과 동방교회는 두 번 다시 본래의 화려한 모습을 회복하지 못했다.

십자군은 이후로 60년간 비잔티움제국을 지배했다. 그렇게 등장한 라틴제국은 4개 지역으로 분할되었다. 동방제국 황제는 그들을 피해서 콘스탄티노플 남동쪽 니케아에 제국을 건설했다. 콘스탄티노플 주민들은 로마의 풍습을 받아들이느니 차라리 니케아로 도망치는 편을 택했다. 그들은 비잔티움의 황제가 콘스탄티노플을 수복한 1261년까지 그곳을 떠나려고 하지 않았다.

콘스탄티노플의 멸망을 막으려고 노력한 이노첸티우스에게는 별다른 소득이 없었다. 나중에는 교회를 전반적으로 통합할 수 있는 기회마저 놓치고 말았다. 결국 교황은 자신이 소집한 십자군 전원을 파문해버렸다. 제4차 십자군 원정이 있고 난 뒤에 형식적으로 통일된 중세 기독교는 오히려 분열을 반복했을 뿐 아니라 라틴제국과의 불통으로 그 대가를 톡톡히 치러야 했다.

콘스탄티노플 함락(야코포 틴토레토). 제4차 십자군이 콘스탄티노플을 공격하고 있다. ©WP

[거룩한 삶에서 접하는 하나님의 도시]

중세 수도원은 흔히 우리가 생각하는 곳과 달랐다. 물론 초기에는 세속을 거부하는 은둔자들의 모임이었고 나중에는 방종과 부패의 온상이 되기도 했지만, 10세기와 11세기에 걸쳐서 거룩한 삶을 중시하는 개혁의 중심지가 되었다. 기도와 명상 중심의 삶을 강조한 수도원은 정치 세력과 연루된 주교나 교구의 사제와 달리 교회 본연의 모습에 충실하면서 교회 체제의 변화를 앞장서 주도했다. 수도원의 구성원 역시 달라졌다. 나이 든 부부들은 서로 합의를 하고서 수도원에서 노후를 보냈고, 수도원학교 출신 젊은이들은 직접 경험한 수도사의 삶에 매력을 느끼고 '자원 수도사'가 되었다.

수도회들이 직접 운영하는 수도원학교는 중세 교육을 대표하는 교육기관이었다. 수도원학교는 443년 이탈리아에서 열린 공회가 성당 주변의 어린이들에게 교육적 편의를 제공하도록 명령한 것에서 시작된 성당부속학교, 그리고 오늘날의 신학대학원과 유사한 주교좌성당학교와 더불어 서구 유럽에서 소멸해버린 공교육의 역할을 상당 부분 감당했다. 수도원학교는 어디에서도 쉽게 접할 수 없는 교육 수준과 보존이 잘된 고대 문헌들 때문에 인기가 높아서 몰려드는 귀족 자제들(scholar exterior)과 수도사 지망자들(scholar interior)을 위해 따로 교육과정을 운영해야 할 정도였다.

교육 이외에도 수도사들은 지역 공동체의 발전에 필요한 에너지를 제공했다. 수도사들은 농사법을 개량하고 목축을 통한 가축의 부산물, 가령 양모 등의 가공 기술을 개발해서 소득과 삶의 질을 전반적으로 개선했다. 프랑스 지역에 산재한 늪지 역시 수도사들의 토목기술 덕분에 상당 부분 농지로 바뀔 수 있었다. 따라서 농민을 비롯한 다양한 사람들이 수도원에 관심을 두게 되었고, 수도사들의 숫자 역시 급격히 늘어났다.

✽ 사냥터를 포기한 공작

910년부터 940년 사이 수도원들을 중심으로 본격적인 영성 수련의 르네상스가 일어날 수 있는 토대가 유럽 전역에서 광범위하게 구축되었다. 부르고뉴 지방의 클뤼니수도원(910년경)에서부터 북동쪽으로는 블로뉴수도원(920년경)까지, 그리고 또다시 서쪽으로 영국의 글래스턴베리(940년경)에 이르기까지 곳곳에 흩어져 있는 수도원들이 무려 수천 개에 달했다. 그 가운데서도 클뤼니수도원은 단연 으뜸이었다. 사람들은 클뤼니수도원에서 과거 초대교회의 이상적인 모습을 찾으려고 했고, 또 찾아냈다.

프랑스 북부지역에 위치한 클뤼니(Cluny)수도원은 아퀴텐의 귀욤(Guillaume d'Aquitaine, 875-918)이 내린 과감한 결단 덕분에 문을 열 수 있었다. 교회의 쇠퇴 원인을 수도원의 사유화에서 찾았던 귀욤은 다른 귀족들과 달리 자신이 세운 신앙공동체에 대한 일체의 권리를 포기했다. 그는 운영에 필요한 규칙을 결정하면서 수도원을 교황의 직할 아래에 두었고, 어느 성직자에게서도 간섭을 받지 않는다는 규정을 덧붙였다. 클뤼니수도원이 눈부신 성공을 거두는 데 결정적인 기회를 제공한 이 규정으로 수도사들은 귀족 평신도나 이웃한 주교로부터 벗어날 수 있었고, 교황은 자신에게 충실한지지 세력을 확보할 수 있었다.

아퀴텐의 귀욤은 이미 두 곳의 수도원 원장을 맡고 있는 베르노(Berno, 850?-925)라는 경건한 수도사에게 수도원의 설립과 운영을 일체 일임했다. 수도원을 일신하려는 개혁 정신을 높이 샀기 때문이었다. 베르노는 수도원을 세우는 데 적합한 장소를 물색하기 위해서 이곳저곳을 부지런히 답사했다. 하루는 귀욤이 다소 언짢아 할 수도 있는 불편한 소식을 가져왔다. 수도원을 건립하는 데 안성맞춤인 장소를 찾아냈지만 문제는 그곳이 귀욤 공작이 평소에 몹시 아끼는 사냥터라는 것이었다.

수도사 베르노

처음에 귀욤은 완강히 거절했다. 베르노 역시 제안을 거둘 생각이
조금도 없었다. 베르노는 사냥개를 기른다고 해서 하늘로부터 그 어떤
보상도 주어지지 않지만 수도사들의 경우에는 그렇지 않다고 적극적
으로 설득했다. 그렇게 해서 공작은 마침내 사냥개들을 모두 풀어주고
자기 재산을 베드로와 바울, 그리고 대수도원장의 이름을 빌려서 헌납
했다. 그러면서도 귀욤 공작은 자신이 처음에 약속한대로 수도원의 운
영과 업무에는 조금도 간섭하려고 들지 않았다. 클뤼니수도원을 대표
하는 수도사(대수도원장) 베르노가 공동체를 책임지고 운영했다.

전적으로 교황에게 소속된 클뤼니수도원은 수도사들에게 성서와
베네딕트의 종규에 대한 순종을 강조했다. 클뤼니가 수도원생활의 중

오늘날의 클뤼니수도원 모습 ⓒWP

심지로 부각된 데는 그 이외에도 몇 가지 이유가 더 있었다. 수도원에서는 수도원장과 부원장을 자유선거를 거쳐서 선출했다. 그리고 성직자의 독신생활을 강조했고 성직 매매를 비롯한 권력의 남용과 같은 교회의 악습에 대해서는 직접 교황에게 개혁을 요구하기도 했었다. 덕분에 서유럽 사람들 사이에서 점차 클뤼니 수도사들의 위상이 높아지게되었고, 그 영향을 받아서 수많은 수도원들이 개혁을 단행함으로써 수도원 개혁운동(the age of faith)이 시작되었다.

12세기 말에는 서유럽의 대부분 지역에 클뤼니수도원을 모체로 하는 수백 개의 수도원들이 산재할 정도로 인기가 높았는데, 이탈리아와 에스파냐에서는 특히 그랬다. 그리스도인들은 클뤼니 수도사들의 삶을 기준으로 받아들여서 자신들이 섬기고 있는 신부들과 주교들을 평가하는 경우가 다반사였다. 클뤼니 수도사들의 거룩함에 대한 강렬한 열정은 교황 레오 9세(Leo Ⅸ, 1049-1054 재위)로 하여금 급진적인 개혁을 시도하게 만드는 계기로 작용했다. 이 모두가 평소에 아끼던 사냥터를 아낌없이 포기한 공작 때문에 가능했다.

✳ 성공을 부른 모라비아에서의 실패

한곳에 정주하는 수도사들과 달리 위험을 무릅쓰고 복음을 전하러 선교여행에 나서는 이들도 있었다. 성상 논쟁 과정에서 이미 살펴본 바 있는 콘스탄티노플의 총대주교 포티우스에게 863년 모라비아(현재 체코)의 대공 로스티슬라프(Rostislav, 846-870 재위)가 파송한 사절단이 찾아왔다. 그들의 전언으로는 대공과 백성들이 기독교를 믿고자 하지만 자신들이 알고 있는 기독교 교사들은 제각기 모순된 교리를 가르치고 있으니 기독교의 진정한 교훈을 익힐 수 있도록 선교사들을 보내달라는 것이었다.

포티우스는 그와 같은 제안이 정치적으로나 종교적으로 어떤 의미를 갖고 있는지 잘 알고 있었다. 로마교회와의 경쟁에서 한 발자국이라도 더 앞서고 싶어 하던 총대주교는 즉시 황제를 움직여서 정치적인 문제를 해결해주었다. 그러고는 동방교회의 세력 확장을 위해 언어에 탁월한 재능을 갖고 있던 두 형제 키릴로스(찌릴 Cyrilus, 827-869)와 그의 형 메토디우스(메토데이 Methodius, 826-885)를 모라비아로 파송하기로 결정했다. 둘은 테살로니키(데살로니가) 출신으로 라틴어와 아랍어, 슬라브어와 그리스어에 모두 능했고, 특히 키릴로스는 포티우스에게 직접 교육을 받고 나서 그의 사서로 일한 바 있었다.

키릴로스는 불과 1년 만에 슬라브어를 기록할 수 있는 철자(흘라홀리쩨 hlaholice)를 발명했다. 그렇게 해서 864년 모라비아로 출발하기 전에 이미 슬라브어로 번역된 복음서와 기도문을 확보할 수 있었다. 일설에 따르면 형제의 어머니가 슬라브인이었다고 한다. 키릴로스와 메토디우스가 만든 문자는 상당히 뛰어난 체계라서 오늘날까지 동방정교회에 소속된 슬라브인들, 가령 불가리아와 세르비아, 러시아 교회는 키릴 문자로 인쇄한 책을 사용하고 있다. 키릴로스와 메토디우스가 모라비아인들에게 슬라브어로 설교하고 성찬식을 거행하자 로마와 프랑크족 선교사들이 즉시 견제에 나섰다. 성서는 물론이고 교회에서 진행되는 예배는 오직 라틴어처럼 거룩한 언어로만 번역되어야 한다고 주장했다. 그 이외의 언어로 성서를 번역하는 행위는 옛날 바벨탑을 쌓았던 인류의 잘못을 또다시 반복하는 어리석은 일에 불과하다는 것이었다.

869년, 키릴로스와 메토디우스는 교황에게 모라비아의 사정을 직접 알리기 위해서 로마로 떠났다. 교황은 키릴로스에게 한 가지 조건을 붙여서 슬라브어의 사용을 허가했다. 교황의 지시를 받아서 슬라브 민족에게 선교활동을 벌여야 한다는 것이었다. 키릴로스는 교황의 제안을 수용했지만 자신의 선교를 완수하기 위해 모라비아로 돌아가려는 꿈을 이루지 못한 채 로마에서 갑자기 세상을 떴다. 메토디우스가 동생을 대신해서 모라비아인들에게 계속 복음을 전했다. 하지만 불행히도 모라비아인들은 마케도니아식 슬라브어를 사용하는 키릴로스의 번역을 이해하지 못했고, 그 때문에 선교의 성과 역시 아주 미미했다.

870년에는 프랑크족 성직자들과 교회의 관할권 문제로 다툼을 벌이던 메토디우스가 투옥되는 일이 있었다. 온갖 고초를 겪고 난 뒤에 오지로 유배된 메토디우스는 교황의 도움을 받아 유배지에서 겨우 풀

모스크바의 슬라비안스카야 광장에 세워진 키릴로스와 메토디우스의 동상 ⓒWP

려날 수 있었다. 895년에는 헝가리의 침입자들 때문에 키릴로스의 후계자들은 불가리아로 도망쳐야 했다. 일반이 보기에 키릴로스와 메토디우스의 모라비아 지역 선교는 이처럼 성공과는 거리가 멀었다.

키릴로스와 메토디우스 형제는 모라비아에서 별다른 소득을 거두지 못했으나 불가리아의 상황은 달랐다. 그곳에서는 키릴로스와 메토디우스가 그토록 열망하던 복음이 결실을 맺기 시작했다. 당시 불가르(지금의 불가리아)의 군주였던 보리스(Boris I, 852-889 재위)는 키릴로스의 후계자들이 그곳에 도착하기 전에 이미 그리스도를 수용한 상태였다. 키릴로스 후계자들의 노력으로 보리스의 백성들 역시 복음을 받아들이기 시작했다. 계승자들은 더 나가서 과거의 선교방식을 개선했다. 그들은 키릴로스가 발명한 철자를 불가르어에 적용했다. 그들은 평범한 사람들의 언어로 설교하고 예배를 인도했다.

900년 무렵 불가르는 슬라브족을 위한 기독교의 본산이 되었다. 그 이후로 영어의 알파벳을 뒤집어 놓은 것 같은 모양을 하고 있는 키릴(찌릴리쩨 cyrilice) 문자는 남동부 유럽과 러시아, 그리고 심지어는 몽골 지역에서까지 아주 흔한 글쓰기 도구가 되었다. 키릴로스와 그의 형 메토디우스가 세상을 떠날 때 두 사람의 손에는 어떤 열매도 없었다. 하지만 세월이 흐르면서 하나님은 서서히 두 사람의 실패를 성공으로 바꾸어 놓았다.

[신비주의자와 하나님의 도시]

역사적으로 보면 내면적인 신앙생활의 소중함을 깨닫고 하나님과 인간의 직접적인 교통을 강조한 신비주의를 비이성적인 신앙과 동일시할 때가 있었고, 지금도 개중에는 그렇게 단정하는 이들이 있다. 그런 사람들에게 신비주의는 기껏해야 신앙을 갖는 데 도움이 되는 한 가지 요소에 지나지 않을 뿐이고, 자칫 그릇된 길로 안내하는 위험한 충동에 불과했다. 하지만 전통적으로 기독교 신앙은 집단적인 의식보다는 개인의 체험, 지식보다는 감동, 그리고 외부의 활동보다는 내적인 모험으로부터 영향을 받을 때가 더 많았다.

때에 따라서는 교회 당국으로부터 날것 그대로의 영성이 홀대받거나 근본을 의심받기도 했었지만, 그렇다고 해서 신비주의나 영적 경험을 중시하는 흐름까지는 어쩌지 못했다. 삶과 죽음을 초월해서 극도로 갈망하는 신적 존재와 합일을 이룰 때 경험하게 되는 신비스러움은 사람들의 삶을 완전히 변화시켜서 진리에 헌신하도록 만들었다. 그것은 이성적 능력과 건조한 신학을 강조하는 이들이 보기에는 쉽게 이해할 수 없는 현상이었다.

중세 사람들은 어느 시대보다 신비주의에 쉽게 빠져들었다. 신앙의 규칙과 윤리를 엄격하게 강조하면서도 일반에게 삶의 모범을 제시하지 못하던 교회 지도자들의 행태를 고려한다면 이것은 아주 당연한 일이었다. 성서와 설교, 또 세례와 성찬식을 비롯해서 다양한 성례전이 존재했음에도 사람들은 만족하지 못했다. 신앙생활의 출발점이며, 동시에 절정이라고 할 수 있는 절대자 앞에서의 전율과 어쩔 수 없이 그런 상태에 이끌리는 매혹적인 감정이 존재하지 않았기 때문이다.

고대 사막의 은둔자들로부터 중세의 베르나르, 힐데가르트, 그리고 아빌라의 테레사에 이르기까지 성스러움과 신비를 경험하는 게 무엇이고, 어떤 의미를 갖는지 삶으로 직접 보여준 이들이 적지 않았다. 덕분에 신앙을 추구하는 사람들은 인간의 논리를 뛰어넘는 황홀함을 경험할 수 있는 그리스도와의 직접적인 만남을 소망하게 되었고, 신비주의자들이 전해주는 하늘의 소리에 귀를 기울이게 되었다.

✳ 교황보다 높은 수도사 베르나르

앞에서 이미 언급한 것처럼 클뤼니수도원은 서유럽 전체의 문화를 변모시켰다. 그런데 그렇게 막강한 클뤼니수도원의 명성이 오히려 그 신앙공동체의 발목을 잡는 바람에 적지 않은 타격을 입히고 말았다. 클뤼니수도원이 사람들의 입소문을 타고서 널리 알려지기 시작하자 프랑스 귀족들이 서로 앞 다퉈서 후원을 자청하고 나섰다. 덕분에 수도원은 전에 없던 대규모의 토지를 확보하게 되었고, 1000년경부터는 후원이 넘쳐서 수도사들과 수녀들은 더 이상 직접 노동을 하거나 빈민을 찾아 나서지 않게 되었다.

수도원에는 굳이 먼 곳에서 가져온 대리석 기둥들이 세워지고 벽마다 황금과 보석으로 장식되었다. 이것은 베네딕투스의 규칙을 운영 원리로 삼아서 출발했던 초창기 클뤼니수도원의 모습과는 아주 동떨어진 모습이었다. 그와 더불어서 경건과 단순한 삶을 표방하던 수도원들의 부흥운동 역시 점차 목적의식이 쇠퇴하면서 세속적인 경향으로 흐르게 되었다. 하지만 시대정신은 달랐다. 무엇보다 헌신적이고 단순한 삶을 추구하는 새로운 수도원운동을 요구하고 있었다.

마침내 1098년에 클뤼니수도원 소속 수도사 21명이 청빈과 노동을 강조한 베네딕투스의 정신으로 돌아가기로 결단을 내렸다. 그들은 프랑스의 시스테르티움 인근에 새로운 공동체를 설립하고 시토수도회라고 이름을 정했다. 시토(Citeaux)수도회의 규칙은 아주 엄격했다. 대개

수도사들은 검은 복장을 했지만 시토 수도사들은 겉옷에 물감을 들이지 않았다. 당시에는 염색된 옷이 부를 나타내는 상징이었다. 사람들은 흰 수도복을 입은 시토 수도사들을 '백의의 수도사'라고 불렀다. 수도사들은 클뤼니수도원의 호화로운 전례의식을 비판하고 청빈과 노동을 강조했다. 귀족들로부터 토지를 기증받기보다는 변두리 지역에 버려진 땅을 직접 개간해서 농지를 확보해나갔다.

1112년까지는 누구나 시토수도회의 가입을 꺼렸다. 지나치게 단순하고 고단한 삶을 좋아하는 사람들이 그리 많지 않았다. 지원자가 끊기는 바람에 한껏 위축된 수도원장이 운영을 포기하려고 하는 순간, 수도원 대문을 두드리는 소리가 들렸다. 수도원장은 문을 열다가 벌어진 입을 다물지 못했다. 한 사람도 아니고 무려 31명의 사내들이 수도원 입구에 서 있었다. 모두가 시토수도회의 입회를 희망했다. 그들 가운데는 클레르보의 베르나르(Bernard of Clairvaux, 1090-1153)가 끼어 있었다. 베르나르는 나중에 중세를 대표하는 수도자이자 신학자가 될 인물이었다.

베르나르는 결코 주교의 자리에 오른 적이 없었다. 그러면서도 그는 교황의 스승으로 로마교회를 30년 동안 실질적으로 주도했다. 수도사와 저술가와 설교자로서의 명성은 수도원 담을 넘어서 멀리까지 전해졌다. 베르나르는 신비주의자이면서 엄격한 진리의 투사였다. 그는 클뤼니수도원의 무절제한 생활방식을 꼬집었고, 당시 대학들이 논리학이나 토론보다는 세속적 야망과 탐욕을 가르치는 일에 힘쓰고 있다고 비난하기도 했다.

당시에 파리대성당학교에서 철학과 신학을 가르치던 아벨라르와 논쟁도 마다하지 않았다. 베르나르는 대학생들에게 도시의 악을 피해서 안전한 수도원으로 피신하도록 설교한 적이 있는데, 그 일로 20명 이상의 학생들이 학업을 포기하고 수도사를 자원하기도 했었다.

그리고 인노첸티우스 2세(인노첸시오 Innocentius Ⅱ)와 아나클레투스 2세(Anacletus Ⅱ)가 서로 교황을 자처하자 베르나르는 인노첸티우스를 진정한 로마의 주교로 지목했다. 그러자 누구도 그의 의견에 이의를 달지 않았다. 베르나르가 그토록 강력한 영향력을 발휘하게 된 것은 일반인들이 그에게 보내는 사랑 덕분이었다. 사람들은 베르나르의 열정과 청빈을 좋아했다. 그는 세속의 일에 개입하면서도 세상에 물드는 법이 없었다. 베르나르는 이렇게 설교한 적이 있었다. "우리가 하나님을 사랑하는 이유는 하나님이다. 하지만 하나님을 추구하는 영혼은 누구나… 그분에 의해서 이미 예정되어 있다. 하나님은 여러분이 그분을 찾기 전에 이미 여러분을 찾았다."

베르나르가 말한 바로는 우리 모두는 아버지, 아들 그리고 성령 사이에서 영원히 흘러나오는 사랑 때문에 하나님에 대한 사랑에 이끌린다. 이 사랑이 그리스도인들을 하나님과 신비롭게 결합시킨다. 신비로운 합일은 세 가지 영성의 단계를 거칠 때 가능하다. 첫째는 동물적 단계이다. 여기서는 감각을 통한 쾌락이 중시된다. 하지만 육체만 강조하다 보면 동물과 다를 바 없다. 둘째는 이성적 단계이다. 여기서는 이성이 삶의 원리로 주장되지만 그것만으로는 충분하지 않아서 다음 단계로 나아가지 않을 수 없다. 그리고 셋째는 영적 단계이다. 이것이 진정한 신앙생활의 목적이다. 이 세 번째 단계에서 하나님과의 일치를 경험하게 된다. 하나님의 사랑을 강조한 베르나르의 사상은 그리스도를 성난 심판자로 묘사하던 중세 사상과 충돌했다. 결국 베르나르는 그리스도의 인간적 나약함을 강조하는 쪽으로 방향을 전환했다. 이후로 아기 예수와 십자가에 달린 예수의 모습이 심판자 이미지를 대신했다.

* 중세의 푸른 보석 힐데가르트

중세의 신비주의자들 가운데 베르나르가 남성을 대표했다면, 여성은 단연 빙엔의 힐데가르트(Hildegard of Bingen, 1098-1179)였다. 12세기를 대표하는 정치와 영성의 양심으로 불리는 힐데가르트는 말 그대로 푸른빛을 발하는 보석과도 같은 존재였다. 그녀는 당시 여성들이 한 가지도 제대로 갖추기 어려웠던 재능을 아주 다양하게 발휘했다. 독창적 음악을 작곡하는 음악가이면서 신비주의자였고, 예술가이자 작가였으며, 또 뛰어난 설교자이자 예언자였다. 교황들과 황제들마다 침이 마르도록 힐데가르트를 칭찬했다. 그녀의 명성을 넘어설 수 있는 유일한 인물이 있다면 시토의 베르나르 정도가 고작이었다.

하지만 가톨릭교회는 오랫동안 힐데가르트에 대해서 애매한 입장을 취했다. 힐데가르트 서거 800주년(1979) 기념식에서 교황 요한 바오로 2세가 직접 그녀를 성인이라고 호칭했지만 그것은 예의상 그랬을

> **〉〉〉 능력의 설교자 베르나르**
>
> 베르나르의 인품과 설교의 능력은 뛰어나기로 이름이 높았다. 특히 설교는 누구보다 탁월해서 그가 설교할 때마다 수도사가 되기로 하는 사람들이 생겨났다. 그래서 부모들은 자식들이, 부인들은 남편들이, 그리고 친구들은 자신들의 동료가 베르나르의 설교를 듣고서 수도사가 되기를 자청할까 봐 전전긍긍할 정도였다. 베르나르가 즐겨 부르던 찬송은 오늘날까지 교회에서 즐겨 불리고 있다. 찬송가 85장 '구주를 생각만 해도'

뿐이었다. 그때까지 가톨릭은 힐데가르트를 성인으로 선포한 적이 없었다. 이처럼 힐데가르트가 홀대를 받은 것은 그녀가 중세의 여성상과는 상당한 거리가 있었기 때문이다. 교회 당국자들은 탁월한 능력을 발휘한 독립적인 여성 수도자에 대한 기억과 교도권에 대한 도전적 태도가 후대 신자들에게 전수되는 것을 두려워했다.

부유한 귀족 가문에서 태어난 힐데가르트는 다섯 살 때부터 이미 신비한 환상을 보기 시작했고, 여덟 살이 되자 수도원에 보내졌다. 그녀는 라틴어를 제대로 배운 적이 없었으나 기도하면서 깨우쳤고, 시편에 음을 붙여서 노래하다가 작곡법을 스스로 익히게 되었다. 수녀원의 책임자가 된 힐데가르트는 마흔두 살이 되었을 때 하나님으로부터 다음처럼 작가와 예언자로 부름을 받았다. "그래, 너는 나가서 말하기를 수줍어하고, 해석하고 설명하는 것이 단순하고, 눈으로 본 것을 서술하도록 배우지 않았으니 사람이 말하는 방식으로… 쓰지 말고, 네가 천상의 시각으로 목격한 은총의 선물을, 곧 하나님의 업적을 기적 안에서 보고 들은 내용에 따라서 쓰고 말하라."

어려서부터 직접 목격한 신비한 영적 체험을 누구에게도 털어놓지 않았던 힐데가르트는 하나님의 지시를 거절하다가 병석에 눕게 되었다. 마침내 고집을 꺾은 그녀는 자신이 목격한 환상을 글로 표현하기 시작했다. 나중에는 직접 경험한 환상을 엮어서 10년 만에 「길을 알라」(Scivias, 1151)라는 제목으로 출판했다. 책 서문에서 자신의 지혜는 저절로 생겨난 게 아니라 하나님의 조명 덕분이라고 강조했다. "하나님의 아들, 예수 그리스도가 강생하신 지 1141년, 그리고 내가 마흔두 살하고도 7개월이 되던 해 다음과 같은 일이 일어났다. 하늘이 열리고 더할 나위 없이 찬란한 빛이 열린 하늘에서 내려와 내 머리로 쏟아졌으

빙엔의 힐데가르트

며, 내 마음과 가슴에 불을 지폈다. …갑자기 나는 시편과 복음서, 신구
약의 다른 가톨릭 서적에 대한 설명을 알고 이해하게 되었다.”

　나중에 힐데가르트는 독일 전역을 네 차례나 순회하면서 자신이 목
격한 환상을 주제로 사람들에게 설교했다. 그리고 각종 약초나 광석을
채집하고 연구해서 질병치료의 약재로 사용했고, 수도원의 순례자들
을 위한 간호시설에서 직접 관찰한 질병과 치료를 다룬 「병의 원인과
치료」(Causae et Curae, 1151-1158)를 집필해서 서방 약제학의 기초
를 닦기도 했다. 1178년, 80세가 되던 해에 마인츠의 주교 크리스티안
이 그녀의 환상을 문제삼아서 교회에 고발했다. 그 일로 힐데가르트는
파문을 당했고 이끌던 수녀원은 교회에서 축출당했다. 하지만 신비에
대한 열정은 유죄를 판결한 주교의 결정과 무관하게 계속되었다. 그녀

는 베르나르처럼 여성의 관점에서 클뤼니수도원의 운영방식을 선호하는 다른 수도원들을 개혁하려고 노력했다.

힐데가르트는 1179년에 세상을 떠났지만 14세기 초반에 가서야 교회로부터 일부 공적을 인정받았다. 오늘날에는 음악계와 여성학은 물론 생태학의 분야에서까지 힐데가르트가 새롭게 부활하고 있다. 중세의 음악과 다르게 서정적인 힐데가르트의 음악은 1994년 CD로 제작 발매되어서 미국과 유럽 음악차트에서 순위를 차지하기도 했고, 대학에서 개설되는 여성학 강좌마다 삶이 재조명되고 있다. 그리고 독일의 녹색당은 힐데가르트가 자연 치료법을 강조한 것에 주목해서 녹색당의 선구자로 간주할 정도이다. 교황청 역시 이런 흐름을 거스르지 못하고 2012년 5월 10일 시복시성 관련 교령을 승인하면서 힐데가르트를 성인 목록에 등록하고 성인으로 공식 선포했다. 그리고 같은 해 10월 7일에 진행된 제13차 세계 주교시노드 개막미사에서는 성녀 힐데가르트를 교회박사로 선포했다.

[탁발수도사와 하나님의 도시]

1100년대 후반에 들어서면서부터 야만족들의 침입은 더 이상 유럽인들의 위협이 되지 못했다. 이미 서유럽은 강력한 변화의 물결을 타고 있었다. 농업기술의 발전으로 인한 생산성의 향상과 인구의 증가, 그리고 상업의 부활에 힘입어서 도시마다 사람들은 경제적으로나 정치적으로 상당한 자유를 누리기 시작했다.

이와 같은 사회적 변화와 발전은 과거에는 볼 수 없었던 시민문화를 성립시켰고, 외관상으로는 기독교와 이슬람 세계의 충돌로 간주된 십자군 전쟁 과정에서 수입된 이슬람의 선진 문물은 새로운 각성을 촉발했다. 향료와 진귀한 상품을 비롯해서 오렌지, 레몬, 커피, 설탕, 면화 등과 재배법이 유럽에 소개되었고, 비잔티움과 소아시아, 에스파냐의 무슬림 의상과 일상생활 방식까지 중세 유럽 사회에 범람했다.

어두운 숲 사이로 도로가 뚫리면서 여기저기에 도시들이 들어섰다. 봉건 계급질서에 묶여 있던 많은 사람들이 자유로운 공기를 마실 수 있는 도시로 모여들었다. 그들 가운데는 상인, 장인, 광대, 순례자, 성직자, 기사, 음유시인, 교사, 그리고 학생 등이 포함되었다. 특히 상인들은 농노나 귀족과 무관한 제3계급, 즉 시민이라는 개인적 자의식을 지닌 새로운 계층으로 발전했다.

시민들은 기동성을 갖춘 상인들로서 현금을 받고 상품과 서비스를 제공했다. 기동성 있는 계급이 기동성 있는 성직자를 요구하자 전에 없던 새로운 유형의 성직자가 등장했는데, 그들이 바로 탁발수도사들이었다. 탁발수도사들은 도시를 돌아다니면서 각지에서 모여드는 상인과 농민을 상대로 설교했다.

* 리옹의 가난한 사람 왈도

1173년, 프랑스 리옹의 어느 부유한 상인이 길을 가다가 거리의 음유시인이 부르는 노래를 우연히 듣게 되었다. 어느 부자 청년의 회심을 주제로 한 그 노래가 상인의 마음을 사로잡았다. 결국 부유한 상인은 가족들에게 약간의 재산을 남겨주고는 나머지를 모두 팔아서 빈민들에게 나눠주었다. 그러고는 두 명의 성직자를 고용해서 라틴어로 된 성서를 프랑스어로 번역하게 했다. 상인의 이름은 대개 피터 왈도라는 이름으로 알려진 피에르 드 보(Pierre de Vaux, 또는 Peter Waldo, ?-1218)였다.

왈도는 성서를 읽다가 혼란에 빠졌다. 성서에는 연옥이나 교황의 강력한 권한을 뒷받침하는 내용이 없었다. 왈도는 로마교회가 강조하는 핵심 개념들을 거부한 채 이리저리 떠돌아다니면서 복음을 소개했다. 그가 보기에 당시 성직자들은 청빈과 금욕을 주장하면서도 실제 행동은 달랐다. 소유를 포기한 왈도의 신선한 주장은 복음적 삶을 외면한 제도권 교회에 염증을 느낀 평신도들에게 매력적으로 비쳤고, 얼마 지나지 않아서 많은 이들이 추종했다. 그들은 스스로를 '리옹의 가난한 사람들'이라고 불렀다. 여성을 포함한 모든 '가난한 사람들'은 신약성서를 공부하고 평범한 언어로 설교했다. 채 4년이 지나지 않아서 왈도파(발두스파)들이 프랑스 전역을 뒤덮었다.

왈도는 제3차 라테란 공회(1179)에 참석해서 교황에게 자신이 주도하는 운동을 승인해달라고 요청했다. 교황은 한 가지 조건을 달아서 허가했다. 조건은 성직자를 초청할 때에만 설교할 수 있다는 것이었다. 무식한 평신도들에게는 단독으로 설교를 허락할 수 없다는 게 교황의 생각이었다. 그러자 왈도는 "교황은 하나님의 음성을 거절하는 인간의 소리"라고 일축하면서 '가난한 사람들'과 함께 전도를 계속했다.

교황 루치우스 3세(루치오 Lucius Ⅲ, 1181-1185 재위)는 1184년 왈도와 그의 추종자들을 이단으로 간주하고 파문해버렸다. 파문의 이유는 두 가지였다. 하나는 주교의 허락 없이 평신도로서 성서를 설교했다는 것, 그리고 또 다른 이유는 성직자의 권위를 부정했다는 것이었다. 신학적인 교리를 문제삼아서 이단의 여부를 결정하는 것은 자주 있었던 일이었지만 세속화된 성직자들의 행동을 비판하면서 영적 각성을 요구하는 청빈운동을 이단으로 몰아붙이는 교회의 논리는 궁색할 수밖에 없었다.

왈도는 세상을 떠나고 나서도 여전히 이단의 굴레를 벗어나지 못했다. 역설적으로 이것은 왈도파의 활동이 그의 사후에도 활발했다는 것을 증명한다고 볼 수 있다. 왈도파는 행상인이 되어 시골이나 귀족의 성을 찾아다니면서 옷감이나 보석을 팔았다. 사람들이 다른 것이 없는지 물으면 이렇게 대답했다. "예, 아주 진귀한 것이 있습니다. 하나님을 볼 수 있는 보석이 있습니다. 그리고 하나님을 사랑하도록 마음에 불을 붙이는 것도 있습니다." 그러고는 성서 두루마리를 꺼내어 보여주었고, 그렇게 해서 전도가 이루어졌다. 프랑스 남부, 오스트리아, 보헤미아, 모라비아, 폴란드를 비롯한 지역에서 왈도파가 왕성하게 활동했다.

인노첸티우스 3세(인노첸시오 Innocentius Ⅲ, 1198-1216 재위)는 제4차 라테란 공회에서 왈도의 파문 사실을 거듭 확인했다. 1200년대 중반까지 왈도의 추종자들을 제거할 목적으로 종교재판소를 운영하기도 했다. 수백 명의 왈도파가 이단 섬멸을 위해 조직된 십자군들에게 붙잡혀서 처형되었다. 왈도 추종자들은 유럽 곳곳으로 흩어졌다가 나중에 종교개혁이 진행되자 개신교 세력에 합류했다.

특히 칼뱅을 스위스 개혁운동으로 이끈 기욤 파렐과 왈도파 지도자들의 만남으로 제네바에 정착한 왈도파는 신앙의 자유를 얻어서 종교개혁에 기여했다. 박해는 1848년까지 계속되었다. 양심적인 사람들은 그들의 순수한 신앙과 실천을 인정했고, 결국에는 혁명적인 탁발수도회의 출현을 촉발시켰다. 어느 이단재판관은 다음과 같은 기록을 남겼다.

(왈도파는) 복장과 말투에 의해서 드러나는데, 왜냐하면 그들은 수수하며 규율대로 살기 때문이다. 비싸지도, 천박하지도 않은 옷차림을 전혀 자랑하지 않는다. 거래에 개입하지 않으며, 거짓말과 맹세와 사기를 피하고, 기능인으로 직접 노동하여 생활한다. …부를 축적하지 않으며, 필수품으로 만족한다. …자주 선술집을 가거나, 춤을 추거나, 다른 사치품을 구하지 않는다. 분노를 통제한다. 항상 일한다. 가르치고 배우며 자주 오랜 시간 동안 기도한다. …또한 언어생활에서 온화하고 정확하여, 욕설과 비난과 농담과 거짓말과 맹세를 피한다.

＊ 하나님의 광대 프란체스코

12세기는 그리스도인들에게 있어서 말 그대로 종교적 열정이 분출하는 시대였다. 역동적으로 변화하는 세계에서는 더 이상 전통적인 지역적 경계가 별다른 의미를 가질 수 없었다. 새로운 신앙의 패러다임이 요구되었고, 덕분에 새로운 유형의 탁발수도사들이 서유럽 사회에 등장하게 되었다.

탁발수도사들은 왈도파의 경우처럼 교황을 정점으로 하는 견고한 교회체제에 비판적이기도 했지만, 도미니쿠스수도회나 이제부터 살펴보게 될 프란체스코수도회처럼 교황에게 철저하게 순종하는 소위 '대탁발수도회'의 탄생을 가져오기도 했다.

아시시의 프란체스코(Francesco d'Assisi, 1181-1226)는 1204년에 이웃 도시 페루자와의 전투에 기사로 참가했다. 포로로 붙잡혀서 1년을 감옥에서 보내고 풀려난 프란체스코는 다시 전투에 나서려다가 병에 걸리는 바람에 기존의 세계관이 바뀌었다. 하루는 말을 타고 가다가 한센병 환자의 모습으로 나타난 그리스도 예수를 만났다. 당시 사람들은 나병이 전파될까봐 병자가 가까이 다가오는 것을 몹시 두려워했다. 병자는 종을 들고 다니다가 건강한 사람이 오면 종을 울려서 자신에게 접근하지 못하도록 해야 했다. 프란체스코는 한센병 환자를 피하기는커녕 힘껏 안았다. 그 순간 병자는 오간데 없이 사라졌다. 그는 자기 앞에 나타났던 인물을 그리스도라고 확신했다.

신비한 사건을 계기로 부유한 의류상의 외아들 프란체스코의 삶은 180도 달라졌다. 그리스도가 혐오스러운 것을 형제애로 바꾸어주었다고 생각했다. 파괴되어 오랫동안 방치된 교회를 다시 세우고, 어려운 이들에게 지니고 있는 것들을 베풀면서 부자들에게 구걸하고 다녔다. 그러면서도 그것을 부끄러워하지 않고 기쁨으로 알았다. 사람들이 이유를 물으면 프란체스코는 즐겨 대답했다. "청빈이라는 부인과 결혼했기 때문이라오." 결국에는 이런 태도 때문에 아버지와 의절하게 되었지만 후회하지 않았고 오히려 하나님에게 감사했다. 프란체스코의 신비 경험은 오늘날에도 설명이 쉽지 않다.

이스라엘 출신의 임상심리학자 니자 야롬(Niza Yarom)은 프란체스코의 사례를 정신분석학적으로 접근하면서 그가 원정에서 돌아온 후 외상후스트레스장애(PTSD)에 시달렸다고 주장한다. 1205년 아풀리아 원정길에 또다시 나선 프란체스코가 트라우마의 영향으로 환각이 재발해서 세상을 멀리하고 영적인 길을 선택했다는 것이다. 그럴듯하지만 중세의 기록과는 거리가 먼 해석이다.

1206년 1월, 아시시의 주교가 주재하는 특이한 재판이 열렸다. 피에트로 디 베르나르도네(Pietro di Bernardone)라는 한 포목상이 아들 죠반니(Giovanni di Pietro Bernardone)를 처벌해달라며 낸 소송

새들을 상대로 설교하는 프란체스코 ⓒWP

이었다. 일찍이 프랑스에서 성공을 거두어서 요한 대신에 '프랑스인'
이라는 뜻의 프란체스코라는 이름으로 부를 정도로 사랑한 자식을 처
벌해달라며 소송을 제기했다. 아들이 성당 기금을 마련한다는 이유로
허락도 없이 귀한 옷감과 말을 내다 팔았다는 게 이유였다.

　아들은 재판 도중에 입고 있던 옷을 모두 벗어 부친에게 건네며 말
했다. "지금껏 나는 지상의 아버지인 당신을 아버지라고 부르며 살아
왔습니다. 하지만 이제부터는 하늘에 계신 아버지를 나의 진정한 아버
지로 부를 수 있게 되었습니다." 재판장이 건넨 옷으로 겨우 몸을 가린
프란체스코는 아시시 부근 숲에서 신앙생활에 전념했다.

프란체스코는 1208년 천사들의성마리아대성당(Santa Maria degli Angeli)에서 중요한 설교를 들었다. 예수 그리스도께서 제자들에게 지시하는 내용이었다. "가면서 전파하여 말하되 천국이 가까이 왔다 하고… 너희 전대에 금이나 은이나 동을 가지지 말고 여행을 위하여 배낭이나 두 벌 옷이나 신이나 지팡이를 가지지 말라. 이는 일꾼이 자기의 먹을 것 받는 것이 마땅함이라"(마 10:7-10). 프란체스코는 이 말씀을 삶의 원리로 삼기로 결심하고 맨발에, 거친 겉옷만 걸친 채 버려진 예배당에서 설교하기 시작했다.

청빈과 사랑과 봉사를 강조하는 단순한 메시지는 많은 추종자들을 불러 모았다. 세상의 부를 포기하고 따르는 이들을 위해 프란체스코는 몇 가지 규칙들을 만들었는데, 나중에 프란체스코수도회의 종규가 되었다.

그로부터 한 해가 지나서 프란체스코는 교황 인노첸티우스 3세에게 자신의 공동체를 위한 수도원의 설립을 허락해달라고 청원했다. 교황은 철저한 부의 포기와 빈민을 위한 희생을 강조하는 프란체스코의

〉〉〉 수도회의 복장

베네딕투스수도회 소속 수도사들은 수도복을 검게 물들여서 입지만, 시토수도회 소속 수도사와 수녀들은 전혀 물들이지 않은 흰색 천으로 제작된 옷을 입는다. 그리고 프란체스코수도회는 갈색 겉옷에 줄로 허리를 묶는데, 줄은 프란체스코가 허수아비의 끈을 가져다가 묶으면서부터 수도회의 상징이 되었다. 수도사들의 밧줄 허리끈에는 세 개의 매듭이 있는데, 각각 청빈(Poverta)과 독신생활(Castita), 순종(Obedienza)을 의미한다. 요즘 즐겨 마시는 카푸치노 커피의 이름은 프란체스코수도회 일파인 카푸친수도회 수도사들의 복장에서 유래했다.

규칙이 지나치게 엄격하다고 생각하면서도 설립을 거절하지는 않았다. 여기에는 교황의 이상한 꿈이 작용했을지 모른다는 게 후대 역사가들의 해석이다.

교황은 프란체스코를 만나기 직전에 꿈을 꾸었다고 했다. 로마의 베드로성당이 무너지려고 하는 순간 한 사내가 나타나 어깨로 건물 전체를 떠받치는 꿈이었다. 교황은 프란체스코를 꿈에 나타난 영웅으로 간주했다. 구두로 인가된 수도회 설립은 1233년 교황 호노리우스 3세(호노리오 Honorius Ⅲ, 1216-1227 재위)의 '교황 대칙서'(Solet annuere)에 의해 확인되었다.

12명의 제자들과 시작한 공동체는 꾸준히 성장해서 1218년에는 3천 명에 달했다. 이탈리아에서는 부유한 이들이 교회의 도움으로 더욱 부유해졌고 빈민들에게 관심을 보이는 경우는 드물었다. 클뤼니수도원처럼 부유해지기를 바라지 않은 프란체스코는 하나님의 존재를 경험하도록 가르치면서 탐욕을 멀리하고 겸손하게 살도록 교훈했다. 프란체스코수도회의 수도사들은 갈색 옷 두 벌 외에는 소유하지 못했다. 그러면서도 늘 기뻐하고 즐거워해서 사람들은 그들을 '하나님의 광대'라고 불렀다. 나중에 종교개혁자 마틴 루터가 선행을 강조한 프란체스코를 강하게 비난하기도 했지만, 사실은 둘 다 단순한 삶에 관한 그리스도의 가르침을 외면한 로마교회를 상대로 색깔이 다른 싸움을 벌인 것으로 보는 편이 옳다.

아르헨티나 출신 호르헤 베르고글리오(Jorge Mario Bergoglio) 추기경은 교황 베네딕토 16세가 사임한 이후 추기경단의 콘클라베에서 제266대 로마 가톨릭교회 교황으로 선출되자 아시시의 프란체스코의 정신을 기리기 위해 교황이름을 프란치스코로 정했다. 2014년에 우리나라를 방문하기도 했던 프란치스코 교황은 아시시의 프란체스코를 이렇게 평가했다. "그는(프란체스코는) 당대의 기독교 신자들과 교회 지도자들에게 사치와 교만과 허영에 반대하는 청빈의 정신을 불어넣었습니다."

시장경제의 출발과 돈의 흐름이 확산되던 시기에 가장 낮은 곳에서 그리스도를 본받아 당시의 시대적 불안에 부응했던 프란체스코의 개혁운동에 주목한 것이다. 오늘날까지 남아 있는 오래된 프란체스코수도회 성당들을 방문해보면 어느 곳보다 단순하고 소박해서 고유의 청빈 정신을 확인할 수 있다.

[스콜라철학자와 하나님의 도시]

중세 사상가들은 자연에 관한 지식과 신적으로 계시된 지식을 차별하지 않았다. 즉 성과 속이 서로 분리되어 있다고 생각하지 않은 것이다. 만일 하나님이 진리의 저자라면 어떤 형태의 지식이든 거기서 하나님을 발견할 수 있다는 게 그들의 주장이었다. 이렇게 신학과 철학을 결합한 지적 체계를 일컬어서 스콜라주의(Scholasticism)라고 했다.

수도원학교의 교사를 일컫는 명칭(Scholaticus)에서 유래한 이 운동의 선구자로는 대머리 왕 카를(샤를 2세 Kahl Kahlen, 823-877 재위)이 궁정학교에 고용한 아일랜드의 에리우게나, "나는 이해하기 위해서 믿는다"는 유명한 말을 남긴 이탈리아의 안셀무스, 프랑스 천재학자 아벨라르를 꼽는다. 이들은 9세기부터 12세기에 걸쳐 스콜라철학의 기초를 다졌다.

13세기와 14세기 초반에는 파리에서 가르친 독일인 교사 알베르투스 마그누스와 제자 토마스 아퀴나스를 거치면서 스콜라철학이 절정에 도달했다. 당시 스콜라주의자들에게 제기된 도전은 12, 13세기 유럽에 본격 소개된 아리스토텔레스의 작품이었다. 역사적으로 아리스토텔레스 저작을 제대로 접한 바 없는 중세 유럽은 이후로 상당한 변화를 겪었다. 페르시아 출신 궁정주치의이며 철학자와 신학자였던 아비첸나(Avicenna), 에스파냐 남부지역 코르도바의 아베로에스(Averroes)와 모세 마이모니데스(Moses Maimonides)가 각각 집필한 주해서가 변화를 주도했다.

에스파냐의 톨레도에서는 아랍어에서 라틴어로, 시칠리아에서는 그리스어에서 라틴어로 번역된 아리스토텔레스의 작품들은 12세기 중반 이후 발전하기 시작한 대학들을 통해 유럽 전체로 퍼져나갔다. 스콜라철학자들은 신학과 아리스토텔레스 사상을 어떻게 조화시킬지 고민해야 했다.

＊ 스콜라철학의 조상들

전통적으로 그리스도인들은 성서와 기도로 진리에 도달할 수 있지만 타락하고 취약한 이성은 그 과정에서 별다른 도움이 될 수 없다고 평가했다. 반면에 에리우게나, 안셀무스와 아벨라르는 이성이 진리에 도달하는 또 다른 길을 제시한다고 생각했다. 그들은 철학과 종교를 함께 버무려서 신학을 만들어냈다. 파리에서 교수생활을 한 에리우게나(Johannes Scotus Eriugena, 810?-877?)는 스콜라철학의 근본적인 주장인 "참된 종교는 참된 철학이며 그 역도 마찬가지"라는 명제를 최초로 제시한 인물이었다. 이런 명제를 근거로 종교에 대한 일체의 의

심은 철학에 의해서도 역시 반박될 수 있고 또 그래야 마땅하다고 주장했다. 물론 이런 주장의 토대는 신플라톤철학과 히포의 주교 아우구스티누스 사상이었다.

에리우게나는 아우구스티누스처럼 인간의 인식과 삼위일체 개념을 결합해서 인식, 곧 인간이 외부세계를 파악하는 과정을 영혼의 기능이라고 할 수 있는 지성과 로고스(이성), 내적 감각이라는 삼중 개념으로 제시했다. 인간이 무엇인가를 알게 되는 것은 인식 행위를 지각하는 능력인 지성, 지성에 의해서 생산된 로고스, 그리고 이성과 지성에 필수적이면서도 영혼의 본질을 구성하지 않는 내적 감각이 함께 작동하기 때문이다.

에리우게나의 저술은 1225년 교황 호노리우스 3세에게 파문당했다. 정죄의 이유는 세 가지였다. 이성을 높게 평가한 게 첫째 이유였다. 신앙과 이성은 구분할 수 없고 대립되지 않는다. 성서는 하나님에 대한 유일한 권위이자 거역이 불가한 권위이고 이성은 하나님에 관한 성서의 발언을 해명한다. 권위는 이성에서 비롯되니 그리스 교부들과 이성이 엇갈리면 이성을 택해야 한다는 게 에리우게나가 내린 판단이었다. 둘째는 세계의 모든 현상을 하나님으로부터 비롯되어 하나님에게 돌아가는 것으로 해석한 다소 기이한 세계관이었다. 하나의 원리(하나님)에서 출발한 사물은 무수한 개별적 종들로 분화했다가 다시 역류해서 지고의 지혜(하나님)에 도달한다고 주장해서 지옥이나 심판이 존재할 근거를 제거했다. 그리고 하나님을 자연으로 파악하는 일종의 범신론적 견해 역시 문제가 되었다.

프랑스 노르망디의 수도원장에서 영국 캔터베리의 대주교가 된 안셀무스(Anselmus, 1033-1109?) 역시 이성과 신앙의 조화를 모색하려

아벨라르와 엘로이즈 ⓒWP

고 했다. 신앙은 이성 없이 불가능하고 이성 역시 신앙 없이는 목적한 바를 얻을 수 없다는 결론을 내렸다. 안셀무스는 이것을 확증하려고 하나님의 존재에 대한 논리적 증명, 즉 '존재론적 논증'을 만들어냈다. 평범한 사람들은 하나님을 "그것보다 더 큰 것을 생각할 수 없는 무엇"으로 간주한다. 그런데 이 존재는 생각과 현실에 존재해야 한다. 하나님이 생각에만 존재한다면 생각과 현실에 동시에 존재하는 또 다른 더 큰 존재가 있다고 생각할 수 있기 때문이다. 그렇다면 하나님은 "그것보다 더 큰 것을 생각할 수 없는 어떤 것"이 될 수 없게 된다. 그러니 하나님은 생각에서뿐만 아니라 실제로도 존재해야 마땅한 것이다.

신학이라는 용어를 최초로 만들어낸 아벨라르(Peter Ablerard, 1079-1142) 역시 안셀무스와 별반 생각이 다르지 않았다. 프랑스 브르타뉴에서 출생한 그는 철학학교에서 공부를 마치고 스무 살 무렵 파리로 가서 직접 철학학교를 열고서는 교사가 되었다. 1115년에는 노트르담 주교좌성당학교의 교장을 맡았다. 마침내 그는 11, 12세기 중세 신학을 주도하는 인물이 되었고 수많은 학생들의 인기를 한몸에 받았다. 놀라울 정도로 키가 작아도 자부심이 무척 강해서 스스로를 '세상에서 유일한 철학자'로 간주하던 아벨라르는 제자 엘로이즈(Heloise)와의 연애사건으로 상당한 물의를 일으켰다. 둘의 사랑 이야기는 지금껏 회자되지만, 아벨라르는 그 일로 불의의 공격을 받아서 더 이상 남자 구실을 할 수 없었다.

한동안 수도원에 칩거하던 아벨라르는 교수활동에 대한 강한 열망으로 공적 활동을 재개했다. 아벨라르는 아리스토텔레스 논리학의 대가답게 여전히 학계를 압도했다. 안셀무스처럼 성서와 기도 이외에도 '실제로 실재하는 것'(보편자, universals)을 언어 논리학적으로 설명할 수 있는 방법이 있는지 탐구했다.

아벨라르가 제기한 이른바 보편자 문제는 간단하게 설명할 수 있다. 즉 소크라테스나 베드로와 같은 개별적인 이름들뿐만 아니라 인간이나 장미 같은 보편적인 이름들도 바깥에(그러니까 객관적인 실제 현실에) 무엇인가 상응하는 게 있는지, 아니면 그냥 주관적으로 사유된 '실재'나 말소리 같은 실재만이 귀속되는 것인지 문제를 삼은 것이다. 사실 보편자는 스콜라철학자들이 인정하고 싶어 하지는 않았지만 하나님을 가리키는 이름이기도 했다.

한쪽에서는 보편자가 사물이나 그것을 생각하는 사람과는 전혀 무관하게 존재한다는 논리를 전개했고, 또 다른 쪽에서는 존재하는 것은 그저 이름뿐이라고 주장했다. 아벨라르는 오히려 양쪽 모두를 싸잡아 비판했다. 보편자가 이름뿐이라면 그 개념을 사용하는 어떤 문장도 무의미해서 이해할 수 없을 테고, 또 보편자가 실재한다고 하면 두 눈으로는 절대 확인할 수 없을 것이다. 따라서 보편자는 존재하고 있지만 물리적이 아니라 관념적으로, 그러니까 우리의 생각 속에 존재하고 있다는 게 아벨라르가 최종적으로 제시한 결론이었다. 이와 같은 그의 주장은 아리스토텔레스의 저서들을 본격적으로 읽고 연구한 후배들 덕분에 한층 더 심화되었다.

✻ 벙어리 황소의 울음소리

토마스 아퀴나스(Thomas de Aquino, 1225?-1274)는 나폴리와 로마 사이의 구릉 지역을 소유한 귀족 가문 출신이었다. 토마스는 다섯 살에 몬테카시노수도원학교에 입학해서 교육을 받았다. 자식이 대수도원장이나 주교가 되기를 기대하던 아버지는 그곳에서 10년을 꼬박 보낸 막내를 황제 프리드리히 2세가 1224년 나폴리에 세운 서양 최초의 국립 대학에 보냈다. 교황과 달리 프리드리히는 그리스-아랍 철학자들을 라틴어로 번역하는 작업을 적극 후원했다. 아리스토텔레스, 고대 이교와 기독교 사상가들의 그리스어와 아랍어 작품을 주석하고 라틴어로 번역해서 보급한 시칠리아 왕국의 노력은 나폴리에서 철학의 토대를 닦은 토마스에게 상당한 영향을 미쳤다. 나폴리는 쇠락한 오늘날의 모습과 달리 이웃 도시 살레르노와의 경쟁에서 우위를 점할 만큼 활기찼다.

아리스토텔레스의 철학은 사실 플라톤과 달리 처음부터 기독교와 어울리지 않았다. 아리스토텔레스는 이교도였고 사상 가운데 일부는

토마스 아퀴나스가 공부한 나폴리대학 ⓒ유재덕

기독교의 원리와 상충했다. 물질세계를 찬양하고 자연현상에 대한 신
비주의적인 설명을 혐오할 뿐더러 인간 본성에 취하는 낙관적 태도는
금욕적인 기독교 가치나 실천과는 방향이 달랐다. 때문에 기존의 기독
교적 사고방식을 위협하는 아리스토텔레스의 철학을 대학에서 가르치
거나 연구하는 것은 위험한 일로 간주되었다. 로마 교황은 13세기 초
반에 아리스토텔레스 작품에 관한 연구 자체를 금지했고 극단적인 지
지자들을 이단자로 화형에 처하는 일까지 있었다.

　　1244년 봄, 나폴리대학에서 도미니쿠스회와 접촉한 젊은 토마스는
탁발수도사를 자원하기로 결심했다. 굳이 도미니쿠스회를 선택한 것
은 '설교수도회'로 불릴 만큼 진리 선포에 열정적이었기 때문이다. 수

도회 스스로 '우리가 의도하는 선결 과제'로 규정한 진리 선포는 가르치려는 열정이 강한 토마스에게 잘 맞았다.

나중에 그는 「신학대전」(Summa Theologica)에서 이유를 설명했다. "하나의 수도회와 다른 수도회의 차이는 무엇보다 첫째는 목적에서 파악되고 둘째는 실천에서 파악된다. 목적이 동일하면 수도회 우월성은 이차적으로 실천의 양이 아니라 의도한 목적에 대한 실천의 대응에 따라 파악된다. 가르친다든가 설교하는 그런 일은 관상이 차고 넘쳐서 나오는 것이다. …따라서 갖가지 수도회 가운데 최고의 단계를 점하는 것은 가르치는 것과 설교하는 것을 목적으로 하는 수도회다."

또 다른 매력은 급진적 측면, 즉 성서로 돌아가서 그 안에 선포된 청빈의 실천을 강조한 것이었다. 도미니쿠스회 수도사들은 나귀나 말을 물리친 채 아무리 멀어도 직접 도보로 이동해야 했다. 토마스 역시 나폴리에서 파리까지 무려 1,600km가 넘는 거리를 다른 수도사들처럼 아무렇지도 않게 걸어 다녔다. 이렇게 나폴리에서 접하게 된 아리스토텔레스와 성서는 마침내 토마스가 시위를 당기기 시작한 활의 양끝 매듭이 되었다.

매일 거리에서 설교하고 음식을 구걸하는 수도사들의 검은 복장이 아닌 화려한 차림의 교회 고위직을 자식에게 기대한 아버지는 바람과 어긋나게 처신하는 토마스에게 곧장 집으로 돌아오도록 지시했다. 20세기 영국 작가 체스터톤(G. K. Chesterton)에 따르면 중세에는 자식이 탁발수도회에 입회하면 훌륭한 가문에서는 그 아들이 마치 연고 없이 떠돌아다니는 소녀와 결혼하기나 한 것처럼 대했다고 한다. 그런데 13세기에는 헤아릴 수 없을 정도로 많은 귀족 가문의 자제들이 가장의 동의도 받지 않은 채 이런 떠돌이 소녀들을 자기 집으로 데려왔다. 토마스 역시 그런 젊은이 가운데 하나였다.

　토마스는 집안에 소식을 알리지 않은 채 로마를 거쳐 파리로 떠나려고 했다. 파리대학을 목적지로 정한 것은 아주 당연한 일이었다. 파리는 복음과 철학을 추구하는 토마스에게는 더할 수 없는 천혜의 장소였다. 탁발수도회는 도미니쿠스회의 출범에 기여한 왈도파처럼 청빈운동을 장려했고 소속 수사들의 교육과 영향력을 확대할 목적으로 경쟁적으로 대학에 입지를 확보해나갔다. 때문에 베네딕투스회의 몰락과 더불어 등장한 프란체스코와 도미니쿠스수도회는 파리대학과 옥스퍼드대학에 둥지를 틀게 되었다. 특히 파리대학은 자연과학과 수학이 지배하던 옥스퍼드대학과 다르게 순수성과 급진성을 상징하는 신학과 철학이라는 보편학문을 지향하고 있었다.

　토마스의 재능을 일찍이 간파한 나폴리의 도미니쿠스회 회원들 역시 여정을 조용히 도왔다. 거룩한 부름을 실행할 경우에 가족이 적보다 더 못할 수 있다는 게 토마스와 수도회원들의 생각이었다. 소식을 접한 두 명의 형이 토마스를 체포하는 바람에 아버지의 성에 갇혀 거의 2년을 보내야 했다. 형들이 짙은 화장을 한 궁녀들을 잠자리에 들여보내어 유혹해보기도 했지만 토마스는 여자들을 점잖게 문밖으로 내보냈다. 감금되어 있는 동안에도 아리스토텔레스의 저술들은 손에서 내려놓지 않았다. 황소 같은 고집을 꺾지 못한 가족들은 다른 이들의 조언대로 풀어주었다. 토마스는 곧장 파리의 도미니쿠스수도회를 찾아갔다.

　파리에서는 아리스토텔레스 철학 강의가 일부 제한되었지만, 토마스는 이미 나폴리대학 시절과 구금 시기에 아리스토텔레스에 대한 공부를 끝낸 뒤였다. 말수가 적은 나폴리 청년의 재능을 간파한 알베르투스 마그누스(Albertus Magnus, 1206-1280)는 아들처럼 아꼈다. 그

천사 박사 토마스 아퀴나스 ©WP

렇게 해서 토마스는 처음에는 파리에서, 나중에는 쾰른에서 알베르투스에게 8년간 사사했다. 그 기간에 서방세계에 아리스토텔레스 철학을 남김없이 알리겠다는 목표는 더욱 분명해졌다.

함께 공부한 학생들은 유달리 키와 몸집이 큰 토마스를 '말 없는 황소'라고 불렀다. 그런 별명을 몇 번 듣게 된 알베르투스가 하루는 제자들에게 말했다. "너희는 그를 말 없는 황소라고 부른다. 그러나 나는 그 말 없는 황소가 큰 소리로 울부짖을 것이고, 그 울부짖음이 세상을 뒤덮으리라고 장담한다." 그 자리에 있던 학생들 가운데 나폴리 출신 황소의 울부짖음이 어느 정도일지 예상한 사람은 하나도 없었다.

1252년 독일의 쾰른에서 돌아온 토마스는 아리스토텔레스의 사상 때문에 파리가 소란스럽다는 것을 알게 되었다. 특히 프란체스코 수도회를 이끄는 보나벤투라(Bonaventura, 1221?-1274)는 하나님의 존재를 부정하는 듯한 아리스토텔레스의 주장에 여간 비판적이었다. 하나님은 모든 자연적 사건에 직접 참여한다는 게 그의 생각이었다. 토마스가 보기에 그것은 억지에 지나지 않았다. 토마스 아퀴나스는 보나벤투라와의 공개적인 논쟁에 즐겁게 참여했다. 벙어리 황소라는, 어릴 적 소심한 모습은 어디에서도 찾아볼 수 없었다. 토마스는 자연에 관한 아리스토텔레스의 견해가 전적으로 옳다고 생각했다. 신앙을 지키기 위해서라면 굳이 이성까지 희생할 필요는 없었다. 심각한 것은 아니지만 아리스토텔레스에게서 확인할 수 있는 약점은 본성을 좇는 내적 성향을 지닌 모든 사물들이 하나님에 의해서 비롯되었다는 것을 깨닫지 못한 데 있었다.

이성과 신앙이라는 두 가지 지식의 형태, 자연 진리와 계시 진리라는 두 가지 지식의 종류, 철학과 신학의 두 학문의 형태를 체계적으로 구분하는 새로운 신학적 종합을 시도한 토마스는 신앙이 이성의 우위를 점하는 지식의 계층 체계였다. 그의 신학은 신앙에 반대되는 이성을 재평가하면서 은총이나 도덕처럼 기독교적 개념들과 대조적인 것으로 간주되던 것들을 재평가했다.

토마스의 주장을 한 문장으로 정리하면 이랬다. "은총은 자연을 포기하는 게 아니라 완성하는 것이다." 신앙과 자연과학이라는 두 가지 사고영역을 제대로 이해하기만 하면 신앙과 자연과학, 즉 창조자에 대한 사랑(신앙)과 그의 창조에 대한 이해(이성) 사이에는 어떤 갈등도 있을 수 없었다. 하나님의 계시와 이성을 함께 사용함으로써 이 세상을 사는 우리에게 요구하는 하나님의 도덕적 기준과 사후 세계에서 필요한 하나님에 대한 지식을 발견할 수 있다는 게 그의 일관된 주장이었다.

1257년, 우여곡절 끝에 파리대학 신학부 교수로 인준된 토마스는 파리와 이탈리아의 여러 도시들, 그리고 만년에는 다시 모교 나폴리대

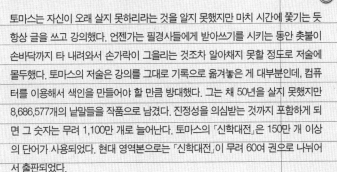

〉〉〉 토마스 아퀴나스의 작품 분량은?

토마스는 자신이 오래 살지 못하리라는 것을 알지 못했지만 마치 시간에 쫓기는 듯 항상 글을 쓰고 강의했다. 언젠가는 필경사들에게 받아쓰기를 시키는 동안 촛불이 손바닥까지 타 내려와서 손가락이 그을리는 것조차 알아채지 못할 정도로 저술에 몰두했다. 토마스의 저술은 강의를 그대로 기록으로 옮겨놓은 게 대부분인데, 컴퓨터를 이용해서 색인을 만들어야 할 만큼 방대했다. 그는 채 50년을 살지 못했지만 8,686,577개의 낱말들을 작품으로 남겼다. 진정성을 의심받는 것까지 포함하게 되면 그 숫자는 무려 1,100만 개로 늘어난다. 토마스의 「신학대전」은 150만 개 이상의 단어가 사용되었다. 현대 영역본으로는 「신학대전」이 무려 60여 권으로 나뉘어서 출판되었다.

1272년 토마스가 학교로 사용하고 50년 뒤 성인으로 시성된 산도메니코마조레성당 ⓒ유재덕

학에서 강의에 전념했다. 이런 교육 경력은 방대한 집필에도 도움이 되었다. 1266년에는 자신의 사상을 가장 완벽하게 표현한 것으로 평가를 받는 「신학대전」을 집필하기 시작해서 7년간 계속 그 일에 매달렸다. 집필 과정에서 여러 차례 신비한 경험을 했다. 교회 안에서 황홀경에 빠져 있는 그의 모습이 사람들에게 자주 목격되었다.

수도사들의 전언으로는, 토마스가 성체성사에 관한 논문을 힘겹게 완성해서 제단 위에 올려놓는 순간 그 위에 십자가 형상이 내려앉으면서 "너는 내 육체의 성사에 대해서 잘도 썼구나"라는 음성이 들렸다고 한다. 그러고 나서는 그가 공중으로 몇 미터 떠오른 채 그렇게 몇 분간 머물러 있었다는 것이다.

우리가 쉽게 믿을 수 없는 이런 경험은 1273년 산도밍고성당에서 찬양미사를 집전하는 도중에 토마스 아퀴나스에게 일어나게 될 사건의 전조였다. 그 예배시간에 무슨 일이 있었는지 구체적으로 알려지지는 않았다. 나중에 토마스는 친구에게 이렇게 말했다. "나는 더 이상 글을 쓰지 않겠네." 친구가 다시 집필하도록 종용하자 토마스는 단호히 말했다. "나는 더는 할 수 없어. 많은 것들을 보고 나니 내가 쓴 모든 것들이 지푸라기처럼 보인다네." 이후로 토마스 아퀴나스는 집필과 여행을 중단했고,「신학대전」을 마무리하지 못한 채 세상을 떠났다.

　　신앙과 이성을 종합한 토마스의 사상은 그가 세상을 떠난 지 정확히 3년째인 1277년 프란체스코수도회의 영향을 받는 파리의 주교에 의해서 일부가 정죄되었다. 나중에는 옥스퍼드대학에서도 토마스의 사상을 부분적으로 부정했고, 교황 역시 그런 결정을 인정하고 지지했다.

　　토마스를 따르는 도미니쿠스회 수도사들의 패배처럼 간주되던 상황은 시간이 흐르면서 역전되었다. 1294년에는 '토마스에게 성인 칭호를' 이라는 운동이 출범했고, 결국 로마 교황청은 1323년 토마스를 교회의 성인으로 공식 선언했다. 계속해서 1567년에는 교회의 스승으로 인정했고, 1800년대 후반에는 교황 레오 13세가 그의 사상을 가톨릭교회의 공식 신학으로 선언했다. 이것은 언제나 덕과 지혜를 간구하던 토마스 아퀴나스의 기도에 대한 당연한 응답이었다.

　　쉬 꺼지지 않고 불타오르게 하시고,
　　잘난 체함이 없이 성숙하게 하소서.

기독교의 분열과 경건의 열망

＊　＊　＊　＊　＊

전반적으로 안정과 평화, 그리고 낙관주의가 지배하던 13세기가 중반을 지나서 말기에 이르자 유럽 사회의 변화를 알리는 징후들이 곳곳에서 나타나기 시작했다. 한두 세기 전까지는 상상할 수도 없는 사건들이 연속해서 벌어졌다. 정치적으로는 기회가 있을 때마다 공방을 주고받던 교황과 국왕의 갈등이 절정에 달했다. 프랑스와 잉글랜드처럼 민족국가들이 등장하면서부터 상황은 오히려 한층 더 악화되었다. 전투적인 기독교를 상징하는, 예루살렘 성전산에 본부를 둔 성전기사단이 강압적으로 전격 해체되었을 뿐 아니라 청빈을 강조하던 프란체스코수도회가 정죄되었다.

그뿐만이 아니었다. 토마스 아퀴나스 이후의 신학계를 주도하던 오컴의 윌리엄(William of Ockham, 1285-1347)이나 기타 학자들의 사상이 공식적으로 단죄를 받고 교회 안에서 침묵해야 했다. 농촌 인구는 계속 줄어들었지만 도시 인구는 여전히 대폭적으로 증가했다. 스콜라

철학자들의 세례를 받은 도시민들의 관심은 내세보다 현실에 집중되었다. 교육을 받은 일부 평신도들이 빈부격차와 불안정한 상태에 불만을 품은 사람들을 조직해서 운동을 전개했지만 교회는 그들을 제대로 통제하지 못했다. 그리고 14세기에는 마치 지옥의 심판이 갑자기 내려지기나 한 것처럼 흑사병이 휩쓸어서 유럽 전체를 공황상태로 몰아넣었다.

이와 같은 변화의 일차적 원인은 교황권의 약화와 교회의 무기력함에 있었다. 두 세기 이전부터 교황들은 대체로 새로운 사상이나 조직의 출현을 적극 장려했다. 일반의 통념을 벗어나더라도 교황이 결단하기만 하면 그 모두가 언제든지 확실하게 보호를 받을 수 있었다. 프란체스코수도회 같은 탁발수도사들의 공동체가 급속히 세력을 확장한 것이라든지 한때 급진주의자로 따가운 눈총을 받아야 했던 토마스 아퀴나스가 급진적인 학문을 발전시킬 수 있던 것도 어떻게 보면 교황의 배려가 있어서 가능했다.

하지만 상황이 바뀌자 교황들은 극단주의를 두려워했다. 교황권의 약화는 당연히 세속 군주들의 영향력 확대로 이어졌다. 그리스도의 대리자 교황과 하나님의 대리자 국왕 간의 싸움에서 무게 중심이 하나님 쪽으로 기울어지고 있었다. 교회는 대성당과 비대한 조직을 유지하기에 급급했다. 영성이나 신앙의 성장보다는 돈벌이에 매달리다 보니 교회는 성물을 보관하는 성소로 바뀌었다. 개략적으로 정리해보면 중세는 생존에 매달리던 초기와 이성과 지성을 중시하던 중기를 지나서 더 이상 예측이 불가능한 말기로 치달았다.

[분열하는 교회]

권력 다툼에 따른 교회 안팎의 갈등은 한두 세기에 국한된 문제는 아니었지만 12세기 말부터 본격화된 상황은 이전과 사뭇 양상이 달랐다. 이후로 4세기가 넘는 긴 세월 동안 교황 중심 체제는 철저하게 분열의 길을 걸었다. 교황들이 가슴에 품은 이념은 여전히 웅장했으나 현실은 어느 것과도 비교가 불가할 정도로 초라했다.

교황권의 우위 논쟁, 교회의 보편성을 지역 또는 개별 민족 수준으로 격하시킨 아비뇽 유배, 권위의 상실에 따른 서방교회의 분열과 공회 우위론은 4세기의 로마 주교 다마수스 이래로 서방세계에서 강조되어 온 '사도좌'(apostolic see)의 권위를 크게 후퇴시켰다. 이후로도 교황과 기독교 교회는 여전히 모든 사건의 중심에 위치하고 있었으나 그런 상황을 주도적으로 헤쳐 나갈 능력은 사라지고 그저 감내해야 하는 처지로 전락하고 말았다. 게다가 유럽을 강타한 페스트는 교황권의 실상을 한층 더 적나라하게 보여주었다.

* 아비뇽의 유배

1294년, 교황의 선출을 위해 20년 만에 11명의 추기경이 로마가 건설되기 이전부터 존재한 고도 이탈리아 페루자에서 개최된 콘클라베에 모였다. 이미 두 해 전부터 교황좌는 공석이었으나 로마의 강력한 두 가문의 갈등으로 신임 교황의 선출은 쉽지 않았다.

이런 상황에서 추기경들은 거룩한 은둔자로 알려진 피에트로 델 모로네(Pietro del Morrone)라는 늙은 수도사에게 온통 마음을 빼앗겼다. 추기경들은 이 수도사를 겨우 설득해서 교황으로 선출했는데, 그가 바로 첼레스티누스 5세(첼레스티노 Celestinus V, 1294 재위)였다. 청빈과 거룩함을 강조한 프란체스코수도회 출신 수도사답게 그는 맨발로 나귀를 탄 채 로마에 들어섰다. 교황은 사람들의 기대처럼 가슴이 따뜻하고 삶은 소박했으나, 기존의 교황들과는 달리 지도력을 발휘해야 하는 순간에는 머뭇거렸다.

얼마 지나지 않아서 연로한 교황은 자신이 평생 힘써온 수도사의 삶과 화려한 궁중 정치 사이에는 넘지 못할 어떤 괴리가 존재한다는 사실을 깨달았다. 당시는 교황에게 이상적인 인품보다는 강력한 지도자와 행정가가 지녀야 할 자질이 더 많이 요구되던 시대였다. 거룩한 은둔자는 그런 정치게임을 더 이상 감당할 수 없었다. 5개월 9일 간의 악몽과도 같은 시간이 지나자 교황은 추기경들을 소집하고 그들이 보는 앞에서 화려한 법복을 벗었다. 그러고는 로마에 들어올 때처럼 갈색 옷으로 갈아입고 나서 잠시 바닥에 앉았다가 말없이 자리를 떴다.

거룩함만으로는 교황직을 유지할 수 없다는 사실을 알게 된 추기경들은 강력한 행정가를 후임자로 결정했다. 냉혹한 정치가 보니파시우스 8세(보니파시오 Bonifatius Ⅷ, 1295-1303 재위)가 첼레스티누스의 뒤를 이어 교황의 자리에 올랐다. 신임 교황이 제일 먼저 처리한 업무는 교황직을 포기한 노인(모로네)을 구금한 일이었다. 프란체스코회 수도사들이 은퇴한 노인을 앞세워서 체제전복을 꾀할지 모른다는 주변의 조언을 충실하게 따랐다. 체포된 노인은 좁고 축축한 방에서 고통을 겪다가 10개월 만에 비참한 최후를 맞이했다.

보니파시우스는 로마 주교가 서방 세계 전체를 다스려야 한다고 확신한 인물이었다. 하늘로부터 위임받은 교황청 권력과 그리스도인들 모두에 대한 지배권을 과시하려고 1300년을 희년으로 선포하고 그리스

피렌체 산타크로체성당 앞에 세워진 단테 상. 성당 안에는 단테 이외에도 마키아벨리와 갈릴레오가 함께 묻혀 있다. ⓒ유재덕

도인들을 로마에 초대했다. 로마는 전체 주민들의 두 배가 넘게 모인 인파와 고기 굽는 냄새, 향 피우는 냄새로 가득했다. 1302년에는 통제되지 않는 세속 권력을 상대로 '하나의 거룩한 교회'(Unam Sanctum)라는 이름의 교서를 발표했다. 불복종을 일삼는 국왕들을 겨냥한 교서에는 누구나 교황의 권위에 복종해야 한다는 내용이 담겼다. "영적인 칼과 세속의 칼은 모두 궁극적으로 그리스도를 지상에서 대리하는 교황의 몫이며, 군주가 교황에게 위탁받은 세속의 칼을 불법으로 휘두르면 교황에 의해 폐위될 수 있다."

교서는 프랑스와 잉글랜드가 주축이 되는 민족국가들과의 심각한 갈등을 예고했다. 교황파의 일원으로 활동하다가 1302년 피렌체에서 추방된 「신곡」(La Divina Commedia)의 저자 단테(Dante Alighieri, 1265?-1321) 역시 교황의 정치권력에 관한 논쟁에 참여했다. 그는 「제정론」(De Monarchia, ?)에서 교황 우위를 강조하는 주장을 반박하면서 현세의 행복과 영원한 구원이라는 최종 목적을 각각 관장하는 속권(황제)과 교권(교황)이 하나님에게서 동등하게 유래했다는 정교분리론을 확립했다. 다만 세속의 정치는 교회의 비판과 조언을 통해서 세상을 보다 힘차게 비출 수 있다는 단서를 추가했다. 「제정론」은 당연히 교황청의 금서목록에 올랐으나 나중에 제2차 바티칸공회(1962-1965)에서 단테의 주장을 가톨릭의 공식 견해로 인정했다.

프랑스 국왕 필리프는 세금징수 문제로 계속 갈등을 빚는 보니파시우스 교황을 이교도, 약탈자, 성직 매매자, 그리고 첼레스티누스의 살인자라고 강력하게 비난했다. 잉글랜드와의 전쟁에 필요한 자금줄을 압박하면서 신권을 강조하는 교황이 곱게 보일 리 없었다. 1303년, 필리프와 갈등이 깊어지자 신변의 위협을 느끼게 된 교황은 이탈리아 남부의 아냐니 성으로 급히 피신했다. 그러자 이탈리아에 파견된 필리프의 수하들이 성안으로 밀고 들어가서 고집을 꺾지 않는 교황의 따귀를 때리고 체포해서 프랑스로 압송하려고 했다. 소식을 들은 보니파시우스의 친척들이 서둘러 구해내서 바티칸으로 돌려보냈지만, 그 일로 크게 상심한 교황은 한 달 뒤에 세상을 떴다. 이로써 교황의 권위는 바닥으로 추락했다. 단테는 이 사건을 문명사적 전환점으로 규정했다.

교황권에 대한 저항은 교회와 세속 권력의 균형에 심각한 이상이 생겼다는 신호였다. 이것은 보니파시우스의 후계자가 교황의 거처를 프랑스로 옮기고, 군주가 교회의 재정과 정치를 실질적으로 통제하면서 더욱 분명해졌다. 그리스도의 대리자와 하나님의 대리자 사이에서 갈피를 못 잡던 추기경들은 갑작스런 죽음으로 독살설이 나돌던 베네딕토 11세(Benetictus XI, 1303-1304 재위)의 뒤를 이어 프랑스 국왕의 친구를 교황으로 결정했다.

클레멘스 5세(Clemens V, 1305-1314 재위)는 국왕의 눈치를 보느라 로마에 발을 들여놓지도 못하다가 마르세유에서 한 시간 거리인 아비뇽에 거처를 정했다. 아비뇽은 생계를 걱정하는 로마인들이나 신성로마제국 황제의 눈치를 살필 필요가 없는 곳이었지만 그곳에서 교황은 프랑스 국왕의 일개 가신에 지나지 않았다.

이탈리아 아레초 출신의 계관 시인 페트라르카(Francesco Petrarca, 1304-1374)는 아비뇽 사태를 이렇게 비난했다. "모든 선이 그곳에서 무너져 내리고 말았다. 처음에는 자유가 무너졌고, 그다음에는 안정, 기쁨, 희망, 신앙, 사랑이 차례로 무너졌다. 그것은 영혼의 끔찍한 상실을 의미했다. 그러나 소득만큼은 줄어들지 않아서 탐욕의 왕국에서는 그것이 손실로 계산되지 않은 셈이다. 그곳에서 장래의 삶은 지옥을 설명하는 공허한 우화로 통했다. 육신의 부활, 새날, 그리스도의 심판과 같은 모든 우화는 어리석기 짝이 없는 이야기로 보인다. 그곳에서는 진리가 광기로, 금욕이 바보짓으로, 겸손이 수치로, 방종이 관용으로 통한다. 생활이 지저분하면 할수록 그만큼 높이 평가받았다. 명예는 범죄의 정도에 비례했다."

이후로 1376년까지 교황들은 아비뇽에 머물렀다. 교황이 로마를 떠나서 지낸 게 이때가 처음은 아니었지만 이렇게 오랫동안 자리를 비운 적은 없었다. 얼마 뒤에 무화과로 독살된 클레멘스를 계승한 6명의 교황 역시 프랑스인이었고, 그들도 아비뇽 궁을 떠나려고 하지 않았다. 사람들은 이 시기를 유대인들이 바빌로니아에 70년간 유배된 것에 비유해서 '교황청의 바빌론 유배'(Captivititas Babylonica)라고 불렀다.

아비뇽의 교황들은 귀족 이상으로 호화로운 생활을 했고 부족한 자금은 세금을 늘려 충당했다. 72년간에 걸친 교황들의 아비뇽 체류는 시민들의 원성을 샀다. 결국 교황 그레고리우스 11세(그레고리오 Gregorius XI, 1371-1378 재위)가 1376년에 로마로 돌아왔는데, 거기에는 아비뇽 생활에 대한 부정적인 여론 이외에도 검토해야 할 또 다른 이유가 있었다.

✳ 하나님의 심판, 페스트

콘스탄티노플에서 급히 출항한 제노바 갤리선 12척이 지중해 항구들에 확산시킨 페스트는 전염병에 취약한 14세기 도시들을 희생물로 삼아서 들불처럼 유럽 전역으로 번져나갔다. 페스트가 서유럽에 최초로 등장한 것은 6세기 중반 무렵이었다. 비잔티움과 유럽을 휩쓴 페스트는 8세기 말에 잦아들었다가 1340년대 들어서면서 또다시 위력을 떨

첬다. 페스트에 전염된 사람들은 팔과 다리에 검은 반점이 생기고, 고약한 냄새를 풍기는 고름이 흐르다가 죽었기 때문에 흑사병이라고도 불렀다. 전염병의 정확한 전파경로는 현재까지도 제대로 규명되지 않았지만 의학계에서는 대체로 몽골 기마병들을 유력한 후보로 꼽는다.

1347년, 몽골 기마병이 흑해 북쪽에 있는 제노바의 무역기지 카파를 공격했다. 칸의 사망 후 혼란을 틈탄 동유럽 국가들의 반란에 대한 보복 공격이었다. 3년간 지루하게 전투를 벌이던 몽골군 진영에 페스트가 퍼졌다. 자니벡이라는 이름의 우두머리는 그것을 보고 일종의 생화학 공격을 생각해냈다. 몽골군의 부패한 시체들을 투석기를 이용해서 성 안으로 날려 보내도록 병사들에게 지시를 내렸다. 겨우 지옥과도 같은 성을 빠져나온 이탈리아 사람들 가운데 일부가 1347년 콘스탄티노플에 도착하자 함께 따라온 페스트가 퍼지는 바람에 졸지에 수천 명의 시민들이 사망했다. 페스트는 동방지역에서 계속 확산되어서 이슬람권에서는 인구 3명당 1명이 목숨을 잃었다.

이탈리아에서도 마찬가지로 죽음의 광풍이 불어 닥쳤다. 제노바와 피사를 거쳐서 이탈리아에 상륙한 일부 상인들이 페스트를 함께 들여왔다. 쥐들이 주로 옮기는 공포의 전염병에게는 눈이 따로 없었다. 지위의 높고 낮음, 재물의 많고 적음, 저택과 골목집을 따지지 않은 죽음 앞에서 모두가 평등했다. 수백 명이 죽은 시에나에서는 살아남은 사람이 이런 기록을 남기기도 했다. "밤낮으로 수백 명의 사람이 죽어서 그들 모두… 구덩이에 던져 넣고 흙으로 덮었다. 그리고 나는… 다섯 명의 우리 아이들을 내 손으로 묻었다. …그리고 수많은 사람들이 죽어서 모두가 세상의 종말이 닥쳤다고 생각했다."

14세기 이탈리아 작가 보카치오(Giovanni Boccaccio, 1313-1375)

는 「데카메론」(Decameron, 1350-1353)에서 1348년, 꽃의 도시 피렌체에 흑사병이 닥쳤을 때의 끔찍한 상황을 생생하게 소개했다. "처음 병에 걸리게 되면… 사타구니나 겨드랑이에 종기가 생겼는데, 이런 종기 중 어떤 것은 사과 크기만큼 자라났고, 다른 어떤 것은 달걀 정도만 했다. 사람들은 이 혹을 페스트 종기라고 불렀다."

같은 해에 흑사병은 프랑스를 휩쓸었고, 1349년에는 도버해협을 건너 잉글랜드에 상륙해서 인구 절반의 목숨을 앗아갔다. 그리고 계속해서 1350년에는 북유럽을 거쳐 아이슬란드와 러시아까지 피해를 입혔다.

유럽을 휩쓴 흑사병으로 1400년경의 유럽 전체 인구는 흑사병 발생 이전보다 삼분의 일 수준으로 줄었다. 콘스탄티노플에서는 전체 주민의 88퍼센트가 목숨을 잃었다. 파리는 하루에만 무려 800명이 흑사병에 노출되어 죽어갔다. 피렌체에서는 10만 명이 목숨을 잃었다. 수많은 사체들이 땅에 묻히지 못한 채 거리에서 그냥 썩어갔다. 어떤 사람은 이런 기록을 남기기도 했다. "그리고 죽은 사람을 추모하는 종은 울리지 않았고, 누가 목숨을 잃어도 눈물을 흘리는 법이 없었다. 죽음을 피할 수 있다고 생각한 사람은 아무도 없었기 때문이다."

흑사병의 희생자들은 두 볼에 불그레한 반점들('하나님의 표시')이 생겨났고 죽어가면서 연신 재채기를 해댔다. 사람들은 사체에서 풍기는 악취를 가리려고 주머니에 꽃을 채우고 모여들었다. 그러면 부모는 죽은 자식을 위해 구슬프게 노래를 불렀다. "얼굴에는 반점, 주머니에는 꽃이 가득. 에취! 에취! 우리 모두 망했구나!" 아침마다 시신을 거두는 수레가 마을을 돌면 부모가 자식을, 자식이 부모를 내다버렸다.

보카치오는 당시 사람들이 네 가지 방식으로 페스트에 반응을 보였

페스트(뵈틀린) ⓒWP

다고 전한다. 첫째 부류는 지방이나 외진 곳으로 피신해서 다른 사람들과 떨어져서 절제하며 지냈다. 이것은 주로 상류층 귀족들이 선택하던 방식이었다. 아비뇽의 교황도 흑사병에 걸렸다가 회복된 뒤로는 누구도 쉽게 궁전에 들이려고 하지 않았다. 둘째 부류는 세상에 종말이 닥친 것처럼 난잡한 파티를 벌이면서 몸을 마구 내굴렸다. 셋째 부류는 웃옷을 벗은 채 쇠붙이가 달린 채찍으로 자신의 몸을 때리면서 여러 마을을 행진했는데, 이 때문에 오히려 흑사병이 더 쉽게 전파되기도 했다. 그리고 넷째 부류는 공포를 타인들에게 투사함으로써 해결하려고 했다. 그 덕분에 유대인들이 폭력적인 군중의 희생양이 되어야 했다.

유대인들이 흑사병의 전파와 관련이 있다는 소문이 나돌자마자 도시마다 교황의 강력한 반대에도 불구하고 함께 어울려서 지내던 유대인들을 남김없이 살해하고 집마다 불을 질렀다. 예수 그리스도를 불신하고 십자가에 매단 유대인을 제거하는 일은 하나님이 내린 심판을 면하는 데 필수적인 속죄행위와 다르지 않은 것으로 받아들였다.

페스트가 창궐하던 시기에 유대인의 대량학살은 스위스, 독일, 프랑스, 에스파냐를 포함해서 유럽 전역에서 흔하게 행해졌다. 하지만 그런 노력에도 흑사병이 수그러들 기미를 보이지 않았다. 뚜렷한 대책을 찾지 못했지만 시간이 흐르자 서서히 상황이 수습되기 시작했다.

흑사병은 사회구조를 전반적으로 바꾸어놓았다. 일단 사람들이 많이 죽자 노동력이 대폭 감소했다. 노동력을 기반으로 하는 장원제도는 순식간에 괴멸상태로 치달았다. 농촌에서는 많은 인력들이 요구되는 농사 대신 적은 인력으로도 가능한 목축이 증가했다. 사회적 유동성이 감소하는 만큼 부자와 빈민 간의 양극화는 한층 심화되면서 기층민과 귀족이나 부유한 상인 간의 갈등이 폭동으로 곧잘 비화했다.

유럽 사회의 변화를 목격한 마키아벨리(Niccolo Machiavelli, 1469-1527)는 신앙과 이성을 대체한 '힘'의 모습을 나중에 이렇게 묘사했다. "하나님과 자연은 모든 사람들의 운명을 근면보다는 약탈에, 좋은 기술보다는 간계에 더 노출시켜놓았다. 때문에 사람들은 서로를 잡아먹으려 하고, 가장 힘없는 자들은 항상 별 볼일 없는 존재가 되고 만다." 교회의 절대 권력 역시 더불어 붕괴했다. 사람들은 흑사병을 그 시대가 범한 죄의 결과, 보다 구체적으로는 로마의 교황에게 내려진 하나님의 심판으로 간주했다.

* 카타리나와 서방의 대분열

흑사병이 잦아들었다고 해서 유럽에 곧장 평온이 찾아오지는 않았다. 잉글랜드와 프랑스가 백년전쟁을 지속하고 있었고, 교회 안에는 또다시 부패가 성행했다. 흑사병으로 성직자들이 세상을 떠나거나 피신하는 바람에 그 빈자리를 자격 없는 사람들로 채우다 보니 상황은 더 이상 나아지지 않았다.

서른세 살의 나이에 세상을 떠났지만 나중에 여성으로서는 드물게 교회박사로 추대된 이탈리아 출신 신비주의자 시에나의 카타리나(Catarina de Siena, 1347-1380)는 교황을 로마로 데려오려고 애썼다. 카타리나의 고향 시에나는 교황의 위세를 등에 업고 주도권을 행사하는 프랑스인들을 상대로 유혈혁명을 일으켜서 자치권을 획득할 만큼 자주적이었다. 카타리나는 교황을 압도하는 수준의 영적 권위를 발휘해서 교황 그레고리우스 11세가 아비뇽을 떠나게 만들었다.

카타리나는 아주 일찍부터 신비체험을 여러 차례 했고, 16세의 나이에 도미니쿠스 제3회(만텔라테회)에 가입했다. 여성 평신도들이 모여서 만들어진 그 단체는 수도사의 복장을 착용했지만, 일반 수도사들과 달리 각자 자기 집에서 생활하면서 어렵고 소외된 이들을 돕는 일을 도맡아했다. 카타리나는 입회 후 3년간 기도와 금식에 힘쓰면서 침묵의 시간을 보냈다. 1368년, 환상을 통해 자신의 소명을 확신하게 된 카타리나는 흑사병이 시에나를 휩쓸 때에도 피할 생각을 하지 않고 동료들과 함께 헌신적으로 환자들을 보살폈다. 이런 사실이 사람들 사이에서 알려지면서 카타리나는 상당한 명성을 얻었다.

또 다른 환상을 목격한 카타리나는 1370년부터 1474년 사이에 사회 문제에 적극적으로 관여

시에나의 카타리나 ⓒWP

하면서 발언을 쏟아내기 시작했다. 카타리나의 관심은 교황의 귀환에 전적으로 쏠렸다. 교황이 아비뇽에서 로마로 돌아오기를 그리스도가 바라고 있다고 확신한 그녀는 교황에게 직접 서신을 보냈다. "존경하는 교황 성하, 당신을 부르고 계시는 성령님에게 응답하십시오!" 카타리나는 말로 끝을 내지 않았다. 직접 유럽 전역을 돌아다니면서 아비뇽에서 풍기는 '죄의 악취'를 없애도록 촉구하는 설교를 계속해나갔다.

카타리나가 꿈꾸던 일이 마침내 현실이 되었다. 1377년, 교황 그레고리우스 11세(그레고리오 Gregorius XI, 1370-1378 재위)가 로마에 있는 교황청으로 돌아왔다. 그렇다고 해서 교회의 갈등이 완벽하게 해결되지는 않았다. 교황은 로마에 돌아온 지 1년 만에 세상을 떴다. 대다수의 추기경들은 프랑스 출신의 후임 교황을 원했다. 그러자 교회 밖에서 비난 여론이 들끓었다. 경제적으로 상당한 이익을 안겨주는 교황청이 또다시 아비뇽으로 옮겨갈까봐 조바심을 낸 군중들이 신임 교황을 선출하려고 추기경들이 모인 콘클라베로 몰려가 외쳤다. "로마인을! 로마인을! 우리는 로마인을 원한다!"

추기경들은 자신들을 에워싼 군중들의 폭동을 막아보려고 어느 나이 많은 로마인 추기경에게 거짓으로 교황의 옷을 입혀 행진하게 했다. 그러나 효과는 없었다. 오히려 사람들의 고함이 더 살벌하게 바뀌었다. "추기경들을 죽여라!" 마침내 추기경들은 군중과 타협하지 않을 수 없었다. 그들은 욕심을 접고 이탈리아(로마가 아니라) 출신의 교황 우르바누스 6세(우르바노 Urbanus VI, 1378-1389 재위)를 세우는 선에서 만족해야 했다.

얼마 지나지 않아서 추기경들은 교황 우르바누스 6세에 대한 지지를 철회했다. 그것은 지역감정이라기보다는 자질이 부족한 교황이 직접 자초한 일이었다. 성정이 난폭한 교황은 폭음을 일삼으면서 이렇게 주장했다. "나는 무슨 일이든지 할 수 있다. 내가 좋아하는 일이라면 무엇이든지 말이다!" 교황은 자신을 비난한 추기경들을 체포하고 고문을 가해서 일부의 목숨을 빼앗기까지 했다. 추기경들은 교회법상 교황을 폐위할 권한이 자신들에게 없다는 것을 잘 알고 있었지만 인내가 바닥나자 우르바누스 교황의 선출을 무효로 선언했다. 콘클라베가 강압적 상황에서 진행되었다는 게 그들의 명분이었다.

그 대신 제네바 출신의 클레멘스 7세(Clemens VII, 1378-1394)를 교황으로 선출했는데, 새롭게 즉위한 교황은 또다시 아비뇽으로 돌아갔다. 우르바누스가 반발하면서 교황직을 계속 고수하겠다는 뜻을 밝히자 유럽 국가들 전체가 로마와 아비뇽으로 양분되었다. 이른바 대분열 시대의 시작이었다. 잉글랜드와 독일, 폴란드, 헝가리, 스칸디나비아 왕국은 기존의 교황 우르바누스를 인정했으나 프랑스, 스코틀랜드, 에스파냐, 사보이, 나폴리, 부르군디는 클레멘스를 지지하고 나섰다.

1404년, 아비뇽과 로마의 추기경들은 교회가 주도하는 분열사태를 더 이상 두고 볼 수 없다는 데 의견을 같이 하게 되었다. 그들은 피사에 모여서(피사공회) 이렇게 선언했다. "교회의 하나 됨은 교황의 하나 됨에 의존하지 않거나 관계가 없다." 바꾸어 말하자면 이제 교회는 어떤 통일된 결정을 내리는 데 있어서 교황을 굳이 필요로 하지 않는다는 것이었고, 교회의 공회가 전체 교회를 결집하는 통일된 결정을 내릴 수 있다는 공식적인 선언이었다. 추기경들은 프랑스인이나 이탈리아인 교황을 모두 배제하고 나서 또다시 로마 출신의 교황을 선출했다.

그렇지만 문제는 해결되지 않고 오히려 더 복잡하게 꼬여갔다. 전임 교황들은 공회의 결의에도 불구하고 간단하게 자리에서 물러나려고 하지 않았다. 한동안 두 명의 교황 때문에 골치를 썩였는데, 이제는 교황이 셋으로 늘어나니 더욱 오리무중이었다. 교황들은 상대 교황들과 그들을 따르는 추종자들을 번갈아서 파문했다. 마침내 1417년 알프스와 가까운 독일의 남부도시 콘스탄츠(Konstanz)에서 개최된 만국공회(1414-1418)가 기존의 교황들을 전부 해임하고 새롭게 교황을 선출함으로써 혼란이 정리되었다. 말없이 사태를 줄곧 지켜본 사제들과 평신도들은 진정한 교회를 어디에서 찾아야 할지 난감하기만 했다.

〔 진정한 교회는 어디에 있을까 〕

교회가 처한 상황은 거의 절망에 가까웠다. 교황들은 부족한 재원을 확보하려고 온갖 편법을 동원했다. 새로운 성직을 임명하면서 세금을 걷었고 교구를 방문할 때는 주교에게 지출되는 자금마저 착복했다. 그로 인한 재정 고갈로 주교들과 수도회들이 제 역할을 감당하지 못했다. 아비뇽 교황들은 그렇게 마련한 자금을 이탈리아에 있는 자신들의 영지를 지키는 전쟁에 아낌없이 쏟아부었다. 그때 잉글랜드에서는 위클립이 평신도 중심 운동을 일으켰다. 위클립은 진정한 교회가 무엇인지 새롭게 정의하려고 시도했다. 대륙에서는 후스가 그의 정신을 직접 계승했다. 그리고 네덜란드를 공동생활형제단은 네덜란드를 중심으로 그리스도에 대한 신비한 헌신과 수준 높은 학문을 결합해서 당시 교회의 한계를 극복하려고 했고, 인문주의자들은 고대 문헌에 집중했다.

* 성서에 근거한 교회
존 위클립(John Wycliffe, 1324?–1384)은 교회만이 성서를 정확하게 해석할 수 있다는 교황의 주장에 동의하면서도 교회의 진정한 의미를 새롭게 정의하려고 했다. 옥스퍼드대학에서 가르치고 목회하던 위클립은 교회가 예전을 확립하고 세속의 부를 축적하기 이전 상태로 돌아가서 교부들에게 교훈을 얻어야 한다고 주장했다.

위클립은 첫해의 수입을 교황에게 바치는 성직취임세와 성직매매

같은 로마교회의 돈벌이를 강력 비난하면서 교황이나 사제, 또는 성례전이 교회를 지탱하는 토대가 될 수 없다고 역설했다. 직제나 계급이 아닌 예수 그리스도를 통해서 하나님의 부름을 받은 사람들 모두가 교회였다.

위클립은 성서를 교회의 최고의 권위이면서 신앙과 인간의 완전한 표준으로 간주했다. 따라서 성서에 기록된 모든 것에 순종해야 하고 성서 이외의 것들은 일체 인간이 만들어낸 것이고 미신에 불과했다. 특히 로마교회가 대대로 전가의 보도처럼 앞세우는 교황제도는 성서 어디에서도 근거를 찾을 수 없으니 굳이 신뢰하거나 복종할 필요가 없었다. 위클립은 로마교회를 향해서 반문했다. "교황들이여, 그대들을 가장 귀한 아버지로 불러달라고 말하는 것이 도대체 무슨 소용이 있는가?"

위클립은 소위 첫 번째 '성서의 사람들'(Bible-men)이었다. '성서의 사람들'이라는 이름은 위클립의 사상을 전파하는 소박한 옷차림의 가난한 설교자들을 가리키는 동시에 공포와 모욕의 상징이기도 했다. 성서의 사람들은 라틴어 성서를 영어로 번역하는 한편, 교회가 조성한 묘지나 행인들이 오가는 시장에 갑자기 나타나서 위클립의 성서신학을 거침없이 전파했다. 그들은 전통적으로 교회가 가르쳐온 고해성사나 순례, 성인들에게 바치는 기도, 면죄부의 판매, 성물숭배 등은 비성서적이며 신앙생활에 무익하다고 비판했다.

로마교회의 탐욕에서 비롯된 그릇된 구습은 "비싼 안장과 말굴레와 종을 매단 말을 타고 사치스런 털외투를 입고 으스대면서도 이웃의 아낙들과 어린이들이 굶어 죽어가는 것을 즐겁게 구경만" 하는 사제들의 돈벌이 수단에 지나지 않는다는 게 성서의 사람들의 판단이었다. 성찬식 때 포도주와 빵이 그리스도의 살과 피로 변한다는 화체설 역시 배격

종교개혁의 샛별 존 위클립

했다. 위클립은 "성체는 그리스도가 아니며 그리스도의 한 부분도 아니고 유효한 상징"에 불과하고 "파리 다리만큼의 가치도 없는 교황이 만든 율법은 모두 털어내야 한다"고 가르친 바 있었다.

위클립은 교회에 속한 사람들이라면 누구나 성서를 힘써 알아야 한다고 주장했다. 그러기 위해서는 성서를 영어로 번역해야 했다. 위클립은 하나님이 특정 언어(라틴어)를 다른 언어보다 더 중요하게 여기지 않는다고 주장했다. 라틴어가 성직자들의 신앙교육에 도움이 되는 것처럼 평범한 사람들의 신앙교육을 위해서는 성서를 영어로 번역해야 한다는 게 그의 생각이었다. "성서가 그리스도를 전하고 있으며, 구원에 필요한 모든 것을 가르치고 있는 한 성서는 성직자만 아니라 모든 사람을 위해서 존재해야 한다." 위클립 이전에도 성서를 영어로 번역하려는 시도가 일부 있었지만, 성서 전체에 도전한 것은 그가 처음이었다.

위클립은 교회의 반대를 무릅쓰고 추종자들의 도움으로 라틴어성서를 영어로 번역하기 시작했다. 교회는 그런 시도에 분노했다. 당시 교회의 역사가는 성서가 "이전에는 가장 학식 높은 성직자에게만 열려 있었지만 이제는 평신도들, 심지어 글을 읽을 수 있는 아낙네들에게 더 많이 열리게 되었다"고 기록했다. 성서를 라틴어 이외의 언어로 번역하는 행위는 진주를 돼지에게 던져서 짓밟히게 하고 웃음거리로 만드는 것일 뿐 아니라 성직자의 보화를 평신도의 장난감으로 전락시키는 것이라고 비난했다.

잉글랜드의 대중은 위클립을 영웅으로 치켜세웠다. 반면에 교회 지도자들의 생각은 달랐다. 그들에게 위클립은 위험한 이단자였다. 로마 교황은 위클립을 두 차례나 재판정에 세우려고 노력했다. 그러나 정치적인 문제와 자연재해로 그 시도는 번번이 무산되었다.

위클립은 1384년에 갑자기 세상을 떠났다. 위클립 사후에 추종자들이 성서를 완역해냈다. 그들은 영국 전역에서 위클립의 개혁사상을 전파했다. 우호적인 사람들은 그들을 '가난한 설교자들'이라고 불렀으나 적들은 '롤라드파'(Lollards)라고 불렀다. 네덜란드어로는 '중얼거리는 자들', 그리고 라틴어로는 '독보리'라는 뜻이었다.

위클립의 사상은 영국 해협을 건너 대륙으로 급속히 번졌다. 1400년경에는 프라하와 보헤미아(현재 체코공화국)에까지 도달했다. 보헤미아의 주교들은 서둘러서 위클립의 저서들이 유통되는 것을 금지시켰다. 그러나 대학 교수이면서 사제로 활동하던 얀 후스(Jan Hus, 1369?-1415)가 이미 위클립의 저서들을 모두 읽고 난 뒤였다. 후스에게는 위클립의 사상과의 만남이 목숨과 맞바꿀 정도로 소중했다.

위클립 성서 ⓒWP

후스는 프라하의 강단에서 위클립의 주장을 동일하게 전파했다.
1407년에는 교회가 설교권을 박탈해버렸다. 후스는 물러서려고 하지
않았다. 교황권을 신랄하게 비난하면서 성서의 교훈과 일치할 경우에
만 교회에 복종하는 게 마땅하다고 가르쳤다. 아울러 그는 성찬식에서
평신도들에게 포도주 잔을 돌리지 않는 것은 잘못이라고 공개적으로
주장했다.

체코어로 '거위'라는 뜻의 이름을 가진 후스는 가난한 시골 출신으
로 프라하의 카렐(또는 카를)대학에서 인문학을 공부했다. 1404년에
신학석사가 된 후스는 교수가 되었고 나중에는 자국민 우대 정책 덕분
에 총장까지 지냈다. 후스는 카렐대학 베들레헴 예배당에서 12년간 서
민들을 상대로 라틴어가 아닌 체코어로 설교를 하는 한편, 강해서를 집
필했다. 성서의 본문을 알레고리적으로 해석하고 거기에 비유와 예화
를 곁들이는 설교는 인기가 높았다. 그뿐만 아니라 교리교육을 사제의

사명으로 간주한 후스는 연령이나 계급과 무관하게 전체를 상대로 교육적인 저서들을 집필했다. 이런 교육적 노력은 체코의 종교개혁을 추동하는 에너지가 되었고, 나중에는 체코형제단의 마지막 주교를 지낸 얀 코멘스키(코메니우스 Jan Amos Kommensky, 1592-1670)에게로 이어졌다.

후스는 교황을 정면으로 비판했다. "면죄부를 파는 교황은 가룟 유다와 다르지 않다"고 죽음을 각오하고 발언했다. 가톨릭교회는 성찬식의 분잔을 노골적으로 문제삼았다. 전통적으로 교회는 사제들에게만 성찬잔이 허락된 것으로 받아들여서 평신도들에게는 기회를 주지 않았다. 후스와 추종자들은 전통을 무시하고 성찬식에서 평신도들에게 떡과 포도주를 베풀었다. 이른바 '이종성찬'(utraquism)은 1414년에 처음으로 시행되었다가 나중에는 후스파 종교개혁의 상징처럼 되었다. 로마교회가 이종성찬을 근거로 후스와 추종자들을 이단으로 정죄한 것은 그 기저에 깔린 정치적 의미를 간파했기 때문이었다. 평신도에게 분잔하는 것은 사제와 평신도 사이에 존재하는 위계질서를 노골적으로 부정하는 행위였다.

처음에 신성로마제국의 황제이면서 동시에 보헤미아 국왕이었던 카를 4세(카렐 Karl Ⅳ, 1355-1378 재위)는 평소 가깝게 지내던 후스를 옹호했다. 황제는 교황의 도움이 필요한 처지가 되자 곧장 태도를 바꾸었고, 그렇게 해서 후스는 몸을 숨기지 않을 수 없게 되었다. 1415년에 후스의 거처를 찾아낸 황제의 사신은 앞에서 이미 거론한 바 있는 콘스탄츠(Konstaz)공회에 참석해서 스스로 입장을 변론하도록 요구했다.

후스는 신변을 보장한 황제의 제의를 의심 없이 문자 그대로 받아들였다. 하지만 추기경들은 공회에 참석한 후스에게 사전에 했던 약속을

체코의 밤베르크에 세워진 얀 후스의 동상 ⓒWP

헌신짝처럼 내버렸다. 얼마 뒤에 후스는 이단판결을 받고 감금되었다.

후스의 죄목은 이랬다. "화체설을 믿지 않고… 교황의 무오성에 대한 믿음을 모독했으며… 고백성사를 받고 죄 사함을 선언하는 사제의 권능에 이의를 제기했으며… 세상의 권세자들에 대한 절대적 복종을 거절했으며… 사제들의 금혼 원칙을 거부했고… 면죄부 판매를 성직에 이용한 매매 행위라 칭했고, 성령을 거스르는 죄를 범했다." 하지만 후스는 콘스탄츠 공회의 강력한 압박에도 불구하고 여전히 자신의 주장을 철회할 마음이 없었다. 그는 이렇게 말했다. "나는 예수 그리스도께 호소한다. 그분은 그릇된 증언이나 잘못된 공회가 아닌 진리와 정의를 기초로 판결하실 터이기 때문이다."

1415년 7월 6일, 공회에 참석한 추기경들은 결박된 후스의 머리에 악마가 그려진 종이 모자를 만들어서 씌웠다. 교회는 아무리 이단자라고 해도 마음대로 목숨을 빼앗을 수는 없었다. 그래서 추기경들은 후스를 국왕의 군대에 넘겼다. 대성당에서 끌려 나온 후스는 자신의 저서들이 장작더미 위에서 불타고 있는 공동묘지를 지나서 라인 강가에 설치된 화형대로 끌려갔다. 화형대에 오르던 후스는 의미심장한 예언을 남겼다. "그대들은 지금 거위 한 마리를 불태우지만 한 세기가 지나지 않아서 태우지도 끓이지도 못할 백조를 만나게 될 것이다." 후대 사람들은 후스가 예언한 백조를 독일의 종교개혁자 마틴 루터로 해석했다.

병사들이 후스를 기둥에 묶고 산채로 화형 집행을 준비하자 후스는 기도했다. "주 예수여, 제발 원수들을 불쌍히 여기소서." 그는 시편을 노래하면서 세상을 떠났다. 후스의 적들은 화형 뒤에 남은 재와 흙을 강에 부어서 흔적까지 없애려고 했다. 혹시라도 사람들의 성물이 될까 봐 두려워한 것이었다. 후스를 이단으로 판정한 콘스탄츠 공회는 더 나아가 이미 세상을 떠난 존 위클립까지 파문하고 저서를 불태웠다. 1428년에는 무덤을 파헤쳐서 유해를 다시 화형에 처하고 남은 재를 위클립이 목회하던 루터워스를 통과하는 강에 뿌렸다. 후스와 위클립의 잿빛 유골에 물든 라인강과 스위프트강은 바다로 흘러갔고, 덕분에 온 세계가 위클립과 후스의 묘소가 되었다.

후스파들에 대한 박해는 군사적 충돌을 빚었다. 1420년부터 1431년까지 교황의 군대가 후스파를 공격했다. 후스파는 다음과 같은 '프라하의 4개 조항'을 앞세우고 강력하게 맞섰다. 첫째, 사제들이 하나님의 말씀을 자유롭게 선포하게 할 것. 둘째, 이종성찬을 시행할 것. 셋째, 사제들의 세속 지위를 일체 박탈할 것. 넷째, 지위고하를 무론하고 누구든지(사제를 포함해서) 죽음을 면할 수 없는 죄를 범하면 처벌할 것.

대의를 앞세운 후스파는 중무장한 로마의 십자군을 물리쳤다. 후스파의 약진은 독일과 프랑스, 그리고 영국에까지 영향을 미쳤고, 결국 로마교회는 후스파와 협정을 체결하고 핵심 사항들을 수용해야 했다. 이후로 후스파는 내부 분열과 가톨릭의 공격이라는 이중고를 겪고 세력을 상실했으나 후대 역사가들은 후스를 종교개혁의 샛별로, 그리고 추종자들의 수고를 제1차 종교개혁운동으로 평가한다.

✳ 경건한 삶에 근거한 교회

곳곳에서 새로운 종교운동이 활기를 띠어갈 무렵 데벤테르와 캄펜(현재 네덜란드) 같은 유럽 서북부의 저지대 해양 도시들은 여전히 조용했다. 14세기 말까지 프란체스코수도회를 비롯한 여러 탁발수도회들이 활동했지만 별다른 힘을 쓰지 못했다. 구걸 방식만으로는 생존을 위해 유럽의 강력한 도시들 틈바구니에서 '신중한 독립과 조용한 기회주의'

라는 전략을 따르는, 상업 중심의 냉철한 주민들의 마음을 얻을 수 없었다. 그런데 얼마 지나지 않아 그곳에서도 중세 말기의 징후들이 나타났다. 페스트를 천형으로 간주한 대규모 채찍질 고행자들이 그곳까지 찾아왔다. 일부에서는 소요를 야기해서 재정을 후원받고 교회를 비판하거나 추종자를 확보하기도 했다. 그런데 이들과 달리 주민들의 마음을 조용히, 그러면서도 혁명적으로 움직인 작은 음성을 가진 사내가 등장했다.

그가 바로 헤르트 흐로테(Geert Groote, 1340-1384)이다. 그는 아시시의 프란체스코처럼 부유한 의류상인의 아들이었다. 흐로테 가문은 한자동맹(Hanseatic League)의 일원이면서 에이설 강가에 위치한 교역 중심지 데벤테르에서 대대로 직물판매를 중개하면서 부를 축적했다. 흐로테는 파리에서 신학과 법학을 전공했지만 원하는 기회를 잡지 못했고, 1372년에 중병을 앓다가 회심을 경험했다. 건강을 회복한 흐로테는 프란체스코를 본받아 과거의 허영심과 물질주의를 포기해버렸다. 추종자들과 형제회를 조직했는데 수도회의 회칙이나 서약은 일체 요구하지 않았다. 거창한 명분을 앞세우고 설립했다가 환멸로 끝나는 기존 수도회들의 전철을 밟고 싶지 않았다.

형제회원들의 삶은 아주 소박했다. 일상을 지속하면서 성직자들과 함께 섞여 살았다. 성직에 별다른 권위를 부여하지 않으니 신분상의 구분 역시 존재하지 않았다. 그뿐만 아니라 서책을 필사하고 교육하는 일에 힘쓰면서 두드러진 활동을 벌이지 않을 정도로만 세상을 등졌으니 수도사들처럼 굳이 한적한 곳을 찾아가거나 홀로 은둔할 필요가 없었다. 흐로테는 베네딕투스처럼 노동을 중시했는데 관점은 달랐다. 베네딕투스는 게으름을 쫓으려고 노동을 강조했으나 흐로테는 노동을 신앙생활의 필수 도구로 간주했다.

　얼마 지나지 않아서 서유럽 변경의 낮고 습한 저지대 지역에서 살고 있는 사람들은 형제회가 중남부 유럽에서 유래한 다른 수도회들과 성격이 다르다는 것을 깨달았다. 베네딕투스수도회는 세상을 등지고 떠났다가 오히려 세속 권력의 중심부를 차지했고, 시토수도회는 인적이 드문 변두리로 나갔다가 누구보다 강력한 경제력을 소유하게 되었다. 프란체스코수도회는 가난에 스스로 헌신하고 걸인을 자처하다가 편리한 대도시 중심부에 안락한 둥지를 틀었다. 중세 말기 수도회들의 실상이라는 게 대체로 그랬다.

　형제회는 외적이고 실속 없는 형식보다는 신앙의 내적 차원을 강조했다. 흐로테는 동료 그리스도인들에게 십자가와 도덕성을 간절하면서도 조용히 묵상하도록 요구하는 '새로운 헌신'(Devotio Moderna)이라는 영성훈련을 제시했다. 1382년에 완공되어 현재까지 보존되고 있는 위트레흐트의 화려한 돔 첨탑을 실속 없는 외적 교만의 상징물이라고 비난했다. 흐로테의 메시지는 흑사병, 낮아진 기후 때문에 거듭되는 흉작, 그리고 사회정치적 불안에 시달리고 있는 당시 사람들에게 상당한 호소력을 발휘했다. 그는 자신의 집을 가난한 여성들에게 개방해서 생활할 수 있도록 했다. 이 '자매들'은 형제들만큼이나 적극적이어서 운동의 확산에 크게 이바지했다.

　형제회는 한걸음 더 나아가 그리스도에 대한 신비적 헌신과 수준 높은 학문을 결합했다. 일상의 신앙생활을 꼼꼼히 기록하고 함께 읽었다. 나중에 공동생활형제단으로 알려진 그들의 메시지는 네덜란드의 동부지역은 물론이고 라인강 인근 도시들과 남서부의 인구밀집 지역으로까지 확산되었다. 그리고 조금 더 시간이 지나면서 저지대 국가들과 독일 지역에는 100개 정도의 공동체가 형성되었다. 형제회 멤버들 가운데는 캄펜 출신 토마스 아 켐피스(Thomas a Kempis, 1380?-1471)가 있었다. 토마스가 집필한 「그리스도를 본받아」(De Imitatione Christi)는 1471년부터 1500년까지 30년 동안 무려 99판을 거듭했다. 학문과 경건을 결합한 내면의 강력한 음성 덕분이었다. 토마스는 당시의 내용 없는 형식주의를 경계했다.

> 겸손함도 없이 삼위일체같이 버거운 주제를 이야기하는 것이 무슨 소용이 있는가? 아무리 대단한 말이라고 해도 거룩하고 의롭게 만들 수 없음을 명심해야 한다. …성서의 내용을 잘 알고 또 온갖 철학자들의 말을 꿰고 있을지라도 하나님의 사랑과 은혜가 없다면 그 무슨 소용이 있는가? 하나님을 사랑하고 섬기는 것 외에는 그 어느 것도 헛되고 헛되니 모든 것이 헛될 뿐이다.

흐로테의 형제회는 나중에 공동생활형제단과 수도원 개혁운동으로 각각 발전해나갔다. 특히 공동생활형제단은 젊은이들의 교육에 관심을 갖고 저지대 국가들과 독일, 프랑스에 학교와 대학을 세우고 교사로 활동했다. 에라스무스, 루터, 칼뱅 모두 공동생활형제단이 운영한 학교 출신이었다는 것은 결코 우연이 아니었다. 흐로테와 토마스 아 켐피스를 비롯한 형제회는 사실 가톨릭교회와 단절을 고려한 적이 없어서 종교개혁의 선구자로 간주하는 것은 무리이다. 하지만 외적인 것에 치중하는 제도권 교회를 강하게 비난하고, 교회에서 소외된 이들을 보살피며, 수도원과 일상생활, 학문과 영성을 결합한 시도는 중세와 종교개혁을 넘어서서 오늘날까지 강력한 영향력을 발휘하고 있다.

[동방제국의 멸망, 그리고 르네상스]

오스만제국에 새로운 지도자가 등장했다. 1425년 2월, 한창 나이였던 술탄 무라트 2세가 저녁 만찬장에서 갑자기 쓰러졌다가 바로 세상을 떴다. 종교생활을 위해 술탄의 자리를 아들 메흐메트 2세에게 양위했다가 유럽군과의 전투를 빌미로 복위한 뒤의 일이었다. 아버지의 죽음으로 또다시 술탄에 오르게 된 메흐메트 2세는 여전히 십대(19세)였다. 1204년에 있었던 제4차 십자군의 콘스탄티노플 약탈 이후 기력을 회복하지 못하던 비잔티움 황제에게는 더할 수 없는 낭보였다. 더 이상 오스만제국의 압박에 시달리지 않아도 될 것 같았다. 실제로 어린 술탄은 주변 국가들에 호의적인 태도를 보여 안심시켰다.

하지만 그것은 겉모습뿐이었다. 술탄은 어린나이에 어울리지 않게 차근차근 콘스탄티노플을 공략할 준비를 해나갔다. 수도원과 교회의 건물을 해체해서 다량의 석재와 목재를 확보했다. 콘스탄티노플과 흑해 연안 항구들을 잇는 연결고리를 끊는 동시에 콘스탄티노플을 포위 공격하는 데 거점이 될 요새를 건축할 요량이었다. 넉 달 보름 만에 콘스탄티노플 바로 북쪽 위에 오스만 튀르크의 요새가 완성되자 콘스탄티노플의 여론은 크게 술렁였다. 목전으로 다가온 전쟁을 대비해서 무기와 물자를 나름 비축해두었지만, 술탄이 석벽으로도 감당이 쉽지 않은 괴물처럼 거대한 대포를 제작해서 확보했다는 첩보가 날아들자 황제와 주민 모두 절망했다.

* 콘스탄티노플의 함락

1453년 5월 28일, 오스만제국의 술탄 메흐메트 2세(Mehmet Ⅱ,

1432-1481)는 천년의 고도를 공략할 만반의 준비를 마쳤다. 메흐메트 2세는 5개월간의 봉쇄를 마무리하고 공세에 나설 때라고 판단했다. 그 런데 정작 강력한 적을 마주한 비잔티움의 황제 콘스탄티노스 11세 (Constantinos XI, 1405-1453)는 어디에도 도움을 청할 곳이 없었다. 로마 교황은 진심으로 도우려고 했으나 그저 마음뿐이었다. 신성로마 제국 황제를 설득해서 술탄에게 공허한 최후통첩을 보낸 게 할 수 있는 전부였다. 베네치아는 오스만제국과 지속해야 할 사업을 포기할 수 없 었다. 프랑스와 잉글랜드는 백년전쟁의 여파를 수습하지 못하고 있었 고, 포르투갈은 이단자들을 상대로 십자군전쟁을 벌이느라 여념이 없 었다. 나머지 유럽 기독교 국가들 역시 사정이 여의치 않기는 마찬가지 였다.

그날 밤 콘스탄티노플 주민들이 하기야소피아성당에 모였다. 적들 의 봉쇄 기간에 주민들은 로마식 미사를 거행하는 성당을 외면했었다. 일부는 불편한 심경을 여과 없이 드러냈다. "나는 라틴어를 사용하는 주교를 보느니 차라리 도시 한가운데서 무슬림의 터번을 보는 편이 더 낫다." 이미 앞에서 살펴본 것처럼 로마와 콘스탄티노플 간의 우위권 갈등이나 필리오케 논쟁과 파문 사건(1054년), 그리고 무엇보다 제4차 십자군의 야만적 약탈은 비잔티움의 주민들에게 로마 교황에 대한 적 개심을 한껏 키워놓았다. 이후로 통합을 위한 어떤 제안도 별다른 공감 을 얻지 못했다. 하지만 두려움은 증오보다 더 강했다. 처음이자 마지 막으로 종교의례를 문제삼지 않고 한자리에 모였다. 아주 잠깐이지만 로마교회와 동방교회 교인들은 해묵은 분열을 잊은 채 주님의 만찬을 함께 나누었다.

5월 29일 새벽 1시 반쯤 메흐메트 2세가 공격을 개시했다. 콘스탄티노플 주민들은 요란한 북과 나팔소리에 놀라서 잠에서 깼다. 군인들은 잔뜩 긴장했고, 전투에서 제외된 이들은 급히 교회로 달려가서 간절하게 기도를 올렸다. 오스만 튀르크제국이 콘스탄티노플의 공격에 동원한 병력은 대략 16만 명이었다. 그 가운데 제대로 훈련된 정규군은 3분의 1정도였다. 나머지는 술탄의 명령대로 병력을 제공한 주변국 병사들과 전리품을 노리고 모여든 용병들, 그리고 자발적으로 참여한 뜨내기들이었다. 금과 보석을 쌓아두었다는 콘스탄티노플을 점령하면 죽어도 낙원이고 살아서는 전리품과 개인적인 출세가 보장되어 있었다.

오스만 튀르크 병사들은 바다와 육지 양쪽에서 쉴 틈 없이 계속 밀어붙였다. 하지만 내성과 외성, 해자로 이루어진 강력한 삼중 벽 위에 배치된 방어군의 전투력 역시 만만치 않았다. 파도처럼 밀어닥치는 공격을 앞에서 막아내던 비잔티움의 황제 콘스탄티노스 11세가 전투 도중에 목숨을 잃었다. 화려한 복장을 벗고 평범한 차림으로 죽은 황제의 시신은 끝까지 확인되지 않았다. 결국 이른 아침이 되자 공방전은 튀르크족의 승리로 가닥이 잡혔다. 마치 회오리바람이 몰아치듯 성안으로 밀어닥친 무슬림 군대는 닥치는 대로 살육하고 약탈하면서 공포 분위기를 조성했다. 누군가는 당시 상황을 이렇게 기록했다. "도시 전체는 죽이는 자와 죽임을 당하는 자, 달아나는 자와 뒤쫓는 자로 가득 찼다."

늦은 오후, 혼란이 잦아들고 어느 정도 질서가 잡히자 젊은 술탄은 말을 타고 도시에 들어섰다. 과거의 화려함은 사라진지 오래였지만 동방과 서방을 막론하고 그 도시가 갖는 의미와 비중은 여전했다. 젊은 술탄은 하기야소피아성당 정문으로 걸어가서 흙 한 줌을 집어 들고는 자신의 터번 위에 부었다. 신 앞에서 자신을 한껏 낮추는 의식이었다.

그러고는 이맘(이슬람교의 지도자)과 친위부대를 거느린 채 천천히 성당 안으로 걸어 들어갔다. 술탄의 지시를 받은 이맘이 급히 설교단에 올라가서 외쳤다. "하나님은 없고 오직 알라만 있을 뿐이다. 그리고 무함마드는 그의 예언자이다." 이후 줄곧 정복자라는 별명이 따라다니게 될 메흐메트 2세가 직접 제단으로 올라가서 알라에게 절하고 기도를 바쳤다.

1,100년 동안 존속하던 하기야소피아성당은 곧장 무슬림을 위한 모스크로 개조되었다. 기도 시간을 알리는 미너렛이 나무로 지어졌고 모자이크 그림들은 모두 회칠을 했다. 6월 초하루 금요일이 돌아오자 역사상 최초로 기독교 성당 안에서 이슬람 기도문이 낭송되었다. 현재 터키 이스탄불에 위치한 이 건물은 1930년대까지 무슬림을 위한 사원이었다가 현재는 아야 소피아라는 이름의 박물관으로 사용되고 있다. 330년 5월 11일 월요일에 콘스탄티누스 황제가 창건한 동방의 로마제국은 1453년 5월 29일 화요일에 술탄 메흐메트 2세에 의해서 역사에서 완전히 사라졌다. 88명의 황제들이 다스리던 비잔티움은 지상에서 사라졌고 동방교회는 무슬림의 지배를 받으면서 명맥을 유지해야 했다.

콘스탄티노플 함락 직전에 겨우 탈출한 사람들을 실은 선박들이 유럽 곳곳에 비보를 알렸다. 지중해 동쪽부터 세계의 끝으로 알려진 지브롤터해협까지 순식간에 급보가 전달되었다. 오스만제국 군대의 사악함과 폭력성에 대한 반감이 반이슬람 정서로 거창하게 부활했다. 일각에서는 계시록에 기록된 적그리스도인 메흐메트 2세를 응징하는 십자군 원정을 제안하기도 했다. 신성로마제국의 황제 프리드리히 3세는 전황을 보고받자 눈물을 떨구었다.

몇 해 뒤에 교황 피우스 2세(비오 Pius Ⅱ, 1458-1464 재위)라는

이름을 갖게 될 에네아 피콜로미니(Enea Silvio Piccolomini)는 당시 교황에게 이렇게 편지를 썼다. "우리에게 날아든 콘스탄티노플에 관한 이 저주스러운 소식은 도대체 무엇이란 말입니까? 편지를 쓰는 이 순간에도 손이 부들부들 떨리고 영혼은 공포에 휩싸여 있습니다."

✳ 르네상스의 탄생

국운이 급격히 기울던 동방제국과 달리 14세기 이후로 이탈리아의 여러 도시국가들을 중심으로 '재생'이라는 뜻을 가진 르네상스(Renaissance, 문예부흥)가 탄생했다. 르네상스의 성격을 규정하는 방향은 관점에 따라서 둘로 구분할 수 있다. 하나는 중세와 르네상스를 대립의 관계로 파악하는 견해가 있다. 르네상스는 고대 그리스와 로마제국 이후 1천 년 동안 쇠퇴를 반복한 중세의 암흑시대와는 일체 무관하다고 주장한다. 중세의 정체기를 지나면서 전혀 새로운 문화가 나타나서 유럽을 휩쓸었다는 것이다. 이와는 달리 중세의 점진적 발전이 마침내 르네상스를 낳았다는 주장도 있다. 이탈리아의 르네상스는 돌연변이가 아니라 이전의 발전을 바탕으로 삼아서 등장했다는 것이다.

실제로 르네상스의 출현을 대립이나 단절의 관점에서 접근할 경우에는 무리가 따를 수밖에 없다. 10, 11세기부터 시작된 전반적인 변화가 끼친 영향이 결코 적지 않았기 때문이다. 기술적으로는 중국에서 아랍으로 도입된 나침반이 유럽으로 전해지면서 선박들의 장거리 항해와 세계 탐험이 가능해졌고, 화약은 낡은 봉건 질서가 붕괴하고 민족주의가 자리 잡을 수 있도록 기여했다. 하지만 국내 및 국제무역으로 상당한 자본을 축적한 이탈리아의 작은 도시국가들의 상업혁명, 대학을 비롯한 여러 학교의 발전, 인쇄술의 발달과 고대 그리스와 로마 사본의

스트라스부르의 중앙에 세워진 구텐베르크 동상 ⓒWP

재발견, 그리고 교황들의 역할까지 함께 거론하지 않으면 어째서 르네상스가 이탈리아에서 발생해서 유럽으로 퍼져나갔는지 설명이 쉽지 않다.

　이탈리아 곳곳에 위치한 작은 도시국가들은 당시의 정치와 경제 상황을 십분 활용했다. 1300년 무렵 이탈리아에는 인구 2만 명 이상의 도시가 무려 23개였다. 도시국가들은 교황령과 신성로마제국 간의 끊이지 않는 주도권 경쟁에서 한 걸음 비켜나 있다 보니 어느 정도 독립을 유지할 수 있었다. 산악지대가 대부분인 이탈리아 반도의 지리적 여건 탓에 상업이나 무역이 상대적으로 유리해서 북유럽과 이슬람권을 연결하는 중개무역이 자연스럽게 발전했다. 항구를 끼고 있는 대부분의 도시들과 달리 내륙에 위치한 피렌체의 경우에는 밀라노나 베네치아로부터 기술을 지원받은 섬유산업과 무역, 금융을 융합해서 상업혁명의 중심지로 부상했다. 나중에는 파리와 런던을 주요 무역 거점으로 삼고 에든버러에서 베이루트까지 2백여 개 도시와 무역을 했다.

상업 인구가 증가하고 신분보다 부가 계급을 정하는 기준으로 바뀌자 귀족과 신흥 부르주아가 결합해서 새로운 도시 엘리트를 형성했다. 귀족의 군사적 용기와 부르주아의 경제적 계산이 맞아 떨어진 데 따른 결과였다. 이들은 전통적인 교육을 변화시켰다.

수도원에서 성당으로, 또 교사와 학생의 일대일 수업에서 교실에 함께 모여 책으로 공부하는 방식으로 변화한 학교교육은 14세기에 지역라틴어학교, 독립학교, 그리고 상업과 비즈니스를 가르치는 셈학교로 분화했다. 특히 아라비아의 수학과 셈법을 가르치는 셈학교는 르네상스 산업에 영향을 끼쳤다. 대학(universitas)이 보수화되면서 6세기에 폐지되었던 플라톤의 아카데미가 15세기 중반 피렌체에서 부활했다. 플라톤과 신플라톤 철학을 교육하는 아카데미는 비공식 교육기관이었으나 인문주의자들에게 새로운 방향을 제시했다.

인쇄술의 발달 역시 지식의 독점체계를 허물고 대중화로 나가게 만들었다. 개인이 책을 소장할 수 있는 환경이 도래하자 독서 형식 역시 낭독에서 홀로 읽는 묵독으로 전환했고, 덕분에 개인들의 깊이 있는 사색과 함께 개성이나 독창성을 발휘하는 데 기여했다. 사실 활자 인쇄기법은 이탈리아가 아니라 독일의 발명품이었다. 지금도 일각에서는 인쇄기 발명과정이 알려지지 않아 독창성을 의심하기도 하지만, 마인츠 출신의 금세공사 요한 구텐베르크(Johann Gutenberg, 1400?-1468)가 요한 푸스트(Johann Fust)와 더불어서 1446년부터 1448년 사이에 금속활자를 만들어낸 것으로 알려져 있다.

이전까지는 손으로 일일이 베끼는 필사 방식이 주종을 이루다 보니 괜찮은 정보라고 해도 널리 전파되기까지는 적잖게 시간이 걸렸다. 인쇄기의 등장으로 더 이상 그런 수고가 필요 없었다. 1450년, 구텐베르크가 처음 성서를 인쇄한 이후로 독일인들은 성서나 희귀 고전을 대량으로 인쇄했다. 인쇄술이 본격적으로 발전하기 이전까지는 아무리 규모가 큰 도서관도 소장하고 있는 책이 기껏해야 6백 권 정도에 불과했고, 서유럽 전역의 장서를 전부 모아도 대략 10만 권을 넘기지 못했다. 그런데 1500년경 인쇄된 책이 등장하고 나서 45년이 지난 뒤에는 9백

〉〉〉 대성당과 경당의 차이는?

그리스도인들이 함께 모여 예배하는 특정 공간을 개신교는 교회 또는 예배당으로, 로마 가톨릭교회는 성당, 대성당, 대성전, 경당이라는 이름으로 부른다. 성당은 흔히 신자들이 예배와 기도를 위해 모이는 장소이고, 대성당(cathedral)은 주교좌성당으로 부르기도 한다. 주교좌성당은 규모와 무관하게 주교가 상주하는 공적인 성당이고, 제단에는 주교좌가 늘 고정으로 놓여 있다. 대성전은 바실리카를 말하는데, 성베드로대성전처럼 교황이 역사와 예술과 신앙 면에서 중요성을 인정한 성당에 이름을 붙인다. 본디 천막을 의미하는 카펠라(cappella)에서 유래한 경당(chapel)이라는 이름은 예배모임이 아니라 편의에 따라 모여 예배하는 공간을 가리킨다. 독립해서 존재하거나 큰 성당의 특정 구역이 대상이 된다. 유럽 성당에는 대개 벽면 쪽으로 제대를 갖춘 부속 공간들이 자리 잡고 있는 경우가 많은데 이를 측면예배소(side chapel)라고 부른다. 음악에서는 목소리로 화음을 맞추어 부르는 노래, 또는 방식을 아카펠라(a cappella)라고 부르는데, 이 역시 경당(chapel)과 관계가 있다. 경당에서는 악기가 없이 육성으로만 연주해야 했는데, 그것이 굳어져 나중에 음악의 한 유형으로 자리 잡았다. '아카펠라'를 그대로 옮기면 '카펠라(경당, cappella) 풍(또는 방식, a)으로'가 된다.

만 권으로 늘어났다. 인문주의자들은 고전에서 접한 새로운 문화세계를 인쇄기라는 새로운 매체로 대중에게 손쉽게 전달했다.

과거 웅변가들이 그랬듯이 르네상스 인문주의자들은 인간을 만물의 척도로 간주하던 고대 그리스와 로마의 세속적 세계관을 그대로 받아들였다. 이전까지 그리스도인들은 세상에 지나치게 관심을 갖게 되면 새로운 예루살렘, 천국에 들어가지 못한다고 굳게 믿었다. 반면에 고대 그리스인과 로마인은 영원한 구원보다 현세의 행복에 관심이 더 컸다. 내세의 삶보다는 지금 여기서 어떻게 해야 잘 살 수 있는지를 가르쳤다. 전반적으로 생활수준이 개선된 시대에 활동하던 인문주의자들은 고대인들의 관심에 주목했고, 플라톤을 좇아서 인간은 하늘의 조물주와 거의 똑같은 재능을 지녔다고 주장했다.

정교한 낱말을 논리의 정확성보다 중시한 인문주의자들은 성서에도 적용했다. 성서 본문을 본래 기록된 언어는 물론, 처음 의도대로 읽고 이해하도록 요구했다. 원문에 대한 강조는 자연스레 성서 사본에 대한 관심으로 이어졌다. 일부 그리스 학자들이 얼마 되지 않는 양의 그리스어 사본을 전해줄 때마다 서구에서는 고대 세계에 대한 관심이 고조되었다. 이후로 몇 차례 더 반복되다가 대량의 사본이 전달되는 사건이 발생했다.

콘스탄티노플이 오스만제국에 패배하면서 비잔티움 학자들이 서방으로 옮겨왔다. 값으로 따질 수 없는 그리스어 사본들을 가져오는 것도 잊지 않았다. 이전까지는 아리스토텔레스를 전부로 생각했으나 동방에서 건너온 사본은 고대 그리스의 철학과 수사학, 예술에 관심을 촉발했다. 덕분에 플라톤과 신플라톤 철학이 본격적으로 주목을 받았다.

아시시 성녀 키아라를 기념하는 나폴리의 산타키아라성당. 프란체스코의 첫 제자를 기념하는 성당답게 단아하면서도 고풍스럽다. 성당 좌우측을 아치로 꾸미고 경당을 여러 개 배치한 내부 모습. ©유재덕

✳ 교황과 예술가들

이탈리아 르네상스의 발전과정을 제대로 이해하려면 경제적으로 후원한 상인들과 함께 로마의 교황들, 그리고 더 나아가 추기경들의 역할에 주목하지 않을 수 없다. 당시 교황들은 대개가 이탈리아 출신들이다 보니 분열된 유럽의 국가들보다는 이탈리아가 직면한 문제에 관심이 더 많았다. 세계를 통치하겠다는 과거의 원대한 야망은 이미 마음 한편에 내려놓은 지 오래였다. 교황들은 로마가 중심이 된 교황령의 회복내지 확장과 함께 대규모 건설공사와 예술 활동을 장려해서 기독교 제국의 수도가 예술과 문화의 중심지라는 것을 모두에게 부각시키려고 애썼다. 하지만 그에 따른 비용을 마련하는 일은 간단하지 않았고, 소요될

자금을 확보하는 데 매진하다 보니 교회개혁은 어쩔 수 없이 뒷전으로 밀려나야 했다.

교황들 가운데는 식스투스 4세(식스토 Sixtus Ⅳ, 1471-1484 재위)와 율리우스 2세(율리오 Julius Ⅱ, 1503-1513 재위), 레오 10세가 특히 열성이었다. 프란체스코수도회 출신 식스투스 4세는 탁월한 학자이면서 교수였으나 교황이 되고 나서는 정치가와 전사(戰士)교황으로 완벽하게 변신했다. 무너진 로마의 질서를 회복하고 이탈리아를 교황의 통치 아래 두겠다는 결심에 따라서 교황령을 지속적으로 확대해나갔다. 교황군대를 동원하는 무력까지 불사하는 한편, 수입의 대부분을 예술과 공공사업에 쏟았다. 교량과 함께 도로를 정비했고 병원과 대학을 재건했다. 지금도 콘스탄티누스 황제의 두상이 전시된 것으로 유명한 로마의 카피톨리노박물관을 대중에게 최초로 공개한 것도 식스투스 4세였다. 바티칸도서관과 시스티나예배당(경당)을 비롯해서 교회를 다수 신축하고 미술가들을 불러들여서 벽화로 장식했다.

식스투스 4세의 조카로 나중에 교황 자리에 오른 줄리아노 역시 삼촌과 비슷한 길을 갔다. 콘클라베에서 교황으로 선출되자 전례를 추종하지 않고 로마제국의 영웅 율리우스 카이사르의 이름을 딴 교황 율리우스 2세는 1506년에 법복 차림으로 교황령을 위협하는 주변 도시국가들과의 전투에 참가하기도 했다. 교회를 대표하는 평화의 사도가 중무장한 기병을 지휘하는 모습은 말 그대로 전대미문의 사건이었다. 교황은 이탈리아 중부 원정에서 파문과 군사적 위협을 무기로 페루자와 볼로냐를 제압했고, 나중에는 베네치아공화국까지 무릎을 꿇렸다. 1512년에는 이탈리아 북부에 주둔하는 프랑스 군대를 신성동맹(에스파냐, 베네치아, 영국, 스위스)을 통해 교황령에서 몰아냈다.

바티칸 서명의 방에 철학을 주제로 그려진 아테네학당(라파엘로). ©유재덕

    한 손에는 칼, 또 다른 손에는 십자가를 쥔 율리우스 2세는 낡은 성베드로성당을 철거하고 대성당을 신축했다. 대형 돔을 중앙에, 다섯 개의 작은 돔을 사선으로 배치한 것은 건축책임자 브라만테(Donato Bramante, 1444-1514)의 아이디어였다. 우르비노 출신 미남 라파엘로(Raffaello Sanzio da Urbino, 1483-1520)에게는 '서명의 방'(대법관실) 전체를 그림으로 채우도록 요구했다. 덕분에 '아테네학당'이라는 지혜의 전당이 완성되었다. 피렌체의 탁월한 조각가 미켈란젤로(Michelangelo di Lodovico Buonarroti Simoni, 1475-1564)에게는 시스티나성당 천장화를 맡겼다. 미켈란젤로는 교황의 요구를 처음에는 불편하게 받아들였다. 회화를 조각보다 낮게 평가하는 그에게 프레

스코를 맡긴 것 자체가 정당한 대접이 아니었다. 당시 그를 비롯한 르네상스의 예술가들은 기존의 단순한 기술자의 처지를 벗어나서 귀족의 작위까지 받을 정도로 신분이 격상된 상태였다. 기술(art)은 이제 예술(art)이 되었고 결과물은 제품이 아닌 작품으로 인정받았다.

미켈란젤로는 교황의 부름을 받기 이전에 이미 로마와 피렌체에서 조각가로 명성이 높았다. 일찍이 십대 시절 메디치가문 궁전에서 고대 문화에 심취해서 영웅적인 그리스 미술작품의 세례를 받은 미켈란젤로는 또 다른 한편으로는 도미니쿠스회 수도사 사보나롤라(Girolamo Savonarola, 1452-1498)로부터 역시 신비주의적 신앙의 영향을 일부 받은 것으로 알려져 있다.

피렌체에서 정치개혁을 주도하던 사보나롤라가 '불의 심판'을 받아보자는 도전을 외면하는 바람에 군중에게 버림받고 피렌체 시뇨리아 광장에서 비참한 최후를 맞이한 1498년에 미켈란젤로는 성베드로 성당에 설치될 〈피에타〉 제작에 착수했다. 젊은 성모 마리아가 숨진 그리스도를 무릎으로 바치고 있는 이 조각상은 20대 중반의 조각가에게 상당한 명예를 안겨주었다.

1501년, 피렌체에 다시 돌아온 미켈란젤로는 외세의 간섭으로부터 벗어난 것을 기념하려는 정부로부터 〈다비드〉 상 제작을 의뢰받았다. 1504년에 완성되어 현재 피렌체 아카데미아미술관에 설치된 〈다비드〉는 흔히 승리자로 묘사된 전통적인 이미지와 거리가 먼, 힘과 분노를 동시에 표출하는 심리적 측면이 두드러진 작품이었다. 당시 피렌체에서 공화정을 주도하던 마키아벨리는 자신의 시대(1498-1512)를 알리는 상징물로 그 거인 조각상을 십분 활용했다.

이듬해 교황 율리우스 2세에게서 무덤 제작을 제안 받고 로마에 도

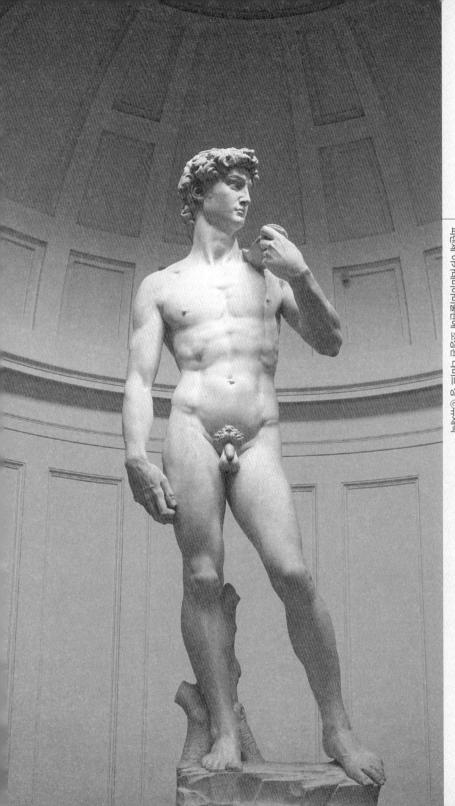

착한 미켈란젤로는 애초 계획과 달리 1508년부터 5년 동안 시스티나 성당 천장에 창세기에 기록된 9개의 장면을 주제로 〈천지창조〉라는 프레스코 대작을 그려야 했다.

조각가 미켈란젤로를 피렌체에서 로마로 불러들여서 〈천지창조〉 프레스코를 제작하게 하고 자신의 육신이 영면하게 될 무덤을 장식할 〈모세〉 조각상을 끝내 완성하게 만든 율리우스 2세, 사냥과 음악을 즐기고 라파엘로 같은 예술가를 발굴해서 적극 후원했을 뿐 아니라 성베드로대성당을 대규모로 건축하는 데 소요되는 비용을 확보하려고 면죄부를 판매하다가 종교개혁이라는 역풍을 만났던 레오 10세는 이전의 식스투스 4세와 더불어서 교황의 강력한 리더십과 재력으로 르네상스 예술의 전성기를 이끌었다.

✷ 인문주의자 에라스무스

위대한 언어학자이면서 라틴어 문장가이고, 누구보다 여행을 즐겼던 회의주의자 에라스무스(Desiderius Erasmus, 1469-1536)는 법복 차림으로 맨 앞에서 말을 탄 채 병사들을 이끌고 행진하는 교황 율리우스 2세의 행태를 도무지 이해할 수 없었다. 전임 교황들의 이름 가운데 하나를 물려받는 교회의 전통을 깡그리 무시한 채 고대 로마제국의 영웅 율리우스 카이사르의 이름을 선택하고, 법복 속에 황금빛 갑옷으로 무장한 교황은 여느 세속 군주들의 모습과 조금도 다르지 않았다. 그런 교황이 서민들의 애환을 이해하고 챙길 리 없었다.

그렇다고 에라스무스가 검소한 수도사 복장만 고집한 것은 아니었다. 그는 기독교의 영성을 언제나 내면의 문제로 간주했다. 내적 가치를 결여한 외모는 쓰레기에 불과했다. 겉모습만 성직자의 모습을 풍기

전사교황 율리우스 2세. 피렌체 우피치미술관 ⓒ유재덕

는 이들을 드러내놓고 경멸한 것도 그 때문이었다. 에라스무스는 통렬하게 반문했다. "몸은 수도사의 옷으로 가릴 수 있겠지만 마음이 세속의 옷을 입고 있다면 무슨 소용이 있겠는가?" 그 역시 수도사였고 성직자였지만 교황청의 사치와 수도사들의 위선을 참아내지 못하고 독설을 쏟아냈다. 이탈리아 볼로냐에서 교황 율리우스를 지켜보면서 툴툴대는 에라스무스 때문에 이후의 교회 역사가 어떻게 바뀔지 당시에는 누구도 예상하지 못했다.

에라스무스는 네덜란드 출신 사제의 아들로 태어났다. 사생아로 태어난 아이에게 '소중한 사람'이라는 뜻의 이름을 지어준 것은 아이러니였다. 그는 어려서 흐로테의 형제회가 설립한 학교에서 공부했고, 나중에는 본인의 뜻과 무관하게 아우구스티누스수도회에 입회해야 했다. 후견인의 도움으로 파리대학에 들어갔지만 경직된 대학의 분위기 때문에 얼마 지나지 않아 크게 낙심했다. 위대한 대학의 정신은 사라지고 스콜라철학 중심의 지루하고 무익한 논쟁이 판치고 있었다. 학자들이나 학생들 가릴 것 없이 시시콜콜 다툼을 벌이거나 독선적인 자기방어에 몰두하고 있었다.

에라스무스는 파리에서 대학 공부를 마친 뒤에 귀족 자제들을 가르치다가 우연한 기회에 잉글랜드로 건너갔다. 그곳에서 그리스어를 유창할 정도로 익히게 되었는데, 나중에 얻은 명성은 대부분 이때 닦은 어학 실력 덕분이라고 할 수 있다. 기독교와 플라톤 중심의 고전을 서로 조화시키는 작업을 필생의 연구과제로 삼게 된 것도 이 무렵이었다.

이탈리아에 머물던 에라스무스는 1509년에 잉글랜드 왕 헨리 7세가 세상을 뜨자 동료들의 초청을 받아 잉글랜드로 향했다. 알프스를 넘어가던 길에 「우신예찬」(Moriae encomium)을 구상하고 잉글랜드에

데시데리우스 에라스무스(홀바인)

도착해서 일주일 만에 수도사 생활을 풍자하는 책을 완성했다. 큰 성공을 거둔 그 책에서 제기한 메시지는 두 가지였다. 고전은 고귀하고 훌륭한 지식과 즐거움의 원천이라는 것, 그리고 교회는 갈수록 공허해지고 오만해지고 편협해진다는 것이었다.

언젠가 에라스무스는 이렇게 말했다. "신앙심과 바른 예절에 도움이 되는 것을 무조건 불경하다고 단정해서는 안 된다. 무엇보다 중시해야 할 것은 물론 성서의 권위이지만 이따금 나는 비록 이교도라 할지라도 고대인들이 말하거나 쓴 것들, 특히 고대의 시를 고결하고 거룩하고 신성하게 여긴다. 그들도 틀림없이 신적인 영감을 받아 그런 글을 썼으리라는 생각이 든다. …친구들에게 솔직히 털어놓는다면 나는 키케로가 노년이나 우정에 관해 쓴 글을 보면… 그의 책에 입을 맞추고 싶은 심정이다."

「우신예찬」 덕분에 뛰어난 학자이며 유명 작가로 유럽 전역에 이름을 날리게 된 에라스무스는 한 지역에 머물지 않고 곳곳을 여행하면서 다양한 사람들을 만나 자신의 사상을 부지런히 소개했다. 귀족과 군주, 그리고 심지어 어느 때는 교황까지도 에라스무스와 말벗이 되기를 자청할 정도였다. 누군가는 에라스무스에게서 편지를 받자 그것을 뿌듯하게 여기면서 주변에 "에라스무스의 편지를 받을 정도로 유명한 사람"이라고 스스로를 자랑하고 다닐 정도였다.

1516년 에라스무스는 평소에 희망했던 헬라어 신약성서를 마침내 출간했다. 그리스어 판본에 라틴어 번역과 주석이 포함된 에라스무스 성서가 출판되자 히에로니무스의 불가타 성서를 정본으로 간주하던 사람들에게서 비난이 쏟아졌다. 에라스무스 역시 히에로니무스의 성실함과 열정을 좋아한 것은 사실이었지만 1,000년 전에 이루어진 번역과 주석의 문제를 바로잡지 않을 수 없다고 생각했다. 초판 이후로 1535년 5판이 출판될 때까지 에라스무스는 자신의 신약성서를 계속 수정해나갔다. 부정적 반응에도 불구하고 그런 그의 노력은 역사에 패배로 기록되지 않았다. 나중에 마틴 루터는 독일어로 성서를 번역할 때 에라스무스의 신약성서를 정본 가운데 하나로 참조하기도 했었다. 에라스무스의 신약성서는 근대 유럽의 출발을 알리는 전주곡이 되었다.

거침없이 빠져드는 기독교 역사

Section 8

새 하늘,
그리고
새 땅

*　*　*　*　*

16세기에 들어서면서 로마교회에는 서광이 비치는 것 같았다. 이상하다는 생각이 들 정도로 교회는 안팎으로 평온을 유지하면서 몇 가지 간단하지 않은 곤란한 문제들까지 곧잘 헤쳐 나갔다. 교황들의 권위는 몇 차례의 공회를 거치면서 과거보다 한층 더 강화되었다. 세계 곳곳에 파송된 기독교 선교사들은 나름대로 기대 이상으로 성과를 거두고 있었다. 비록 중앙아시아와 아프리카 지역에서는 무슬림 세력이 여전히 강세를 유지했지만 유럽 각국 군주들과 교회들이 적극적으로 자청하는 충성 서약은 교황들을 흐뭇하게 만들기에 충분했다.

하지만 불길한 조짐들이 없지는 않았다. 정치적인 차원에서는 지역별로 민족국가에 대한 의식이 고양되었고, 종교적으로는 수준 낮은 성직자들의 터무니없는 행동과 서민의 기대가 상당 부분 서로 어긋나 있었다. 성직을 매매하거나 죽은 뒤에 받을 형벌을 감면해준다는 명목으로 면죄부를 팔아서 교황과 고위 사제들이 배를 불리고 있다는 것을 알

만한 이들은 모두 알고 있었다. 연옥에서의 고통을 탕감 받는 데 효과적인 것으로 알려진 성물 판매는 더 악명이 높았다. 성인의 유골이나 그리스도의 수난과 관련된 유물들은 부르는 게 값이었다. 장차 교회의 아킬레스건으로 작용하게 될 이런 문제를 앞서 염려하고 해결하려는 교회 지도자들은 거의 찾아볼 수 없었다.

베드로와 바울은 가난하게 살았지만 교황들은 제국을 소유한 황제와 다르지 않았다. 가톨릭교회는 프랑스 국가 재정의 75퍼센트, 독일의 50퍼센트를 소유했다. 마치 세속 군주처럼 무장을 한 채 성벽에 올라서서 군대를 지휘하고, 당대 최고의 예술가들을 불러들여 궁정을 보수하고 치장하는 데 한껏 공을 들이던 '전사교황' 율리우스 2세가 세상을 떠났다. 그의 뒤를 이어서 피렌체의 권력을 쥐락펴락한 메디치가문 출신 교황 레오 10세가 다음과 같은 성명을 발표하고 집무에 들어갔다. "하나님은 우리에게 교황제도를 허락하셨다. 그러니 이제 그것을 즐기자!" 더할 수 없는 오만의 극치였다.

그것이 레오의 단순한 희망사항에 불과했다는 게 그로부터 얼마 지나지 않아서 확실하게 밝혀졌다. 교황의 장밋빛 꿈은 면죄부 판매를 놓고 다투던 북쪽 변방의 이단 수도사 한 명을 제대로 설득하지 못하는 바람에 악몽으로 바뀌었다. 어떤 사람은 이후에 벌어진 상황을 이렇게 정리했다. "위클립과 후스가 화약을 준비했다면 에라스무스는 거기에 도화선을 매달았다. 1517년 10월 31일에 어느 수도사가 그 도화선에 불을 당겼고, 결국 그 폭발 때문에 유럽 전체가 들썩였다." 그렇게 해서 과거에 한 번도 목격한 적이 없었던 새 하늘과 새 땅이 도래했다.

[루터의 종교개혁]

1521년 4월 2일, 거구의 마틴 루터(Martin Luther, 1483-1546)는 통행증을 품에 지닌 채 비텐베르크를 떠나 제국회의가 한창인 라인 강변의 보름스를 향해 출발했다. 프랑크푸르트와 하이델베르크 사이에 있는 보름스까지 거리는 5백km 정도였다. 이제 갓 신성로마제국 황제의 자리에 오른 카를 5세(Karl V, 1519-1556 재위)는 선제후 프리드리히에게 루터를 공개적으로 심문하겠노라고 굳게 약속했다. 선제후는 황제의 약속을 액면 그대로 받아들여 인편으로 루터에게 소환장을 발송했다. 보내온 소환장의 내용에 따르면 루터는 이단자로 소환되는 게 아니라서 자유롭게 통행을 보장받을 뿐 아니라 공개적으로 진행되는 심문을 받게 될 예정이었다.

루터가 튀링겐과 헤세 지역을 통과하자 많은 사람들이 그의 주변으로 모여들었다. 군중들은 한 세기 전 제국회의에 참석했다가 화형을 당한 체코의 종교개혁자 얀 후스의 불운을 떠올리면서 신변을 염려했다. 실제로 황제가 안전을 보장하기 전까지 선제후 프리드리히조차 제국회의의 참석을 만류했을 정도였다. 그러자 루터는 주변을 둘러보면서 예의 굵직한 음성으로 말했다. "그들은 후스를 불태웠을지는 모르지만 진리는 절대 불태우지 못했습니다. 지붕의 기와만큼 악마들이 많다고 할지라도 반드시 보름스에 갈 것입니다."

같은 해 4월 16일 보름스에 도착한 루터는 숙소에 짐을 풀었다. 신성로마제국의 귀족과 로마교회 고위층이 회의 참석을 기다리고 있었다. 제국회의는 본디 대제후에게 주요 사항을 자문하는 궁정회의로 출발했다가 제국의 연방화 추세에 발맞추어 의제가 있을 때마다 수시로 개최되고 있었다. 12세기 이후로 의석권과 발언권, 의결권을 가진 참석자들의 숫자가 대폭 증가하자 궁정회의에서 제국회의로 성격이 바뀌었다. 제후와 고위 성직자, 제국도시(또는 자유도시)가 구성하는 등족회의(等族會議)인 제국회의는 황제가 직접 주재했다. 모임 역시 의회가 아니라 황제의 거처에서 모였다.

다음 날 오후, 황제 앞에서 질문이 제기되었다. 창문 벽감에는 루터가 집필한 저작들이 20여 권 가량 쌓여 있었다. 교황청 대사는 루터가 요구한대로 그의 저작 목록을 일일이 읽어내려 간 뒤에 본인이 직접 집필했는지, 또 그 가운데 문제가 되는 일부 내용을 취소할 의사는 없는지 따져물었다. 루터는 그것이 하늘과 땅에서 가장 높은 하나님의 말씀에 관한 것이니 의사를 표명하기에 앞서 숙고할 여유를 달라고 요청했다. 루터의 부탁이 받아들여져서 그날 심문은 거기서 그쳤다. 황제는 루터의 건강과 전체 교회와 제국을 위해 신속하게 기존 입장을 철회하고 다시 정상적으로 활동하는 게 좋겠다고 마무리 발언을 했다.

4월 18일 오후에 속개된 제국회의에서 루터는 로마교회의 공식적인 가르침과 달리 자신은 교황과 공회의 무오성을 안 믿는다고 주장했다. 여러 차례 오류를 범했을 뿐 아니라 상반된 결정을 내리는 경우가 잦다는 게 그 이유였다. 그러고는 이렇게 추가했다. "내 양심이 하나님의 말씀에 사로잡힌 한 나는 내 발언을 취소할 수도 없고, 취소하고 싶지도 않습니다. 양심에 어긋나는 것인지 확실하지 않으며 이롭지도 않기 때문입니다. 하나님이여, 나를 도우소서. 아멘." 예상치 못한 발언에 넋을 놓은 의회를 상대로 루터가 또다시 말을 이었다. "나는 다른 식으로 행할 수 없습니다. 이게 전부입니다." 알려진 것과 달리 "내가 여기 서 있나이다. 나는 달리 아무것도 할 수 없습니다"라는 말은 훨씬 뒤에 나온 출판물에만 나온다. 그러자 겨우 상황을 파악한 누군가가 갑자기 고함을 질렀다. "루터 형제여, 그대의 양심을 포기하라."

제국회의는 곧장 루터를 파문했다. 루터는 더 이상 법의 보호를 받을 수 없는 이단자로 낙인찍혔다. 보름스 칙령 내용은 구체적이었다. "마틴 루터를 하나님의 교회의 구성원으로부터 이탈한 존재이며 강퍅한 분리주의자이며 사악한 이단"으로 선언했다. 누구도 루터와 함께 먹고 마시거나 은신처를 제공할 수 없었고, 누구든지 루터를 체포해서 황제에게 넘겨야 했다. 루터의 저작 역시 더 이상 유통될 수 없었다.

교양이 풍부하고 음악과 역사에 조예가 깊었던 작센의 선제후 프리드리히(Friedrich von Sachsen, 1463-1525)는 4월 26일 비텐베르크로 돌아가는 루터를 납치를 가장해서 바르트부르크성에 은신시켰다. 적의 적은 친구라는 공식을 좇아서 사전에 치밀하게 조율된 배려였다. 루터는 수염을 기르고 기사로 가장한 채 1년 동안 숨어 지내면서 성서를 번역했다.

✱ 소심한 수도사 루터

에어푸어트대학에서 학부과정을 마치고 아버지 뜻을 좇아 본격적으로 법학 공부를 시작한 루터는 부모를 만나고 대학으로 다시 돌아오는 길에 갑자기 쏟아지는 비를 만났다. 6월의 소나기는 순식간에 엄청난 폭우로 돌변했다. 벼락이 바로 옆에 떨어지자 루터는 지나다니는 마차 바퀴 때문에 움푹 팬 길에 쓰러졌다. 겨우 몸을 추스를 수 있었지만 죽음의 공포가 엄습했다. 루터는 광부들이 수호성인으로 떠받드는 성 안나에게 간절히 도움을 구하면서 서원했다. "성 안나여, 나를 지켜주소서! 수도사가 되겠나이다."

루터는 자신의 약속을 저버리지 않았다. 그는 에어푸어트의 아우구스티누스회 수도원에 입회했다. 광산업자였던 아버지 한스 루터(Hans Luther)는 자식에 대한 기대를 쉽게 접지 못하고 분노했다. 둘째 아들에게는 벼락이 하나님의 섭리이자 부름이었고, 손자를 안아볼 수 있는 기회를 잃게 될 아버지에게는 악마의 음성이었다. 거의 실성에 가까울 정도로 수도회의 입회를 극구 반대했지만, 결국 루터의 결정을 인정하지 않을 수 없었다. 1505년의 일이었다. 루터는 견습과정(novitiate)을 거쳐서 다음 해에 정식 회원이 되었다. 학구적인 아우구스티누스회를 선택한 것은 적절했다. 하지만 구원과 심판에 대한 공포와 두려움은 수도원 생활은 물론 그 이후에까지 그림자처럼 계속 뒤를 따라다녔다.

마틴 루터는 수도사 서원식을 마치고 1507년 주교좌가 있는 에어푸어트대성당 사제가 되었다. 루터는 여전히 하나님의 진노를 피하고 은총을 받기 위해 치열하게 내면세계를 파고들었다. 한쪽에서는 하나님이 양심을 맹공격했고, 또 다른 쪽에서는 악마가 괴롭혔다. 1510년 수도회의 지시로 로마를 방문한 루터는 탐욕의 늪에서 허우적대는 타락한 가톨릭교회의 민낯을 보고 좌절했다. 교황 율리우스 2세의 협박에 가까운 명령을 거절하지 못한 미켈란젤로가 고통을 참아가면서 시스티나 천정에 거대한 〈천지창조〉 프레스코를 그리고 있을 때였다. 초겨울에 출발해서 매일 40km씩 걸어서 성탄절 전야에 겨우 도착한 로마에서 얻은 것이라고는 실망과 회의였다. 거리에서 들은 누군가의 말에 동의하지 않을 수 없었다. "지옥이 있다면 로마는 바로 그 위에 세워진 도시이다."

로마에서 돌아온 뒤 대학에서 간헐적으로 강의하던 루터는 하나님의 심판과 은총 사이에서 여전히 갈피를 못 잡았다. 1511년경에는 자신

루터 초상(루카스 크라나흐, 1521). 루터는 바르트부르크에서 숨어 지내는 동안 기사를 가장해서 수염을 길렀다. ©WP

의 죄를 한 번에 6시간이나 고백하는 일까지 있었다. 죄책감이 떠나지 않았다. 루터는 언젠가 크게 통곡하면서 이렇게 외쳤다. "하나님을 사랑한다고? 나는 그분을 증오한다!" 그러면서도 어떻게든 하나님에게 다가서려고 악마와 힘겹게 싸움하던 루터는 이런 말을 남겼다. "그것으로 만족하지 못한다면 악마야, 나는 똥 누고 오줌도 누었다. 네 이놈 악마야, 네 입을 갖다 대고 내 똥을 한 입 꽉 물어라!" 어느 때는 악마가 있는 벽을 향해 잉크병을 집어 던지는 해프닝을 벌이기도 했었다.

루터가 이런 심각한 곤경을 벗어날 수 있게 결정적인 도움을 제공한 사내는 같은 수도회 선배이자 정신적 멘터였던 요한네스 폰 슈타우피츠(Johannes von Staupitz, 1460/9-1524)였다. 비텐베르크대학 신학부 학장이면서 교수였던 요한네스는 루터를 이해하려고 꽤나 노력했다. 나이가 지긋한 경건한 신비주의자로서 당시 교회의 타락상을 염려하던 인기 높은 설교자였다. 요한네스는 회개가 하나님의 사랑으로 끝나는 게 아니라 바로 거기서부터 비롯된다고 일러주었다. 중요한 것은 하나님으로 하여금 우리를 사랑하도록 하는 게 아니라 우리가 하나님을 사랑하는 것이다. 그리스도의 상처는 그분이 우리를 사랑하신다는 충분한 증거가 될 수 있다. 그의 권면은 루터에게 영감이 되었고, 그렇게 해서 신학계의 코페르니쿠스 혁명이 시작되었다.

요한네스 폰 슈타우피츠는 루터에게 실질적인 도움까지 제공했다. 비텐베르크대학에 부임해서 아리스토텔레스와 신학을 가르치라는 것이었다. 그곳에서 신학수업을 모두 끝마치고 신학박사를 취득한 루터는 선배를 대신해서 강의를 맡았다. 루터는 내용보다 형식에 치중하는 스콜라철학에 비판적이면서 학문과 경건을 결합하는 방식의 강의는 학생들 사이에서 인기가 높았다.

루터는 학자들이 권위의 준거로 삼은 아리스토텔레스보다는 히포의 주교 아우구스티누스를 더 신뢰했다. 성인숭배를 비판하고 성서를 강조하는 설교를 하면서도 루터는 "하나님의 의"(롬 1:17)라는 구절에 막혀 어려움을 겪었다. 애매한 기록 때문에 정확한 시점(1514년부터 1519년 사이)을 설정하기는 곤란하지만, 이른바 '탑 체험'이라고 부르는 사건 덕분에 루터는 마침내 기대하던 깨달음을 얻었다.

"하나님의 의"는 우리를 심판하기 위함이 아니라 하나님이 우리의

루터가 신학적 곤경에서 벗어나도록 도와준 요한네스 폰 슈타우피츠 ©WP

믿음을 통해 우리를 의롭게, 즉 하나님과 올바른 관계를 맺게 하기 위함이라는 것을 이해하게 된 것이다. 의는 하나님의 선물이다. 그러니 그리스도를 믿는 사람이라면 누구에게나 주어진다. 바울은 이렇게 기록했다. "복음에는 하나님의 의가 나타나서 믿음으로 믿음에 이르게 하나니 기록된 바 오직 의인은 믿음으로 말미암아 살리라 함과 같으니라"(롬 1:17) 수년간 그토록 갈망하던 평안이 거짓말처럼 루터를 찾아왔다. 그는 더 이상 방황하는 수도사가 아니었다. "여기서 나는 완전히 새롭게 태어났다. 마치 열린 문을 통해 낙원에 들어간 것 같았다."

* 술 취한 야생 멧돼지

루터가 누리던 평안은 얼마 지나지 않아 진리를 수호하려는 폭발적인 열정으로 바뀌었다. 방아쇠를 당긴 것은 도미니쿠스회 수도사 요한네스 테첼(Johannes Tetzel, 1460?-1545)이었다. 전사교황 율리우스 2세는 로마의 성베드로대성당 신축에 필요한 자금을 조달하려고 1506년에 일괄 면죄부를 발행했다.

독일 지역에서는 대주교 알브레히트에게 면죄부 판매를 일임했다. 그것이 적지 않은 수익을 올리는 사업이라는 것을 알 만한 사람들은 모두 알고 있었다. 전체 수입 가운데 일부는 교황청에, 그리고 나머지는 대주교의 부채 청산과 테첼의 몫으로 돌아갈 예정이었다. 면죄부는 글자가 인쇄된 종이쪽지인데 구입하면 산 자나 죽은 자나 속죄를 위해 연옥에 머물러야 하는 시간을 단축해준다는 것이었다.

면죄부 판매를 위해 테첼은 이렇게 외치고 다녔다. "헌금함에 동전이 떨어지는 순간에 불타는 연옥에서 영혼이 곧장 날아오른다!" 테첼의 광고카피는 마그데부르크와 인근 지역에서 효과를 발휘했다. 루터가 있는 비텐베르크의 시민들까지 앞다투어 면죄부를 구입하러 거의 40km에 달하는 위터보그까지 원정길에 나설 정도였다.

루터는 교회 권력을 돈벌이에 이용하는 것에 분노했다. 면죄부는 하나님과의 관계를 회복하는 데 전혀 효력이 없었다. 오히려 죄책감을 둔화시켜 죄를 짓게 만드는 초대장이 될 수 있다는 게 그의 생각이었다. 과거 공회(제4차 라테란 공회, 1215)에서도 면죄부의 남용에 대한 지적이 있었으나 교회가 눈앞의 수입을 포기하지 못하는 바람에 16세기까지 버젓이 유통되고 있었다.

비텐베르크 주민들은 어째서 면죄부를 구매하려고 왕복 하룻길을 마다하지 않고 나서야 했을까? 여기에는 미묘한 경쟁심리가 작용했다. 테첼이 3종 세트, 즉 놋 상자와 인쇄된 영수증이 든 가방과 교황의 깃발을 매단 십자가를 들고 루터가 있는 곳을 방문하지 않은 것은 선제후 때문이었다. 비텐베르크는 선제후 프리드리히의 영지였다. 프리드리히는 영지에서 면죄부 판매를 용납하지 않았다. 면죄부 판매는 성유물 사업의 강력한 라이벌이었다.

프리드리히는 무려 18,870개의 성물과 유물을 수집했다. 아기 예수의 배내옷 조각, 성탄에 사용된 외양간 밀짚, 성모의 머리카락과 모유 몇 방울, 십자가 형벌에 사용된 못과 채찍 조각 등 종류가 다양했다. 비텐베르크 성곽교회에 보관된 선제후의 엄청난 성유물을 보기만 해도 무려 190만 년 이상을 용서받을 수 있었다. 모여드는 순례자 때문에 1517년 한 해에만 9천 번 이상 미사가 있었고, 4만 개 이상의 촛불이 점화되었다. 사정이 이렇다 보니 테첼이 면죄부를 가지고 끼어들 여지가 없었다.

루터는 면죄부 판매원의 과장된 행동에서 비롯된 면죄부 문제를 주제로 신학토론을 벌이기로 결심했다. 면죄부를 반박하는 내용의 95개 논제를 라틴어로 작성하기 시작했다. 당시 비텐베르크대학 교수들 사이에서는 특별한 문제나 토론 거리가 있을 때는 공개적인 게시판에 논제를 내건 채 동료들을 토론의 장에 초대하는 게 일반적인 관례였다. 이렇게 본다면 루터의 처음 의도는 면죄부에 대한 자신의 비판적 견해를 널리 알리기보다는 테첼처럼 면죄부를 판매하고 구입하는 사람들의 그릇된 견해를 경고하고 바로잡는 것이었다고 볼 수 있다. 자신의 생각을 널리 알리는 게 목적이라면 처음부터 아예 독일어로 작성해서 출판했을 것이다. 루터의 작은 몸짓은 얼마 지나지 않아서 유럽 전체를 뒤흔드는 폭풍으로 바뀌었다.

> 진리에 대한 사랑에서, 진리가 지배하기를 바라는 열망에서, 아래의 논제들은 문학석사이자 신학박사이며 대학 전임강사 R. P. 마틴 루터의 주도로 비텐베르크에서 논의될 것이다. 구두 토론에 참석할 수 없으면 서신으로 참여하기를 요청한다. 우리 주 예수 그리스도의 이름으로. 아멘.

만성절을 하루 앞둔 1517년 10월 31일에 95개 논제가 비텐베르크 성곽교회의 정문에 내걸렸다. 라틴어로 작성된, 토론 참석을 요청하는 반박문을 실제로 누가 게시했는지는 여전히 의견이 분분하다. 역사적 사실만 거론하자면 필리프 멜란히톤(Philipp Melanchton, 1497-1560)의 기록과 달리 논제를 내건 인물은 루터 교수가 아니라 그 대학 직원이었다. "그가 교회 문 앞에 이 95개조 반박문을 내건 순간 우리는 거대한 댐의 벽에 생긴 균열을 볼 수 있었다"는 누군가의 발언은 루터가 아니라 직원으로 인정하는 게 더 합리적이다.

그렇다면 지금껏 알려진 반박문의 게시 날짜는 역사적으로 얼마나 정확할까? 다음 날이 공휴일에 해당하는 만성절이다 보니 신학토론을 벌이기에는 분명히 적합했다. 해마다 그날이 돌아오면 수많은 순례자들이 선제후 프리드리히의 성유물을 보러 모여들었기 때문이다.

"우리 주님이신 예수 그리스도께서 회개하라고 말씀했는데, 이는 그리스도가 성도들의 생애 전체가 회개하는 삶이 되기를 바라신 것이다." 이렇게 시작되는 논제들은 끝에 가서 이렇게 마무리된다. "그리스도인들은 형벌이나 죽음, 지옥을 통해서 머리되신 그리스도를 따르도

비텐베르크성곽교회의 정문. 1858년 루터의 95개 논제가 기록된 청동문으로 교체되었다. ©WP

록 부지런히 훈계 받아야 하고, 거짓 평화가 주는 안도감에 기대어 휴식을 취하기보다 많은 환난을 통해 하늘나라에 들어가도록(행 14:22) 훈계 받아야 한다." 이 95개 논제들을 한 문장으로 정리해보면 이렇다. 오직 하나님에게 회개하는 인간을 용서할 권리가 있고 인간의 노력으로는 영생을 보장받지 못한다. 다음 날, 그러니까 만성절인 11월 1일 루터와 토론하러 나선 사람은 아무도 없었다. 그런데 며칠 사이에 95개 논제들이 인쇄되고 독일어로 번역되어 전국으로 퍼져나갔다.

애초에 루터는 개혁을 염두에 두지 않았다. 그러니 굳이 분노하거나 남달리 목소리를 높여야 할 이유가 없었다. 목적은 단 한 가지였다. "나의 목적은 그들의 주장을 비난하기보다는 그들이 청중의 정신에 야기하는 그릇된 상상을 제거하는 것이다." 루터는 95개 논제들의 복사본과 편지를 동봉해서 면죄부 판매를 주도하고 있는 마인츠 대주교 알브레히트 폰 브란덴부르크(Albrecht von Brandenburg, 1490-1568)에게 보냈다. 하나님의 이름으로 규율을 따르라는 준엄한 경고였다. 이후로 루터는 자신의 의도와 달리 신학적이면서 정치적인, 조금 더 정확하게 표현하자면 끓어오르는 독일 민족주의라는 격랑에 몸을 던져야 했다.

젊은 아우구스티누스수도회 소속 수도사의 소란과 그로 인한 독일 지역의 악화된 여론을 전해들은 교황 레오 10세는 수도원 추기경에게 휘하에 있는 마틴 루터를 제대로 관리하라고 지시를 내렸다. 그러고는 걱정을 늘어놓는 주변 사람들을 돌아보면서 투덜댔다. "루터는 술 취한 독일인이야. 술에서 깨어나면 생각을 고쳐먹겠지." 이것은 맥주를 즐기고, 성미가 급한데다가 교양이라고는 찾아볼 수 없는, 한마디로 야비한 독일인 루터에 대한 정확한 평가였을지 모른다. 하지만 교황의 예상은 보기 좋게 빗나가고 말았다. 루터는 그로부터 3년이 지나도록 술에서 깨어나지 않았다. 오히려 무엇보다 맥주를 즐겨 마시는 술꾼은 한술 더 떠서 예리한 비수로 교황의 심장을 겨누었다.

1520년 교황은 '주님, 일어나소서'(Exsurge Domine)라는 교서를 발표했다. 교서에서 교황은 이렇게 탄식했다. "야생 멧돼지 한 마리가 주님의 포도원을 망치고 있다!" 물론 여기서 말하는 야생 멧돼지는 루터를, 포도원은 교회를 가리켰다. 루터는 교서가 도착하기 전 이미 로마에 있는 교황에게 서신을 보냈다. "저는 진정으로 교황 성하의 교구인 로마교황청을 경멸해왔습니다. 성하는… 그곳이… 소돔보다 더 타락했다는 것을 부인할 수 없습니다." 그러고는 결정타를 날렸다. "불행하고 가망 없으며 하나님을 모독하는 로마여, 안녕!" 그로부터 2개월이 지난 뒤에 우리가 앞에서 이미 살펴본 것처럼 보름스 제국회의 참석을 통고하는 소환장이 루터에게 날아들었다.

✻ 농민들의 비극과 신부의 결혼

루터는 자신이 낮잠을 자고 맥주를 마시는 사이에 교회가 개혁되었다고 즐겨 말했다. 하지만 그런 농담으로도 결코 숨길 수 없는 깊은 상처가 있었다. 오늘날 스위스와 프랑스 국경을 맞대고 있는 독일 최대의 숲, 흑림(Schwarzwald)에서 소작농과 가난한 평민을 중심으로 강력한 폭동이 발생했다. 그 이듬해 중반 무렵에 정점에 도달했다가 영주들에게 무력으로 철저히 진압된 이 농민전쟁은 종교개혁의 성격을 규정하는 결정적인 시금석이 되었다.

농민들은 종교개혁으로 의식화가 되었다. 루터를 추종하는 토마스 뮌처(Thomas Muentzer, 1488-1525)가 그들을 위한 교사였다. 사회적 불평등에 비판적이었던 뮌처는 농민들에게는 지상의 천년왕국에 대한 기대를 불어넣는 한편, 제후들을 포함한 지배층에는 종교개혁의 정신처럼 정의의 실천을 강하게 요구했다.

불만으로 들끓던 농민들은 1524년 여름에 폭동을 일으켰다. 뮌처와 농민들은 자신들의 무력시위를 종교개혁의 열매로 간주했다. 그들은 빈민들과 장인들의 지지를 등에 업은 채 요구사항을 제시했다. 거기에는 정당한 이자 도입과 농산물의 십일조와 농노제 폐지 등이 포함되었다. 한마디로 생존권을 보장해달라는 것이었다.

루터는 중도노선을 따르면서 대화를 시도했다. 농민들이 화해를 외면하고 폭력에 의존한다고 판단한 루터는 강경한 보수적 입장으로 돌아섰다. 폭도들은 억압받는, 의에 주리고 목마른 이들이 아니라 약탈과 살인을 일삼는 마귀들이었다. 하나님이 조성한 거룩한 질서를 위협하는 폭도들은 무력으로 다스려야 할 폭력적인 범죄자들이었다.

루터는 신적 권위로 주어진 칼을 소유한 영주들에게 마땅히 해야할 일을 하도록 요구했다. 그것은 사탄의 격노를 통해 전쟁을 계속하고 혼란을 야기하는 세력에 대한 단호한 무력 진압이었다. 하나님의 말씀과 성령의 인도로 이루어지는 영적 통치와 국왕과 제후, 행정책임자가 칼과 시민법을 구사하는 세속 통치라는 이분법을 따르는 루터에게는 당연한 결론이었다. "지금은 자비를 베풀 시간이 아니라 칼의 시간이며 진노의 시간입니다."

비텐베르크에서는 머리가 없고 발이 거꾸로 돌아간 신생아들이 거듭 태어났다. 그 사건을 하늘의 징조로 해석한 루터의 해법은 자극적이고 폭력적이었다. "때릴 수 있는 자는 때리십시오. …이성을 받아들이지 않으면 위정자는 칼을 빼 내리쳐야 합니다. …칼과 분노의 시대가 되었습니다." 농민들은 귀를 의심했다. 결국 전투에서 패배한 뮌처는

마틴 루터와 부인 카타리나 폰 보라. 피렌체 우피치미술관 ⓒ유재덕

체포되어 참수되고 농민 가운데 대략 5천여 명의 사상자가 발생했다.

동료들이 귀를 의심할 만한 또 다른 소식이 전해졌다. 농민전쟁이
진행 중인데 루터의 결혼이 발표된 것이다. 사연은 대충 이랬다. 루터
에게 영향을 받은 시토회 수녀들이 서원을 파기하고 수도원을 떠나려
고 하자 그와 동료들이 나서서 도움을 주었다. 탈출한 수녀 가운데 8명
이 결혼하고, 3명은 집으로 돌아갔다. 붉은 머리에 성격이 급한 26세
의 카타리나 폰 보라(Katharina von Bora, 1499-1552)만 홀로 남았
다. 쇠락한 귀족 가문 출신으로 알려진 그녀는 다른 수녀들처럼 결혼을
기대했다. 마음에 두었던 청년이 자신과의 결혼을 포기해버리자 그녀
는 어쩌면 루터와 결혼할 수도 있다는 말을 했다. 처음에는 그냥 농담
이었다. 루터는 이미 46세였고 결혼에는 관심이 없었다.

그런데 루터가 카타리나와의 결혼을 결심했다. 카타리나에 대한 루터의 첫 인상은 그리 긍정적이지 않았다. "카타리나는 열정적인 여인이고 자부심이 넘치고 오만한 여인이다. 어떤 무모한 사람이 그녀를 원할지 모르겠다." 주변의 의견도 크게 다르지 않았다. 이미 결혼을 하고 떠나버린 수녀들과 달리 홀로 남겨진 카타리나를 구제해줄 배우자를 염려하면서 루터가 남긴 글이다. 이런 평가와 함께 주변의 따가운 눈총을 감수하면서까지 루터가 결혼하기로 결심한 데는 나름대로 이유가 있었다. 자신의 결혼은 대가 끊길 것을 염려하는 육신의 아버지 한스 루터를 기쁘게 하고, 교황을 혼란케 하고, 또 자신의 이름을 후대에 전할 수 있기 때문이라는 것이었다.

결혼에 회의적이던 루터는 나중에 카타리나와 여섯 자녀들을 진정으로 아끼면서 가정생활을 즐겼다. 신부와 수녀의 불순한 결합이라고 비판하던 이들도 입을 다물지 않을 수 없었다. 루터는 부족한 수입을 보충하려고 하숙을 쳐야 했는데 카타리나는 넉넉하지 않은 살림을 잘 꾸려나갔다. 루터는 나중에 이런 기록을 남겼다. "나는 카타리나를 프랑스나 베네치아와 바꾸지 않을 것이다. …하나님이 그녀를 내게 주셨고 다른 여자들은 훨씬 나쁜 결점을 지니고 있기 때문이다." 루터는 갈라디아서를 즐겨 읽었는데, 그 서신을 '나의 카타리나 폰 보라' 라는 별명으로 불렀다. '사랑에 빠진 늙은이'를 자처하던 루터는 자식들과 11명의 조카까지 돌보느라 새벽 4시부터 부산을 떠는 부인을 '비텐베르크의 새벽별' 이라고 불렀다.

카타리나는 지혜롭고 생활력이 무척 강한 것으로 알려졌다. 선제후 프리드리히를 비롯해서 시의회와 친지들이 보내온 축의금이 동나자 수도원을 설득해서 묘지로 사용되는 땅을 개간하고 채소와 곡식을 경작했다. 그뿐만 아니라 축사를 설치하고 돼지와 닭, 젖소와 염소를 길렀다. 하루에 20리터 씩 맥주를 즐기는 남편을 위해 맥주 담그는 일도 소홀히 하지 않았다. 그렇게 보면 루터가 "나의 여주인에게, 양조자이며 정원사이며 못하는 것이 없는 나의 여인"으로 부른 게 결코 빈말이 아니었다. 언젠가 심장발작을 일으키는 바람에 죽음 문턱까지 갔던 루터는 이렇게 속마음을 털어놓았다. "나는 나의 카타리나를 사랑한다. 나는 내가 나보다 그녀를 더 사랑한다는 것을 잘 안다. 이것은 그녀와 아이들이 죽어야 한다면 오히려 내가 죽는 편이 더 낫다는 것을 의미한다."

* 루터와 츠빙글리

종교개혁이 시작된 지 얼마 지나지 않아서 스위스의 취리히 역시 로마교회의 지시를 공개적으로 거부했다. 취리히는 에라스무스의 영향으로 인문주의적이고 성서의 권위를 존중했다. 설교자와 학자로 유명했던 울리히 츠빙글리(Ulrich Zwingli, 1484-1531)가 개혁을 주도했다.

츠빙글리는 성상을 제거하고 미사를 금지하고 수도원을 해산했다. 취리히에서 도보로 6일 거리에 있는 비텐베르크의 루터는 바르지 않은 신학이 기독교의 본질을 훼손했다고 판단해서 교리개혁을 강조했다. 이와 달리 츠빙글리는 교리보다 고전이나 신약성서에 근거한 교육프로그램을 기초로 제도와 도덕을 개혁하려고 했다. 교회는 신약성서가 제시하는 소박한 모습으로 다시 돌아가야 한다는 게 츠빙글리의 믿음이었다.

루터와 츠빙글리의 생각을 조금 더 대조해보면 둘 사이의 차이점이 두드러진다. 먼저, 두 사람은 성서를 권위의 전부로 간주했다는 측면에서는 관점이 같았다. 반면에 루터는 구원에 이르게 하는 하나님의 약속이 성서에 담겨 있다고 보았고, 츠빙글리는 성서가 윤리적 삶에 대한 하나님의 명령을 전달한다고 생각했다. 그에게는 그리스도의 산상수훈(마 5-7장)이 도덕적 삶을 위한 지침서였다.

비텐베르크와 취리히에서 종교개혁을 주도한 두 사내의 또 다른 차이점은 예배에 사용하는 이콘(성상)에 대한 태도였다. 루터는 이콘을 교육적 차원에서 용납했지만 츠빙글리의 생각은 달랐다. 이콘을 우상으로 간주한 츠빙글리는 전혀 관용하지 않으려고 했다. 그런데 이런 차이점보다 더 결정적인 무엇이 둘 사이를 갈랐다.

각자 독일과 스위스에서 교황과 맞서던 루터와 츠빙글리가 1529년 10월 1일 개신교 최초 대학이 설립된 마부르크에서 처음이자 마지막으로 만났다. 슈파이어 제국회의(1529)에서 종교 자유를 제한하는 결정에 '저항한'(protest), 그래서 개신교인을 '저항자'(Protestant)라는 이름으로 부르게 만든 6명의 선제후 가운데 한 사람인 젊은 영주 필리프 폰 헤센(Philipp von Hessen, 1504-1567)이 기획한 일이었다. 둘의 만남에서 루터는 공세적이었고, 츠빙글리는 애써 자제하는 편이었으나 결정적인 사안에 대해서는 츠빙글리 역시 뒤로 물러서려고 하지 않았다.

결정적인 문제는 성만찬에 사용되는 빵과 포도주의 실체를 규정하는 것이었다. 로마교회가 고수하는 화체설, 즉 사제가 빵과 포도주를 축복하는 순간에 그리스도의 성체로 실체가 변한다는 주장이 잘못이라는 데 의견을 같이 하면서도 특별한 대안을 찾지 못했다. 루터는 성만찬에 사용되는 빵과 포도주는 변하지 않지만 그리스도의 몸이 임재한다고 주장했다. 그리스도의 몸과 피가 빵과 포도주에 함께 존재(공

울리히 츠빙글리 ©WP

재)한다는 것이었다. 루터에게는 "이것은 나의 몸이다"라는 말은 문자그대로 사실이었다. 반면에 츠빙글리는 그리스도의 발언이 그저 "내 몸을 기념하라"는 의미 이외에는 없는 것으로 간주했다.

회의가 시작된 지 어느덧 닷새가 흘렀지만 둘의 주장에는 좀처럼 변화의 기미를 찾아볼 수 없었다. 일각에서는 루터의 고압적인 태도가 문제로 불거지기도 했다. 마부르크 지역에서 갑자기 발생한 흑사병이 기승을 부리고 있어서 일정 단축이 불가피했다. 두 사람의 만남에서 내려진 최종 결론은 이랬다. "우리는 그리스도의 진정한 포도나무와 피가 빵과 포도주 안에 육체적으로 어떻게 임재하는지의 여부에 대해서는 서로 의견의 일치를 보지 못했다. 하지만 양측은 양심이 허락하는 한 그리스도의 사랑을 상대방에게 보여줄 것이다." 이렇게 해서 루터와 츠빙글리 진영은 루터파와 개혁파로 각각 갈라섰고, 츠빙글리 주장은 스위스의 종교개혁자들이 계승했다.

스위스에서는 로마교회 세력과 종교개혁자들의 격렬한 충돌이 계속되었다. 교황 지시를 따르는 일부 산림자치주가 종교개혁자들을 박해하자 츠빙글리는 공세를 취하는 쪽을 선택했다. 취리히가 산림자치주로 보내는 식량을 차단한 것을 계기로 다섯 개 주가 연합해서 공격해 왔다.

1531년, 츠빙글리는 관례대로 시민을 독려하려고 깃발을 들고 전쟁에 참가했다. 취리히 인근 카펠에서의 이른 전투에서 츠빙글리와 아들은 전사하고 전투는 패배로 끝났다. 츠빙글리의 시신은 네 갈래로 찢겨져 불에 탔다. 루터는 츠빙글리의 최후를 하나님의 심판으로 간주했다. 츠빙글리의 죽음으로 스위스 지역 종교개혁은 잠시 중단되었다가 하인리히 불링거(Heinrich Bullinger, 1504-1575)에 의해 계속 추진되었다. 그로부터 몇 해 뒤 제네바에서 강력한 종교개혁자가 등장했다. 오랜 망명생활 끝에 제네바에 정착한 사내의 이름은 칼뱅이었다.

[칼뱅의 종교개혁]

마틴 루터보다 26년 늦게 프랑스 누아용에서 태어난 장 칼뱅(Jean Calvin, 1509-1564)은 종교개혁운동의 2세대에 해당했다. 칼뱅은 루터와 비슷한 측면도 있었지만 다른 점도 적지 않았다. 루터는 법학을 전공하다가 중간에 그만 둔 반면에 칼뱅은 정식으로 교육받은 법학자이면서 세속성을 강조한 신학자였다. 루터는 로마교회의 질서에 맞서 교회의 전통을 주로 파괴하는 쪽이었다면 칼뱅은 다시 건축하는 쪽에 가까웠다. 루터가 종교개혁에 역동적인 활력을 제공했다면 칼뱅은 제도를 통해서 체계화했다. 그리고 루터는 주로 독일과 스칸디나비아 지역에 집중했지만, 칼뱅은 스위스와 스코틀랜드, 프랑스와 헝가리를 비롯해서 나중에는 북미 지역에 이르기까지 광범위하게 영향력을 행사했다. 칼뱅은 루터의 신학을 확대했을 뿐 아니라 '하나님의 예정' 같은 새로운 개념을 만들어냈다. 그리고 무엇보다 칼뱅은 종교개혁에 투신하게 된 계기가 루터와 달랐다.

* 파렐과의 만남
칼뱅에게는 루터처럼 신앙 문제로 심각한 고민을 하거나 한여름의 벼락같은 극적인 경험이 없었다. 굳이 따져보면 아버지가 파문을 받고 세상을 떠나는 바람에 장례를 치르는데 애를 먹은 것과 파리에서의 해프

장 칼뱅 ©WP

닝이 결정적으로 영향을 미친 게 분명하다. 어린나이(14세)에 파리대
학에 입학한 칼뱅은 오를레앙대학에서 법학 학사학위를 취득하고 파
리로 돌아왔다.

　언젠가 칼뱅은 파리대학 학장 니콜라 콥(Nicolas Cop, 1501-1540)
을 돕기 위해 연설문을 작성하면서 에라스무스와 루터의 주장 가운데
일부를 포함시켰다. 콥의 연설은 프랑스 정부를 격분시켰다. 1533년
11월 2일, 칼뱅 역시 콥처럼 모든 것을 포기하고 즉시 도망쳐야 했다.
평생 자신의 성장 배경이 되어준 가톨릭 추종자들을 피해 다녀야 했고,
그로부터 얼마 지나지 않아서 개신교인이 되었다.

칼뱅은 처음에는 체포령을 피해서 친구가 있는 앙굴렘으로 떠났다. 장서가 충분한 도서관이 있어서 연구하기에 적합한 곳이었다. 얼마 뒤 그곳마저 종교 갈등으로 분위기가 험악해지자 다시 고향으로 피신했다가 가톨릭의 성직록을 반납하고는 스위스 바젤로 향했다.

1536년 칼뱅은 바젤에서 개신교 개혁신학의 고전이 된 「기독교 강요」(Christianae Religionis Institutio)를 라틴어로 집필하고, 이어서 프랑스어로 옮겼다. 종교개혁이 낳은 가장 영향력 있는 작품 가운데 하나로 인정받는 「기독교 강요」의 출판으로 유명세를 얻은 칼뱅은 개신교인들의 도시 스트라스부르로 옮겨가기로 했다. 가는 도중에 전쟁을 만나는 바람에 방향을 동쪽으로 틀어 제네바로 갔다. 본래 계획은 먼 길을 돌아 스트라스부르에 가서 재야의 연구자로 지내는 것이었으나 예기치 못한 하나님의 섭리로 제네바를 영원한 거처로 삼게 되었다.

스위스 서쪽 끝 제네바에서 하룻밤만 묵어가겠다는 칼뱅의 생각을 바꾸어놓은 인물은 설교자 귀욤 파렐(Guillaume Farel, 1489-1565)이었다. 파렐은 시민들에게 종교개혁 사상을 강력하게 전파했다. 누군가 파렐에게 제네바를 찾아온 사람이 출판되자마자 5천 부가 순식간에 팔려나간 유명한 「기독교 강요」의 저자라는 사실을 알려주었다. 밤늦게 파렐이 칼뱅이 있는 여관을 찾아가서 오랜 여정에 지친 칼뱅에게 부탁했다. "이곳을 떠나지 마시오! 제네바는 당신처럼 재능 있는 사람들이 필요하오." 칼뱅은 완강했다. "하지만 나는 휴식이 필요합니다." 파렐이 벌컥 화를 내면서 소리쳤다. "만일 이런 상황을 외면하고 연구나 할 요량으로 휴식이나 안정을 바란다면 하나님의 저주가 임할 것이오!"

나중에 칼뱅은 「시편 주석」에서 당시 여관에서 겪은 충격적 경험을 이렇게 털어놓았다. "기욤 파렐이 나를 조언이나 권고가 아니라 무서운 저주로 제네바에 억류했다. 마치 하나님이 나를 사로잡기 위해서 하늘로부터 손을 뻗어 내 위에 얹은 것 같았다."

칼뱅은 바젤에서 몇 가지 문제를 마무리 짓고 나서 1536년 9월 초부터 제네바 생피에르교회에서 주일마다 교인들을 상대로 바울서신을 강해하기 시작했다. 칼뱅이 계획을 변경해서 제네바에 머물게 된 것은 순전히 하나님의 심판에 대한 개인적인 두려움에서 비롯된 일이었지만 제네바의 종교개혁자들에게는 개혁의 완수를 위해 작동한 필연적인 신적 두려움이었다.

✳ 그리스도의 학교, 제네바

칼뱅은 제네바를 그리스도를 위한 학교로 만들었다. 제네바는 남북유럽이 교차하는 지역이라서 베른이나 취리히 같은 경쟁 도시보다 정치적으로 상당히 주목을 받는 도시였다. 그곳에서는 성직자가 어떤 권력도 누릴 수 없었다. 교회생활은 목사와 장로로 구성된 종무원의 통제를 받아야 했다.

1년이 채 지나지 않아서 제네바가 칼뱅의 종교개혁 사상을 받아들이는 것 같았다. 처음에 칼뱅은 설교자로 임명받지 못한 채 생피에르교회에서 교사로 강의를 담당했는데, 점차 사람들 사이에서 인정을 받으면서 파렐보다 영향력이 커졌다. 몇 차례 종교회담에 참석한 칼뱅은 박식함으로 강한 인상을 남겼다.

칼뱅은 파렐과 함께 세 가지 사업을 수행하기 위해 시의회에 다음과 같이 제안했다. 첫째, 성만찬을 매달 시행한다. 이를 위해서 시정부는 행실이 바른 사람과 그렇지 못한 사람을 따로 구분해서 보고한다. 둘째, 칼뱅이 만든 교리문답을 채택한다. 셋째, 시민들은 파렐이 작성

제네바의 바스티옹 공원에 세워진 개혁의 벽에 부조로 새겨진 개신교를 대표하는 인물들. 왼쪽부터 파렐, 칼뱅, 베자, 낙스의 조각상 ⓒWP

한 신조를 강제로 따라야 한다. 교리와 치리를 개혁하려는 의도를 반영한 요구였다. 제네바 시민들은 칼뱅의 제안에 동의하지 않았고, 결국 제네바 시의회는 자신들과 계속해서 갈등을 빚는 칼뱅과 파렐에게 도시를 떠나달라고 요구했다. 1538년 부활절에 칼뱅은 스트라스부르로 추방당했다. 제네바 실험은 그렇게 실패로 끝나는 것처럼 보였다.

스트라스부르에서 칼뱅은 프랑스 출신의 개신교인들인 위그노(Huguenots)를 돌보았다. 그들 역시 칼뱅처럼 로마교회의 박해를 피해서 모여든 사람들이었다. 칼뱅은 그곳에서 심각한 생활고에 시달려야 했지만 본인이 그토록 희망하던 학문에 집중하는 삶을 계속할 수 있었다. 「기독교 강요」를 개정하고 확대했고(1539), 1541년에는 프랑스어 판을 처음으로 출판했다. 「로마서 주석」(1540)은 성서주석가로서의 출중한 능력을 발휘하는 계기가 되었다. 칼뱅은 스트라스부르에서 개혁파 목사들의 목회를 지켜볼 수 있었고, 특히 마틴 부처(Martin Bucer/Butzer, 1491-1551)와의 교류를 통해서 도시와 교회의 관계에 관한 생각을 새롭게 다질 수 있었다.

1539년 제네바에서는 로마의 어느 사상가와 논쟁할 인물이 필요했다. 더구나 제네바의 종교와 정치상황은 무질서 그 자체였다. 시의회는 자존심을 접고 귀환을 요청했다. 칼뱅은 답장을 보냈다. "하늘 아래 그토록 내가 무서워하는 데가 없습니다." 그의 표현을 빌자면 제네바는 고대 도시 니느웨와 다를 바 없었다. 계속 망설이다가 몇 가지 조건을 달고 부탁을 수용했다. 칼뱅이 돌아오자 시민들은 자신들을 신랄하게 비난할 것이라고 예상했다.

칼뱅은 그런 기대에 부응하지 않았다. 추방자들을 조금도 비난하지 않고 3년 전에 멈추었던 성서 본문 바로 그 다음부터 설교를 해나갔다. 칼뱅은 교회와 정치권력의 관계를 규정한 교회법을 제정하고 실천적인 도덕법을 시행했다. 이후로 제네바는 그 자체가 하나의 교회이자 개신교의 로마가 되었다.

칼뱅은 제네바 개혁교회의 조직을 정비하고 발전시켰다. 교회의 치리를 강제할 목적으로 장로회를 설립하고, '제네바 플랜'에 따라서

1559년에는 아카데미를 설립했다. 교회의 직접적인 통제를 받는 제네바 아카데미는 7학년으로 이루어진 초등과정과 고등교육과정으로 구성되었다. 어린이부터 16세까지 참석할 수 있는 스콜라 프리바타(schola privata)와 대학과정에 해당하는 스콜라 푸블리카(schola publica)로 구분되었다. 스콜라 프리바타는 라틴어와 프랑스어의 알파벳, 고전문학과 성서의 일부 내용을 가르쳤다. 그리고 스콜라 푸블리카는 처음에 교양 과목과 신학을 가르치다가 나중에는 칼뱅의 요구대로 법학과 의학이 따로 추가되었다.

칼뱅은 교양과목에 자연과학과 수학을 포함시켰는데, 이는 자연을 하나님의 옷으로 간주했기 때문이었다. 자연에 대한 연구를 게을리 하는 사람은 하나님의 작업을 탐구하면서 그 창조주는 잊어버리는 것과 다르지 않다고 주장했다. 스콜라 푸블리카는 나중에 제네바대학으로 발전했다. 이곳에서 스코틀랜드 출신 존 낙스(John Knox, 1514-1572)를 비롯한 외국인들이 신학을 공부하고 고국으로 돌아가 개혁장로교회와 청교도운동을 주도하는 지도자들이 되었다. 스코틀랜드 장로교회는 나중에 아메리카 대륙으로 건너가서 미국 장로교회를 형성했고, 19세기 말에는 한국에 들어와서 한국 개신교에 강력한 영향을 미쳤다.

칼뱅에 대한 평가는 루터만큼이나 극단적이다. 1564년, 칼뱅이 세상을 떠났다는 소식이 로마 교황청에 전해졌다. 교황 비오 4세(Pius Ⅳ, 1499-1565)는 "그 이단자의 힘은 돈에 무심한데 있었지"라고 중얼거렸다. 루터와 달리 칼뱅은 검소함이 지나쳐서 가난하게 살았고, 또 가난하게 죽었다. 세상을 떠난 해에는 병 때문에 일을 제대로 못했다는 이유로 스스로 봉급을 줄여서 수령했다. 2009년 7월 10일, 칼뱅 탄생 5백주년을 기념하는 자리에서 네덜란드 총리 발케넨데(Jan Peter

Balkenende)는 이렇게 말했다. "지금의 경제위기는 탐욕, 돈에 대한 집착, 이기적 행동이 빚어낸 도덕적 위기이다. 어떤 사회든지 도덕적 중심이 필요하다고 한 칼뱅의 교훈을 마음에 새겨야 한다."

칼뱅을 철저한 중세의 아들로 간주하기도 한다. 초반에는 종교적 관용을 주장하다가 권력을 잡자 헌신짝처럼 내던졌다는 것이다. 제네바에서는 16년간 89명에게 사형판결을 내렸다. 검열과 탄압으로 지식인들의 입을 막고 사소한 주먹다툼을 난동으로 몰아서 반대파를 처형했다. 칼뱅은 「기독교 강요」에서 관용을 주장했다. "이단자를 죽이는 것은 범죄행위이다. 쇠와 불로 그들을 파멸시키는 것은 인문주의의 모든 원칙을 부인하는 행위이다." 2판에서는 이 부분이 삭제되었다. 칼뱅을 비난한 사람이나 욕을 한 출판업자가 화형에 처해지고 달궈진 쇠꼬챙이로 혀를 찔리고 나서 추방당했다. 절정은 1553년 10월 27일에 있었던 세르베투스(Miguel Servetus, 1511-1553)의 화형집행이었다. 화형을 지켜본 누군가는 탄식했다. "빛이 오고 난 뒤에도 우리가 한 번 더 이토록 캄캄한 어둠 속에서 살아야 했다는 사실을 후대는 이해하지 못할 것이다."

[급진적 종교개혁]

루터나 칼뱅 모두 종교개혁을 열정적으로 추진했으나 로마교회의 전통적 신앙과 완벽한 단절은 주요 관심사가 아니었다. 그런데 종교개혁 주류 세력과 주장이 다른 급진주의자들이 등장했다. 급진적인 종교개혁자들은 루터와 츠빙글리 같은 이들이 추구한 개혁이 반쪽짜리에 지나지 않는다고 평가했다. 급진주의자들은 로마교회와의 철저한 단절이나 분리를 꿈꾸었다. 급진파에 속한 개혁자들은 신학자를 배출하지 못해서 일관된 신학적 견해를 발전시키거나 제시하지 못했고 주장들이 서로 갈리다 보니 하나로 묶는 게 쉽지는 않다. 경우에 따라서는 유아세례 부정하거나 삼위일체 교리를 문제삼아서 인정하려고 들지 않았다.

특히 독일과 스위스에서 주로 활동하다가 네덜란드와 벨기에 같은 저지대 국가들까지 세력을 확장한 재세례파(anabaptist)는 가톨릭의 신앙 가운데 성서와 어긋나는 부분만 제거하고 싶어 하는 루터와 추종자들을 강력하게 비난했다. 유아세례를 부정하는 그들은 성서와 무관한 교리나 예배, 교회생활을 부정했다. 통치자나 국가에서 요구하는 행위 일체를 용납하려고 하지 않았다. 재산을 공유하고 무저항을 실천하려고 애썼다. 성서의 권위를 강조하는 칼뱅주의자들도 그 정도는 아니어서 재세례파는 결국 로마교회, 정부 그리고 심지어는 개신교로부터도 공공의 적이 되고 말았다.

✱ 세례가 부른 박해

츠빙글리는 취리히에서 종교개혁을 추진하다가 여러 차례 위기를 맞았다. 위기의 진원지는 로마교회가 아니라 개신교 진영에 속한 재세례파였다. 그들은 일반인도 알아들을 수 있게 라틴어가 아닌 독일어로 성만찬을 진행할 수 있도록 법을 개정하라고 츠빙글리를 압박했다. 펠릭스 만츠(Felix Manz, 1500?-1527)는 이렇게 말했다. "주님은 성만찬을 시작하실 때 알 수 없는 말로 하지 않았다. 그분은 알아들을 수 있는 말을 사용했다!"

츠빙글리가 시의회에 그들의 의견을 전달했다. 그런데 만츠와 그의 동료들이 보기에 이것은 정부에 제기할 문제라기보다는 성서와 관련된 문제였다. 그들은 즉시 츠빙글리를 거짓 예언자로 몰아붙였다. 재세례파는 교회의 성상과 미사 폐지를 강력하게 주장했고 성서적 근거가 희박한 유아세례를 당장 금지하도록 요구했다.

재세례파는 아주 우연한 기회에 유아세례의 문제점을 깨닫게 되었다. 만츠는 교회를 벗어나서 가정에서 성서공부를 진행하기로 마음먹었다. 만츠와 초기 재세례파 추종자들(오늘날에는 스위스 형제단이라고 부르는)은 만츠의 어머니 집에서 성서를 공부하다가 예상하지 못한 결론에 도달했다. 흔히 교회에서 베풀고 있는 유아세례를 위한 근거를 신약성서 어디에서도 확인할 수 없었다. 그 문제를 놓고 츠빙글리와 논쟁을 벌이던 재세례파는 유아세례 예식을 베푸는 것과 교회와 세속적 권위의 밀착, 그리고 그리스도인의 전쟁 참여를 공개적으로 비난하고 나섰다. 츠빙글리는 그들의 냉소적인 견해를 자신 쪽으로 돌려놓지 못했다.

1525년, 어느 모임에서 한 사람이 동료들에게 진정한 세례를 받고 싶다고 말했다. "나의 신앙고백을 바탕으로 진정한 기독교 세례를 달라." 만츠를 비롯해서 그 자리에 함께 참석한 사람들은 서로 돌아가면서 세례를 베푸는 방식으로 연속적으로 세례를 주고받았다. 세례식이 모두 끝나고 간단한 성찬식으로 서로의 세례를 축하했다. 이 일이 있고 난 다음부터 사람들은 그들을 재세례파라는 이름으로 불렀다.

취리히 시의회는 재세례파에 적대적 태도를 취했다. 그날 밤 취리히 시의회는 만츠의 설교를 금지시키고 재세례파의 추방을 결의했다. 그리고 이듬해 3월에는 재세례파들을 체포하는 대로 수장시켜야 한다는 법령을 통과시켰다.

재세례파는 가까운 마을로 피신했다. 하지만 어디에서도 안전한 곳을 찾을 수 없었다. 펠릭스 만츠는 체포되어서 투옥되었다. 5개월 동안 감옥에 갇혀 있다가 겨우 탈출했지만, 1526년 10월에 또다시 붙잡혔다. 취리히 시의회는 만츠에게 사형을 선고했다. 만츠는 실컷 사람들로부터 조롱을 당하고 난 뒤에 츠빙글리가 최초로 종교개혁을 설교했던 그로스뮌스터교회에서 멀지 않은 림마트강에서 죽임을 당했다. 사형 집행인들이 만츠의 두 팔을 뒤에서 잡은 채 얼음같이 찬 강물에 그의 머리를 밀어 넣었다. 무엇보다 세례를 강조하는 재세례파를 비웃는 처형이었다. 만츠는 찬송을 부르다 죽었다.

펠릭스 만츠는 개신교인이 개신교인에게 신앙이 다르다는 이유로 죽음을 당한 최초의 순교자였지만 그가 마지막은 아니었다. 재세례파에 대한 박해가 각 지역과 국가로 급속하게 번져나가기 시작했다. 정부나 가톨릭의 종교재판소는 말할 것도 없고, 개신교인들까지 나서서 적극적으로 재세례파를 박해하는 데 가세했다. 재세례파는 개신교와 가톨릭을 위협하는 공공의 적으로 간주되었다. 교육받은 실력 있는 지도자들이 속속 죽음을 당하면서 구심점을 상실해버린 재세례파는 급속히 이단화의 길을 걷게 되었다. 이 이단들은 재세례파 역사상 가장 심각한 비극으로 상황을 몰고 갔다.

* 뮌스터의 학살

독일의 북부 도시 뮌스터에서 진행된 종교개혁은 시작된 지 불과 한두 해만에 로마교회를 압도했다. 1533년 뮌스터가 복음의 도시로 선포되자 네덜란드에서 재세례파들이 박해를 피해서 몰려왔다. 얼마 지나지 않아서 이민자들의 숫자가 뮌스터 시민들보다 더 많아졌다. 이민자 얀

화형에 처해지는 재세례파 교인 ⓒWP

마테이스존(Jan Matthijsjoon, 1500?-1534)이라는 빵 장사가 시의 권력을 장악했다. 그는 자신이 계시록에 등장하는 예언자이고 세상의 도시를 심판할 수 있는 권세를 가졌다고 주장했다. 이런 마테이스존의 행동은 1530년 스트라스부르에서 어느 모피상이 보여준 행적과 상당히 유사했다. 상인은 스트라스부르를 하나님이 새로운 예루살렘으로 선택했으니 시 당국을 뒤엎어야 한다고 설교했다.

　　마테이스존에게 영향을 끼친 인물은 스트라스부르와 저지대 국가들을 돌아다니면서 마지막 날, 즉 최후의 심판을 설교한 멜키오르 호프만(Melchior Hoffman, 1495?-1543?)이었다. 호프만은 마틴 부처(Martin Bucer, 1491-1551)가 개혁을 주도하는 스트라스부르가 주님이 마지막 날 재림하는 장소, 곧 새로운 예루살렘이라고 주장하면서 1533년에 재림이 있을 것이라고 예언했다. 체포되어 10년 이상 감옥에서 지내던 호프만은 뮌스터에서의 악몽 같은 소요를 전해 들었을 것으로 역사가들은 추정한다. 마테이스존 역시 뮌스터를 새 예루살렘이라고 부르면서 성도들이 세상을 지배할 천년왕국이 그리 멀지 않았다고 설교했다.

뮌스터 시의회는 처음에 재세례파에 대해서 유연한 입장을 취했다. 재세례파가 권력을 장악하게 되자 가톨릭파와 루터파는 충돌을 피해 급히 도시를 떠났다. 마테이스존은 시민들의 사유재산을 부정하고 재산을 모조리 시당국에 귀속시켰다. 성서를 제외한 모든 서적이 불태워지고 노동자들은 필요에 따라서 현물로 임금을 받았다. 교회와 정부를 함께 장악한 재세례파의 지시를 따르지 않을 경우에는 목숨마저 잃을 각오를 해야 했다. 뮌스터의 주교 프란츠 폰 발덱(Franz von Waldeck)이 도시 밖을 포위하기 시작했다. 하나님으로부터 주어진 환상을 목격했다고 확신한 마테이스존은 소규모 병력을 이끌고 성 밖으로 나갔다가 1534년 4월 5일 전사했다.

후임이 된 라이든의 얀(Jan van Leiden, 1509-1536) 역시 로마 가톨릭의 위협에 맞서 전쟁을 준비했다. 뮌스터는 곧장 전투를 위한 병영으로 개편되었다. 시의회를 해산하고 이스라엘 열두 지파의 대표자로 열둘을 지명했다. 얀은 전제 군주와 동일한 권력을 휘두르면서 구약성서의 일부다처제를 도입하고 시온의 다윗 왕을 자처했다. 부인을 17명이나 둘 정도로 타락한 얀과 이미 처음의 순수성을 상실해버린 재세례파는 대중들에게서 종말을 강조하는 광신자들로 낙인이 찍혔고, 결국 1535년 7월 24일 가톨릭과 개신교 연합군의 공격 앞에 무릎을 꿇었다.

그날 대략 4천 명이 학살당했지만 동정하는 소리는 어디서도 들을 수 없었다. 칼뱅마저도 통치자들에게 재세례파를 궤멸시키라고 요구할 정도였다. 칼뱅은 이런 말을 남기기도 했다. "수천 명의 사람이 지옥에 가느니 두세 명이 화형을 당하는 편이 더 낫다." 이후로 1600년까지 목숨을 잃은 재세례파는 거의 1만 명에 달했다.

✱ 마침내 찾아온 평안

재세례파는 외부에서 가해지는 압박과 내부의 지도력 상실 때문에 완벽하게 궤멸될 처지에 놓이게 되었다. 재세례파의 와해를 막아낸 인물은 네덜란드 출신의 메노 시몬스(Menno Simmons, 1496?-1561)였다. 시몬스는 사제로 안수를 받았지만 3년 동안 한 번도 성서를 만져본 적이 없는 28세의 말 그대로 아마추어 성직자였다. 하루는 미사 시간에 빵과 포도주로 성찬식을 집례하다가 그것들이 실제로 그리스도의 살과 피가 아니라는 사실을 새삼 깨닫고서 본격적으로 갈등하게 되었

메노 시몬스

다. 처음에 시몬스는 그런 생각을 악마가 가져다준 시험이라고 간주했다. 갈등은 쉽게 수그러들지 않았다. "나는 자주 그것을 고백하며 한숨을 쉬고 기도했다. 그 생각을 깨끗이 지워버릴 수 없었다."

시몬스는 주의를 다른 곳으로 돌리기 위해서 술을

마시고 카드놀이에 탐닉했다. 그러다가 우연한 기회에 신약성서를 읽게 된 그는 자신의 의심이 정당했다는 것을 깨닫고서 크게 안도했다. 그의 깨달음은 동시에 엄청난 충격이기도 했다. "신약성서를 꼼꼼하게 검토해본 결과… 나는 우리가 속고 있다는 것을 깨닫게 되었다." 성찬식에 사용되는 빵과 포도주는 그리스도의 고난을 알리는 상징일 뿐이었고, 유아세례는 성서적인 근거가 전혀 없었다. 그 과정에서 재세례파에 관해서 알게 된 시몬스는 자신의 모든 것을 포기하고 동참했다.

시몬스는 재세례파에 참여한다는 게 얼마나 위험한 선택인지 잘 알고 있었다. 그래서 "재세례파 목사의 유일한 사례금은 고작 칼과 죽음뿐"이라는 기록을 남겼다. 숨을 거둘 때까지 추적자들의 눈을 피해 도망치는 신세가 되었지만 그와 같은 고통을 무엇보다 달게 받아들였다. 시몬스는 즐겨 말했다. "내가 세상 모든 것을 다 얻고 천 년을 살다가 결국 하나님의 진노를 겪게 된다면 그게 무슨 유익이 되겠는가?"

뮌스터 대학살 이후에도 희망의 끈을 놓지 않거나 절망 속에서 괴로워하는 재세례파 잔존자들을 끈질기게 찾아다녔다. 그리고 결국 그들을 하나의 공동체로 조직해서 각각 모임이 책임을 지는 회중교회 방식으로 그 성격을 변화시켰다. 그들은 재세례파식으로 세례를 주고 공직을 멀리하고 무저항주의를 신봉했다. 그렇게 해서 마침내 평안이 찾아왔다.

[잉글랜드의 종교개혁]

유럽 대륙의 교회들과 마찬가지로 잉글랜드 교회 역시 대변혁을 경험했으나 동기는 달랐다. 잉글랜드의 국왕 헨리 8세의 애정행각이 원인이었다. 잉글랜드 튜더 왕실은 본디 교황의 충실한 지지 세력이었다. 1520년에는 마틴 루터를 공격하는 소책자 표지에 잉글랜드 왕 헨리 8세의 이름을 올리기도 했다. 교황은 그런 헨리의 열심에 보답하는 뜻에서 오늘날까지 영국 동전에 새겨져 있는 '교회의 수호자'(Fd. Def.)라는 칭호를 수여했다. 헨리는 형수였지만 에스파냐와의 동맹을 유지할 목적으로 아라곤의 카타리나와 결혼했다. 나중에 '천일의 앤'으로 우리에게 잘 알려진 앤 불린(Anne Boleyn, 1507?-1536)과 사랑에 빠진 헨리는 카타리나가 아들을 낳지 못하는 것을 빌미로 이혼을 강요했다.

1529년 헨리는 교황 클레멘스 7세(Clemens VII, 1523-1534)에게 카타리나를 뜻하는 '그 에스파냐 암소'와의 결혼을 무효로 해달라고 요청했다. 요구는 간단히 처리할 수 없었다. 미켈란젤로에게 〈최후의 심판〉 제작을 의뢰하기도 했던 교황 클레멘스는 신성로마제국의 황제 카를 5세의 지시를 충실히 따랐다. 카타리나의 조카가 카를 5세였다.

황제의 분노를 감당할 자신이 없는 교황은 요청을 거절했다. 그런 행동을 교황의 성격 탓으로 돌리기도 하지만, 1527년에 있었던 불행한 사건의 학습효과로 보는 편이 더 정확하다. 신성로마제국에게 압박을 받은 교황이 프랑스와 신성동맹을 체결하자 분노한 카를 5세는 용병을 동원해서 8개월간 로마를 마음껏 약탈했다. 이후로 교황은 카를 5세의 눈치를 살피지 않을 수 없었다. 대를 이으려는 헨리의 욕심에서 비롯된 왕실의 소동이 엉뚱한 쪽으로 확대되고 있었다.

* 헨리 8세의 스캔들

캠브리지대학의 교수이자 역사학자였던 토머스 크랜머(Thomas Cranmer, 1489-1556)는 클레멘스 교황의 결정을 뒤집을 묘책을 찾으려고 애썼다. 유럽 대학의 법학자들에게 질의서를 보냈어도 소득은 별로 없었다. 1533년 1월 헨리는 임신한 앤 불린과 결혼했고, 5월에는 세상을 떠난 캔터베리 대주교 뒤를 이어서 국왕을 강력하게 지지하는 크랜머를 대주교로 임명했다.

헨리 8세

대주교가 된 크랜머는 기대에 부응해서 카타리나와 국왕의 결혼서약을 무효라고 선언했다. 교황이 결혼을 빌미로 헨리를 파문하자 헨리는 역으로 잉글랜드 교회의 수장은 바티칸의 교황이 아니라 자신이라고 선언해버렸다. 의회는 일련의 혁명적 입법을 통해 로마에 대한 잉글랜드의 충성을 파기했다. 이로써 잉글랜드 교회는 로마교회와 재정적으로나 법적으로 완벽하게 단절되었다.

잉글랜드의 종교개혁을 완수하기 위해서 앤 불린, 주교총대리 토머스 크롬웰, 대주교 토머스 크랜머 등이 앞장섰다. 크롬웰은 국왕의 수장권을 법적으로 보장하려는 노력과 함께 개신교 방식을 수용하고 교황을 추종하는 수도원들을 폐쇄했다. 목적은 두 가지였다. 수도원 재산의 탈취와 잠재적 저항의 거점을 제거였다. 처분된 수도원의 재산 가운데 일부는 바닥난 국왕의 금고를 채우고, 또 일부는 귀족들의 몫으로 돌아갔다.

대주교 크랜머는 기도서를 제정해서 로마식 예배 형식을 탈피했을 뿐 아니라 나중에는 종교개혁의 중심에 섰다. 하지만 이 세 사람 모두 최후는 좋지 않았다. 앤은 간통 혐의로, 크롬웰은 헨리의 넷째 부인을 잘못 중매했다는 이유로 헨리에게 참수되었고, 크랜머는 카타리나의 딸 메리의 손에 화형을 당했다.

앤 불린

헨리의 종교개혁을 반대한 대표적 인물은 사후에 '사계절의 사나이'라고 불리던 토머스 모어(Thomas More, 1478-1535)였다. 문학가이며 법학자, 그리고 정치가였던 모어는 다재다능했으나 자신의 별명을 완성하기에는 한 가지가 부족했다. 수도사를 희망할 정도로 가톨릭 신앙을 고수한 모어는 평소 윌리엄 틴들(William Tyndale, 1494?-1536) 같은 개신교인들에 사뭇 적대적이었다. 틴들의 추종자와 성서를 수입하고 판매한 상인들을 기꺼이 화형에 처하고 고문했다.

교회를 회중, 사제를 장로, 고해를 회개, 그리고 자선을 사랑으로 번역해서 전통적인 가톨릭의 질서와 권력을 근본부터 뒤흔드는 틴들은 누구보다 죄질이 나쁜 이단이었다. 틴들의 주장을 따르게 되면 가톨릭이나 교황, 고해성사는 무의미했다. 1532년에는 틴들을 비판하려고 6권 분량의 저서를 집필하기도 했다.

모어는 앤 불린과의 결혼을 고수하던 국왕 헨리의 이혼과 잉글랜드

사계절의 사나이 토머스 모어

국교회 창립 계획을 적극적으로 반대했다. 그가 생각하기에 교회의 수장은 마땅히 교황이었다. 헨리는 대법관직을 스스로 사임하고 떠난 모어가 회유와 협박에도 불구하고 고집을 꺾으려고 하지 않자 런던탑에 감금했다. 법정은 전통법과 국가의 자유를 전복시키려 했다는 혐의로 모어에게 사형을 선고했다. 감옥을 찾아온 딸과 아내가 가톨릭 신앙을 포기하고 살길을 찾도록 간청하자 그는 "영혼을 파는 자는 세상을 다 얻어도 덧없다"는 말로 유언을 대신했다.

이상 사회를 묘사한 「유토피아」(Utopia, 1516)를 집필한 모어는 교분을 나누던 에라스무스처럼 권력을 좇는 귀족과 사제에게 비판적이었다. 그뿐만 아니라 모어는 굳이 거친 속옷을 입고 불편함을 자청할 만큼 금욕적이었지만 결코 우울한 사내가 아니었다. 필기도구마저 용납되지 않는 감옥에서도 유머를 잃지 않았다. 단두대로 올라가던 모어는 두려워하는 사형집행관에게 이렇게 말했다. "자네 일을 하는 데 두려워하지 말게. 내 목은 아주 짧으니 조심해서 자르도록 하게." 1535년, 모어는 단두대에서 참수되었고 교황 레오 13세는 그를 1886년에 시복했다. 그리고 사후 400주년이 되는 1935년 성인들의 명단에 이름이 올랐다. '사계절의 사나이'라는 모어의 별명은 그렇게 해서 결국 완성되었다.

* 틴들의 성서 번역

헨리의 결혼은 교황과 카타리나에게는 불행한 일이었으나 개신교인들에게는 좋은 기회가 되었다. 헨리가 사랑하는 앤 불린은 프랑스 궁정에서 지낼 때부터 개신교에 호의적이었다. 앤은 윌리엄 틴들이 번역한 신약성서를 지니고 있을 정도로 열성이었다. 하지만 틴들은 그 상황을 제대로 파악하지 못했고, 그래서 기회로 활용하지도 못했다.

틴들은 루터의 성서 번역과 출판에 자극받아서 1521년부터 영어로 신약성서를 번역하기 시작했다. 오늘날과 달리 당시에는 성서의 번역이 불법이라서 아주 위험한 일이었다. 교회는 성직자에게만 성서를 읽을 권리를 부여했고 일반인들이 성서를 읽는 것을 내켜하지 않았다.

틴들은 자신이 번역한 원고를 잉글랜드에서 인쇄해줄 인쇄업자를 찾아내지 못했다. 1524년 해협을 건너서 대륙으로 간 그는 비텐베르크에서 루터를 만난 뒤에 가톨릭 도시 쾰른에서 출판업자를 찾아냈다. 그곳에서 여백에 주석이 달린 큰 성서(4절판)를 인쇄하다가 지역 주교에게 정보가 들어가는 바람에 쾰른을 급히 떠나야 했다. 그런 사실이 잉글랜드에까지 알려져서 항구마다 체포령이 내려졌다.

틴들은 1526년 개신교 도시 보름스에서 신약성서 전체를 번역하고 인쇄업자를 만나 비밀리에 6천 부를 인쇄했다. 틴들의 번역본은 나중에 국왕 제임스 1세의 지시로 제작된 「흠정역」(King James Version)에 90퍼센트 이상이 수용되었을 정도로 문체가 힘차고 단순하고 유려했다.

그로부터 3개월 뒤, 틴들이 독일에서 제작한 성서가 밀수업자들의 손을 거쳐서 다른 수입품들과 함께 잉글랜드 국내로 쏟아져 들어왔다. 토머스 모어는 상황을 바꿔보려고 수천 권의 신약성서를 직접 구입해서 불에 태웠다. 하지만 그런 조처로는 틴들을 막을 수 없었다. 성서는 틴들이 죽을 때까지 잉글랜드에서 5만 부 이상 팔렸다.

언젠가는 잉글랜드에서 유럽을 방문한 어느 주교가 틴들이 출판한 신약성서를 모두 구입하겠다고 제안했다. 구입한 성서를 잉글랜드로 가져가서 불태울 의도였다. 틴들은 그 제안을 역으로 활용했다. 성서를 팔아서 벌어들인 많은 돈으로 밀린 빚을 갚고 나머지는 성서를 수정해서 출판하는 데 충당했다.

틴들의 성서는 인기가 높았다. 지방의 개신교 귀족들은 마치 공공도서관의 역할처럼 원하는 사람들에게 성서를 대출해주기도 했다. 조국으로 돌아가고 싶었지만 당시 잉글랜드는 성서 때문에 목숨을 잃는 경우가 많았다. 틴들은 영어 성서를 자유롭게 읽도록 허락하면 자신은 잉글랜드로 돌아

틴들 성서 ©WP

가서 어떤 고통이나 고문도 감수할 의향이 있고, 죽음까지도 마다하지 않겠다는 내용의 서신을 국왕 헨리 8세에게 보내기도 했다. 1529년 틴들은 벨기에의 항구도시로 브뤼셀에서 멀지 않은 안트베르펜으로 옮겨가서 신약성서 개정판(1534), 모세오경과 요나서(1536)를 번역해서 출판했다.

그렇다면 헨리 국왕의 스캔들은 성서 번역자 윌리엄 틴들에게 어떤 영향을 미쳤을까? 1530년 틴들은 소책자를 발행해서 카타리나와 이혼하고 싶어 하는 헨리 8세를 공개적으로 비난하고 나섰다. 그 책에는 '왕비가 왕의 형수였다는 이유로 이혼해야 할 것인가' 라는 부제가 붙었다.

사실 틴들은 헨리와 앤 불린을 반대할 처지가 아니었지만 악화되는 잉글랜드에서 벌어지는 정치적 상황에 대해서 한마디 정도는 거들어야 할 것 같은 책무를 느꼈던 것 같다. 문제는 틴들이 당시 정치 환경에 그리 익숙하지 못했다는 것이다.

틴들은 오직 성서를 기준으로 진단하고 나름의 의견을 제시했다. 하지만 그에게 돌아온 것은 국왕 헨리의 분노였다. 틴들은 자신의 책에 잉글랜드 국왕의 결혼이 무효가 되어야 할 이유를 성서 어디에서도 발견하지 못했다고 썼다. 카타리나와의 결혼생활이 타당하니 더 큰 수치를 당하기 전에 앤 불린과의 관계를 청산하도록 헨리에게 요구했다. 이것을 계기로 틴들은 자신을 지지하는 사람들과도 갈등을 빚게 되었지만 조금도 의견을 굽히려고 하지 않았다. 틴들은 주변 사람들에게 기회가 있을 때마다 이렇게 말했다. "그들은 왕비에게 얼마나 몹쓸 짓을 하고 있는지 깨달아야 한다."

나중에 틴들이 신뢰하던 동료의 배신으로 이단 혐의로 감옥에 구금되자 앤 불린과 달리 국왕 헨리는 별다른 호의를 베풀려고 하지 않았다. 1536년 8월, 틴들은 이단으로 유죄판결을 받았다. 잉글랜드 주교

>>> 오리지널 「틴들 성서」의 가격은?

현재 대영박물관에 소장된 「틴들 성서」 초판본은 한 수집가가 21파운드에 샀다가 1741년에 75파운드에 팔았다. 이 성서는 다시 18세기에 영어성서 수집가인 존 화이트에게 15.22파운드에 팔렸다. 화이트는 대영박물관 직원에게 21파운드를 받고 넘겼다. 박물관의 직원은 세상을 떠나기 직전인 1784년에 그 성서를 영국의 한 대학에 기증했다. 1994년에 대영박물관은 100만 파운드가 넘는 금액을 내고서 이 성서를 샀다.

윌리엄 틴들

총대리였던 토머스 크롬웰(Thomas Cromwell, 1485-1540)의 호소에
도 불구하고 16개월 간 투옥되었다. 그러고는 성직을 박탈하는 절차를
거치고 나서 같은 해 10월 공개 처형을 당했다.

틴들은 사형수에게 주어지는 마지막 기도시간에 큰 소리로 울부짖
었다. "주여, 잉글랜드 국왕의 눈을 열어주소서." 그 순간에 틴들이 묶
인 기둥 바로 뒤에 서 있던 사형집행관이 올가미를 힘껏 죄고 나서 화
형대에 불을 붙였다. 사형수가 고통을 느끼지 못하게 화형 전에 교수형
을 집행하는 것은 죄수에 대한 일종의 배려였다.

윌리엄 틴들의 기도는 당연히 헛되지 않았다. 국왕 헨리 8세는 틴들이 세상을 떠난 지 두 해 뒤에 그가 완역해낸 마태복음을 공식적으로 승인했다. 그리고 1539년에는 토머스 크롬웰의 적극적인 후원을 받아서 파리에서 발간된 「그레이트 바이블」(Great Bible, 1539)을 잉글랜드 전국 교회에 일괄 배치하도록 지시를 내렸다. 「그레이트 바이블」은 틴들이 번역한 마태복음을 개정한 것이었다. 그뿐만 아니라 틴들이 번역하면서 새롭게 만들어낸 성서의 낱말과 표현('여호와, 유월절, 속죄, 속죄양')은 잉글랜드를 넘어서서 전 세계 그리스도인들을 위한 영원한 문학적 유산으로 자리를 잡았다.

* 블러디 메리

잉글랜드의 종교개혁은 간단하지 않게 전개되었다. 1541년에 헨리의 셋째 왕비인 제인 시무어(Jane Seymour, 1508?-1537)는 그토록 오랫동안 기다리던 아들을 마침내 출산했다. 제인은 열악한 의료 환경으로 인한 출산 후유증으로 얼마 뒤에 세상을 떴고, 국왕 헨리는 이후로 세 명의 왕비들을 더 맞이했다. 그들 가운데 마지막 왕비만이 운 좋게 헨리의 죽음을 지켜볼 수 있었다. 토머스 크랜머는 헨리의 뒤를 이어서 아홉 살의 나이에 잉글랜드 국왕이 된 에드워드 6세(Edward VI, 1547-1553 재위)를 위해서 「성공회 기도서」를 편집했다. 여기에는 로마교회와의 단절이라는 정치적 의도 이외에도 정교하고 복잡한 라틴어 기도문을 보다 더 간단한 영어로 대체했다는 의미가 담겨 있었다.

토머스 크랜머의 기도문은 잉글랜드교회가 로마교회와 명확하게 선을 그은 중대한 사건이면서 분수령이 되었다. 에드워드를 확실하게 등에 업은 크랜머는 마음껏 독자적인 행보를 지속했다. 교회에서 연주

메리 여왕(왼쪽)과 엘리자베스 여왕(오른쪽)

되는 음악과 성찬식이 변화되었다. 고해성사나 성체예배가 폐지되고 미사라는 용어가 교회에서 사라졌다. 사제는 목사로 대체되었다. 계속해서 존 낙스 같은 종교개혁자들과 함께 잉글랜드 국교회를 위한 42개 신조(1553)를 새롭게 제정했다. 하지만 크랜머가 주도하는 개혁은 거기서 마침표를 찍을 수밖에 없었다. 기도서의 잉크가 채 마르기도 전에 에드워드 6세가 세상을 떠나고 말았다.

카타리나가 헨리와의 사이에서 유일하게 남긴 혈육인 메리 튜더(Mary Tudor, 1516-1558)가 왕좌를 차지했다. 1554년 7월, 메리는 가톨릭이 지배하는 에스파냐 국왕 펠리페와 결혼해서 잉글랜드를 어떤 방향으로 이끌지를 예고했다. 메리는 잉글랜드를 과거처럼 가톨릭 신봉 국가로 되돌리려고 애썼다. 개신교에는 반동이었지만 가톨릭 측에는 종교개혁이었다. 그녀는 자신과 신앙이 다르다는 이유로 개신교인을 3백 명 이상 화형대에 세웠다. '피의 메리'(Bloody Mary)라는 별명을 얻은 것도 그 때문이었다. 살해된 이들 가운데는 대주교 토머스 크랜머와 주교 휴 래티머(Hugh Latimer, 1487?-1555)가 있었다. 화형 직전 래티머는 이렇게 외쳤다. "우리는 오늘 절대 꺼지지 않으리라고 확신하는 촛불을 하나님의 은혜로 밝히게 될 것이다." 나머지 개신교 지도자들은 독일과 스위스 등지로 급히 망명했다. 덕분에 취리히와 제네바를 비롯한 기타 종교개혁운동 중심지와 자연스레 유대관계가 형성되었다.

잉글랜드가 오늘날처럼 로마 가톨릭과 개신교 사이에서 안정되게 자리를 잡게 된 것은 앤 불린 왕비의 딸이었던 엘리자베스 덕분이었다. 가톨릭 신앙을 지향하던 메리가 왕위에 오르고 나서 불과 6년 만에 후계자 없이 세상을 떠났다. 메리 여왕이 그렇게 일찍 죽지 않았더라면 잉글랜드는 유럽의 종교 지형에 영원히 가톨릭 국가로 표시되었을지 모른다. 엘리자베스 1세(Elizabeth I, 1558-1603)가 메리의 뒤를 이어 잉글랜드의 왕위를 계승했고, 그녀는 교황 추종 세력의 기대와는 달리 자신의 개신교적 성향을 굳이 숨기려고 들지 않았다.

에스파냐의 무적함대를 꺾고 1600년 무렵 동인도회사를 설립해서 대영제국의 번영을 가능하게 한 엘리자베스 여왕은 아버지 헨리 8세와 달리 '교회의 수장'이라는 칭호를 받아들이지 않았으나 교황의 권위 역시 인정하려고 하지 않았다. 엘리자베스는 잉글랜드 기도문 안에 가톨릭과 개신교의 사상을 모두 포함시킴으로써 현재 우리가 성공회라고 부르고 있는 잉글랜드 교회만의 독특한 신앙을 형성할 수 있었다. 하지만 스스로를 경건한 사람들이라고 부르는 청교도들(Puritans)은 그와 같은 수준에서는 결코 만족하려고 들지 않았고, 그래서 그들은 나중에 새로운 길을 모색했다.

[반종교개혁]

16세기에 로마교회의 갱신을 기대하고 변화를 모색한 것은 루터나 칼뱅 같은 개신교 종교개혁자들만이 아니었다. 로마 가톨릭교회 내부의 일부 지도자들 역시 루터가 비텐베르크에서 면죄부를 비판하는 95개의 논제를 작성하기 몇 해 전부터 나름대로 교회 개혁을 추진할 준비를 하고 있었다. 독일의 작센 지방을 중심으로 급속하게 진행된 종교개혁의 속도와 세력 확산에 경악한 그들은 자신들이 이미 준비하고 있던 개혁 프로그램을 처음부터 재고하지 않을 수 없었다. 그러면서도 가톨릭 개혁자들은 추구하는 방향이 비슷한 개신교인들과의 재결합을 포기하려고 하지 않았다.

1541년 루터의 대리자들과 로마 가톨릭 지도자들이 독일에서 만났다. 5백 년 뒤에 있을 교리적 합의를 예고하듯이 양측 모두 하나님의 은혜를 통해 믿음으로 의로워진다는 것과 구원하는 믿음은 선행을 낳는다는 데 의견을 서로 같이했다. 문제는 성만찬의 해석이었다. 가톨릭 대표자들은 화체설, 즉 사제가 축복하는 순간 빵과 포도주가 그리스도의 살과 피로 바뀐다는 주장에 동의해달라고 요구했다. 루터 진영으로서는 용납하기 어려운 주장이었고, 그렇게 해서 회의는 별다른 성과를 거두지 못한 채 끝났다. 이후로 로마교회는 또 다른 종교개혁을 진행했다. 에스파냐 출신 어느 병사가 그 일을 주도하려고 나섰다.

이그나티우스가 예수회 최초로 로마에 건축한(1551년) 일제수성당 ⓒ유재덕

＊ 로욜라의 예수회

이그나티우스 데 로욜라(이냐시오 Ignatius de Loyola, 1491-1556)는
1523년 그리스도 예수의 무덤을 둘러보고 무슬림을 개종시키려고 예
루살렘으로 떠났다. 넝마를 걸친 그에게서 십자군의 모습은 찾아볼 수
없었다. 이그나티우스는 한쪽 다리가 불편해도 먹을 것을 구걸하고 길
에서 자면서 한 달 반을 걸어 사람들이 지구의 배꼽으로 부르는 예루살
렘에 당도했다.

팔레스타인 지역에서 활동하는 프란체스코수도회 수도사들의 의심
스러운 눈총을 받으면서 예리코, 베들레헴, 올리브산의 겟세마네를 차
례로 순례했다. 그러고는 다리가 다 나오는 짧은 바지에 어깨가 드러난

일본 가고시마와 야마구치에서 선교한 프란시스코 하비에르. 나가사키 니시자카 26성인기념관
ⓒ유재덕

검은 웃옷, 낡은 짧은 외투 차림으로 차가운 겨울바람을 견디면서 그곳을 떠나 에스파냐로 돌아왔다.

　이그나티우스가 이처럼 적극적으로 신앙의 길에 들어서게 된 것은 1521년 프랑스군과의 전투에서 입은 부상이 계기가 되었다. 포탄에 맞아서 산산조각이 난 한쪽 다리를 잘라낸 그는 요양하다가 성인들의 전기를 접하고 그리스도와 마리아의 군사가 되기로 결심했다. 이그나티우스는 만레사에서 토마스 아 켐피스의 「그리스도를 본받아」를 읽고 신비체험을 한 뒤에 「영적 수업」(Spiritual Excercise, 1548) 초고를 집필했다. 이그나티우스는 이 글에서 무엇보다 신비주의와 영성수련을 강조했다. 그는 30일간 영적 지도자와 일대일로 진행되는 영성수련

김대건 신부가 유학했던 파리외방전교회의 마카오 신학교 ⓒ유재덕

을 통해서 그리스도에 헌신하도록 안내했는데, 지성을 강조하던 개신
교 종교개혁자들의 신앙지도와 달리 시각은 물론 청각까지 영성수련
에 적극적으로 활용하도록 요구했다.

　팔레스타인 성지를 떠나 에스파냐로 되돌아온 이그나티우스는 하나
님의 뜻을 찾으려고 서른 세 살의 나이에 학생이 되기를 자청했다. 라
틴어를 공부하면서 에스파냐의 여러 대학을 전전하다가 파리대학으로
떠났다. 그곳에서 자신의 한계를 절감한 이그나티우스는 동료들을 규
합하기 시작했다. 1534년 8월 보름, 이그나티우스는 몽마르트 언덕 성
당에 함께 모여 청빈, 순결, 교황에 대한 충성을 서원했다.

　교황은 1540년 이그나티우스가 주도하는 이들의 모임을 승인했고,

예수회(Societa Jesu)라는 이름의 종단이 그렇게 해서 결성되었다. 전적으로 교황에게 충성한 예수회는 현세적이고 호전적일 뿐 아니라 처음에는 지금처럼 따로 수도복을 입지 않아서 비밀단체라는 비난을 받기도 했다.

예수회는 교육에 무척 적극적이었다. 1640년까지 5백 개 이상의 학교를 유럽에 설립했고, 여러 개의 신학교와 대학을 세워나갔다. 예수회는 자신들이 운영하는 학교를 통해 중부 유럽 출신의 귀족 자녀들을 가톨릭으로 개종시켰을 뿐 아니라 개신교 세력이 유럽 북부에서 중남부로 남하하는 것을 성공적으로 저지했다. 아울러 예수회는 개신교와 달리 전략적으로 해외 선교에 집중했다. 예수회 설립 첫 해 창립 회원 10명 가운데 8명이 로마를 떠난 것도 그 때문이었다.

에스파냐 출신 프란시스코 하비에르(사비에르 Francisco Javier, 1506-1552) 역시 그랬다. 하비에르는 개신교보다 무려 150년을 앞서 인도와 일본에서 선교하고, 또다시 중국으로 향하다가 세상을 떠났다. 로마교회를 변화시킨 것은 예수회처럼 개혁적인 정신을 소유한 사람들이었다. 이후로 예수회의 해외선교에 영향을 받은 교황청과 교구사제들이 파리외방전교회를 1658년에 설립해서 베이징과 마닐라, 마카오 등 아시아 선교에 주력했다.

* 종교개혁의 영향과 로마교회

교황 바오로 3세(Paulus Ⅲ, 1534-1549 재위)는 종교개혁자들에 맞서서 내부 개혁에 동의하는 새로운 주교단을 임명하고 종교재판소를 운영하면서 교황권을 회복해나갔다. 긴급한 정치적 현안이 어느 정도 해결되자 교황은 북이탈리아의 트리엔트에서 공회를 소집했다. 1545년

페르세포네의 납치(베르니니). 로마 보르게세미술관 ⓒ유재덕

에 시작되어 1563년까지 진행된 트리엔트공회는 개신교 진영에서 참여하기를 거부했지만, 결과적으로는 로마 가톨릭교회에 상당한 변화를 가져왔다. 면죄부 판매와 교회의 직무들이 대폭 폐지되었다. 그리고 성직자의 결혼금지 조항이나 연옥의 존재와 같은 중세적 교리와 실천을 다시 한 번 확인했다.

트리엔트공회는 종교개혁으로 인한 혼란에 마침표를 찍기 위해 결단을 내렸다. "성서와 교회의 전통은 같은 권위를 가진다. 오직 신앙으로만 의인으로 인정받는다는 루터의 주장은 오류이며, 사랑과 희망 역시 구원에 필요하다. 그리고 미사는 라틴어로 진행되어야 한다." 이 결정은 1962년에 제2차 바티칸공회가 열릴 때까지 400년 이상 지속되었다.

성상을 금지한 공회는 예술의 한계 역시 명확하게 규정했다. 작품의 주제는 개신교와 달리 종교적인 것으로 국한되었고 예술가는 성직자의 엄격한 감시를 받아야 했다. 이런 환경은 예술계에 변화를 초래해서 반종교개혁적 성격의 바로크 양식이 등장하는 계기가 되었다. 베르니니(Giovanni Lorenzo Bernini, 1598-1680)와 카라바죠(Michelangelo Merisi da Caravaggio, 1571-1610)가 조각과 회화의 흐름을 주도했다.

중세 유럽은 교황을 정점으로 결집된 하나의 기독교 사회였다. 하지만 북부 유럽을 중심으로 종교개혁이 시작되고, 유럽 전체가 혼란에 휩싸이면서 공동체 의식은 곧장 증발해버렸다. 유럽 곳곳에서 신교와 구교가 한 치도 물러서지 않고 격렬하게 군사적으로 충돌했다. 독일 지역에서는 1546년에 루터가 세상을 떠나자 연대를 한층 더 강화한 개신교 진영과 가톨릭 군대가 맞서 대규모 전투를 벌였다. 가톨릭과의 무력 다툼에서 패배한 개신교 진영(슈말칼덴 동맹)은 황제 카를 5세의 요구대로 가톨릭의 의식을 재건하는 데 당분간 동의하지 않을 수 없었지만, 개혁의 물줄기까지 돌려놓지는 못했다.

황제 페르디난트 1세(Ferdinand Ⅰ, 1556-1564)는 1555년에 아우크스부르크 평화조약을 근거로 가톨릭과 루터파 교회를 모두 합법으로 인정했다. 군주들은 백성들을 위해 구교와 신교 가운데 어느 쪽이든지 자유롭게 선택할 수 있었다. 만일 군주가 가톨릭 신앙을 선택했다고 하더라도 마음에 들지 않으면 개신교를 따르는 군주가 있는 지역으로 거주지를 옮길 수 있었고, 그 반대도 물론 가능했다. 하지만 그런 특혜는 오로지 루터파의 경우에만 가능한 일이었다. 칼뱅이나 츠빙글리를 따르는 사람들, 그리고 재세례파 추종자들에게는 무관했다. 이로써 16세기 유럽 전체가 종교적으로 산산조각이 나고 말았다.

유럽의 **확장**과 **변화**하는 세계

*　*　*　*　*

16, 17세기의 유럽 사회는 전반적으로 변화를 겪었다. 무어인의 지배를 벗어난 에스파냐의 상황과 달리 서유럽인들은 동유럽까지 밀고 들어온 오스만 튀르크 때문에 상당한 위협을 느꼈다. 서유럽에서는 우여곡절 끝에 봉건 왕조와 도시국가 체제가 국민국가와 절대주의 체제로 대체되었다. 종교개혁자들은 기독교권의 통일성을 무너뜨렸다. 개신교인들은 로마교회에 변혁을 촉구하고 일어섰고 치열한 다툼 끝에 마침내 의도한 바를 성취했다. 종교개혁자들은 옳고 그름을 따져보지도 않은 교회의 지시를 일사불란하게 따라야 하는 신앙 이데올로기에 진저리쳤다. 교황이 구심점이 되는 신정 통치의 근거를 의심하면서 중세식 종교와 결별했다.

오랫동안 로마교회가 향유해온 절대 권력은 예상하지 못한 종교개혁이라는 암초를 만나 분리되고 쪼개졌다. 세속 행태와 전혀 다를 바 없이 권모술수가 동원되고 권력을 향한 암투가 공공연히 벌어져도 문제없이 세금이 걷히고, 성직을 매매해도 그런대로 돌아가던 때와는 전혀 다른 세계가 펼쳐졌다. 교황청의 영화는 어느덧 흘러간 노래가 되었고 지고의 교황권이 갖는 정치적 무게는 급격히 줄었다. 권력을 이양 받은 세속 정치가 교회를 압도하는 일까지 빈번했다. 개신교인들은 처음부터 기대하던 변화를 직접 눈으로 확인했다. 루터와 칼뱅이 세상을 떠난 뒤에도 그들이 동력을 제공한 신학운동은 줄곧 활기를 잃지 않았다.

유럽의 물리적 중심지가 지중해에서 대서양으로 새롭게 옮겨갔다. 1571년 유럽이 연합한 신성동맹 함대가 오스만제국의 갤리선 함대를 격파한 이후 닻을 올린 대항해 시대, 또는 대발견 시대는 16세기를 지나 17세기 초반에 이르러서 절정에 도달했다. 서유럽 열강은 아프리카와 아메리카, 아시아로 세력권을 넓혀나갔다. 해군 강국이었던 에스파냐와 포르투갈이 선두에 섰고, 뒤를 네덜란드와 프랑스, 잉글랜드가 좇았다. 동북아시아에서는 의도대로 흘러가지 않았지만 북아메리카는 에스파냐와 프랑스, 잉글랜드 차지가 되었다. 남아메리카는 포르투갈이 대부분 식민지로 삼았다. 식민지마다 기독교 선교기지가 세워져나갔다.

유럽에 불어 닥친 변화가 늘 바람직하지는 않았다. 종교개혁이 마무리되던 17세기 초반 상황은 더 그랬다. 세계가 확대되어가는 만큼 전에 없던 새로운 질문들이 제기되었고 갈등은 극단으로 치달았다. 특히 개신교와 가톨릭교회 사이의 갈등이 격화되면서 피바람이 불기도 했다. 신앙이 다르다는 이유로 상대방에게 박해를 가하거나 이단 논쟁이 끊이질 않았다. 개인과 하나님 간의 완전히 새로운 관계를 정립하고, 과거의 모든 편견과 부패를 제거하려고 했던 종교개혁의 정신은 오간

데 없고 더없이 혐오하던 교황 체제의 복사판이 되었다. 과도한 교파 갈등은 대중에게 종교에 대한 혐오를 유발했고, 결국 기독교에 대한 냉소적 견해가 일반화되었다.

[정치의 변화]

16세기 후반은 개인이 전통적인 가톨릭과 새로운 개신교 신앙 사이에서 내린 스스로의 선택을 분명히 표명해야 하는 불행한 시대였다. 오늘날까지 국제 질서나 정치 세계에서 여전히 익숙하지 않은 타협이나 병존 같은 애매한 전략으로는 적대감과 폭력이 성행하는 살벌한 세계에서 결코 생존을 보장받을 수 없었다. 증명이 쉽지 않은 신앙이라는 문제 때문에 수천 명이 목숨을 잃었고, 또 수백 명이 순교자가 되어야 했다. 위기를 느낀 이들은 구교이든 신교이든 간에 어느 한 쪽의 신앙을 확실하게 선택한 뒤에 서로 강력하게 연대하는 게 관용을 모르는 시대를 살아가는 유일한 길이라고 간주했다.

트리엔트 공회를 기점으로 내부 정비에 본격 착수한 로마 가톨릭교회는 어느 시점부터는 활기를 되찾고서 개신교인들에게 빼앗긴 주도권을 되찾으려고 소매를 걷어붙이고 나섰다. 거기에 루터교인들이 저항하고, 칼뱅주의자들이 가세하면서 유럽에서의 혼란은 한층 더 증폭되었다. 사실 아우크스부르크 평화조약(1555)에 따라서 신앙을 자유롭게 선택할 수도 있었지만 그것은 허울에 지나지 않았다. 프랑스에서 시작된 가톨릭의 피의 보복은 계속해서 네덜란드로 번져나갔다. 그렇게 시작된 30년전쟁을 계기로 유럽 국가 대부분이 전화에 휩싸였다.

* 위그노의 참극

독일이 루터에게 직접 영향을 받았다면 프랑스는 칼뱅의 영향권에 속했다. 칼뱅은 제네바에서 은밀하게 프랑스의 칼뱅파를 지원했다. 제네바에서 파송된 목사와 설교자가 국경을 넘어서 프랑스 국내로 잠입했다. 그 지역 개신교인들은 레오나르도 다 빈치와 여러 예술가를 후원해서 프랑스 역사상 최초의 르네상스 군주로 불리는 프랑수아 1세 (Francois I, 1515-1547 재위)와 누이 나바르 여왕 마르그리트(Marguerite d'Orleans, 1492-1549) 덕분에 가톨릭 세력으로부터 한동안 안전했다. 그런데 앙리 2세가 즉위하면서 상황이 달라졌다. 앙리 2세는 독일과 제네바에서 밀려드는 루터와 칼뱅 사상을 위협으로 간주하고 개혁사상에 물든 개신교인을 무수히 화형에 처했다.

앙리 2세의 직접적인 표현처럼 '루터파 인간 쓰레기들'의 혀를 자르고 화형에 처하는 폭력적 권력만으로는 개혁에 대한 대중의 강렬한 요구를 잠재우는 게 결코 쉽지 않았다. 게다가 개신교 첩자들에 대한 피해망상에 시달리던 국왕의 폭정은 전국적으로 증오의 대상이 되어 갔다. 신앙 때문에 탄압을 받아야 했던 프랑스 지역의 개신교인들은 칼뱅의 지도를 받아가면서 제네바에서 새롭게 세력을 규합할 수 있었다. 나중에 이들은 프라이부르크와 베른, 제네바 도시가 맺은 '방위동맹' (1526)이라는 용어(Eidgenossen, 또는 동맹자)에서 비롯된 위그노 (Huguenots)라는 이름을 얻었다.

딸과 누이의 결혼을 기념하는 마상창 시합에서 오른쪽 눈에 심각한 부상을 입고 세상을 떠난 앙리 2세의 권력은 부인 카트린 드 메디시스 (Catherine de Medicis, 1519-1589), 그리고 장남 프랑수아 2세(Francois II, 1559-1560)와 차남 샤를르 9세(Charles IX, 1560-1574)를 거쳐서 결국에는 셋째 아들 앙리 3세(Henri Ⅲ, 1574-1589)에게로 넘어 갔다. 카트린은 성베드로대성당 건축을 명분으로 면죄부를 판매하다가 종교개혁의 역풍을 맞은 교황 레오 10세의 종손녀였다. 교황의 중매로 앙리 2세와 결혼해서 열 명의 자식을 둔 카트린은 왕권 유지를 위해 구교와 신교 사이를 전략적으로 오갔다. 당시 프랑스에서는 위그노와 가톨릭교도들의 세력 다툼이 치열했다. 두 진영은 피를 흘리는 충돌까지 마다하지 않았고, 그런 유혈 다툼은 신구교도들 사이에 자리 잡은 오랜 증오심에 기름을 끼었었다.

본격적인 전투는 시간 문제였다. 1562년 3월 1일, 기즈의 프랑수아 (Francois de Guise, 1519-1563) 공작이 이끄는 군대가 작은 시골 도시 바시를 공격해서 예배 중이던 위그노를 학살하는 사건이 일어났다. 가톨릭파의 무리한 행동은 급증하는 개신교 세력에 대한 불안감에서 비롯되었다. 같은 해 프랑스 국내에 완전한 형태를 갖춘 개혁파 회중의 수는 무려 1,785개였고, 귀족 가운데 절반 이상이 프로테스탄트였다. 학살 이후 무력 충돌이 이어졌고, 1563년 2월에는 위그노가 기즈의 공작 프랑수아를 암살했다. 카트린이 1563년 3월 앙부아즈칙령(Edict of Amboise)으로 양측의 휴전을 중재했으나 그때뿐이었다.

1562년 바시 학살 이후 로마가톨릭과 위그노 사이에서 유혈참극이 반복되다가 1598년 4월 13일 낭트칙령(Edict of Nantes)으로 종교전쟁이 종결되었다. 이른바 '위그노전쟁'(1562-1598)이라고 불리는 36년 간의 종교 갈등 가운데 절정은 성바르톨로메오 축일의 대학살 사건이 었다.

카트린은 혼란이 지속되는 국내 정치상황을 단번에 뒤집을 묘안을 짜냈다. 딸 마르그리트(Marguerite de Valois, 1553-1615)와 위그노

성바르톨로메오 축일의 대학살 ⒸWP

나바르의 국왕 앙리 드 부르봉(앙리 4세 Henry de Bourbon, 1589-
1610 재위) 간의 결혼을 서둘렀다. 카트린의 숨겨진 의도를 알 리 없는
일반인들은 가톨릭과 개신교 세력이 서로 화해하는 결정적 계기가 될
것으로 예상했다.

　개신교 지도자들이 결혼을 축하하기 위해서 파리로 속속 모여들고
있었다. 국왕의 모후 카트린은 위그노 지도자 콜리니(Gaspard de
Coligny, 1519-1572) 제독을 오해했다. 위그노 사이에서 강력한 지도
력을 행사하는 콜리니는 어전회의를 주재하면서 잉글랜드와 동맹을
체결하고 네덜란드의 프로테스탄트들을 적극 지원했다. 카트린은 콜
리니 제독이 자기 아들을 부추겨서 에스파냐와의 승산 없는 전쟁을 획
책하고 있다고 생각했다. 그녀는 마르그리트와 앙리의 결혼식에 참석

한 개신교인들을 일거에 제거할 음모를 꾸몄다. 콜리니 제독과 추종자 위그노를 제거해서 왕권을 강화하려는 의도였다.

1572년 8월 24일 일요일 새벽, 파리의 성문들이 소리 없이 닫혔다. 센강의 선박들은 단단하게 묶여서 누구도 강을 건널 수 없었다. 성바르톨로메오 축일을 알리는 성당 종소리를 신호로 병사들이 잠자리에 있던 위그노를 학살하기 시작했다. 해질 무렵이 되자 급히 흐르는 센강의 누런 물이 핏빛으로 바뀌었고 루브르 왕궁의 돌계단에는 핏물이 흥건했다. 축일 당일에만 3천여 명이 희생되었다. 10월까지 계속된 대학살로 1만 명 이상이 희생되었다. 학살을 겨우 모면한 위그노는 잉글랜드와 독일, 네덜란드와 제네바로 급히 피신했다.

프랑스의 종교전쟁이 막바지로 치달을 무렵에 세 명의 앙리 사이에서 처절한 싸움이 벌어졌다. 가톨릭파 기즈 가문의 앙리와 프로테스탄트 배경을 가진 나바르의 앙리, 그리고 국왕 앙리 3세가 그들이었다. 앙리 3세는 왕권을 위협하는 기즈의 앙리를 1588년에 살해했다. 후폭풍이 두려웠던 앙리 3세는 급히 나바르의 앙리에게 도움을 청하는 손

〉〉〉 수탉이 프랑스 상징이 된 까닭

앙리 4세는 프랑스 가정들이 윤택해지기를 바라서 "하나님은 내 왕국의 모든 국민이 일요일마다 닭고기를 먹기를 원하신다"는 어록을 남겼다. 일요일마다 닭을 식탁에 올릴 만큼 살게 해주면 신교든 구교든 관계없다고 생각했다. 실제로 전쟁과 전염병에 시달리던 프랑스인들은 앙리의 선정으로 닭 요리를 먹을 수 있었다고 한다. 이후로 프랑스에서는 닭 요리가 발달했고, 지금도 '앙리 4세 닭요리'(Poule au Pot du Roi Henri Ⅳ)라는 유명한 요리가 전해진다. 부르봉 왕조가 고대 갈리아인들처럼 수탉을 상징으로 삼은 것도 그 때문이고, 프랑스 혁명을 거쳐서 국조가 되었다.

을 내밀었다. 앙리 3세의 조부였던 프랑수아 1세의 누이 앙굴렘의 마르가리타는 나바르의 앙리의 외조모였다. 인척이었던 둘 사이의 협력은 별다른 효력을 발휘하지 못했고, 앙리 3세는 정적의 공격을 받아서 중상을 입었다. 국왕은 임종하면서 나바르의 앙리를 후계자로 지명하면서 가톨릭으로의 개종을 조건으로 달았다. 앙리는 1593년 개신교 신앙을 포기하고 구교로 돌아섰다.

개종 이후에도 가톨릭 진영은 앙리에 대한 의구심을 거두려고 하지 않았다. 1598년 낭트칙령을 반포해서 위그노에게 예배의 자유를 허락한 게 불신의 또 다른 이유로 작용했다. 종교전쟁이 일어나기 직전에 반포된 생제르맹칙령(1562)과 달리 앙리의 낭트칙령에는 보다 폭넓은 관용 정책이 포함되었으나 구교와 신교 양측으로부터 전폭적인 지지를 확보하는데 실패했다. 나중에 프랑스인들에게서 앙리대왕(Henri le Grand), 또는 선량왕(le Bon Roi)이라고 불리던 앙리 4세는 종교 갈등이라는 덫을 빠져나오지 못한 채 1610년 가톨릭파에 의해 살해되었다.

✳ 프라하의 투척 사건

어렵사리 마련된 아우크스부르크 조약은 아주 우연한 기회에 파기되었다. 보헤미아 지역 귀족들이 로마 가톨릭의 신앙을 추종하는 신성로마제국 황제이면서 보헤미아 국왕을 겸하는 페르디난트 2세(Ferdinand Ⅱ, 1619-1637)가 파견한 사절단을 방문했다. 가톨릭 사절단은 개신교인들의 불평을 무시했다. 그러자 격분한 개신교인들이 사절단을 이층 창밖으로 내던졌다. 사절단 가운데 한 사람이 떨어지면서 소리쳤다. "예수의 마리아여, 우리를 도우소서!" 그러자 개신교인이 창에 대고 외쳤다. "네가 믿는 마리아가 이제 너를 구하는지 두고 보자!" 그

베스트팔리아조약 회의 ©WP

때 "마리아가 도와주셨다"라고 중얼거리는 소리가 밑에서 들려왔다. 사절들은 건초더미가 쌓인 쪽으로 떨어져서 말짱했다. 간신히 목숨을 건진 사절단은 인근의 가톨릭 공국이었던 체코로 달아났다.

이 일을 계기로 개신교와 가톨릭 사이에 잠복해 있던 적대감이 수면 위로 떠올랐다. 사절단이 겪은 수모를 전해들은 황제는 개신교인들을 상대로 즉시 전쟁을 선포했다. 그렇게 해서 유럽 역사상 최대, 최후의 종교 전쟁이라고 불리는 '30년전쟁' (1618-1648)이 시작되었다.

처음에 종교적 갈등에서 비롯되었던 전쟁이 얼마 지나지 않아서 정치적인 다툼과 약탈로 바뀌었다. 1620년 신성로마제국 황제의 군대가 보헤미아를 전격적으로 침공해서 개신교인들의 영지를 몰수해버렸다. 그러고는 얀 후스의 근거지였던 프라하의 카렐대학까지 예수회에 넘겨주었다. 아픈 상처에 소금을 뿌린 격이었다.

전쟁은 1623년부터 1629년 사이에 새로운 국면에 들어섰다. 북유럽의 개신교 제후들이 가톨릭 군대를 몰아내려고 덴마크와 잉글랜드, 네덜란드와 손을 잡았다. 하지만 기대와 달리 개신교 연합군은 가톨릭 군대에 패배했다. 30년전쟁은 대규모의 유혈사태를 빚은 마지막 국면으로 치달았다. 충실하게 가톨릭을 추종하던 프랑스가 개신교 연합군 진영에 합류했고 개신교 진영 가운데 일부 역시 가톨릭 측으로 넘어갔다. 이로써 30년전쟁의 성격이 보다 확실하게 규정되었다. 종교를 전쟁의 명분으로 삼았지만 속사정은 상당한 정치적 이해가 걸려있는 유럽 국가들 간의 싸움이었다. 이 시기에 많은 지역에서 엄청난 사람들이 죽었고 경제 상황도 피폐해졌다.

마침내 1648년 베스트팔리아(Westphalia) 평화조약이 조인되면서 30년전쟁은 종결되었다. 베스트팔리아조약에 따르면 모든 제후가 자신들의 영토에서 어떤 종교를 따를 것인지 결정할 수 있었다. 아우크스부르크조약과 달리 이번에는 루터교회는 물론 가톨릭, 칼뱅의 개혁파 교회까지 한꺼번에 합법화되었다. 어쨌든 제후가 원하기만 하면 한 지역에서 개신교와 가톨릭이 공존할 수도 있었다. 로마의 교황으로서는 절대 용납할 수 없는 대목이었지만 개신교와 가톨릭 국가들 모두 교황의 불평에 귀를 기울이지 않았다. 종교나 종교 논쟁보다 평화가 더 중요하다는 것을 알 만한 사람들은 알고 있었다.

개신교 국가가 된 네덜란드가 에스파냐로부터 독립하고, 유럽의 강국으로 부상한 프랑스와 몇몇 국가들이 영토를 확장할 수 있었다. 스위스에 대한 통제권마저 상실한 신성로마제국은 제국으로서의 수명을 다한 채 이후로는 거의 지리적 용어로 남게 되었다. 평화조약은 종교적으로나 정치적으로 유럽에 안정을 가져다주었지만 그것을 위해 치러야 했던 희생은 간단하지 않았다. 독일 지역만 놓고 보더라도 전국이 초토화되고 1천만 명 이상의 시민들이 무고한 목숨을 잃어야 했다.

✳ 청교도들은 고루하다?

잉글랜드 역시 30년전쟁 기간에 격렬한 종교적인 갈등을 겪었다. 종교개혁자들이 1604년 햄튼 궁정에서 국왕 제임스 1세(James Ⅰ, 1603-1625 재위)를 알현했다. 개혁자들은 로마 가톨릭의 잔재를 제거하고 교회 개혁을 추진해달라는 내용의 '1천 명의 청원서'를 제출했다. 덕분에 개혁자들은 '청교도'(Puritans)로 알려졌다.

청교도를 엄격한 생활을 고수한 고리타분한 사람들로 단정하기도 하지만 그렇지 않은 부분도 많았다. 가령 예배 시간에 청교도들의 복장은 단정하고 활기찼다. 가정생활도 그랬다. 배우자에게 언제나 성적 만족을 얻으려고 했고 사냥과 운동을 즐겼다. 그들이 이렇게 활동적이었던 것은 이웃이나 하나님과의 활발한 관계를 통해 자신들의 신앙이 평가받는 것으로 믿었기 때문이다.

청교도들에게 있어서 성서는 무엇보다 중요했다. 성서에 기록되지 않은 로마교회의 습속을 정화하려고 노력한 것도 바로 그 때문이었다. 세례에 사용하는 십자가, 성찬식에서 무릎 꿇기, 성직자의 겉옷이나 오르간 사용 등을 피하려고 했다. 청교도들은 제임스 국왕에게 이런 서신을 보냈다. "교회는 마땅히… 인간적 재능이 아니라 그리스도께서 자신의 복음에 정해놓은 율법과 규칙에 따라 지배를 받아야 합니다." 청

제임스 1세

교도들이 즐겨 읽은 성서는 존 낙스(John Knox, 1513?-1572)가 번역해서 1560년 제네바에서 처음 발간한 「제네바 성서」였다.

제임스는 「제네바 성서」의 내용에 포함된 칼뱅의 주석을 그리 내켜하지 않았다. 때문에 1604년에 열린 햄튼 궁정회의에서 어느 청교도가 새로운 번역을 제안하자 국왕은 주저하지 않고 그 자리에서 바로 동의했다. 47명의 학자가 33개월 동안 매달려서 성서를 번역해냈는데, 그 성서가 바로 오늘날에도 일부 사람들이 성서의 원본에 가깝다고 주장하기도 하는 「흠정역」(King James Version) 성서이다.

알려진 것과 달리 틴들의 성서를 상당 부분 수용한 「흠정역」이 원본에 가까울 정도로 정확한 번역인지의 여부는 의심스럽지만, 아무튼 「흠정역」은 1611년에 처음으로 인쇄되어 잉글랜드 사람들 손에 전달되었다. 「그레이트 바이블」은 비치용이었기 때문에 대중들이 본격적으로 성서의 내용을 접하게 된 것은 이 새로운 번역 덕분이라고 할 수 있다. 그런데 잉글랜드의 현안을 해결하기에는 새로운 성서의 발행만 가지고는 역부족이었다. 햄튼궁정회의가 끝나고 난 뒤에 일부 청교도들이 잉글랜드 국교회로부터 분리되었다. 청교도들의 청원 내용과 상반된 정책이 채택되고 박해가 심해졌기 때문이었다.

1607년에 두 개의 소위 '분리주의자' 교회가 네덜란드로 도망쳤다. 이 집단 가운데 한쪽은 안전 문제 때문에 다시 한 번 두 패로 갈라졌다. 한쪽은 1620년 9월 16일에 대서양 서쪽으로 항해를 떠나서 새로운 대륙에 도착했다. 사람들이 '필그림 파더스'(Pilgrim Fathers, 순례시조)라고 부르는 102명을 태운 메이플라워호의 목적지는 본래 버지니아였다. 그곳에는 필그림 파더스보다 일찍 1607년에 대서양을 건너온 이주민들이 정착한 제임스타운이 있었다. 메이플라워호 탑승자들은 처

「제네바 성서」(왼쪽), 「흠정역 성서」(오른쪽)

음에 의도했던 곳과 달리 북쪽으로 상당히 떨어진 플리머스 록(Ply-mouth Rock)에 상륙해서 마을을 세우고 뉴잉글랜드에 정착했다.

네덜란드를 떠나지 않았던 나머지 절반 집단은 교회의 성격을 근본적으로 다시 규정했다. 두 번째 집단을 이끌었던 지도자는 온건한 재세례파로 분류되는 메노나이트(Mennonite)의 영향을 받은 잉글랜드 출신 사제 존 스미스(John Smith, ?-1612)였다. 암스테르담에서 스미스는 성서를 통해서 전통적인 유아세례가 아니라 각 사람의 신앙고백에 따라서 주어지는 신자의 세례가 의미가 더 크다는 사실을 깨닫게 되었다. 스미스와 추종자들은 신자의 세례를 받고 싶었다. 그런데 문제가 있었다. 만일 유아세례가 소용이 없다면 스미스의 공동체에는 올바르게 세례를 받은 사람이 전혀 없었다.

1609년 스미스는 결단을 내리고 스스로에게 세례를 베풀었다. 그렇게 해서 다른 사람들 역시 그에게서 세례를 받게 되었고, 결국에는 네덜란드에서 잉글랜드 침례교회가 최초로 생겨났다. 그뿐만 아니라 스미스는 그리스도의 보편적(일반적) 구속을 강조하는 아르미니우스의 신학을 받아들였다. 이 때문에 그들은 '보편적 침례교인'으로 알려지게 되었다. 스미스가 세상을 뜨자 막역한 친구였던 토머스 헬위즈(Thomas Helwys)가 지도력을 이어받아 스미스의 추종자들을 이끌게 되었다. 그들은 1611년경에 잉글랜드로 귀국해서 런던 부근에 잉글랜드 제일침례교회를 설립했다.

✳ 땜장이 설교자, 번연

잉글랜드 침례교인들 가운데는 존 번연(John Bunyan, 1628-1688)이 특히 유명했다. 존 번연은 베드포드에서 얼마 떨어지지 않은 엘스토우 출신이었다. 번연이 채 십대가 되기 전에 제임스 왕의 아들 찰스 1세는 모든 교회들에게 잉글랜드 국교회 방식의 예식을 따르도록 지시했다. 그리고 자신의 지시를 따르지 않는 스코틀랜드와 아일랜드 공격을 결정하고 전쟁에 필요한 자금을 확보할 목적으로 의회를 소집했다. 국왕 찰스 1세가 지시를 따르지 않는 의회지도자를 체포하려고 하자 거기에 반발해서 의회파가 무기를 들었다. 덕분에 잉글랜드 전역이 혼란에 휩싸이면서 인류 역사상 최초로 시민이 중심이 된 혁명, 즉 청교도 혁명(1640-1660)이 시작되었다.

처음에는 왕당파가 우세했지만 가난한 귀족 출신 올리버 크롬웰(Oliver Cromwell, 1599-1658)이 청교도를 지지하는 군대를 조직하면서 전세가 역전되었다. 5년이 지나지 않아서 크롬웰은 영국 전역을 장악했다. 크롬웰의 군대는 여전히 잉글랜드의 개혁을 반대하는 국왕 찰스와 대주교를 참수했다. 크롬웰은 공화정을 이끌면서 청교도들에게 종교의 자유를 보장하려고 노력했다. 1658년 크롬웰이 병으로 세상을 떠나자 잉글랜드의 공화정은 위기를 맞았다. 아들 리처드 크롬웰(Richard Cromwell)은 아버지가 물려준 권력을 제대로 장악하지 못했다. 결국 절반의 성공을 거둔 청교도 혁명이 막을 내리자 프랑스로 망명했던 찰스 2세가 1660년에 국왕으로 복위했고 비국교파는 박해를 피해가지 못했다.

존 번연 역시 잉글랜드 국교회로부터 허락을 받지 않고서 설교했다는 이유로 1670년에 투옥되었다가 그것을 계기로 대표작 「천로역정」(Pilgrim's Progress)을 집필했다. 사실 「천로역정」의 정확한 집필 시기는 학자들마다 의견이 조금씩 다르다. 일각에서는 첫 번째 투옥 기간인 1660년부터 1672년 사이, 또 다른 학자들은 번연이 두 번째로 투옥되었던 1675년에 책이 집필했다고 주장하기도 한다. 하지만 「천로역정」이 1678년에 최초로 출판되었다는 것은 역사적으로 분명한 사실이다. 「천로역정」은 출판 첫 해에 3판이 나왔고, 번연이 세상을 떠난 1688년까지 13판이 출판되었다. 1678년부터 10년간 최소한 10만 권이 팔려나간 17세기의 베스트셀러였다.

아버지에게서 금속 땜질을 하는 가업을 물려받은 번연은 어려서부터 믿음이 좋은 그리스도인과는 거리가 멀었다. 결혼 전까지 온갖 나쁜 짓을 저지르면서도 양심의 가책을 느끼지 못했다고 한다. 번연은 결혼을 통해 비로소 거룩한 삶이 무엇인지 깨닫게 되었다. 부인이 결혼할 때 가져온 두 권의 책, 「평범한 사람이 천국에 이르는 길」(The Plain Man's Pathway to Heaven)과 「경건의 훈련」(The Practice of Piety)

베드포드에 세워진 존 번연의 동상 ⓒWP

을 번연 부부는 시간이 날 때마다 함께 소리 내어 읽고는 했다. 그렇게
해서 서서히 믿음의 길에 들어서게 된 번연은 1655년 결정적으로 회
심을 경험했다. 그때의 경험을 「죄인의 우두머리에게 넘치는 은혜」
(Grace Abounding to the Chief of Sinners, 1666)에 기록으로 남
겼다.

하루는 들녘을 거닐고 있었다. …갑자기 이런 생각이 떠올랐다.
"너의 의는 하늘에 있다." 게다가 나는 내 혼이 하나님의 우편에

앉아 계신 그리스도를 보았다는 생각이 들었다. …이제 사실상 나는 내 발목을 죄고 있던 쇠사슬과 마음을 옥죄던 괴로움 그리고 나를 꼼짝 못 하게 하던 족쇄로부터 해방된 것이다.

회심한 번연에게 설교자가 되어달라는 요청이 들어왔다. 번연의 설교는 아주 인기가 좋아서 광고가 나가기만 하면 평일 아침 7시에 1,200명이나 되는 사람들이 몰려오곤 했다. 남녀노소 가리지 않고 모여들었다. 위대한 청교도 신학자이며 번연과 같은 시대에 활동한 존 오웬(John Owen, 1616-1683)은 사람들이 어째서 변변치 않은 교육조차 받지 못한 번연에게 설교를 들으러 몰려가는지 묻는 찰스 왕에게 이렇게 대답했다. "폐하, 제가 가진 모든 학식을 그 땜장이가 가진 사람의 마음을 어루만지는 능력과 바꿀 수만 있다면 기꺼이 그렇게 하고 싶습니다."

번연은 결혼한 지 10년 만에 부인을 잃고 어린 네 자녀를 홀로 맡아서 기르게 되었다. 얼마 뒤에 재혼했지만, 번연은 신앙을 철회하고 설교하지 말라는 요구를 거절하는 바람에 12년간 감옥에서 지내야 했다. 복음을 전하지 않는다고 하면 언제든지 풀려날 수 있었으니, 어찌 보면 수감 기간은 자발적이었다. 자유를 마다하고 감옥을 선택한 그였지만 태어날 때부터 앞을 못 보는 큰 딸 메리가 감옥을 찾아왔을 때는 마치 뼈에서 살점을 도려내는 것처럼 고통스러웠다.

이곳에 있는 동안, 아내와 가엾은 아이들과의 이별은 종종 뼈에서 살점을 도려내는 것만 같았다. 내가 이런 큰 자비들을 지나칠 정도로 좋아하는 게 그 이유이기도 하겠지만 그보다도 내가 가족들, 특히 내 마음 가장 깊은 곳에 자리 잡고 있는 앞 못 보는 불쌍한 아이와 생이별을 하게 될 때 그들이 맞닥뜨리게 될 무수한 역경과 비참한 생활, 그리고 내가 없어 휑한 커다란 빈 자리가 가끔씩 뇌리를 스쳐갔기 때문이다(「죄인의 우두머리에게 넘치는 은혜」).

마음이 산산조각 났음에도 그는 남았다. 감옥에서도 기회가 있을 때마다 죄수들을 상대로 설교를 계속했고, 박해를 받는 동료들을 격려하려고 헛간이나 들판, 심지어 숲을 찾아가서 만났다. 겨우 문법을 익히는 것 이상으로는 정규 교육을 받아본 적이 없었던 그는 감옥에서 「천로역정」 이외에도 60권 이상의 저서들을 집필했다. 가톨릭과 비국교회에 관용을 허락한 제임스 2세의 신교자유령(Declaration of Indulgence) 덕분에 1672년에 석방되었지만 1675년에 또다시 투옥되었다가 풀려났다. 이후로도 몇 차례의 위기가 없지는 않았으나 비교적 순탄하게 목회를 계속하던 번연은 런던을 다녀오다가 억수처럼 쏟아지는 비를 맞고 열병을 앓다가 1688년 세상을 떠났다.

번연이 세상을 떠나던 해에 오렌지의 윌리엄과 제임스 2세의 딸 메리가 영국을 다스리게 되었다. 전쟁을 치르지 않고 폭군을 추방한 '명예혁명' 덕분이었다. 앞서 언급했듯이 프랑스에서 귀국한 찰스 2세는 한 세기 전의 블러디 메리처럼 청교도를 박해했는데, 1685년 형에게서 왕위를 물려받은 제임스 2세는 정도가 더 심했다.

개신교를 지지하는 그의 맏딸 메리에게 기대를 걸었던 시민들은 국왕이 아들을 낳자 대안을 찾아야 했다. 의회파(휘그당)와 왕당파(토리당)가 연합해서 네덜란드의 메리 부부에게 도움을 청했다. 메리 부부의 기세에 눌린 제임스 2세는 망명했고, 둘은 의회의 제안을 수용해서 함께 국왕이 되어 엘리자베스 여왕이 추구하던 중도적 입장으로 돌아갔다. 관용법 덕분에 국교회의 39개 조항에 동의하면 누구나 두려움 없이 예배할 수 있었다. 이로써 잉글랜드의 청교도운동은 마침표를 찍었지만 신대륙에 정착한 이들 덕분에 청교도들의 꿈은 계속 성장했다.

[세계관의 변화]

유럽은 일단 변화의 물결을 타게 되자 이전과는 전혀 다른, 두 번 다시 돌이킬 수 없는 세계로 발을 들여놓았다. 변화는 교회 안팎에서 모두 전개되었는데 이것을 한마디로 요약하면 신적 질서를 탈피한 인간화(또는 개인화)라고 할 수 있다. 중세의 로마 가톨릭은 교황을 최고 권위로 강조했고 종교개혁 시대에는 하나님의 말씀이 그랬다. 그런데 이제 근대에 들어서자 이성이 무엇보다 중요한 가치를 차지했다. 오직 합리적인 것만이 옳고 유용하고 구속력을 갖게 되었다. 이것은 어느 분야든지 마찬가지였다. 정치적으로 잉글랜드의 제임스 1세의 왕권신수설("왕은 하나님이 내린 존재이다. 땅 위에서 왕은 하나님의 권력을 가지고 있다. 왕은 오직 하나님에게만 책임을 진다.")은 더 이상 설득력이 없었다.

나머지 분야들 역시 마찬가지였다. 유럽 사회는 철학이 신학보다, 자연이 은총보다, 인간적인 것이 기독교적인 것보다 우위에 있는 것으로 받아들였다. 중세 신학자와 철학자가 하나님의 섭리와 신적 의지를 지나치게 강조하다 보니 쉽게 회의론으로 빠져들었다. 이성과 철학은 무기력했고 어떤 성찰이나 노력도 무의미했다. 이렇게 밑바닥에 다다르자 오히려 또 다른 출구가 나타났다.

의심하고 의심해도 결코 의심할 수 없는 무엇이 제기되었는데 그것이 바로 인간의 이성이었다. 이제는 세계를 이해하게 만드는 단서가 인간의 머리 위가 아니라 내부에 있는 것으로 간주되었다. 이처럼 교회 밖에서 이성에 관심이 집중되는 동안 안에서는 구원의 과정에서 인간의 역할이 무엇인지 파악하는 데 초점이 맞추어졌다.

✳ 그리스도는 모두를 위해 죽었다

야코부스 아르미니우스(Jacobus Arminius, 1560-1609)는 네덜란드 암스테르담 출신의 유명한 설교자였다. 1500년대 후반 어느 목사가 칼뱅이 제시한 대표적 교리 가운데 하나인 예정론의 문제점을 날카롭게 지적하고 나섰다. 아르미니우스는 상반된 주장에 맞서 칼뱅의 교리를 적극적으로 옹호하려고 했다. 그런데 아르미니우스는 미처 자신의 주장을 제대로 펼쳐보지도 못한 채 패배하고 말았다. 논쟁을 준비하는 과정에서 양쪽의 견해를 검토하다가 상대방의 주장이 더 옳다는 결론에 도달한 것이다.

아르미니우스의 연구에 따르면 하나님이 아담의 타락 이전에 구원받을 자를 선택한 것으로 단정하는 칼뱅의 예정론은 근거가 턱없이 부족했다. 만일 그게 사실이라고 한다면 그리스도의 희생은 예정된 사람들만을 위한 제한적인 속죄에 불과할 뿐이었다. 자비한 하나님이 그런 결정을 내리지 않으리라고 확신한 아르미니우스는 칼뱅의 주장 가운데 일부를 수정했다. 아르미니우스는 하나님이 인간에게 하나님의 의지와 협력할 수 있는 은혜(선행은총)를 허락했고, 덕분에 그 이후로는 인간이 자기의 구원을 주도할 수 있다고 믿었다.

아르미니우스가 내린 결론은 칼뱅의 추종자들 사이에서 적지 않게 혼란을 초래했고 마침내는 분열까지 촉발했다. 아르미니우스의 사후에도 예정론에 대한 갈등은 쉽사리 가라앉지 않았다. 칼뱅주의자들은 아르미니우스의 추종자들을 교회에서 추방하려고 했다. 그러자 그들은 칼뱅주의자들에 맞서 다음과 같이 구원에 관한 다섯 개의 신조들을 요약한 「항변」(Remonstrance, 1610)을 공개적으로 출판했다.

첫째, 인간은 스스로 선한 일을 할 수 없다. 둘째, 세상이 창조되기 전에 하나님은 자유롭게 그리스도를 신뢰하기로 선택하는 사람은 누구나 구원하기로 하셨다. 셋째, 예수님은 모든 사람을 위해서 돌아가셨지만 그분의 죽음은 믿는 사람들만을 구원하신다. 넷째, 사람들은 자신들을 구원하려는 하나님의 시도를 거절하는 쪽을 선택할 수 있다. 다섯째, 성서는 그리스도인들이 자신들의 구원을 잃어버릴 수 있는지에 대해서 분명히 설명하지 않는다.

아르미니우스의 신조는 이렇게 끝을 맺었다. "이런 항목들은 구원에 충분한… 것을 제시한다. 이보다 더 많은 것이나 더 적은 것을 추구할 필요가 없다." 네덜란드 나사우의 마우리츠(Maurits van Nassau, 1567-1625)는 1618년에 갈등을 끝내고 싶었다. 오라녜(Oranje)의 공작이면서 북부 네덜란드 연합공화국 총독이었던 마우리츠는 종교보다는 정치적 이유로 아르미니우스주의자들에게 비판적이었다. 아르미니우스와 추종자들 대부분이 로테르담과 경쟁 관계에 있는 암스테르담 출신이었기 때문이다.

공작은 영국과 프랑스를 비롯한 유럽 전역에서 130명의 칼뱅파 목사들을 로테르담으로부터 20km 떨어진 도르드레흐트(Dordrecht)에 초대했다. 대표자들에게 주어진 임무는 당연히 아르미니우스주의자들의 주장을 비판하는 것이었다. 1618년 11월 13일부터 1619년 5월 9일까지 대략 7개월 동안 진행된 도르드레흐트종교회의(Synod of Dordrecht)는 철저하게 정치적 의도에 따라서 진행되었으나, 전체적으로 볼 때는 나름대로 균형 잡힌 칼뱅파의 신조를 천명하려고 시도했다는 평가를 받고 있다.

칼뱅주의자들은 아르미니우스파의 신조에 일일이 응답했다. 그들의 답변을 통해서 칼뱅주의의 다섯 가지 핵심 교리가 무엇인지 구체적으로 확인되었다.

첫째, 인간은 본디 영적으로 죽었다. 자연적으로 그리스도를 따르고 싶은 마음을 갖는 사람은 아무도 없다. 둘째, 누군가 그리스도를 믿으면 그것은 하나님이 그 사람을 중생하도록 선택하셨기 때문이다. 하나님의 선택은 무조건적이다. 그것은 어떤 인간적인 결정과 무관하다. 셋째, 그리스도의 죽음은 그를 믿는 이들만을 위해서 속죄한 것이다. 넷째, 하나님이 누군가를 중생시킬 때 그 사람은 하나님의 은혜를 거역하거나 거부할 수 없다. 다섯째, 모든 신자는 종말의 때까지 신앙 안에서 보존될 것이다.

칼뱅파는 이와 같은 신조를 근거로 삼아서 아르미니우스파 성직자들의 직책을 박탈하고 대대적으로 박해를 가했다. 하지만 예정론은 본디 칼뱅이 구축한 신학의 한 부분에 지나지 않았고, 그 목적은 그리스도인들에게 하나님의 사랑을 확신시키기 위함이었다. 하지만 도르드레흐트종교회의가 끝나고 나자 예정설은 칼뱅 신학의 핵심으로 부각해 있었다. 1625년까지 박해를 피할 수 없던 아르미니우스주의자들의 신조는 잉글랜드 국교회의 일부 진영에, 나중에는 침례교회와 웨슬리의 감리교회, 그리고 구세군에게까지 상당한 영향을 발휘했다.

✳ "그래도 지구는 돌고 있다"

아르미니우스가 칼뱅주의자들의 확고한 신념을 흔들어놓았다면, 폴란드 출신으로 외삼촌의 도움을 받아 교회법과 의학, 천문학을 연구하고 주교를 자문하는 참사회원으로 활동하다가 나중에 임시 대주교까지 지낸 니콜라우스 코페르니쿠스(Nicolaus Copernicus, 1473-1543)는 16세기 중반에 1천 년 이상 지속된 상식과 달리 새롭게 천문학의 방향을 제시했다. 코페르니쿠스는 동시대인들의 통념을 벗어나서 해와 별은 지구 주위를 돌고 있다고 생각하지 않았다. 컴퍼스, 사분의, 그리고 시차계로 얻은 자료들을 활용해서 아주 오래 전부터 전해지는 아리스토텔레스와 프톨레마이오스의 천동설에 도전함으로써 태양 중심의 우주 모형을 재발견해냈다.

이미 일부 고대 그리스인들 사이에서는 지구가 태양의 주변을 돌고 있다고 주장한 이들이 있었다. 코페르니쿠스 역시 수학적으로 지구 중심의 우주보다는 태양 중심의 우주가 보다 합리적이라는 것을 발견해냈다. 그는 이렇게 결론을 내렸다. "모든 것의 중앙에 태양이 놓여 있다. 그 휘황찬란한 신전 안에 누가 그런 빛 덩어리를 놓아두었을까? …

그렇게 해서 태양은 마치 왕좌에 앉은 것처럼 자신을 둘러싸고 있는 천체들을 지배하는 것이다."

코페르니쿠스는 수학에 근거한 자신의 가설이 지닌 폭발력을 잘 알고 있었다. 나중에 괴테가 평가한 것처럼 그의 이론을 접하기만 하면 누구나 "우주의 중심에 위치한다는 엄청난 특권을 포기할 것을" 요구받았다. 하지만 여전히 해명되지 못한 부분이 남아 있었다. 지구가 무서운 속도로 자전과 공전을 하고 있다면 어째서 우리가 그것을 못 느끼는지 설명할 방법이 없었다. 성서와 어긋나는 부분보다는 만족스러운 동역학적 설명 없이 이론을 공표했을 때 쏟아질 비난이 더 두려웠다. 코페르니쿠스가 기대한 동역학적 설명은 후배 과학자 갈릴레오와 뉴턴에 의해서 제시되었다.

코페르니쿠스는 처음에 자신의 이론을 공개적으로 소개할 생각이 없었다. 덕분에 원고가 책으로 출판되기까지는 상당한 우여곡절이 있었다. 1530년 무렵에 원고를 거의 완성했으면서도 출판을 망설였다. 그로부터 또다시 12년이 지나서야 최종적으로 완성된 원고가 교황에게 보내졌다. 교황은 내용을 학자들에게 회람시키고 나서 출판을 허가해주었다. 루터파 목사 안드레아스 오시안더(Andreas Osiander, 1498-1552)가 인쇄를 맡았다. 코페르니쿠스를 '건방진 점성가'로 폄하하면서 처형하도록 주장한 루터의 태도를 고려하면 역사적인 아이러니였다. 1543년 5월, 「천체의 회전에 대하여」(De revolutionibus orbium coelestium) 초판본 500부가 마침내 출판되었다. 책은 일반적으로 아주 훌륭한 것으로 인정을 받았지만, 1615년 신학적으로 처음 반론이 제기되었다가 이듬해에 금서목록에 포함되었다.

코페르니쿠스의 천체 이론은 거의 반세기 동안 별다른 주목을 받지 못했다. 코페르니쿠스의 연구를 계승한 덴마크 귀족 튀코 브라헤 (Tycho Brahe, 1546-1601)의 조수 요한네스 케플러(Johannes Kepler, 1571-1630)가 1596년 출판한 저서에서 열렬히 옹호했지만 그뿐이었다. 케플러는 브라헤가 남긴 천문학적 측정 기록을 관리하고 연구하면서 코페르니쿠스의 이론과 연결을 시도했다.

케플러는 당시 사람들처럼 하늘이 우묵한 동심원 형태의 투명한 구체라는 전통적인 믿음을 소유했다. 브라헤의 기록을 검토하던 케플러는 전통적인 투명구체 이론에 문제가 있다는 것을 깨달았다. 의문을 해결하려고 화성의 궤도 운동을 연구하던 케플러는 태양 둘레를 도는 행성들이 타원 궤도를 따른다는 사실을 발견해냈다. 이로써 하늘이 투명한 반 구체라는 믿음과 천체를 조율하는 신적 간섭이라는 교리는 붕괴했다.

코페르니쿠스의 세례를 받은 것은 브라헤와 케플러만이 아니었다. 이탈리아 피사 출신 갈릴레오 갈릴레이(Galileo Galilei, 1564-1642)는 피사대학 교수 시절 네덜란드의 중요한 군사발명품을 손에 넣었다. 전투에 유용한 망원경이었다. 갈릴레이는 적의 동태를 살피는 대신에 천체를 탐구했다. 육안으로 볼 수 없는 별들이 밤하늘에 무수히 퍼져 있었다. 이후로 갈릴레이는 코페르니쿠스나 브라헤, 그리고 케플러와 다른 행로를 갔다.

갈릴레이는 코페르니쿠스가 세상을 떠난 지 90년 뒤인 1633년 종교재판소에 소환되어 로마를 방문해야 했다. 죄목은 코페르니쿠스의 태양 중심설을 가설이 아니라 진리로 주장했다는 것이었다. 1600년에 이탈리아 출신 브루노(Giordano Bruno, 1548-1600)는 코페르니쿠스처럼 태양계는 우주의 행성계 가운데 하나에 불과하다는 견해를 제시

갈릴레오 갈릴레이

했다가 이단으로 몰려서 화형을 당했다.

　생명의 위협을 느낀 갈릴레이는 1차 심문에서 종전의 주장을 뒤엎고서 라틴어로 자신의 생각을 포기하겠다고 선언했다. "나는… 오류와 이단, 그리고 성스러운 가톨릭교회에 반하는 모든 불신과 분파들을 저주하고 혐오합니다." 전해지는 말에 따르면 그는 자리에서 일어서서

목소리를 낮춘 채 "그래도 지구는 돌고 있다(Eppur si muove)"라고 중얼거렸다고 한다. 하지만 독백처럼 했다는 발언의 진위 여부를 확인할 길은 없다. 알려진 것과 달리 갈릴레이는 재판이 진행되는 동안 이단 심문소의 죄수 신분이었음에도 독방에 들어가지 않았다. 다섯 칸짜리 방을 갖춘 집에서 집사와 하인의 시중을 받았다.

같은 해에 열린 최종 출두에서도 갈릴레이는 코페르니쿠스의 주장을 옹호할 의도가 없었다고 공개적으로 맹세했다. 그런 뒤에 코페르니쿠스의 학설을 포기하겠다는 내용의 서약서를 큰소리로 암송하고 서명했다. 법정은 기존의 주장을 뒤엎은 갈릴레이에게 금고형을 내렸다. 갈릴레이는 이단이 아니라 교회의 가르침에 불복종했다는 죄목으로 처벌을 받았다. 갈릴레이는 흔히 알려진 것과 달리 감옥에 수감되지 않았고 곧장 로마를 떠나 피렌체에서 여생을 보냈다. 비록 정식 이론은 아니었지만 태양 중심의 우주론을 가설로 가르치는 것은 여전히 가능했다.

이런 갈릴레이의 주장은 로마 가톨릭교회로서는 어찌 손을 쓸 수 없게 만든 과학혁명의 도화선이 되었다. 1968년 여름, 비엔나의 추기경은 갈릴레이의 명예회복에 관한 특별 청원서를 교황청에 제출했다. 바티칸은 잘못을 인정하려고 들지 않았다. 1835년에 금서목록에서 케플러의 책이 풀려났음에도 1829년 그의 동상제막식에 신부들이 전혀 참석하지 않았던 순간을 떠올리게 만든 일이었다.

또다시 20년이 지난 1979년 가톨릭은 갈릴레이에게 유죄를 선고한 것을 실수로 인정했고, 1992년에는 무죄 판결을 내렸다. 갈릴레이의 주장은 동시대 사람들에게 상당한 혼란을 안겨주었다. 교회는 해명했고 사람들은 그것을 사실로 받아들였다. 갈릴레이 이후에도 그 문제가 완전히 해결된 것은 아니었지만 교회가 단독으로 물질계의 현상을 설명하는 일은 두 번 다시 없었다. 과학자들이 담당해야 할 몫이 되었다.

[변화하는 세계 지형]

이미 언급한 것처럼 유럽은 종교전쟁이라는 몸살을 앓으면서도 제한된 지리학 지식으로 대서양 건너편까지 영토를 계속 확장해나갔다. 특히 1492년은 탄식과 설렘이 교차한 해였다. 에스파냐에서는 8세기부터 시작된 레콩키스타(Reconquista), 즉 무슬림으로부터 이베리아반도를 회복하는 운동이 연초에 완수되었다. 같은 해 8월 2일 세비야 부근 항구에서 개종하지 않았다고 해서 강제 추방된 17만 명의 유대인 가운데 마지막 인원이 배에 올랐는데, 그 옆에서는 세 척의 범선이 출항을 준비하고 있었다. 이탈리아 제노바 출신으로 알려진 크리스토퍼 콜럼버스(크리스토포로 콜롬보 Christoforo Colombo, 1451-1506)의 선단이었다. 그는 항해 전문가라기보다는 설득력이 탁월한 지리학 이론가에 가까웠다.

제노바의 직조공 아들로 알려진 콜럼버스를 최근에는 유대인으로 간주하는 게 거의 일반적이다. 이탈리아 출신이었지만 그곳 언어로 글을 쓰지 않았을 뿐더러 이름 역시 이탈리아 유대인들 사이에서 흔했다. 콜럼버스는 유대인 사회와 유대교에서 기독교로 개종한 마라노들과도 기꺼이 어울렸다. 이 때문에 그를 유대계 혈통의 에스파냐 가문 출신으로 단정하기도 한다. 콜럼버스 선단의 항해를 위해 상당한 금액을 지원한 것 역시 정통 유대인들에게 비난을 받았던 마라노들이었다는 점에서 적잖이 설득력을 갖는다. 33일간의 항해 끝에 도착한 곳을 인도라고 생각했지만 사실은 바하마제도의 과나하니라는 작은 섬이었다. 콜럼버스는 그곳의 지명을 산살바도르(San Salvador, 구세주)라고 불렀다.

콜럼버스는 12년간 모두 네 차례 항해에 나섰다. 온두라스와 코스타리카를 발견하고 1506년 세상을 떠날 때까지 처음 도착한 곳이 인도라고 확고하게 믿었다. 나중에 아시아의 항로를 개척한 포르투갈과 이탈리아 피렌체 출신 아메리고 베스푸치(Amerigo Vespucci, 1454–1512) 덕분에 카리브해 지역은 서인도로 불리게 되었다. 신대륙 역시 의도하지 않은 해프닝으로 새로운 이름을 얻었다. 콜럼버스보다 7년 늦은 1499년 새로운 대륙(Mundus Novus, 신세계)를 탐험한 베스푸치가 메디치가문에 보낸 보고서가 왜곡되어 마치 그의 업적처럼 알려졌다. 그것을 높은 샀던 이들이 라틴어식 이름 아메리쿠스의 여성형 아메리카를 신대륙에 사용하다가 마침내 굳어졌다. 이미 오래 전부터 사람들이 거주한 곳을 찾아간 외지인 콜럼버스는 신대륙을 발견했다는 황당한 주장을 폈다. 그렇게 해서 유럽인들은 노다지에 대한 환상을 가졌고, 아메리카 원주민들은 이후로 5백 년 이상 악몽에서 헤어 나오지 못했다.

✳ 예수냐 죽음이냐

콜럼버스가 발견한 곳이 어쩌면 유럽과 중국 사이에 있는 새로운 대륙일지도 모른다는 막연한 생각이 얼마 지나지 않아 현실로 구체화되었다. 남아메리카가 베일을 벗고 광대한 모습을 드러냈다. 진주와 값비싼 염료, 그리고 대구 같은 생선을 구할 수 있게 되자 동양에 대한 관심은 어느덧 사라지고 말았다.

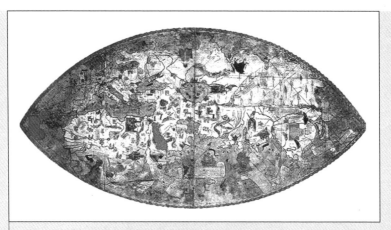

콜럼버스가 항해에 사용한 토스카넬리의 평면구형도 ©WP

크리스토퍼 콜럼버스

아메리카는 유럽에 필요한 물자 공급원으로 부각되었다. 에스파냐와 포르투갈은 신대륙이 발견되자 군대를 파견해서 식민지 개척을 위한 발판을 마련했다. 그들은 중앙아메리카와 남아메리카를 신속하게 정복해나갔다. 정복자들은 원주민을 노예로 삼으면서도 복음화를 위해서는 불가피하다고 주장했다. 그들은 선교사들을 앞세우고 제대로 무장하지 않은 원주민들을 거침없이 살육했다.

군대는 원주민들과의 전투에 앞서 반드시 기독교 신앙을 요약한 글을 에스파냐어로 크게 읽었다. 당연한 일이지만 그런 행동에 원주민들이 반응을 보이지 않으면 전투가 개시되었다. 병사들은 원주민들을 닥치는 대로 학살하면서도 조금도 거리낌이 없었다. 어차피 예수를 모르니 지옥에 가야 할 운명이라고 생각했다. 에스파냐 출신 수도사 바르톨로메 데 라스 카사스(Bartolome de las Casas, 1484-1566)는 「서인도 제도의 역사」(Short Account of the Destruction of the Indies, 1552)에서 직접 목격한 참상을 이렇게 전했다. "그들은 사람들 사이로 뚫고 들어가서 아이든지 노인이든지, 임신부를 굳이 가리지 않고 몸을 찢고 칼로 베어서 조각을 냈다."

유럽인들 사이에서 신대륙 거주민을 어떻게 규정해야 할지 논란이 빚어지는 동안에도 비극들이 계속해서 꼬리를 물었다. 남아메리카의 최대 제국이었던 잉카에서 일어났던 비극이 대표적이었다. 1532년 11월 15일 에스파냐의 정복자 피사로(Francisco Pizarro, ?-1541)가 군대를 이끌고 잉카의 국왕 아타왈파를 알현했다. 피사로는 자신을 잉카 제국의 영토에 대해서 전권을 부여한 교황의 대리인이라고 소개하면서 개종을 요구했다. 잉카 국왕은 일면식도 없는 교황이 자신의 영토를 놓고 소유권을 주장하는 것을 놀라워했다. 그러고는 해와 달보다 하나님이 우월하다는 증거를 보여달라고 요구했다. 피사로와 동행한 사제가 성서를 제시하자 국왕은 대충 훑어보고 나서 바닥에 내팽개쳤다.

그 이후로는 정해진 수순에 따라서 상황이 전개되었다. 사제가 목소리를 한껏 높여 신성모독이라고 외쳤다. "성서를 팽개치다니 그리스도인들의 복수가 있을 것이다. 이들은 우리의 우정도, 우리의 종교도 원하지 않는다." 대포와 화승총이 즉각적으로 불을 뿜었고, 그렇게 해서 수백 명이 목숨을 잃었다. 결국 국왕은 피사로에게 머리채를 붙잡힌 채 이리저리 끌려다니다가 기독교로 개종하겠다고 애원한 대가로 화형 대신에 목 졸려서 죽음을 당했다. 잉카인들은 시신을 불태우면 영혼 역시 사라진다고 믿고 있었다. 그 모든 장면을 지켜본 잉카인들은 가슴마다 분노를 품은 채 흩어졌고, 그렇게 해서 제국은 소멸의 길에 들어섰다.

그렇다면 선교사들은 신대륙의 비극에 어떻게 반응했을까? 결론부터 말하자면 선교사들은 원주민들의 비극에 그다지 관심이 없었다. 오직 개종한 원주민들의 숫자만 중요할 뿐이었다. 멕시코 지역을 예로 들자면 1526년 12명의 프란체스코회 선교사들이 도착한 이후로 같은 수도회 소속 380명, 아우구스티누스회 소속 212명, 도미니쿠스회 소속 210명이 계속해서 멕시코를 찾아왔다. 그들은 도착하자마자 원주민들에게 이렇게 말했다. "우리는 금이나 은을 구하러 온 게 아닙니다. 우리는 여러분이 건강하기를 바랄 뿐입니다."

그런데 원주민들은 아주 기본적인 교리조차도 이해하지 못했다. 선교사들은 원주민들을 개종시키기 위해서 무자비하게 다루었다. 유럽인들은 원주민들을 인간과 원숭이 사이에 위치한 제3의 종이며 하나님이 인간들을 위해 만들었다고 주장했다. 타고난 노예들을 곤봉으로 때리고 철망에 가두는 것은 예사였다. 어울리지 않게 고유의 문화를 포기하지 않는 원주민은 자신의 생명을 가지고서 대가를 치러야 했다. 선교사들 가운데 원주민을 위해 그들의 언어와 문화로 복음을 설명하는 이들이 상당히 드물었고, 어쩌다 그런 경우에는 이단으로까지 몰려야 했다. 이런 상황은 나중에 예수회 소속 선교사들이 도착하면서 부분적으로 해소되기는 했지만 대세가 될 정도는 아니었다.

✱ 또 다른 유럽의 저주, 전염병

현재까지 남아 있는 통계자료를 종합해보면 16세기 당시의 세계 인구는 대략 4억 명에 달했다는 것을 알 수 있다. 그리고 그들 가운데 약 8천만 명이 아메리카 대륙에 거주했다. 그런데 유럽인이 아메리카로 진출한 지 50년이 지나지 않아서 원주민 인구는 1천만 명으로 줄어들었고, 17세기에는 또다시 십분의 일 수준으로 줄어들었다. 이렇게 인구가 감소한 것은 유럽인들이 함께 가지고 들어온 전염병과 원주민들의 학살 때문이었다. 때문에 16세기에는 에스파냐 사람들이 약 20만 명 정도 아메리카로 이주하는 일까지 있었다.

　에스파냐 군대의 잔인함은 동행한 선교사들까지 비난할 정도였다. 군인들은 원주민을 같은 인간으로 대접하지 않았다. 그들이 보기에 원주민은 짐승에 지나지 않았다. 아기들을 바위에 패대기치고 물에 던져서 죽이는 것은 예사였다. 그리스도와 제자들을 기념해서 그 숫자만큼 원주민을 산 채로 태워 죽이거나 개의 먹이로 주었다. 인구 감소의 또 다른 원인이 된 전염병은 유럽에서 건너온 병원균 때문이었다. 지리적으로 외부와 단절된 원주민들은 천연두나 흑사병을 경험한 유럽인만큼 면역력이 없었다. 에스파냐 군대가 들여온 천연두, 홍역, 말라리아,

인플루엔자 때문에 원주민들은 말 그대로 파리 떼처럼 죽어갔다.

에스파냐와 포르투갈 당국은 원주민들의 급격한 인구 감소 때문에 식민지를 운영하는 데 어려움을 겪었다. 금광이나 사탕수수나 면화를 재배하는 대농장주들은 엄청난 이윤을 안겨주는 사업의 장래를 걱정하게 되었다. 사실 유럽의 지주들이 엔코미엔다 제도를 근거로 원주민을 부리는 방식은 노예제도보다 더 심했다. 원주민들은 교육을 받는 대신 어떤 대가도 받지 못한 채 노동과 은을 조공으로 바쳐야 했다. 그리고 원하는 수준의 노동력을 제공하지 못하면 가차 없이 처벌을 받고 학살당했다. 그들은 더는 노동력을 확보하지 못하자 또 다른 해결책을 마련했는데, 이것은 이후로 수세기에 걸친 비극을 초래했다.

그들은 노예들의 노동력을 확보하기 위해 아메리카가 아닌 아프리카에서 수입하기로 의견을 모았다. 노예무역에 뛰어드는 자신들의 행동을 정당화하려고 전혀 관계없는 성서본문들까지 기꺼이 동원했다. 아프리카인들이 창세기(9:25)에 등장하는 노아의 둘째, 그러니까 함의

〉〉〉 엔코미엔다

엔코미엔다(encomienda)는 1503년 에스파냐의 이사벨라 여왕이 정한 것으로 본디 '위탁'이라는 뜻이다. 이 제도에 따르면 지주들은 국왕과 일종의 임대 계약을 맺어서 토지를 보유하고, 또 거기서 일하는 원주민들을 할당받았다. 이 제도의 의도는 식민지 지주들을 국왕이 통제하는 것이었다. 이것은 중세의 봉건제와 비슷해서 영토의 실질적인 소유권보다는 복종 관계에 기반을 두었다. 엔코미엔다는 2대까지 정복자에게 속했고, 이후에는 원래의 소유자인 국왕에게 돌아간다는 칙령이 발표되었다. 에스파냐는 100여 개의 엔코미엔다를 설치하여 공물을 수거했고, 엔코멘데로들은 특권을 이용하여 부를 축적했다. 잉카 원주민은 광산이나 농장으로 끌려가 금과 은을 채굴하거나 사탕수수와 담배 농장의 강제 노역자로 전락했다.

아들인 가나안의 후손들이라고 억지를 부렸다. 성서에서 가나안과 그 후손들이 노예 중의 노예가 될 것이라고 말했듯이 가나안의 후손에 해당하는 아프리카 사람들이 아메리카에서 노예가 되는 것은 당연하다는 게 유럽인들의 말도 되지 엉뚱한 논리였다. 그렇게 해서 노예제도가 폐지된 19세기까지 3천만 명의 사람들이 영문도 모른 채 고향 아프리카에서 아메리카로 끌려오게 되었다.

✳ 선교 방식을 둘러싼 논쟁

아메리카 원주민들에 대한 박해와 살해에 반발하는 음성이 커졌다. 지배자들의 전가보도는 '레쿠에리미엔토'(Requerimiento, 요구)였다. 그것은 원주민 대상의 포고문으로써 에스파냐 국왕이 신대륙을 지배할 권리, 식민화와 복음화를 위한 전쟁, 그리고 원주민의 인간성에 관한 신학적 명제를 담고 있었다. 교황이 에스파냐 국왕에게 원주민을 지배할 권리를 하사했으니 진정한 신앙을 받아들이되 에스파냐의 권위를 인정하지 않으면 전쟁을 불사할 수 있다는 것이었다. 어용 신학자들은 인종 차별적인 주장에도 거침이 없었다. 즉 원주민은 노예로 태어나서 선천적으로 주인으로 태어난 유럽인보다 인종적으로 열등하다는 것이었다.

이 논리를 따르면 원주민이 에스파냐 사람들에게 복종하는 것은 인간의 자연성에 따른 것이고 원주민을 복종시키기 위한 전쟁은 당연한 일이 된다. 안토니오 데 몬테시노스(Antonio de Montesinos, 1475?- 1540)는 거기에 동의할 수 없었다. 1511년 산토도밍고에서 원주민을 잔인하게 학살했다는 소식을 접한 안토니오는 정복자들을 격렬하게 비난했다. "순진한 사람들에게 그토록 잔인한 짓을 자행하다니 절대

바르톨로메 데 라스 카사스(17세기) ©WP

용서받을 수 없는 죄를 저지른 것입니다. …그들은 인간이 아닌가요? 그들에게는 이성이나 영혼이 없다는 겁니까?"

안토니오의 설교가 끝나자 바르톨로메 데 라스 카사스가 박수를 쳤다. 그 역시 1510년 무렵에 다른 에스파냐 사람들과 마찬가지로 별다른 고민 없이 아이티에서 엔코미엔다를 획득해서 자신의 수입을 확실하게 보장받은 바 있었다. 바르톨로메가 경영한 농장은 4년 동안 상당한 이윤을 안겨주었다. 그런데 1514년 성령강림절 주일 미사에 참석한 바르톨로메에게 무슨 일이 일어난 게 분명했다. 주일에 그가 경험한 내용을 구체적으로 아는 사람이 주변에는 거의 없었지만, 안토니오가 설교단에서 거론했던 집단 학살이 어느 정도 영향을 끼친 게 분명하다고 생각했다.

이후로 바르톨로메의 행동은 완전히 달라졌다. 자신이 농장에서 부리고 있는 노예들을 모두 풀어주고 자신의 엔코미엔다를 폐쇄해버렸다. 그뿐만 아니라 진정한 그리스도인들이라면 원주민들을 더 이상 착취해서는 안 된다고 공개적으로 선언했다. 그러고는 주변 사람들에게 다음과 같은 의문들을 공개적으로 제기했다. 원주민을 상대로 벌이고 있는 전쟁은 정의로운 것인가? 원주민은 자유롭게 살 수 없는 것일까? 신세계에서 행사되는 군주의 권리는 정당한 것인가? 원주민은 이성적인 존재인가? 엔코미엔다는 원주민에게 좋은 제도인가? 노예제도는 정당한 것인가?

노예 신학자들과 정복자들을 대변하는 가톨릭 신부들은 정의로운 전쟁과 자연노예론을 수용하면서 군사적 제국주의를 적극 옹호했다. 하지만 바르톨로메의 생각은 달랐다. 그는 원주민들이 당하는 고통은 "유대인들이 파라오(바로)의 억압을 받을 때 겪은 것보다 훨씬 더 불의하고 잔인한 것"으로 규정했다. 바르톨로메는 원주민을 '복음의 가난한 자'라고 불렀다. 그런 그들에게 "선을 이루기 위해서 악을 행하는 것"은 잘못이었다. 그는 원주민들을 그리스도인으로 만들기 위해서 죽이고 파멸시켜야 한다면 "절대 그리스도인이 되지 않는 편"이 더 낫다고 말했다. 즉 불신자로서 사는 게 그리스도인으로 죽는 것보다 훨씬 더 낫다는 것이었다.

계속해서 그는 "그리스도가 원주민을 통해서 우리에게 말씀한다"고 주장하면서 이렇게 덧붙였다. "나는 우리 하나님과 함께 원주민들 속에 계시는 그리스도가 매를 맞고, 고통을 당하고, 모욕을 당하고, 뺨을 맞고, 십자가에 달리는 것을 한 번이 아니라 수천 번씩이나 이런 일을 당하게 한다." 매 맞는 그리스도의 모습을 원주민 사이에서 확인한 그는 정복자들을 상대로 쓴소리를 하지 않을 수 없었다.

20년 만에 에스파냐로 돌아온 바르톨로메는 원주민들의 권리를 되찾아주는 운동을 주도하고 원주민 정복 실태보고서와 개선책을 제안하는 여러 문서를 집필했다. 결국 신성로마제국의 황제는 바르톨로메의 주장을 받아들여서 원주민들을 위한 바르톨로메의 '인디언에 대한 새로운 법률'을 승인했다. 그 법안은 원주민에 대한 에스파냐의 권력 남용을 제한하는 내용을 담고 있었다. 하지만 유럽의 정착민 대부분은 새롭게 제정된 법을 의도적으로 무시했다. 에스파냐 종교재판소는 바르톨로메의 저서를 금서목록에 포함시키기까지 했다.

바르톨로메는 1552년부터 10년간에 걸쳐서 「인디아스 역사」(Historia de las Indias, 1520)를 집필했다. 오래 전부터 아메리카 원주민들이 구축한 문명이나 생활습관을 야만으로 치부하면서 정복을 정당화하는 태도에 이의를 제기했다. 그러면서 식민주의자였던 과거의 자신을 엄격하게 비판하는 한편, 유럽인들이 아메리카의 원주민은 물론이고 흑인을 노예화하는 것의 부당함을 지적했다. 이로써 바르톨로메는 흑인 노예제도를 비난하고 가축 수준으로 차별받는 아프리카 출신 흑인들의 인권을 적극적으로 옹호한 최초의 유럽인이 되었다.

바르톨로메는 1562년 자신이 일평생 고수한 주장을 다음과 같이 정리해서 서인도위원회에 제출했다. "첫째, 정복이라고 불리는 모든 전쟁은 정의롭지 못하다. 둘째, 우리는 부당하게 인디오들의 왕국과 정부를 빼앗았다. 셋째, 엔코미엔다는 잔인하고 그 자체가 악이다. 넷째, 이런 제도를 인정하거나 받아들이는 사람은 큰 죄를 저지르는 것이고, 그것들을 포기하지 않으면 구원을 받지 못할 것이다. 다섯째, 튀르크인이 기독교 공동체에 대한 전쟁과 약탈을 정당화할 수 없듯이 군주는 아메리카 인디오에 대한 전쟁과 도적질을 정당화할 수 없다. 여섯째, 에스파냐로 들어온 금, 은, 진주를 비롯한 모든 재화는 훔쳤다. 일곱째, 이를 보상하지 않으면 구원받지 못할 것이다. 여덟째, 아메리카 인디오들은 우리에 대해 정의로운 전쟁을 일으키고 우리를 그들의 땅에서 몰아낼 권리가 있다." 바르톨로메는 죽는 날까지 조국 에스파냐를 바로잡으려고 노력했지만 이렇다 할 성과를 거두지 못했다.

선교와
혁명의 시대

* * * * *

개신교와 가톨릭교회의 세력으로 양분된 유럽 세계는 종교개혁 이후에 등장한 새로운 세대들에게 별다른 감흥을 안겨주지 못했다. 오랫동안 역사의 중심을 거의 벗어난 적이 없었던 가톨릭교회는 니케아공회, 제4차 라테란공회와 더불어 기독교 역사상 가장 중요한 공회로 꼽히는 트리엔트공회(1545-1560) 이후로는 안에서 빗장을 걸어 잠근 채 자신들의 영역을 침범하는 세력들에 저주와 파문으로 맞서는 수준에서 만족했다. 17세기에 들어서면서부터 교황의 강력한 지도력은 공적 영역에서 교회 안의 그늘 속으로 모습을 감추었다.

개신교 역시 출발한 지 얼마 되지 않았으면서도 자칫 가톨릭처럼 고루한 전통주의로 회귀할 조짐을 보였다. 개신교 주류는 초기에 로마 가톨릭에게 받았던 박해를 잊은 채 자신들에게 도전하는 새로운 세력들을 통제하려고 들었다. 개신교가 그나마 가톨릭과 차별화된 것은 18세기 이후 등장한 주도적 사상들과 적극적으로 조우했다는 것 정도였다. 하지만 그것 역시 시작된 역사가 길지 않았던 덕분에 유지된 미래 지향적 특성 덕분이었다. 종교가 영향력을 상실하자 자연과학이 그 역할을 대신했고 사람들은 그 시대를 근대라고 불렀다.

근대에 들어서면서 새로운 세대들이 과감한 행보에 나섰다. 과학자들의 활약이 두드러졌다. 베이컨의 주장처럼 지식이 곧 힘이 되는 세상이 도래했다. 갈릴레이, 데카르트, 파스칼이 계승한 베이컨의 생각은 스피노자, 라이프니츠, 로크, 뉴턴, 보일을 거치면서 확대되었다. 그들은 수학적 확실성과 이성의 우위에 확실한 토대를 제공했다. 특히 르네 데카르트(Rene Descarte, 1596-1650)는 모든 확실성의 기초는 사유하는 행위를 통해서 경험되는 인간 개인이라고 주장했다. 데카르트는 명제로 생각을 정리했다. "나는 생각한다. 고로 존재한다(Cogito, ergo sum)." 우주 중심이 하나님으로부터 인간 자신으로 바뀌었다.

유럽을 지탱했던 과거의 질서가 구심력을 상실하게 되자 일부는 자신들을 무력으로 억압하려고 하는 고향을 떠나 종교의 자유가 보장된 새로운 세계를 찾아서 과감하게 항해에 나섰다. 그리고 또 다른 이들은 신앙의 부흥을 새롭게 강조했다. 덕분에 과도하게 세부적인 것들에 집착하는 신학적 논쟁 때문에 흔적도 없이 사라질 뻔한 개신교의 열정을 되살아나기도 했다. 이런 일련의 혁명적인 변화에 따른 결과들은 오늘날까지도 여전히 상당한 영향력을 발휘하고 있다.

[과학과 철학의 혁명]

루터와 동료들은 코페르니쿠스가 남긴 저서가 성서의 가르침과 상치

된다고 해서 인정하기를 거부했다. 로마 가톨릭교회 역시 갈릴레오 사건이 불거지면서 코페르니쿠스의 저서를 금서목록에 등록해버렸다. 나중에 코페르니쿠스의 이론이 갈릴레오를 비롯한 일부 과학자들에 의해서 의심할 수 없는 사실로 증명되면서 교회의 전통과 성서의 세계관은 피할 수 없는 위기에 직면했다. 세계를 이해하려고 노력하는 사람들은 더 이상 기독교의 전통이나 교회가 제시하는 성서해석을 의지하지 않으려 했고 교회 밖에서 새로운 대안을 찾기 시작했다.

마침내 두 가지 사조가 유럽 전체의 사상을 지배하게 되었다. 대륙 건너편 잉글랜드에서는 경험주의자들이 감각을 통해서 얻은 정보를 기초로 세계를 설명하려고 했다. 반면에 프랑스와 독일에서는 합리론자들이 이성을 제일 원리로 앞세워서 문제를 해결하려고 시도했다. 이 두 가지 사상은 처음부터 그리스도인들에 의해 제기되었지만 시간이 지나면서 굳건한 것으로 간주하던 기독교의 토대를 훼손하게 되었다.

✽ 거인들의 어깨에서

1676년 아이작 뉴턴(Isaac Newton, 1643-1727)은 동료에게 이런 내용이 담긴 편지를 보냈다. "제가 데카르트보다 멀리 볼 수 있었다면 그것은 거인들의 어깨 위에 서 있기 때문입니다." 자신보다 앞서 코페르니쿠스, 갈릴레이, 그리고 케플러가 이룩한 과학적 업적을 인정하는 겸손한 표현이었다.

그런데 코페르니쿠스는 행성이 태양 주변을 돌고 있다는 것을 알고 있었지만 어째서 그런지 이유를 제대로 설명해내지 못했다. 천사들이 행성마다 배치되어 그렇게 운동하는 것 같다고 추정할 뿐이었다. 지구의 회전속도를 감안하면 강력한 바람이 불어야 할 텐데, 그렇지 않은 것도 설명할 수 없었다. 당시로써는 대기의 존재를 알 수 없었다. 나중에 독일의 수학자이며 천문학자인 케플러 역시 행성이 태양과 관련해서 어떻게 움직이는지 정확하게 기술했지만 그 원인을 역시 제대로 설명하지 못했다.

뉴턴은 케플러의 법칙에 근거해서 중력(또는 만유인력)이라는 눈에 보이지 않는 힘이 행성의 궤도에 영향을 주고 있다는 사실을 밝혀냈다. 뉴턴은 18개월 만에 자신의 연구 내용을 담은 「프린키피아」(Principia) 세 권을 모두 완성해서 학계에 발표했다. 그는 "역사를 통틀어 가장 큰 존경을 받는 과학 문헌"으로 평가받는 「프린키피아」 제3권에서 "모든 물체를 향한 중력이 있으며, 이 힘은 물체에 포함된 물질의 양에 비례한다"고 결론을 내렸다. 오해를 받을까봐 우주의 변화 방식을 설명하는데 적합한 미분 기호를 일체 사용하지 않고 설명한 이 한 개의 법칙으로 뉴턴은 인간이 하늘에서 관찰할 수 있는 모든 것들과 지구를 통합해낼 수 있었다.

뉴턴이 1687년부터 과학적 주장이 담긴 저서들을 연속적으로 출판하기 시작하자 유럽 사람들은 그 앞에서 숨 한 번 제대로 쉴 수 없었다. 돌림병 때문에 한 과학자가 지방으로 내려갔다가 사과나무 밑에서 얻은 모티프로 우주의 거대한 비밀을 해결했다는 게 알려지자 대중은 벌어진 입을 다물 생각을 하지 못했다.

뉴턴과 같은 시대를 살았던 시인 알렉산더 포프(Alexander Pope, 1688-1744)는 이렇게 그의 업적을 노래했다. "자연과 자연의 법칙은 어둠 속에 숨겨져 있다. 하나님이 '뉴턴이 있어라!' 말씀하시매 모든 것이 밝아졌다." 워즈워스(William Wordsworth, 1770-1850) 역시 뉴턴을 노래했다. "사유의 낯선 바다를 홀로 헤쳐나간 정신이여."

아이작 뉴턴의 초상화(고드프리 넬러)

　　뉴턴 이후로 탄력을 받은 자연과학 분야의 진보는 눈이 부실 정도
였다. 잉글랜드에서는 보일(Robert Boyle, 1627-1691)이 기체의 압력
과 부피의 관계에 관한 '보일의 법칙'을 발견했다. 독일의 라이프니츠

캠브리지대학 트리니티칼리지에 심어진 뉴턴의 사과나무 후손. 우리나라에도 뉴턴의 사과나무 묘목이 들어와 있다.

(Gottfried Wilhelm Leibniz, 1646-1716)는 이진법, 상대성의 초기 개념, 엔트로피를 비롯해서 세포의 원시 개념을 제안할 정도로 다재다능한 보편 천재였다. 하지만 미적분학을 뉴턴보다 9년을 앞서 발견한 것은 최대의 업적이었다. 프랑스의 라부아지에(Antoine-Laurent de Lavoisier, 1743-1794)는 산소를 발견해서 근대 화학의 기초를 놓았고, 생물학에서는 라마르크(Jean-Baptiste Pierre Antoine de Monet, chevalier de Lamarck, 1744-1829)가 생물의 진화를 주장했다. 그리고 스웨덴 출신 린네(Carl von Linne, 1707-1778)는 식물분류학을 창시하였고, 영국의 제너(Edward Jenner, 1749-1823)는 종두법을 발견해서 면역 접종의 길을 텄다.

✻ 차가운 신론, 이신론

뉴턴을 비롯한 과학자들이 과거에 제대로 답변하지 못한 수수께끼를 해결했으나 문제는 그것으로 끝나지 않았다. 그들은 하나님이 철저하게 과학적이고 합리적으로 우주를 창조하면서 불변의 법칙을 부여했다고 믿었다. 그러자 또 다른 문제가 잇따라서 제기되었다. 그렇다면 하나님은 오늘날 무엇을 할까? 칼뱅주의자들은 미리 결정된 구원의 계획을 좇아서 하나님이 개입한다고 주장했다. 로마교회는 기도에 대한 응답으로 꾸준히 하나님이 간섭하고 있다고 가르쳤다. 하지만 달라진 세계에서 그런 대답은 잘해야 미신이고, 심한 경우에는 광신일 뿐이었다. 뉴턴은 우주가 영원불변의 자연법칙을 따라서 스스로 작동하는 기계라고 생각했다. 하나님은 기계를 정비하거나 고장을 예방하는 존재에 불과했다.

이와 같은 계몽주의 사상가들의 주장은 두 가지 방향으로 또다시 가지 치면서 나갔다. 하나는 초자연적 합리주의라는 이신론(Deism, 理神論), 또 다른 하나는 반기독교 이신론이었다. 비레(Genevois Pierre Viret, 1511-1571)가 처음 사용한 이신론은 하나님을 믿으면서도 예수 그리스도는 안 믿는 이들을 가리키는 용어였다. 두 가지 이신론은 기적과 하나님의 간섭을 배격했다. 그들이 보기에 기적이 증명하는 가치는 이미 이성이 소유하고 있어서 기적이 따로 필요 없었다. 기적을 주장하는 것은 이 세계를 완전한 법칙대로 움직이게 창조한 채 더는 관여하지 않는 하나님의 솜씨를 모독하는 일이라고 주장했다. 그렇게 보면 예수는 인간적인 메시아에 지나지 않았다. 하나님 역시 단번에 종교법칙을 확립해 놓고 상관하지 않는 멀리 떨어진 존재였고 삼위일체는 근거를 찾을 수 없는 허구적 개념에 지나지 않았다. 이신론의 하나님은 이 세계와 관계가 없는, 차갑고 비인격적인 존재였다.

이신론자들은 성직자들에 대해 사뭇 공격적이었다. 교회의 복잡한 예배 절차와 미신적 요소는 사제들이 스스로의 이기심과 정치적 목적을 충족시킬 목적으로 꾸며낸 것에 지나지 않을 뿐이라고 비난했다. 그 가운데서도 최악은 사제가 인간과 하나님을 매개한다는 구실로 성서에서 찾아볼 수 없는 온갖 특권을 주장하는 것이었다. 프랑스에서 가장 유명한 이신론자였던 볼테르(Francois Marie Arouet 또는 Voltaire, 1694-1778)는 영국에서 접한 이신론을 기반으로 기독교를 철저하게 비판했다. "우리가 읽어야 할 단 하나의 복음서는 하나님이 직접 쓰고 봉인한 자연이라는 위대한 책밖에 없다. 믿을 만한 가치가 있는 유일한 종교는 하나님을 숭배하고 선한 사람이 되는 종교 이외에는 존재하지 않는다." 볼테르가 보기에 성서는 결코 신성한 책이 아니었고 기적은 사기극에 불과하다고 폄하했다.

이신론의 영향은 강력했다. 독일에서는 라이프니츠의 제자들이 이신론을 적극적으로 전파했다. 공자의 유가(儒家)사상을 할레대학에 소개했다가 동료들의 반발을 사서 교수직을 잃기도 했던 볼프(Christian Wolff, 1679-1754)처럼 뛰어난 학자마저 기독교 교훈과 이성을 결합하지 않으면 안 된다고 생각할 정도였다. 그래서 전투 중에 태양을 멈춘 여호수아는 뛰어난 천문학자, 물을 포도주로 변화시킨 예수는 훌륭한 화학적 지식을 갖춘 인물로 묘사되었다. 프랑스에서는 한층 더 광범위한 지지를 받았다. 루소(Jean-Jacques Rousseau, 1712-1778)를 비롯한 지식인 대부분이 이신론을 지지했고, 나중에 프랑스혁명을 주도한 지도자들 역시 이신론을 신조로 삼았다. 물론 이신론은 무신론과 달리 유신론의 범주 안에 포함시킬 수 있다. 하지만 당시 무신론자들이 이신론을 거쳐 무신론으로 진행한 것을 고려하면 기독교의 전통적 신앙에 상당한 해를 끼친 게 분명했다.

이신론의 영향으로 하나님에 대한 관념이 상당 부분 변경되었다. 알렉산더 포프의 발언처럼 보다 품위 있고 고결한 신이 등장했다. 이신론자들이 신앙하는 하나님은 기독교의 편협한 어느 부족의 신이 아니라 새로운 천문학이나 자연과학과 양립 가능한 우주적 차원의 하나님이었다. 무자비하게 전횡을 일삼지 않고 법을 만들어 지키는 질서정연한 하나님을 주장했다.

북아메리카로 옮겨간 이신론은 벤저민 프랭클린(Benjamin Franklin, 1706-1790)과 조지 워싱턴(George Washington, 1732-1799), 토머스 제퍼슨(Thomas Jefferson, 1743-1826) 같은 건국의 아버지들을 사로잡았다. 이신론은 결국 회의론을 거쳐서 완전한 무신론의 길을 갔다. 이신론자들의 주장은 세월이 흐르면서 정통주의자와 회의론자 모두에게서 외면당했다. 전자에게는 너무 대담했고, 후자의 경우에는 지나치게 소심하다는 게 이유였다. 이신론은 삼위일체 교리와 예수 그리스도의 신성을 거부하는 유니테리언으로 화석화되었다.

[새로운 질서를 위한 혁명]

1603년 잉글랜드의 엘리자베스 1세 여왕이 세상을 떠나자 왕위에 오른 스코틀랜드의 제임스 1세는 안식일을 존중하고 정부의 간섭에서 성직자들을 자유롭게 하는 정책을 펴서 청교도들로부터 상당한 불만을 샀다. 대주교 윌리엄 로드(William Laud, 1573-1645)가 잉글랜드 국교회의 통일성을 강조하면서 대중 집회를 금지하자 급진적 분리주의자인 청교도들은 신앙을 마음껏 펼칠 수 있는 새로운 공간을 찾게 되었다. 1608년 일단의 분리주의자들이 신앙의 자유를 보장하는 네덜란드의 레이덴(Leiden)으로 떠났지만 그들의 관심은 여전히 신대륙에 꽂혀있었다. 마침내 1620년 102명의 분리주의자들이 신대륙을 향해 대서양의 항해에 나섰다. 108톤 규모의 범선인 메이플라워호를 타고 영국의 플리머스를 출발한 그들을 사람들은 '순례자들'(Pilgrims)이라고 불렀다.

1620년 런던의 버지니아 회사로부터 식민 허가를 얻은 순례자들은 출항한 지 50여 일 만인 11월 9일 목적지보다 북쪽에 있는 케이프 코드(Cape Cod)에 도착하였다. 그들이 애초에 정박하려고 했던 목적지는 잉글랜드의 처녀 국왕 엘리자베스를 기리려고 이름을 따온 버지니아였다. 순례자들은 닻을 내린 곳을 자신들이 떠나온 곳과 동일하게 플리머스라고 불렀다. 1620년 12월 순례자들 가운데 41명의 성인 남성 이민자들이 시민 정치단체의 결성을 위한 '메이플라워서약'을 체결했다. 이것은 미국 역사상 최초의 헌법으로 다수의 지배를 공고히 하고 이탈을 막으려는 조처였다. 이 계약은 이후로 다른 뉴잉글랜드 식민지들의 선례가 되었다. 국왕의 특허장 없이 건립된 이 플리머스 식민지는 1691년에 왕령 식민지인 매사추세츠에 병합되었다. 선상에서 서약한 내용은 이랬다.

···하나님의 은총에 의하여··· 국왕과 조국의 명예를 위하여 버지니아 북부에 최초의 식민지를 건립하려고 항해에 나섰던 우리들은 이 증서를 통해 보다 더 바람직한 질서 수립과 보존, 그

플리머스의 보스턴 항에 복원된 메이플라워호 ⓒWP

리고 앞서 거론한 목적의 촉진을 위해서 엄숙하게 상호간에 하
나님과 서로를 마주한 채 계약을 체결하고 시민적 정치 단체로
결속한다. 이를 바탕으로⋯ 정의롭고 공평한 법률과 법령과 결
정, 그리고 관직을 수시로 제정하고 구성하고 조직하기로 한다.

＊신대륙에서의 실험

청교도들이 건설한 매사추세츠만 식민지가 존 윈스롭(John Winth-
rop, 1588-1649)의 주도로 1630년에 플리머스 정착지를 흡수했다. 그
렇게 해서 약 1,500명의 청교도들이 매사추세츠만 식민지로 옮겨갔다.
대서양 맞은편 잉글랜드에서 국교회의 개혁과 기독교 통합을 강력하

게 추진한 대주교 윌리엄 로드의 영향력이 커지자 거기에 반발한 2만 명 이상의 사람들이 또다시 신대륙으로 건너갔다. 그런데 신앙의 자유를 찾아 신대륙에 먼저 도착한 청교도들이나 순례자들은 이민자들 모두에게 역설적으로 종교의 자유를 허락하려고 하지 않았다. 그들이 용납한 것은 잉글랜드 국교회 지도자들처럼 자신들이 고수하는 신앙을 기초로 하나의 일치된 사회를 형성할 수 있는 자유뿐이었다.

칼뱅주의를 좇는 청교도들은 물질적인 성공을 하나님에게 구원이 예정된 징표로 간주했다. 스스로를 하나님으로부터 구원이 예정된 성도, 또는 선택받은 자라고 부르면서 나머지 주민들과 구분했다. 성도들만이 정식 교인이고 매사추세츠만 회사의 주주이면서 투표권을 가진 완전한 시민이었다. 나머지 비신자들은 교회에 출석이 가능했지만 동등하게 투표권을 행사할 수 없는, 이른바 이등시민들이었다. 청교도들의 이런 분리정책은 몇 해 동안 식민지에서 어느 정도 효과를 발휘했지만 그렇게 오래 지속되지는 못했다.

신앙이 다르다는 한 가지 이유로 권리를 제대로 행사하지 못하는 비신자들 사이에서 불만이 높아갔다. 청교도들의 견고한 질서에 처음으로 반항한 사내는 종교와 국가의 분리를 주장한 로저 윌리엄스(Roger Williams, 1603-1683)였다. 캠브리지대학 출신으로 잉글랜드 국교회에서 서품을 받았으나 사상이 과격하다는 이유로 추방당해 1631년 북아메리카의 뉴잉글랜드로 건너왔다.

세일럼 지역 목사로 취임한 로저는 청교도들과 달리 교회와 국가 통합을 격렬하게 비판하고 정교의 완전한 분리를 거듭해서 제기했다. 아울러서 정부가 모든 교파를 차별하지 않고 동등하게 대우하도록 요구했다. 청교도들은 로저의 문제 제기에 별다른 관심을 보이지 않았다.

하지만 그가 원주민들에게 이 땅의 진정한 주인은 원주민들이고, 백인들이 불법으로 토지를 점유하고 있다고 설교하자 상황은 달라졌다.

매사추세츠 총회는 1635년에 로저 윌리엄스의 추방을 결의했다. 당시 로저 윌리엄스의 딸은 두 살이었고 아내는 임신한 상태였으나 가족을 모두 남겨둔 채 어쩔 수 없이 홀로 떠나야 했다. 로저는 14주 동안 얼어붙은 동부지역을 헤매고 다녔다. 아메리카 원주민들은 이전에 정착에 어려움을 겪던 순례자들에게 그랬듯이 로저에게도 역시 호의를 베풀고 매사추세츠 경계 너머에 땅을 제공했다. 아내와 자녀, 그리고 몇 명의 친구들이 찾아와서 합류했다. 로저는 그곳을 하나님의 섭리로 얻었다고 해서 프로비던스(Providence)라고 불렀다. 프로비던스에서는 어떤 신앙을 가져도 전혀 문제가 되지 않았다.

1644년 잉글랜드로 건너가서 정식으로 인가를 받고 로드아일랜드의 초대 총독의 자리에 오른 로저는 특허장에 다음과 같이 기록했다. "식민지 안에 있는 그 누구도 종교의 문제에 대해서는 어떤 의문도 제기하지 않을 것이다. 사람들은 종교적 문제에 관해서는 자신의 판단을 따를 수 있다." 로저가 보기에 신앙이라는 것은 개인의 양심과 관계가 있는 문제일 뿐이었다. 그래서 자신이 따르는 신앙과 전혀 다른 종교를 가진 퀘이커들이나 유대인들의 경우에도 별다른 조건을 달지 않고 땅을 획득할 수 있는 기회를 부여했다.

북아메리카에서 청교도들의 질서에 도전했던 두 번째 반항자는 14명의 자녀를 둔 앤 허친슨(Anne Hutchinson, 1591-1643)이었다. 새로운 대륙에서 산파로 활동하면서 여성들의 신망을 얻은 허친슨은 집에서 당국이 금지하는 집회를 가졌다. 집회 시간마다 그 지역 목사들의 주일 설교가 자주 도마에 올랐다. 허친슨은 당시 사람들이 입 밖에 내기를 두려워하는 발언까지 서슴지 않았다. 식민지 목사들이 성령의 역사를 체험하지 못한 채 율법적인 사역을 하고 있다고 날선 비난을 가했다. 남편의 동생 존 휠라이트(John Wheelwright, 1592?-1679)와 영국에서부터 줄곧 존경하던 존 코튼(John Cotton, 1585-1652)을 진정한 성직자로 인정했다.

그뿐만이 아니었다. 허친슨은 진리의 척도인 성서를 통해 조명하는 성령은 물론이고 성서를 넘어서서 각 사람을 조명하는 성령을 내세웠다. 하나님의 은총은 특정한 사람에게만 내리는 게 아니라 모두에게 임해서 개인은 자기 마음에서 우러나오는 하나님의 음성에 귀를 기울일 때 구원을 얻게 된다고 허친슨은 주장했다. 모든 권위를 성서에 근거하고 있는 청교도들의 교회와 식민 사회를 근본부터 뒤흔드는 발언이었다. 바울 신학을 의지한 그녀는 미리 예정된 선택받은 사람에게 구원이 주어진다는 예정론은 물론, 선택된 백성과 하나님 사이에는 약속이 존재한다는 거룩한 계약론을 부정했다.

1637년에 허친슨의 주장을 심의하려고 재판이 열렸다. 매사추세츠

〉〉〉 포카혼타스를 사랑한 사람

아메리카의 원주민들에게 기독교 신앙을 소개한 인물은 로저 윌리엄뿐만이 아니었다. 1600년대 후반에 자크 마르케와 다른 프랑스 신부들이 미시시피강을 따라서 원주민들을 상대로 설교했다. 1614년에는 청교도 정착민이었던 존 롤프(John Rolfe)가 애니메이션의 주인공으로 우리에게 친숙한 포카혼타스라는 이름의 아메리카 원주민 부족의 공주와 결혼식을 올렸다. 포카혼타스는 처음에 기독교를 믿지 않았으나 롤프의 끈질긴 노력 덕분에 그리스도인이 되었고, 나중에는 남편을 따라서 유럽으로 이주해서 생활했다.

식민지의 초대 총독이자 청교도 지도자인 존 윈스럽(John Winthrop, 1588-1649)이 피고석의 허친슨에게 물었다. "당신은 어째서 분열을 조장하는 모임을 갖는가?" 윈스럽의 심문에 허친슨이 대답했다. "그것은 양심과 관련된 문제입니다." 앤 허친슨은 성서의 해박한 지식과 양심을 거론하면서 스스로를 변론했다. 재판정은 허친슨의 발언이 더 발전하면 퀘이커나 재세례파와 같은 급진적인 경건주의자들처럼 성직자의 필요성을 배제하게 되고, 그러면 매사추세츠의 신정일치 사회가 위험할 수도 있다고 생각했다. 앤 허친슨은 "반란과 분열을 일으키는, 사회 기강을 어지럽히는 자로서 청교도 공동체에 부적합하다"는 명목으로 유죄판결을 받고 식민지에서 추방했다.

출산을 앞두고 있던 앤 허친슨과 가족, 그리고 추종자들은 한겨울에 프로비던스로 급히 도망쳐야 했다. 프로비던스는 아메리카에서 규모가 가장 작은 식민지였다. 하지만 그렇게 작은 곳에서 어떤 종교든지 편애하지 않는 시민정부라는 거대한 사상이 잉태되고 있었다. 이 시민정부 사상은 나중에 북아메리카 전 지역의 세계관을 변화시켰다. 그로부터 몇 해가 지난 1642년에 남편 윌리엄 허친슨이 사망했고, 1643년에는 앤 허친슨과 남은 가족 대부분이 원주민들의 손에 목숨을 잃었다. 당시 매사추세츠 주민들 가운데 일부는 허친슨의 죽음을 하나님의 심판으로 간주했다.

✲ 식민지의 마녀사냥

신대륙에 정착한 청교도들은 한 세대가 채 지나기도 전에 쉽게 해결하기 어려운 문제에 직면하게 되었다. 그들 자신들은 모든 것을 포기한 채 고향 잉글랜드를 등지고 오직 신앙의 자유를 찾아서 위험한 대서양을 건너 신대륙까지 왔지만 그렇다고 해서 자녀들까지 확고한 기독교 신앙을 갖게 되리라는 확실한 보장은 없었다. 식민지 정착민 1세대들은 당연히 예수 그리스도에 대한 확고한 신앙을 소유하고 있었다. 하지만 정착민의 자녀들 가운데 거의 절반 이상이 부모들처럼 그리스도의 교훈을 따를 생각을 전혀 하지 않았다.

청교도들은 진지하게 고민하기 시작했다. 식민지의 모든 사람이 그리스도를 믿지 않는다면 기독교 신앙이 어떻게 사회 전체를 지배할 수 있을까? 그렇게 해서 만들어진 게 소위 '중도계약'이라고 부르는 고육책이었다. 이전까지 교회는 부모 모두가 그리스도인이어야만 자녀들에게 세례를 베풀었다. 하지만 신앙을 고백하는 이들의 숫자가 점차 줄어들면서 그런 원칙을 따르는 게 불가능해지자 부모 가운데 어느 한쪽만이라도 교회에 참석하면 세례를 주기 시작했다. 이것이 바로 중도계약이었는데 잉글랜드 식민지 사회에 대한 주도권을 놓지 않으려는 청교도들의 두 번째 지배 전략이었다.

새로운 시도는 뚜렷한 성과를 거두지 못했다. 예수를 구세주로 신뢰하는 어린이들의 숫자가 눈에 띌 정도로 줄어들었다. 청교도들은 이런 상황을 식민지를 파괴하려는 사악한 세력의 책동으로 간주했다. 급기야 그런 불만과 두려움이 일거에 분노로 표출된 사건이 발생했다. 1692년 2월, 매사추세츠의 세일럼(Salem)에서 집단적인 히스테리가 발생했다. 어느 날 세일럼교회를 담임하는 패리스 목사의 딸 엘리자베스가 발작을 일으키면서 헛소리를 해댔다. 며칠 뒤에는 엘리자베스의 사촌 애비게일과 또 다른 소녀들까지 발작을 일으켰다. 원인을 찾지 못하던 의사는 사탄의 짓이라고 결론을 내렸다.

사탄이 마녀를 시켜서 해코지한다고 생각한 주민들은 소녀들을 불

세일럼의 마녀 재판 ©WP

러 심문했다. 아이들은 여성들 몇 명을 마녀로 지목했다. 그들이 체포
되었지만 비슷한 증세를 보이는 소녀들이 계속 늘어갔다. 덕분에 마녀
로 지목되는 여성의 숫자도 그만큼 더 늘었고 그들을 변호하는 남성들
까지 체포되었다. 5월 말까지 100여 명이 투옥되었고 세일럼 지역을
벗어나서 매사추세츠까지 확대되었다. 1년 남짓 계속된 마녀사냥으로
185명이 체포되고, 그중 59명이 재판에 넘겨져서 31명이 유죄 판결을
받았다. 그 가운데 19명은 처형되고, 1명은 고문으로 죽고, 3명은 재판
을 기다리다 감옥에서 사망했다.

　이 사건은 나중에 '세일럼의 마녀사냥'이라는 이름으로 널리 알려
졌다. 물론 유럽에서는 이보다 훨씬 더 오랫동안 마녀사냥이 진행되었
고 과부를 비롯한 수많은 여성이 고통을 겪다가 생명과 재산을 뺏겼다.
유럽 전역에서 마녀사냥이 절정에 달한 시기는 1585년부터 1635년까지 약 50년간이었고, 마녀사냥으로 처형된 희생자는 최소 50만 명에서 최대 9백만 명에 달했다. 교황청 소속 이단법정은 잔 다르크(Jeanne d'Arc, 1412-1431)부터 갈릴레이에 이르기까지 수많은 이들을 희생자로 만들었다. 잉글랜드에서는 1541년 마녀를 처벌하는 법령이 처음으로 공포되었고, 1736년까지 마녀재판이 계속되었다. 세일럼의 마녀사냥은 청교도들이 새로운 식민지에서 시도한 여러 가지 긍정적인 실험에도 불구하고 절대 지울 수 없는 오점을 역사에 남겼다.

1696년 재판관 가운데 한 사람이었던 새뮤얼 시월(Samuel Sewall, 1652-1730)은 자신의 잘못을 공개적으로 인정하고 회개했고, 1711년 식민지 정부는 생존해 있는 마녀재판 희생자들에게 배상금을 주고 유죄 기록을 모두 삭제했다. 밀이나 귀리에 기생하던 곰팡이에 집단으로 감염된 것으로 추정되는 소녀들이 내뱉은 말 때문에 불어 닥쳤던 광풍은 청교도의 이상을 단번에 날려 보냈고, 그렇게 해서 청교도들이 자랑하던 뜨거운 신앙이 소멸하면서 쉽게 해결할 수 없는 영적 공백이 초래되고 말았다.

[경건주의자들의 혁명]

1722년, 어느 비 내리는 날 저녁이었다. 한 사내가 독일의 드레스덴 부근 영지에서 생활하는 친첸돌프(진젠돌프 Nikolaus Ludwig von Zinzendorf, 1700-1760) 백작의 저택을 방문했다. 친첸돌프는 프라하의 종교개혁자 얀 후스의 신앙을 따르고 있었다. 비에 흠뻑 젖은 사내는 30년전쟁으로 보헤미아와 인접한 모라비아 지역을 떠나야 했던 독일어권 모라비아인들에게 쉼터를 제공해줄 수 있는지 물었다. 친첸돌프는 흔쾌히 승낙했고 모라비아인들이 영지에서 기독교 공동체를 꾸릴 수 있도록 배려했다. 모라비아인들은 '주님의 파수꾼'이라는 뜻의 헤른후트(Herrunhut)라는 이름으로 자신들을 불렀다.

1725년경에는 거의 1백 명의 모라비아인들과 독일 지역 경건주의자들, 그리고 기타 열정적 신앙을 가진 여러 유형의 이주민들이 헤른후트를 거처로 삼을 정도로 인기가 높았다. 처음에 친첸돌프는 장소만 제공했을 뿐 정착민들에게 따로 관심을 갖지 않았다. 그러다가 1727년부터는 영적 지도자 역할까지 떠맡게 되었다. 다양한 성격을 가진 헤른후트 거주민을 하나로 엮는 게 쉽지 않았지만, 친첸돌프는 자신이 경건주의 운동으로부터 영향을 받은 대로 공동체를 개신교 수도원으로 바꾸어놓았다. 이렇게 작센에서 시작된 친첸돌프의 사역은 유럽과 영국, 그리고 나중에는 미국에서까지 상당한 변화를 가져왔다.

✳ 친첸돌프와 헤른후트

친첸돌프는 유명한 경건주의자 아우구스트 프랑케(August Hermann Francke, 1663-1727)가 직접 운영하는 학교에서 십대 시절을 보냈다. 본디 프랑케는 경건주의자 필립 슈페너(Philip Jacob Spener, 1635-1705)에게서 상당한 영향을 받았다. 슈페너는 마틴 루터의 영향력이 약화되어가던 17세기에 '교회 안의 작은 교회'(ecclesiola in ecclesia)로서 콜레기움 피에타티스(collegium pietatis, 경건모임)를 시작했다.

소그룹 모임인 콜레기움 피에타티스는 루터의 종교개혁운동을 지속하는 방편이면서 경건을 실천하는 현장이 되었다. 프랑케가 주장한 경건주의의 핵심은 기독교의 체험과 감정의 우월성, 적극적인 기독교적 삶의 실천과 금욕적 자세로 정리할 수 있다.

나중에 경건주의에 대해서 적대적인 태도를 보이던 라이프치히에서 할레로 자리를 옮기게 된 프랑케는 신설된 대학의 교수와 목회자를 동시에 겸하게 되었다. 얼마 지나지 않아서 자르(Saar)강변에 위치한, 중세부터 소금생산지로 유명했던 할레는 경건주의를 대표하는 지역으로 부상했다. 1695년부터는 목회 활동 이외에도 빈민학교와 라틴어학교를 운영하면서 영향력을 점차 확대해나갔다. 독일 개신교 신학의 본산 노릇을 하던 비텐베르크대학의 주도권이 할레대학으로 넘어가고, 현재 할레대학이 마르틴루터대학이라는 이름으로 불리는 것도 프랑케의 활약 때문이라고 할 수 있다.

친첸돌프는 십대의 대부분을 프랑케가 운영하는 라틴어학교에서 보냈다. 처음에는 엄격한 교육에 반발했지만 점차 프랑케의 신앙을 받아들이게 되었다. 그리고 1715년에 처음 참석했던 성찬식 덕분에 경건 생활에 깊은 관심을 갖게 되었다. 경건주의자로 성장한 친첸돌프는 모라비아인 공동체, 헤른후트에 합류하자 그들에게 기도의 열정을 불어넣었다. 다양한 배경에 각기 다른 종교적 신념을 가진 거주민을 하나로 엮어내는 것은 쉽지 않았다.

서로 갈등하던 사람들은 어느 날 성찬식에 참여했다가 감동을 받고 하나의 신앙공동체로 전환했다. 친첸돌프는 감독관으로 임명되었고 교회의 관리를 위해서 12명의 장로들이 선출되고 다른 직책들도 생겼다. 친첸돌프는 헤른후트의 주일 풍경을 이렇게 묘사했다.

주일이 돌아오면 아침 6시부터 밤늦게까지 계속해서 모임을 갖는다. 우리는 주일을 교회에서 시작한다. 내가 찬송을 이끌고

로테 목사가 설교를 했다. 예배가 끝나도 모라비아 교인들은 집으로 돌아가지 않는다. 가방에 넣어 온 빵을 먹고 어린이들을 가르친다. 그 일이 끝나면 나와 목사가 강단 앞에 앉아 회중에 관해서 대화한다. 누구든지 해야 할 말이 있으면 교회나 성가대 자리에서 말할 수 있다.

헤른후트의 노동윤리는 엄격해서 성인들은 예외 없이 직업을 가지고 일을 해야 했다. 노동 이외의 시간은 모임에 참석했다. 모라비아인들은 친첸돌프의 인도를 받아 기도 모임에 주력했다. 공동체가 기도에 주력하는 이유는 이랬다. "제단에는 거룩한 불이 꺼지면 안 되기 때문에 성도들의 중보기도를 하나님께 끊임없이 올려야 한다." 모라비아인들은 헤른후트에서 24시간 연속 기도 모임을 가졌고, 그 모임은 1백 년 이상 지속되었다.

독일의 헤른후트에 세워진 니콜라스 친첸돌프 백작의 흉상 ⓒWP

1731년 친첸돌프는 국왕의 대관식에 참석하기 위해서 덴마크를 방문했다가 그곳에서 아프리카 출신 노예와 에스키모를 만났다. 그 일이 계기가 되어서 친첸돌프는 선교사역의 필요성을 강하게 느끼고 헤른후트로 돌아왔다. 그로부터 채 한 세기가 지나지 않아서 경건주의를 추종하는 모라비아인들은 3백 명의 선교사를 세계 곳곳으로 파송했다. 그들은 그린란드, 수리남, 남아프리카공화국, 북극의 사모예드인들, 알제리, 실론, 중국, 페르시아, 아비티니아, 래브라도반도, 아메리카 등지로 흩어져서 3천 명 이상에게 세례를 주었다.

혹독한 훈련을 받고 떠나는 모라비아형제단 선교사들에게 친첸돌프는 늘 이렇게 권면했다. "여러분들은 결코 이방인들 위에서 군림하지 마십시오. 겸손해지고 오로지 성령의 권능으로만 그들의 존경심을 얻으려고 노력하십시오. 선교사는 스스로를 위해 명예나 좋은 평판을 구해서는 안 됩니다. 런던 시내에서 마차를 끄는 말처럼 앞만 볼 수 있는 눈가리개를 쓴 채 모든 위험과 함정과 자만심으로부터 시선을 돌려야 합니다. 그리고 시련을 겪고, 죽고, 잊혀지는 것으로 만족해야 합니다."

하나님과의 인격적 만남과 가정예배, 성서를 강조한 친첸돌프의 신앙은 18, 19세기 선교역사뿐 아니라 마침내 신앙과 행위의 일치를 위해 죽음까지 자청한 20세기 순교자 디트리히 본회퍼라는 눈부신 결실을 맺었다.

✳ 불타다 남은 나무토막

1736년 지적이고 치밀한 성격의 어느 성공회 목사가 아메리카 원주민에게 복음을 전하려고 조지아 식민지로 향하는 선박에 올랐다. 몇 가지 사정이 겹쳐서 출항을 미룬 터라 배는 불순한 겨울 날씨를 예상하면서도 돛을 올리지 않을 수 없었다. 영국 그레이브젠드항을 떠난 배는 열흘 뒤에 강력한 폭풍을 만났다. 12시간 동안 계속된 폭풍으로 너나 할것 없이 두려워서 비명을 질러댔지만 모라비아형제단은 한구석에서 나지막히 시편을 노래했다. 젊은 목사는 그때의 충격을 이렇게 기록했다. "이것은 내가 지금까지 본 것 가운데 가장 영광스러운 날이었다." 젊은 목사의 이름은 존 웨슬리(John Wesley, 1703-1791)였고, 동생 찰스 웨슬리(Charles Wesley, 1707/08-1788)가 역시 동행하고 있었다.

동승했던 어느 모라비아인이 존 웨슬리에게 물었다. "예수 그리스도를 아십니까?" 존이 대답했다. "그분이 세상을 구원하시는 분이라는 것을 압니다." 질문이 계속 이어졌다. "그렇다면 그분이 당신을 구원하신 것을 아십니까?" 이미 옥스퍼드대학의 교수를 지냈고, 조지아의 서배너(Savannah) 선교사를 자청한 존이 잠시 말을 절었다. "그분이 나를 구원하셨기를 바랍니다." 결국 그가 탄식의 눈물을 흘렸다. "나는 인디언들을 구원하러 아메리카로 가지만 누가 나를 구원할까?" 아메리카 식민지에서 두 해 동안 별다른 성과를 올리지 못하던 선교사 존 웨슬리는 선교지 교구의 한 여성과의 스캔들 때문에 어쩔 수 없이 1737년 12월 영국으로 돌아왔다. 선교지에서 모라비아 출신 목사를 알게 된 게 소득이라면 소득이었다.

존 웨슬리는 19명의 자녀들 가운데 열네 번째였고, 끝까지 살아남은 형제들 가운데는 둘째였다. 1709년, 존이 여섯 살 때 영국 국교회 신부였던 아버지 새뮤얼 웨슬리의 사택이 모두 소실되었으나 존은 무사했다. 이 화재의 경험은 그의 삶과 소명에 이후로도 계속해서 영향을 미쳐서 스스로를 "불에서 꺼낸 그슬린 나무"(슥 3:2)라고 불렀다. 존이 어렸을 때 어머니 수재너(Susanna Wesley, 1669-1742)는 웨슬리의 가정에 모인 사람들을 상대로 직접 '각성하게 하는 설교'를 했다. 수재너는 이렇게 회고하기도 했다. "어느 주일에는 2백 명 이상이 함께 모였다. 방이 부족해서 대부분이 돌아갔다."

옥스퍼드대학에서 학위를 취득하고 같은 대학 링컨칼리지의 교수가 된 존과 동생 찰스는 그리스도를 통한 구원을 인정하려고 하지 않았다. 1738년 성령강림절에 찰스가 먼저 예수 그리스도를 자신의 구세주로 받아들였다. 그로부터 사흘 뒤인 5월 24일에 존이 런던의 올더스게잇 거리에서 열리는 모라비아인들의 집회에 참석했다. 누군가 루터의 로마서 주석 서문을 읽었다. 그는 이후의 상황을 자신의 「일기」(Journal) 에 자세히 기록했다. "8시 45분경, 내 가슴이 이상하게 뜨거워지는 느낌이 들었다. 나는 구원을 받기 위해 오직 그리스도만 신뢰하고 있다는 생각이 들었다. 그리고 그분이 나의 죄는 물론 나 자신까지 가져갔고 나를 구원하셨다는 확신이 주어졌다." 마침내 존 웨슬리는 회개하고 그리스도인으로 거듭났다.

존과 찰스 웨슬리 형제는 영국 교회 안에 이미 경건주의자들의 모임 (거룩한 모임, Holy Club)을 만들어 놓고 있었다. 존은 모임의 회원들에게 집중적인 성서의 묵상, 금식, 그리고 성만찬의 참여를 통해서 하나님의 임재를 추구하도록 강조했다. 회원들이 규칙과 개인 간의 질서를 엄격하게 준수했기 때문에 그들은 주변으로부터 '방법론자'(Methodist)라는 별명을 얻게 되었고, 나중에는 사람들 사이에서 웨슬리 교단을 가리키는 정식 명칭으로 완전히 굳어지게 되었다.

회심한 존 웨슬리는 그해 여름 친첸돌프 백작을 만나러 굳이 작센을 방문했다. 헤른후트에서 경건주의자들을 직접 만나본 존의 마음은 착잡했다. 그들 모두 기독교 신앙이 충만했지만 자신들의 의를 강조하는 모습에 실망한 웨슬리가 친첸돌프 백작에게 물었다. "이게 전부는 아니겠지요?" 기대한 답을 제대로 듣지 못한 존은 이후로 모라비아인들과 결별하고 직접 자신의 길을 개척해나갔다. 모라비아인들로부터

야외에서 설교하는 존 웨슬리

믿음에 의한 구원과 영적 성장에 도움이 되는 소그룹 사역을 적극적으로 수용했지만 거기까지였다. 웨슬리는 스스로를 그들과 동일시하려고 하지 않았다.

감리교 목회자 가운데 역사상 가장 유명한 인물은 조지 휫필드(George Whitfield, 1714-1770)였다. 존 웨슬리보다 아홉 살이 어린

횟필드는 학비를 위해 옥스퍼드대학에서 하인의 일을 하기도 했었다. 찰스 웨슬리가 이 젊은 사팔뜨기 하인을 선발했을 때만 해도 그리 전망이 밝아 보이지 않았다. 하지만 설교를 하기 시작하자 반응은 폭발적이었다. 존 웨슬리가 영국으로 돌아와서 회심하기 이전, 조지아에서 선교할 무렵 횟필드에게 도움을 청했다. "추수할 것은 많되 일꾼이 적으니 횟필드씨 당신이 그 일을 맡으면 어떻겠습니까?" 횟필드는 곧장 응답했다. "소식을 들으니 마음이 설레어 응하지 않을 수 없군요."

연락을 받은 지 대략 한 해 뒤에 횟필드를 태운 배가 공해로 나가고 있을 때 웨슬리는 조지아의 사역을 접고 귀국 중이었다. 실제로 둘을 태운 선박들이 육안으로 확인할 수 있는 거리에서 서로 엇갈려서 지나갔다. 1738년 5월, 조지아에 도착한 횟필드는 빈민의 열악한 처지와 늘어나는 고아들에게 관심을 가졌다. 마을을 돌아다니면서 어린이들을 가르치고 서배너에 학교를 세우기로 합의를 보았다.

고아원 설립에 집중하게 된 횟필드는 모금과 안수를 위해서 영국으로 귀국하기로 결정했다. 같은 해 12월 런던으로 돌아온 횟필드는 그 사이에 상황이 바뀐 것을 알게 되었다. 존과 찰스 웨슬리가 회심하고 '신생'(new birth)을 설교했지만 교회들은 엄격한 도덕적 교훈이 포함된 웨슬리 형제의 설교를 인정하려 들지 않았다.

'방법론자들'과의 관계를 이미 충분히 파악하고 있던 교회들은 횟필드에게 강단을 허락하지 않았다. 1739년 성공회교회에서 안수를 받은 횟필드는 브리스톨의 킹스우드로 가서 교회를 찾지 않는, 석탄가루를 뒤집어쓴 광부들을 상대로 야외에서 설교하기 시작했다. 기존 교회 설교자들에게는 전례가 없는 설교방식이었다. "불꽃 튀게, 명료하게, 박력 있게" 설교하자 그 자리에 있던 이들 가운데 일부가 충격을 받고

설교하는 조지 휫필드(존 콜렛)

쓰러지는 해프닝까지 일어났다. 그는 독특한 예화로 죄의 고통과 지옥
의 공포를 묘사해서 청중을 사로잡고, 눈물을 섞어가면서 그리스도 예
수의 사랑을 소개했다. 검은 광부들의 얼굴마다 눈물 자국이 선명했다.

　　하인 출신 전도자의 설교는 아메리카에서까지 뜨거운 반응을 얻었
다. 휫필드가 아메리카 전역을 순회하면서 설교하자 식민지 주민 가운

아프리카에서 노예로 끌려온 원주민들

데 열이면 아홉이 설교를 듣기 위해서 모여들었다. 수많은 사람들이 그
리스도를 영접하라는 강렬한 호소에 적극적으로 응답했다. 휫필드가
매사추세츠의 노샘프턴에서 설교하자 조너선 에드워즈는 기뻐서 눈물
을 흘릴 정도였다. 에드워즈가 하나님의 심판을 설교하면 휫필드는 자
비와 용서를 설교해서 균형을 잡았다. 휫필드는 노샘프턴 지역에서 진
행되는 부흥운동에 지속적으로 활기를 불어넣었다.

  휫필드와 웨슬리는 몇 해 동안 교리에 대한 이견을 해소하지 못했
고, 그렇게 해서 둘 사이에서 분열의 조짐이 나타났다. 존 웨슬리가 고
수하는 신학은 칼뱅보다는 오히려 아르미니우스에 한층 더 가까웠고

횟필드는 정반대였다. 존은 칼뱅파의 예정론에 동의하려고 하지 않았다. 하나님이 모든 인간을 구원하려고 계획했고 인간에게는 하나님의 은혜를 선택하거나 거부할 수 있는 자유가 주어졌다고 주장했다. 1749년 무렵에 횟필드와 존은 결국 서로의 차이를 인정하고 화해했다. 시인이었던 찰스 웨슬리는 두 사람의 화해를 이렇게 축하했다. "오라, 우리의 횟필드여! 그리하여 처음의 친구들이 마침내 친구가 되었다."

  일각에서 횟필드가 존 웨슬리와 달리 노예제도를 비난하지 않은 것을 문제삼기도 한다. 그가 구체적으로 아프리카 원주민들이 겪는 고통에 대해서 이의를 제기하지 않은 것은 부정할 수 없는 사실이다. 하지만 횟필드의 지지자들은 그가 대상을 가리지 않고 설교했다는 점을 강조한다. 횟필드의 설교에는 대상이 따로 정해져 있지 않았다. 아프리카 노예들이라고 해서 차별하지도 않았다. 그렇게 본다면 간접적으로 노예제도를 비판한 것이라고 지지자들은 주장한다. 실제로 그가 세상을 떠났을 때 애도를 표한 흑인 노예들이 적지 않았다.

✳ 제1차 대각성운동과 에드워즈

독일의 작센에서 친첸돌프와 자신의 신학적 차이를 확인하고 발길을 돌린 존 웨슬리는 씁쓸한 심정으로 귀국했다. 존은 그곳에서 경건의 능력을 두 눈으로 직접 확인하고 싶었지만 실상은 기대에 미치지 못했다. 존은 런던으로 돌아오자마자 곧장 설교를 재개했다. 횟필드의 제안을 받아들여서 장소를 가리지 않고 부지런히 복음을 전하고 설교했다. 하지만 가슴에 품고 있는 열정에 비해서 결과는 그다지 신통하지 않았다. 내부의 기대와 외부의 결과가 서로 연결되지 않고 겉도는 바람에 한동안 적잖게 마음고생을 해야 했다.

찰스 웨슬리는 아주 우연한 기회에 런던에서 옥스퍼드 방향으로 걸어가다가 책 한 권을 구해 읽게 되었다. 그 당시 매사추세츠의 노샘프턴에서 일어난 회심 사건들을 기록한 조너선 에드워즈(Jonathan Edwards, 1703-1758)의 저서였다. 결정적인 돌파구를 모색하던 웨슬리에게 에드워즈의 글은 사뭇 충격적이었다. 그렇게 해서 북아메리카 뉴잉글랜드에서 1730년대 말과 1740년대 초에 일어난 제1차 대각성운동의 영향을 받은 존 웨슬리 덕분에 식민지 아메리카로 일방적으로 수출되던 경건주의자들의 부흥운동이 영국으로 다시 역수입되기 시작했다. 결과는 기대를 훨씬 뛰어넘었다.

일찍 예일대학을 졸업한 에드워즈는 대중의 마음을 사로잡을 정도로 매력적인 인물이 아니었다. 에드워즈가 활동하던 시대에는 키 작은 사람이 인기가 있었다. 에드워즈는 당시 사람들에 비해서 지나칠 정도로 컸다. 게다가 충실한 칼뱅주의자이다 보니 강단에서 설교를 시작하면 처음부터 끝까지 사전에 작성한 설교문을 단조롭게 읽어 내려갔다. 교인들의 반응과 무관하게 어떤 과장된 몸짓이나 말투를 배제하고서 똑바로 선 채 설교를 했다. 어느 때는 두 시간을 넘기는 일까지 있었다. 타협을 모르는 이런 태도는 만년에도 변함이 없어서 1750년에는 24년간 담임하던 교회를 떠나지 않을 수 없었다.

예일대학 재학시절에 기독교를 가장 합리적인 교리를 갖춘 이성적 종교로 간주하던 로크의 합리적 초자연주의 사상에 매료된 에드워즈는 기독교 신앙과 당시에 강조되던 이성을 어떤 식으로든지 결합하려고 했다. 나중에 「종교적 감정론」(A Treatise Concerning Religious Affections, 1746)이라는 저서를 집필한 것도 그 때문이었다. 사정이 이렇다 보니 처음 5년 동안 외조부의 뒤를 이어서 노샘프턴 회중교회

조너선 에드워즈

를 담임해도 뚜렷한 성과를 거두지 못했다. 이런 상황을 전체적으로 종합해보면 1734년 매사추세츠의 노샘프턴을 뒤흔들어놓은 부흥 사건은 일반인들의 상식으로는 달리 설명할 방법이 없었다. 에드워즈 목사가 맡고 있는 교회 상황에 어느 정도 익숙한 사람들은 성령의 강력한 역사를 입에 올리기 시작했다.

　　1734년, 영적으로 잠잠하던 노샘프턴교회에서 부흥의 불길이 치솟

앗다. 당시 매사추세츠를 비롯한 아메리카의 새로운 식민지 도시들은
정착 초기에 겪어야 했던 어려움들을 극복하고 경제적으로 상당한 풍
요로움을 누리고 있었다. 주민들은 부동산이나 노예무역, 럼주 판매처
럼 이익이 보장되는 일에는 관심을 가졌지만 조상들이 조국을 떠난 일
차적인 이유였던 신앙생활이나 교회 참석에는 무심했다. 시민종교로
성격이 바뀌어가던 개신교는 과거 청교도들의 뜨거운 열정과 이상을
사회적, 도덕적 기능으로 과감하게 대체해버렸다.

하루는 평소처럼 에드워즈가 강단에서 설교를 시작했다. 제목은 지
금껏 유명한 '성난 하나님의 손안에 있는 죄인들'이었다. "육적인 자들
은 지옥 구덩이 위에서 하나님의 손에 매달려 있습니다. …그들을 향한
하나님의 분노는 하나님의 진노하심으로 인해 실제로 지옥에서 심한
고통을 겪고 있는 자들을 향하신 분노만큼이나 큽니다." 설교가 진행
되는 도중에 갑자기 회중들이 격렬한 반응을 보였다. 3백 명의 교인들
이 통곡하면서 그 자리에서 회심을 경험했다. 에드워즈를 통해 일단 머
리로 믿게 된 내용이 이 사건을 기점으로 가슴속 깊이 파고들었다. 첫
번째 부흥의 물결은 3년간 지속되었다.

[두 대륙의 정치 혁명]

구질서의 무용성은 정치 분야에서도 역시 무가치한 것으로 드러났다.
18세기 후반에 일어난 두 차례의 혁명으로 인해 정치질서가 요동친 것
역시 따지고 보면 그 때문이라고 할 수 있다. 18세기에 발생한 첫 번째
혁명의 진행을 간단히 요약하면 이렇다.

영국과 프랑스는 아메리카 대륙 지배권을 놓고 네 차례에 걸쳐 전쟁을 치렀다. 1756년에는 유럽에서 또다시 '7년전쟁'이 일어나서 영국과 프랑스가 전면전을 벌였다. 아메리카에서는 '프렌치-인디언전쟁'이라고 부르는 이 전쟁은 1757년 윌리엄 피트(William Pitt, 1708-1778)가 영국 수상이 되면서 성격이 달라졌다. 피트는 아메리카에서 프랑스를 몰아내기 위해서 총력전을 펼쳤다. 거의 모든 원주민이 프랑스군과 손잡았지만 결국 패배했고 프랑스는 1763년 파리조약을 통해 신대륙의 영토를 영국에 넘겨야 했다.

식민지의 지배력은 강화되었으나 전쟁을 치르느라 상당한 부채를 진 영국 정부는 식민지인들에게 부담을 안겼다. 수입되는 설탕과 몇 가지 품목에 세금을 매긴 설탕법(1764), 식민지에서 발행되는 모든 서류들에 세금을 부과한 인지세법(1765)이 대표적이었다. 식민지인들의 격렬한 저항으로 이 법들은 폐지되었다. 1773년에는 동인도회사의 재정난을 해소하려고 세금 없이 식민지에 홍차를 판매하는 조례가 제정되었다. 차 수입 상인들과 여론은 극단으로 치달았고, 그 해 말 동인도회사 선박이 차를 싣고 보스턴에 입항하자 급진파들이 습격해서 차 3백여 상자를 바다에 던져버렸다. 유명한 '보스턴차사건'이었다. 차를 모두 잃은 영국 정부가 항구를 봉쇄하자 충돌이 빚어지면서 독립전쟁으로 이어졌다.

두 번째 혁명은 1789년 프랑스에서 발생했다. 억압을 일삼는 구체제 '앙시앙 레짐'(ancien regime)에 대한 불만이 계몽사상과 결합해서 시민혁명으로 분출했다. 당시 프랑스는 파산 일보 직전에 있었다. 북아메리카의 영국 식민지가 일으킨 반란에 고무된 프랑스는 미합중국의 독립을 인정하고(1778) 에스파냐와 네덜란드의 지원을 받아서 영국과 전쟁에 돌입했다. 몇 차례의 전투에서 영국군을 격파한 프랑스는 베르사유조약(1783)으로 승리를 확인받았다. 그렇지만 전쟁 때문에 늘어난 부채와 아메리카에서 불어온 자유의 바람은 전혀 예상하지 못한 결과를 낳았다. 자유와 민중의 권리, 권력의 제한과 분립 같은 헌법 문제를 본격적으로 다룬 저서들이 프랑스인들의 잠든 정신을 일깨웠다. 뿐만 아니라 우유부단하고 유약한 루이 16세(Louis XVI, 1754-1793)와 왕실의 무능력은 군주제의 파산을 향해 나가도록 만들었다.

✴ 자유로운 신세계

북아메리카의 13개 영국 식민지들이 1775년 독립전쟁을 일으켰다. 영국인들에게 반기를 든 식민지인들의 모토는 "우리를 간섭하지 말라(Don't tread on me)"였다. 식민지에 둥지를 튼 개신교 교파들은 이해관계에 따라서 즉각적으로 상이한 반응을 나타냈다. 존 웨슬리는 아메리카 식민지들의 독립을 위한 무장 운동을 강력하게 반대했다. 그는 이렇게 말했다. "나는 의회에 대표자를 보낸 적이 없고, 나는 세금을 내

〉〉〉 차 대신 커피?

보스턴차사건으로 미국인들이 커피를 즐겨 마시는 습관을 갖게 되었다는 말은 부분적으로만 맞는 말이다. 식민지에서는 1607년 잉글랜드에 처음 소개된 커피보다는 차를 즐겨 마셨다. 1790년 무렵에는 커피 수입량이 차 수입의 3배, 10년 뒤에는 10배로 늘어났다. 1909년에는 전 세계 커피 소비량의 40퍼센트를 차지했다. 이것은 미국인들의 애국심보다는 삼각무역으로 커피 가격이 하락한 데 따른 결과였고, 커피가 정신을 맑게 하고 성적 충동을 억제하는 수단으로 간주한 청교도적 이데올로기 덕분이었다.

고 있지만 나는 노예가 아니다. …그렇다면 누가 노예인가? …짐에 눌려 허덕이고 있는 흑인을 보라. …여러분과 나, 그리고 평범한 영국인들은 원하는 곳을 갈 수 있고 노동의 결실을 즐긴다. 이것이 자유이다. 흑인은 그렇지 않다. 이것이 바로 노예 신세이다."

영국 성공회 신자들은 물론 평화를 주장하던 아미시교도, 메노나이트, 퀘이커교도 역시 식민지 주민들의 독립전쟁을 지지하지 않았다. 덕분에 그들은 강경파들로부터 상당한 봉변을 겪어야 했다. 독립전쟁에 참여한 사람들은 반대자들에게 타르를 끼얹고 새털을 뿌려서 모독했다. 상당수의 반대자가 재산을 모두 잃고, 심지어 목숨까지 잃은 사람들까지 생겨났다. 나머지 대부분의 사람들은 독립전쟁을 적극 지지했다. 침례교회가 특히 그랬다. 침례교회들마다 설교단이 독립전쟁을 부추기는 정치 강연대로 바뀐 것 같았다.

당시 목사들이 강단에서 애국심을 고취하는 설교를 했지만 경우에 따라서는 전통적인 신앙과는 거리가 멀었다. 특히 미국 건국 아버지들이 따르던 신앙은 이신론적이었다. 조지 워싱턴은 기독교 신자였지만 토머스 제퍼슨은 그리스도 예수의 기적을 "천박한 무지… 그리고 거짓"으로 폄하했다. 벤저민 프랭클린은 이런 말을 남겼다. "나는 예수의 신성을 완전히 믿을 수 없다. …그리고 그것 때문에 굳이 부산을 떨 생각도 없다." 그들이 주축이 되어 작성한 독립선언서도 '자연의 하나님'이라는 표현을 사용했다. 이것은 기독교의 하나님이 아니라 이신론자의 하나님을 가리키는 게 분명했다.

이신론자들과 그리스도인들은 한 가지 문제, 즉 종교적 신앙이 개인의 문제라는 것에 대해서는 의견이 서로 일치했다. 따라서 신세계에서 막 새롭게 출발하려는 이 신흥국가는 권리장전 제3항에 이런 구절

벤저민 프랭클린

을 삽입했다. "의회는 지배적인 종교를 존중하거나 아니면 종교를 자유롭게 믿을 수 있는 것을 금하는 법을 제정하지 않을 것이다." 마침내 로저 윌리엄스의 꿈이 실현되었다. 정부는 그 어떤 종교적 신앙과도 더 이상 연대하지 않기로 결의한 것이었다.

✱ 혁명의 열기 속으로

아메리카의 혁명은 유럽 사회에 상당한 영향을 미쳤다. 구질서에 만족하지 못하는 유럽인들은 아메리카 정착민들의 사례를 면밀하게 연구했다. 합리적으로, 그러면서도 강력하게 자신의 권리를 주장한 식민지인들의 모습을 유럽인들은 계몽주의의 실체로 받아들였다. 프랑스 지역의 반응은 한층 더 뜨거웠다. 당시 유럽에서 인구 밀도가 제일 높았던 프랑스는 정치적으로나 재정적으로 이미 감당할 수 없는 한계에 도달해 있었다.

프랑스 정부는 유럽의 은행가들에게 상당한 금액을 빚졌으면서도 실제 규모를 은폐했다. 전체 2,500만 명의 국민들 가운데 20만 명에 불과한 귀족들과 성직자들이 국토의 거의 절반을 소유했을 뿐만 아니라 정부의 각종 요직들을 모두 꿰차고 있었다. 전체 인구의 8할을 차지하고 있는 소작농들은 교회와 국가에 바쳐야 하는 무거운 세금 때문에 등이 휠 지경이었다. 중간계층은 책임질 필요가 없는 부, 권위를 행사할 수 없는 지성, 그리고 인정받지 못하는 능력을 소유하고 있었다. 하지만 변화가 시간문제라고 생각하는 사람들은 드물었다.

루이 16세는 상황을 수습하려고 1789년에 성직자, 귀족, 평민으로 구성되는 삼부회의(Etats-Generaux)를 소집했다. 175년 만에 개최된

〉〉〉 독립전쟁 때문에

아메리카 식민지들이 영국을 상대로 독립전쟁을 벌일 때, 그리고 전쟁에서 승리하고 난 이후로 영국 성공회(Anglican Church)는 상당히 곤혹스러운 처지에 놓이게 되었다. 영국이나 식민지 가운데 어느 쪽을 선택하더라도 밖에서 비난이 쏟아질 게 분명했기 때문이다. 그렇게 해서 북아메리카에 있는 영국 국교회는 1780년에 성직자와 평신도 합동회의를 개최하고서 기존의 교단 이름을 영국 성공회에서 주교의 지도를 받는 것을 강조한 '개신교성공회' (Protestant Episcopal Church)로 바꾸지 않을 수 없었다.

삼부회의는 각 신분의 이익과 관련된 갈등으로 본래 의도와 달리 제대로 운영되지 못했다. 제3신분에 해당하는 시민과 농민의 불만이 고조되다가 같은 해 7월 14일, 분노한 일부 항의자들이 바스티유 감옥을 습격했다. 바스티유에는 7명의 죄수와 110명의 수비대가 있었다. 알려진 것과 달리 바스티유를 공격한 목적은 죄수들의 석방이 아니라 무기를 탈취하기 위함이었다. 이후로 국왕은 임무를 수행하지 못했고, 권력은 시민의 손에 넘어갔다. 모든 조세특권과 영주의 재판권이 폐지되고 의회는 '인권선언'(인간과 시민의 권리선언)을 의결했다.

루이 16세는 1793년 1월 21일 처형되었다. 국왕은 단두대에 머리를 밀어 넣기에 앞서 군중에게 마지막 말을 남겼다. "짐의 피가 그대들의 행복을 확고히 할 수 있도록 나는 죄 없이 죽노라!" 귀족들 역시 줄지어 재판을 받고서 단두대에서 처형되었다. 이제 프랑스는 특정 왕조의 사유물이 아니라 민중이 주권을 행사하는 국가가 되었다. 세기가 바뀌기 전까지 프랑스는 대혼란에 휩싸였다. 프랑스혁명의 영향이 전해지는 게 두려운 오스트리아나 프로이센을 상대로 전쟁을 치러야 했다. 우여곡절 끝에 프랑스는 마침내 왕정을 폐지하고 공화정을 수립했다. 하지만 10년간 지속된 혼란이 제대로 수습되지 않자 그 틈을 노려 쿠데타에 성공한 보나파르트 나폴레옹(Napoleon Bonaparte, 1769-1821)이 권력을 잡고서 제정시대를 열었다.

프랑스에서 로마 가톨릭교회는 구질서의 또 다른 이름에 지나지 않았고 혁명군의 타도 대상이었다. 가톨릭교회는 세금을 면제받았을 뿐만 아니라 농민이 벌어들이는 수입 가운데 따로 십일조를 징수해서 수입을 불려나갔다. 교회는 자체 경비와 교육기관의 운영비용을 부담했지만 실제로 일선에서 실무를 담당하면서 땀을 흘리는 사람은 얼마 되

472 A History of Christianity
거침없이 빠져드는 기독교 역사

지 않는 보수를 받고 뛰어다니는 교구의 사제들이었다. 반면에 주교나 궁정에 거주하는 성직자들은 막대한 수입을 올리면서 세속적인 사치와 향락을 일삼았다.

권력을 장악한 국민의회는 계몽주의의 정신에 따라서 교회의 개혁을 단행했다. 성직자들에게 적정한 수준의 수입을 지불하고 교구의 경계를 합리적으로 다시 구획했다. 그러고는 교황의 지배권을 철저히 배제한 채 교회의 운영자들에게 충성 서약을 하도록 요구했다. 혁명 지도부는 4만 명 이상의 사제들을 국외로 추방했지만 이후에 전개된 상황을 감안하면 그것은 전주에 지나지 않았다. 볼테르를 비롯한 지도부는 프랑스에서 가톨릭교회의 흔적을 제거하고 이성을 신앙의 자리에 올려놓았다. 비기독교화 프로그램이 전국적으로 진행되었다. 기독교에 대한 이런 부정적인 태도는 1794년까지 지속되다가 종교의 자유가 인정되면서 겨우 제자리를 찾았지만 신앙은 예전처럼 권력의 자리에 두 번 다시 오르지 못했다.

Section 11

낙관과
의심의 시대

* * * * *

혁명의 시대가 초래한 혼란과 분열, 그에 따른 이상과 현실의 괴리, 그리고 국제질서의 파괴는 사람들에게 진정한 평안을 갈망하게 하였다. 19세기 초반을 넘어서면서 걱정스러운 상황은 점차 개선되었고 사회는 진보의 시대에 진입했다. 자유주의의 이념이 옛 질서와 제도를 대신하고 근대의 법치 국가에 필수적인 제도적 장치들이 속속 마련되기 시작했다. 영국의 산업혁명과 프랑스 혁명을 거치면서 근대 사회의 주축을 형성하는 중산층이 급속히 성장했다. 기술 혁신이 이루어지고 자연과학이 발전하면서 낙관주의 역시 자리를 잡게 되었다.

유럽은 워털루전투가 끝난 1815년 이후부터 20세기 초반까지 대규모 전쟁을 겪지 않았다. 상품이 대량으로 생산되기 시작하면서 사람들은 이전에 비해 낮은 가격으로 시장에서 원하는 물건을 구입할 수 있었다. 기차와 증기선 덕분에 먼 거리를 여행하는 데 어려움을 겪지 않았다. 발전한 농업 기술 덕분에 기아 문제 역시 어느 정도 해결되었고, 의학의 발달은 오랜 질병의 공포로부터 벗어나게 해주었다. 이렇게 본다면 근대에 낙관론이 부상한 것도 당연한 수순이라고 할 수 있다.

역사의 진행 과정이 늘 그랬듯이 진보는 대가 없이 찾아오지 않았다. 소설가 찰스 디킨스(Charles Dickens, 1812-1870)의 평가처럼 19세기는 "최고의 시대이며 동시에 최악의 시대였다." 사람들은 생산된 상품으로 간주되었고 산업혁명의 성과는 대부분 소수에 불과한 특권층의 몫으로 돌아갔다. 산업혁명이 진행되었지만 그것을 떠받치는 기층민들은 변함없이 열악한 환경에서 절망하지 않을 수 없었다. 그럼에도 불구하고 전반적으로 당시 사람들은 자신들이 노력하는 만큼 열악한 상황이 개선될 수 있다고 생각했다.

기독교 역시 대체로 동일한 낙관적 기대를 공유했다. 기독교 신학은 낙관적 정서를 기반으로 전에 없던 사상을 쏟아냈다. 새로운 신학은 성서나 교회와 관련된 교리보다는 개인의 권리를 강조하는 쪽으로 흘러갔다. 선교는 18, 19세기의 정치 상황을 그대로 반영했다. 개신교와의 종교전쟁이 끝나자 가톨릭의 해외선교는 약세로 돌아섰다. 1773년, 교황이 예수회의 해산 칙서에 서명하면서 라틴아메리카와 아시아 선교는 바닥을 헤맸다. 영국과 네덜란드 개신교인들이 그 자리를 대신했다. 노예무역 폐지에 헌신한 윌버포스(William Wilberforce, 1759-1833)나 존 뉴턴(John Newton, 1725-1807) 같은 양심적인 이들의 노력으로 영국제국 전역에서 노예제도와 무역이 폐지되자 아프리카 선교가 한층 더 탄력을 받았다. 낙관주의가 대세였으나 그것을 불편하게 생각하는 이들도 없지 않았다.

[근대 신학의 발생]

계몽주의자들이 종교개혁의 주도 세력을 대체하자 기독교는 영향력을 급격히 상실했다. 이성이 신앙을 압도하는 것으로 간주하는 상황에서 지식인들은 성서와 교리를 중시하는 정통주의를 노골적으로 경멸했다. 프랑스와 독일에서 형성된 관념론은 비교적 온건했지만 영국의 경험론은 기독교의 전통적인 교훈을 적극 공격했다. 인간의 지식은 경험과 무관하게 이성의 능력에 의해서 형성될 수 있다고 주장한 합리론은 도덕과 신앙을 기독교의 역사적 토대와 분리했고, 경험 이전에 확실한 지식이 존재한다는 주장을 비판하면서 출발한 경험론은 기독교의 초자연적 요소를 미신으로 간주하게 만들어버렸다. 이런 비판적 흐름은 이후에도 변함이 없었지만 칸트와 슐라이어마허라는 탁월한 학자들의 주도로 거기에 대응하는 신학이 등장했다.

✽ 칸트와 이성 비판

동 프로이센을 벗어나는 여행을 해본 적이 없었고, 대부분 쾨니히스베르크(지금의 칼리닌그라드)에서 생활한 임마누엘 칸트(Immanuel Kant, 1724-1804)였으나 저서는 이미 생존 당시부터 유럽에 강력한 영향을 미쳤다. 마구사(馬具師)의 아들로 태어난 칸트는 한쪽으로 어깨가 기울어 누구든지 건강을 염려할 정도였다. 칸트는 약한 체력을 규칙적인 생활로 극복해서 나이가 들어서도 원하는 연구와 집필을 계속했다. 특히 칸트의 산책은 지역 사람들 사이에서 유명했다. 유럽 남서부 에스파냐에서 제작된 지팡이를 든 채 보리수가 줄지어 늘어선 '철학자의 길'을 걷는 모습을 보면 교회 종소리가 없어도 시간을 가늠할 정도였다. 칸트는 평생 두 차례, 절친한 루소의 「에밀」(Emile, 1762)이 우편으로 도착했을 때, 그리고 프랑스혁명을 알리는 신문이 배달된 때를 제외하고는 산책을 거르지 않았다.

칸트는 대학을 끝마치고서 생계를 위해 9년간 가정교사(Hof-meister)를 하다가 1755년에 다시 쾨니히스베르크대학으로 돌아와서 수강료가 수입의 전부인 사강사의 신분으로 강의를 맡았다. 칸트는 철학 이외에도 수학, 물리학, 지질학, 자연법 등을 강의해야 했는데, 한 주에 무려 20시간 이상을 강의해야 했다. 칸트의 강의는 학생들 사이에서 늘 인기가 높아서 강의실에 들어가려면 새벽 일찍부터 미리 줄을 서야 할 정도였다. 칸트에게 큰 영향을 받은 헤르더(Johann Gottfried Herder, 1744-1803)는 이렇게 그의 강의를 회상했다.

가장 빛나는 시절에 칸트는 젊은이의 쾌활함을 지녔고, 아마 나이를 가장 많이 먹었을 때도 그것을 간직했을 것이다. …넓은 이마는 어찌할 수 없는 쾌활함과 즐거움이 자리 잡은 장소이기도 했다. 극히 정서적으로 풍성한 말들이 그의 입으로부터 흘러나왔다. 농담과 재치와 유쾌한 기분이 그의 것이었고, 그래서 강의는 아주 재미있는 상호교류였다. …그의 모습이 지금도 기분 좋은 모습으로 눈앞에 떠오른다.

칸트는 정교수로 임용된 지 10년이 지난 1781년에 「순수이성비판」(Kritik der reinen Vernunft)을, 그리고 계속해서 「실천이성비판」(Kritik der praktischen Vernunft, 1788)과 「판단력비판」(Kritik der Urteilskraft, 1790)이라는 3대 비판서를 출판했다. 「순수이성 비판」

임마누엘 칸트

의 내용을 간단하게 정리하면 이렇다. 인간 이성은 공간과 시간에 속한 것은 무엇이든 파악할 수 있다. 하지만 공간과 시간을 넘어서면(예지계) 이성은 더 이상 쓸모가 없다. 칸트가 보기에 인간의 이성은 눈에 보이는 현실을 뛰어넘어 이면까지 도달할 수 없고, 그 토대 역시 확인이 불가능하다. 현실은 인간에게 있는 그대로의 모습으로 나타나지 않는다. 인간의 인식 능력의 특수한 방식에 따라서 드러나게 된다. 인간은 사물 자체(物自體, Ding an sich)를 파악하는 게 아니라 오직 그것이 우리에게 비쳐지는 모습대로만 파악할 수 있을 따름이다. 하나님과 자유, 죽음 같은 형이상학적 문제들이 해결되지 않는 것도 바로 그 때문이다.

우리가 신앙과 관련된 형이상학적 문제를 거론할 수 없다면 종교를 위한 입지는 어디에서 찾을 수 있을까? 사실 칸트 철학에서는 인간의 지식으로 하나님을 논증하는 것은 독단론에 불과하다. 지식은 현상계의 사물만 설명할 수 있을 뿐 하나님의 존재 여부를 증명하지 못한다. 예지계를 거론하는 것은 사이비 지식이 속일 수 있는 시대에 가능했다. 이런 칸트의 주장을 따르면 기독교가 전통적으로 고수해온 하나님에 관한 논의나 교훈은 존립이 어렵다. 종교를 비판에 부친 뒤에 칸트는 하나님의 존재를 형이상학이 아니라 도덕적 차원에서 접근한다. 이론(순수)이성이 아니라 실천이성으로 해결하는 것이다. 도덕적 행위를 하는 사람은 이미 하나님이라는 관념을 믿고 있다고 보아야 한다. 인간 사회의 도덕적 질서를 유지하고 도덕적 행위를 하려면 정의로운 하나님의 존재를 요청하지 않을 수 없기 때문이다. 이렇게 칸트에 의해서 신앙과 이성은 분리되었고 종교는 윤리의 부속물로 전락했다. 기독교는 '이성의 한계 안에서의 종교'일 뿐이었다.

그렇다면 하나님 없는 도덕은 어떻게 가능하다는 것일까? 칸트의 윤리적 세계는 이원적이다. 먼저, 한쪽에는 경험적인 감각 세계가 있다. 감성과 열정, 관심과 경향, 그리고 희망과 분노를 지닌 개인들이 속한 세계이다. 또 다른 쪽에는 순수한 선의지의 주관이 있는데 이것은 자율적 이성 안에 바탕을 두고 있다. 도덕적 행위와 욕구 능력을 지닌 이성적 인간은 이 두 세계 사이에 처한 모순적 존재이다. 그래서 인간은 자연적 경향과 이성적 도덕성 사이에서 빚어지는 모순을 겪는다. 모순적 존재로 하여금 도덕적 행위를 가능하게 하는 것은 자연이나 국가, 또는 성스러운 규정이 아니다. 해답은 칸트가 주장하는 계몽주의에 있다. 18세기의 전형적인 계몽주의자 칸트는 말한다. "자신의 지성을 사용할 용기를 가져라(Sapere aude)." 도덕적 행위의 원동력은 인간의 자유로운 의지일 뿐 다른 그 무엇도 아니다.

이성적으로 사고해도 도덕적 행위를 하려는 순간 도덕법칙과 상반된 압박을 받을 수 있다. 그럴 경우에 우리는 어떻게 해야 할까? 이때 필요한 게 명령(imperative)이다. 칸트가 말하는 명령을 달리 표현하면 양심의 소리라고 할 수 있다. 이 명령은 다음 두 가지로 또다시 구분된다. 보편타당하지만 조건이 붙으면 가언(假言, hypothetical)명령, 보편적이고 무제한적으로 타당성을 가지면 정언(定言, categorical)명령에 해당한다. 정언명령은 인간 행위가 그 자체로 선할 때, 그러니까 어느 목적과 무관하게 객관적으로 필연적인 경우에 자신이 처한 조건과 상관없이 무조건 따라야 하는 것을 의미한다. 칸트는 이렇게 말했다. "마치 너의 행위의 준칙이 너의 의지에 의해서 보편적 자연법칙이 되어야 하는 것처럼 그렇게 행위하라."

칸트는 인류의 역사를 구속사로 간주하는 기독교 역사관을 거부하면서도 유신론적 입장을 포기하지 않았다. 인간이 형이상학적 사고로는 하나님을 알 수 없지만 인간이 저마다 하나님을 사고하는 것은 충분히 가능하다고 보았다. 그 증거가 바로 양심이다. 하나님은 양심을 통해서 명령하고 인간은 거기에 복종해서 보상받는다. 원죄 교리를 인정하지 않은 칸트는 인간을 지배하려는 선과 악의 두 가지 원리가 벌이는 투쟁을 죄로 규정했다. 죄 문제의 해결을 위해서는 점진적 변화로는 불가능하고, 인간 의지를 선의 방향으로 돌려놓는 순간적 회심이 요구된다는고 생각했다. 예수는 그리스도라기보다는 모범적 존재라서 초자연적 요소나 역사적 요소를 배제해야 하고, 성서는 이성의 가르침과 일관되게 해석해야 한다는 게 칸트의 입장이었다.

칸트는 나중에 자신의 윤리 형이상학을 개인의 수준에서 국가로까지 확대했다. 일개 국가 역시 약하든 강하든 하나의 인격체로 파악하려고 했던 칸트는 1795년에 폴란드를 분할 합병한 프로이센의 부당한 세력행사에 비판적이었다. 그런 내용을 담아서 같은 해에 「영원한 평화」(Zum ewigen Frieden,1795)를 서둘러 출판했다. 칸트가 제시한 원칙은 단순하면서 명확했다. "어떠한 국가도 다른 국가의 체제와 통치에 폭력으로 간섭해서는 안 된다."

영원한 평화를 최고의 정치적 선으로 규정한 이 책은 제1차 세계대전 이후에 창설된 국제연맹(League of Nations)의 토대가 되었고, 미국의 윌슨(T. W. Wilson, 1856-1924) 대통령이 그 내용을 재천명해서 열강에 병탄된 식민지 국가들이 독립국의 지위를 회복할 수 있었다. 일본에 합병된 우리나라에도 영향을 미쳐서 1919년 3월 1일에 시작된 대한독립만세운동을 비롯한 독립운동이 활기를 얻었다. 안중근 의사가 감옥에서 미처 완성하지 못했던 유고 「동양평화론」 역시 칸트의 「영원한 평화」의 영향에서 비롯되었다.

✳ 근대 신학의 아버지, 슐라이어마허

칸트의 「순수이성 비판」이 출판된 뒤에 또 다른 강력한 사상가가 등장했다. 나중에 근대 신학 또는 자유주의신학의 아버지라고 불리게 될 프리드리히 슐라이어마허(Friedrich Schleiermacher, 1768-1834)였다. 슐라이어마허는 칸트로부터 영향을 받았으면서도 줄곧 극복하려고 노력했고, 덕분에 근대 신학이 새롭게 출발할 수 있었다. 칸트가 무엇보다 이성(reason)을 중시한 데 비해서 개혁교회 출신으로 모라비안 헤른후트 공동체와 할레대

프리드리히 슐라이어마허

학 경건주의 신앙을 수렴한 슐라이어마허는 감정(Gefuel, feeling)을 강조했다.

슐라이어마허에게 영향을 미친 사상들로는 플라톤과 스피노자의 철학, 그리고 낭만주의(Romanticism)가 대표적이다. 슐라이어마허는 특히 낭만주의로부터 감각의 소재와 본능이라는 두 가지 개념을 수용했다. 감각의 소재는 개인의 본성으로써, 이 본성의 움직임은 환상적(마술적)인 것에서 나타나고 감각의 본능은 무한하다는 게 낭만주의자들의 주장이었다.

18세기 후반 이른바 유럽 사회 교양인들은 종교에 대해서 비판적인 태도를 취하는 것을 당연하게 간주했다. 그들은 종교가 죽어버린 정통주의에 지나지 않을 뿐더러 개인의 자유를 억압하고 진정한 인간성으로부터 소외시킨다고 주장했다. 슐라이어마허는 '종교를 경멸하는 교

양인들'에게 진정한 종교는 하나님에 관한 교리에 복종하는 것과는 구별되는, 살아 있는 하나님과의 즉각적인 관계라고 역설했다.

슐라이어마허에게 있어서 기독교 신앙의 핵심은 예수의 부활과 같은 역사적 사건이 아니다. 오히려 하나님에 대한 개인의 의존에 대한 인식, 그러니까 절대 의존 감정이다. 이런 인식은 개인으로 하여금 예수의 선한 행동을 본받도록 인도한다. 이성과 양심은 과학과 도덕성을 유발하지만, 종교 감정은 종교를 낳는다고 생각했다. 그는 「종교론」 (Ueber die Religion: Reden an die Gebildeten unter ihren Veraechtern, 1799)에서 종교와 감정의 상관관계를 이렇게 설명했다.

> 종교는 죽음에 대한 공포, 혹은 신에 대한 두려움에서 비롯된 게 아니다. 종교는 보다 깊숙한 인간의 요구에 응답한다. 종교는 형이상학도, 도덕체계도 아니다. 종교는 그 모두를 뛰어넘는 본질적 직관이며 감정이다. 교리는 정확히 말해서 종교의 일부가 아니라 종교로부터 파생된 것이다. 종교는 무한한 존재와 직접적으로 관계를 맺게 하는 기적이고, 교리는 그 기적을 반영한다. …인간은 하나님 없이도 종교를 가질 수 있고, 이 경우에 종교는 전 우주에 관한 순전한 명상이라 할 수 있다.

그렇다면 슐라이어마허는 예수 그리스도를 어떻게 이해했을까? 슐라이어마허는 성육신 교리를 배격했다. 예수가 애초에 절대적으로 강력한 '신의식'(God-consciousness)을 소유한 것을 제외하면 다른 인간과 다를 바 없다는 것이다. 예수는 절대적 능력인 신의식이 어디서 비롯되었는지 구체적으로 밝히지 않았지만 이 신의식 덕분에 죄와 무관했다는 게 슐라이어마허의 생각이다. 점진적으로 완성된 신의식을 통해 자의식을 매순간 지배하고 결단하게 해서 신적 존재가 되었다는 것이다. "그(예수)의 신성에 대한 진정한 계시는 공동체를 건설한 그의 활동과 같고, 고립된 순간이 아니라 전 생애의 과정이다." 예수는 우리들과 같은 수준에서 출발해서 완전한 신의식을 성취했으니 하나님으로 떠받드는 것은 잘못이라고 슐라이어마허는 주장했다.

　슐라이어마허의 추종자들 역시 기적이나 성육신, 삼위일체의 교리를 인정하지 않았다. 모두가 인간 이성을 무력하게 만든다고 평가했다. 이런 주장에 대해서 나치스에 의해 교수직을 박탈당하고 미국으로 망명한 폴 틸리히(Paul Johannes Tillich, 1886–1965)는 단일신론의 한 형태에 불과하다고 비판했다. 삼위일체론을 너무 간단히 포기했다는 것이다. "자기 밖으로 나가고, 다시 자기 자신으로 돌아오는 신적인 것의 운동─이것은, 만일 우리가 살아 있는 하나님에 관해서 말할 경우에는 결정적인 게 된다. 그런데 슐라이어마허는 이 가능성을 활용하지 않았다." 슐라이어마허처럼 초자연적인 것들에 대한 지속적인 의심은 초기 교회는 물론, 그 이후에도 예수를 제대로 파악하지 못했다는 주장으로 이어지게 되었고, 그렇게 해서 역사적 예수가 신앙의 그리스도와 분리되기 시작했다.

✱ 역사적 예수와 신앙의 그리스도

신학에 대한 슐라이어마허의 새로운 시각은 성서에 대한 기존의 비평 작업에 한층 더 활기를 불어넣었다. 일각에서는 성서에 관한 비평이라면 가리지 않고 모두 부정적으로 것으로 간주하기도 한다. 그리스도인들에게 있어서 신앙의 절대적 기준이면서 동시에 지침이 되는 성서를 조각조각 쪼개서 해체하려고 한다는 게 이유로 거론된다. 물론 역사적으로 볼 때 성서비평이라는 방법을 빌어서 성서에 부여된 신적 권위나 예수 그리스도에 관한 기독교의 핵심적 교훈을 훼손하려고 시도했던 사례들이 없지 않았다. 하지만 기존의 성서비평 작업을 전체적으로 파악해보면 반기독교적인 태도보다는 성서에 담긴 진정한 의미가 무엇인지 확인하려는 의도로써 그런 방법을 활용하는 경우가 적지 않았다.

성서의 역사적 배경과 문학 양식, 그리고 자료나 편집과정의 이해를 시도하는 성서비평은 크게 하등비평과 고등비평으로 구분할 수 있다. 하등비평(lower criticism)은 지금까지 발견된 성서의 여러 다양한 사본들 가운데 원본에 가까운 것은 무엇이고, 확보된 사본들의 연대는 어떻게 결정할 수 있는지에 대해서 일차적으로 관심을 갖고 있다. 그에 비해서 고등비평(higher criticism)은 원본에 가까운 정확성을 확인하는 것보다는 성서 구절이나 성서에 등장하는 사건들이 무슨 의미를 갖고 있는지에 집중한다. 그러다 보니 대체로 성서의 저자와 기록 연대를 밝히는 것을 주요 연구과제로 삼았다. 저자와 집필 시대가 정확하게 결정되면 본문의 내용이 전달하는 의미 역시 달라질 수밖에 없기 때문이다.

슐라이어마허의 영향을 받은 비평학자들은 성서의 저자들이 활용한 자료들을 재구성하려고 시도했다. 그 과정에서 성서의 역사성이 의심을 받았다. 결국 성서비평학자들은 칸트나 슐라이어마허의 사상에 담겨 있는 기본적인 주장을 반복했다. 그들은 신앙이 역사적 사실보다 사람들의 정서와 직접 관련된 것이라고 한다면, 성서는 사실에 대한 기록이라기보다는 고대인들의 하나님에 관한 감정을 문자로 남긴 것에 불과할지 모른다고 생각했다. 그렇게 본다면 복음서 저자들의 기록과 예수의 실제 발언은 분명히 서로 다를 것이라고 확신했다.

그리고 일부는 거기서 한 걸음 더 나아갔다. 복음서 저자들은 실제로 살과 피를 가진 1세기 역사적 인물로서의 예수가 아니라 예수에 관한 일화가 초창기 그리스도인들의 삶을 어떻게 변화시켰는지에 초점을 맞추어서 기록했다고 과감하게 주장했다. 그들의 주장에 따르면 갈릴리 나사렛 출신의 예수가 일으킨 기적은 역사적 사실이 아니라 전설에 불과하고, 예수가 십자가에서 맞이한 죽음은 인류 전체의 대속을 위한 희생이라기보다는 일종의 모범으로 해석해야 했다. 게다가 부활절에 되살아난 것은 예수 자신이 아니라 선생 예수에 대한 제자들의 사랑이었다는 게 그들이 제시한 해석이었다.

성서의 전체 내용 가운데 오직 신적 사랑과 사회적 변혁을 언급한 예수의 교훈에만 집중하던 고등비평은 한동안 유럽에서 맹위를 떨치다가 20세기 초반에 시작된 신학적 변화와 더불어서 본격적으로 퇴조했다. 신진 학자들을 중심으로 새롭게 형성된 신학은 예수 그리스도에 대한 신앙고백을 전제로 집필된 성서를 가지고서 역사적 예수(Historical Jesus)와 신앙의 그리스도(Christ of Faith, 또는 케리그마적 그리스도)를 따로 구분한다고 해서 별다른 의미를 확인할 수 없다고 주장했다. 덕분에 성서비평은 더욱 가파르게 몰락했다.

1985년에는 로버트 펑크(Robert Funk, 1926-2005)와 수도사 존 크로산(John Crossan, 1934-)을 비롯한 진보 진영의 학자들 200여 명이 북미 지역을 중심으로 '예수세미나'(Jesus Seminar)라는 이름의 연구모임을 발족했다. 예수세미나에 참여하는 학자들은 19세기에 슈트라우스(David Friedrich Strauss, 1808-1874)가 연구를 시작하고, 20세기 초반 슈바이처(Albert Schweitzer, 1875-1965)가 주도한 바 있는 역사적 예수에 관한 연구를 활발하게 진행하고 있다. 사실 역사적 예수에 관한 연구는 슈바이처와 루돌프 불트만(Rudolf Bultmann, 1884-1976)을 거치면서 더 이상 불가능한 것으로 판정되었다는 게 기존 신약학계의 평가였다.

불트만은 역사적 예수를 탐구하는 작업은 방법이나 신앙의 차원에서 불가할뿐더러 무익하다고 주장했다. 여기서 방법론적으로 불가하다는 것은 연구를 진행할 자료를 확보할 길이 도무지 없다는 뜻이다. 불트만은 공관복음서의 문학양식을 분석하면 역사적 예수가 아니라 초기 교회가 만들어낸 자료만 드러난다고 주장했다. 알 수 있는 것이라고는 고작 예수가 태어나서 죽었고 부활했다는 사실뿐이니 그것들과 사도들의 개별적 체험만으로는 역사적 예수를 파악할 수 없다는 게 불트만의 판단이었다. 계속해서 신앙의 차원에서 무익하다는 주장은 그리스도에 대한 신앙의 근거를 역사적 사실에서 확인하려는 태도 자체를 문제삼은 것이었다. 역사적 예수 연구를 통해서 어떤 결과가 도출되더라도 그것과 신앙의 입증은 서로 무관하다는 게 불트만의 생각이었다.

케제만(Ernst Kaesemann, 1906-1998) 같은 학자들은 그래도 역사적 예수를 포기할 수 없다고 주장하면서 연구의 불씨를 되살리려고 안간힘을 썼다. 케제만은 1953년 '역사적 예수의 문제'(The Problem of the Historical Jesus)라는 강연에서 "우리는 교회를 우상숭배로부터 보호하기 위해서, 그리고 하나님과 예수에 관한 진리를 선포할 수 있기 위해서 역사적 예수를 연구해야만 한다"고 선언했다. "비록 예수의 일대기를 기술할 수 없다는 게 사실이라 해도 기독교 신앙을 역사적 뿌리에서 분리하려는 것은 주의해야 한다. 만일 이 둘을 분리한다면 예

로버트 펑크

수는 단지 하나의 암호일 뿐이며 십자가의 의미가 탈락된 일종의 도케티즘에 빠지고 만다.” 이스라엘 남부 쿰란 지역에서 발견된 사해사본에 관한 연구결과나 1세기 유대교에 관한 다양한 연구, 그리고 고고학적 발굴에 따른 성과들이 본격적으로 제기되면서 역사적 예수 연구는 새로운 국면에 들어섰다.

몬태나대학에서 은퇴하고 예수세미나 창립을 주도한 로버트 펑크는 연구모임을 이렇게 소개했다. "우리는 예수의 음성을 따라, 그가 진정으로 발언한 내용에 따라 단순하고 엄격하게 탐구할 것이다." 예수세미나는 300년까지의 문헌 가운데 예수의 발언으로 전해지는 1,500개의 자료를 검토하고 전체가 참여하는 투표를 진행했다. '확실하다'에서부터 '확실히 아니다'까지 빨강, 분홍, 회색, 검정 네 가지 색깔의 주사위로 구분된 투표결과를 합산해서 결정했다. 1993년에는 연구결과를 「다섯 개 복음서: 예수의 진정한 말씀을 찾아서」(The Five Gospels: The Search for the Authentic Words of Jesus)라는 제목으로 출판했다. 결과는 영지주의의 영향을 강하게 받은 도마복음서와 가상의 복음이라고 할 수 있는 Q복음에 가장 신뢰할 만한 예수의 어록이 담겨 있다는 것이었다. 다양한 비판들이 제기되었는데, 특히 편중된 예수세미나 구성원들과 투표기준, 그리고 학계의 평가를 거치지 않았다는 게 한계로 지적되었다.

[기독교와 사회 변혁]

1780년 7월, 로버트 레익스(Robert Raikes, 1735-1811)는 영국에서 공장노동자로 일하는 어린이들을 위해 최초로 주일학교를 시작했다. 당시 영국은 산업혁명이 한창 진행 중이라서 부족한 단순 노동력을 메우려고 어린이들까지 공장으로 내몰았다.

어린이들은 성인 노동자들과 함께 열악한 작업 조건에서 하루 16시간 정도를 공장이나 탄광 등지에서 일해야 했다. 심지어 5, 6세밖에 되지 않는 어린이들에게 굴뚝청소를 시킬 때도 있었다. 체격이 작은 어린이들이 굴뚝을 드나들 수 있었기 때문이었다. 알몸으로 화상과 낙상의 위험을 감수하고 굴뚝을 드나들어야 하는 이런 어린 노동자들에게 요즘 어린이들이 누리는 호사는 불가능했다. 기독교 국가라서 반드시 쉬도록 규정된 일요일이 돌아와도 어린이들은 거리를 휩쓸

로버트 레익스 ⓒWP

고 다니면서 성인들처럼 서로 싸움과 욕지기를 해대는 게 고작이었다.

글로스터 지방의 신문발행인이었던 레익스는 빈민가정의 자녀들을 대상으로 주일자선학교(Sunday charity school)를 시작했다. 기층민들의 도덕성을 개혁하려는 레익스의 신념이 반영된 시도였다. 직접 평신도 교사를 채용해서 어린이들에게 읽기를 비롯해서 찬송, 예배, 교리교육, 성서공부를 실시했다. 이런 교육은 일부 귀족을 중심으로 선행처럼 운영되던 자선학교에서 이미 부분적으로 진행되고 있었으나 본격적으로 추진한 것은 레익스가 처음이었다.

초반에는 안식일 정신에 위배된다고 해서 어려움을 겪었지만 1800년대에는 주일학교라는 개념이 영국 전역으로 퍼져나갔다. 레익스는 주일학교의 성과를 이렇게 소개했다. "주일학교가 설립됨으로써… 그들(어린이들)은 과거의 무지한 노예들이 아니다. 그뿐만 아니라 그들은 더욱 유순하고 순종적이 되었고, 다툼을 좋아하거나 원한에 사로잡히

지 않게 되었다." 영국의 주일학교는 나중에 신대륙 미국으로 건너가서 꽃을 피웠다.

* 빨강 자선냄비와 부스

노동자나 빈민 같은 사회적 약자들에게 관심을 보인 것은 로버트 레익스만이 아니었다. 미국에서는 회중교회 목사이면서 사회복음운동의 지도자였던 찰스 쉘던(Charles Sheldon, 1857-1946) 역시 1896년에 출판한 「그의 발걸음」(In His Steps, 우리나라에서는 「예수님이라면 어떻게 하실까」로 번역)을 통해 그리스도인들에게 사회적 봉사를 실천하고 신앙을 증명하도록 촉구했다.

영국에서는 동갑내기 부부 윌리엄 부스(William Booth, 1829-1912)와 캐서린 부스(Catherine Booth, 1829-1890)가 1865년 런던에서 구세군을 조직했다. 초대 사령관 윌리엄은 비전을 이렇게 정의했다. "하나님의 빛을 받지 못하는 어두운 영혼이 하나라도 있는 한 나는 싸울 것이다." 이런 결심을 하게 된 데는 나름 까닭이 있었다. 프레드릭 비크너(Frederick Buechner, 1926-)는 그것을 이렇게 소개했다.

런던의 안락한 집에서 머물던 윌리엄 부스는 어느 날 밤 도무지 잠이 오지 않아서 가난한 사람들이 사는 곳을 돌아볼 생각을 하게 되었다. 그가 밤새도록 보고 맡았던 장면과 냄새는 이전에는 한 번도 경험하지 못한 것들이었다. 이른 아침에야 집으로 돌아온 그를 보자 부인 캐서린은 반쯤 정신을 놓았다. 그녀가 목소리를 높였다. "도대체 어디를 다녀온 거예요?" 그가 대답했다. "캐서린, 지옥에 다녀왔어! 지옥에 다녀왔다고!" 그러고 나서 자신이 목격한 것을 털어놓았고, 덕분에 둘은 함께 구세군을 창설하게 되었다.

굳이 윌리엄 부스의 표현을 빌지 않더라도 19세기 산업혁명기의 영국 노동자들의 삶은 무척이나 고단하고 비참했다. 노동자들은 대부분 날림으로 지은 공동주택이 아니면 부자들이 살다 버리고 간 낡은 집에 식구들과 함께 모여 살았다. 스피탈피드 지역에 있는 어느 주택에서는 모두 9개의 방에 수백 명의 사람들 어울려서 생활했다는 믿기 힘든 일화가 기록으로 남아 있을 정도였다. 집이 없는 노숙자들은 진흙탕에서 잠을 청해야 했고, 노동자 부모들 가운데는 일터에 가기 위해서 아기를 재우려고 아편을 먹이는 일까지 있었다.

영국 노팅험 출신 윌리엄 부스는 존 웨슬리가 주도하는 개혁파 소속 목사로 안수를 받고 순회전도자로 활동했다. 언젠가 윌리엄 부스는 이렇게 웨슬리를 평가했다. "나는 메소디스트라는 이름을 가진 모든 것을 존경한다. 나에게 하나님은 한 분이고 존 웨슬리는 그분의 선지자이다. 내가 필요로 한 판단 기준의 모든 것은 세상의 구원을 위한 그의 가르침의 정신과 그의 글을 충실히 이행하는 것이다." 사회개혁운동의 방향이 일치했기 때문이다. 존 웨슬리는 그리스도인의 사회적 책무를 강조했다. "기독교는 본질적으로 사회적인 종교이다. …기독교를 고독한 종교로 만드는 것은 기독교를 파괴하는 것이다. …너희는 세상의 빛이라. 산 위에 있는 동네가 숨기우지 못할 것이라. …빛을 숨길 수 없는 것처럼 사랑도 숨길 수 없는 것이다."

순회전도에 주력하던 윌리엄 부스는 교단이 한곳에 머물면서 목회에 전념하도록 요구하자 웨슬리의 감리교회와 결별하고 독자적인 길

William & Catherine Booth
The bold and fiery founders of
The Salvation Army, which marches
on today, 3 million strong

윌리엄 부스 부부

을 가기로 결정했다. 당시로써는 부스 부부가 구사하는 전도전략은 파
격적이었다. 두 사람은 장소를 가리지 않고 집회를 열고 전도에 힘썼
다. 서커스 공연장, 마을회관, 천막, 술집이 부스 부부의 전도와 집회
장소가 되었다. 그들이 사역의 목적으로 삼은 것은 일시적인 자선과는
거리가 멀었다. 한 사람이 직접 스스로의 문제를 해결할 수 있도록 정
신적, 사회적, 환경적 수렁에서 온전히 구원(Full Salvation)하는 것이

었다. 그래서 부스가 이끄는 구세군은 비누(Soap)로 닦아주고, 국(Soup)을 먹여주고, 그리고 구원(Salvation)에 도달하도록 영혼을 이끌어주었다.

사역 초반에는 상당한 어려움이 잇따랐다. 윌리엄 부스는 사역자들에게 일체감을 부여하려고 군대식 조직을 구성하고 제복을 입게 했는데, 이것을 기독교를 웃음거리로 만들려는 사탄의 소행으로 간주하는 이들이 있었다. 어느 때는 금주운동을 벌이던 구세군에게 앙심을 품은 양조업자들이 고용한 '해골단'의 습격을 받았다. 1882년에는 부녀자를 포함해서 642명의 구세군 사역자들이 폭행을 당하고 구세군 건물 60채가 심각한 피해를 입기도 했었지만 그래도 물러서지 않았다. 오히려 구세군은 밴드 음악과 빨간색 자선냄비를 앞세운 채 가난과 질병, 굶주림과 무지와 고질적인 사회악으로 고통 받는 이들에게 복음을 전했다.

부스는 빈민들에 대한 뜨거운 애정을 감추지 않았다. "지금과 같이 우는 여성이 있다면 나는 싸울 것입니다. 굶주린 어린이들이 거리에 있는 한, 술주정뱅이들이 있는 한, 거리에 가난한 소녀가 방황하고 있는 한, 하나님의 빛을 접하지 못한 영혼이 있는 한 나는 싸울 것입니다. 나는 끝까지 싸울 것입니다."

윌리엄 부스는 1912년 8월 20일, 83세의 나이로 세상을 떠났다. 부스는 마지막 순간까지 가난한 사람들을 위해 살려고 애썼다. 숨을 거두기 얼마 전, 식탁에 올라온 달걀을 보면서 말했다. "수많은 여인과 어린이들이 굶주리고 있는데 어떻게 나만 달걀을 먹을 수 있는가? 젖먹이 아기에게 먹일 우유가 없어 애쓰는 어머니들도 많은데, 어째서 내게 달걀을 가져다주는가?"

1904년에는 영국 국왕 에드워드 7세(Edward Ⅶ, 1841-1910)의 초청으로 버킹엄궁을 방문했다. 부스는 방문자들이 국왕을 알현하기에 앞서 기록해야 하는 방명록에 다음과 같은 글을 남겼다.

> 누군가의 야망은 예술에 있고
> 누군가의 야망은 명예에 있고
> 누군가의 야망은 물질에 있다.
> 나의 야망은 사람들에 있다.

✳ 설교의 왕 스펄전

윌리엄 부스가 순회전도와 적극적인 봉사활동으로 영국 사회를 개혁하려고 했다면, 찰스 스펄전(Charles Spurgeon, 1834-1892)은 런던이라는 대도시의 강단에서 탁월한 설교를 도구로 삼아 개혁을 촉구하고 대중의 변화를 이끌었다.

부친과 조부 모두 비국교회 목사로 사역한 가정에서 태어난 스펄전은 몇 년 간 지방에 있는 학교를 다녔지만 학위를 받지는 못했다. 독서에 관심이 많아서 「천로역정」(The Pilgrim's Progress)이나 「폭스의 순교사」(Foxe's Book of Martyrs, 1563) 등을 읽으면서 기독교 세계관을 형성했다. 스펄전은 16세 무렵, 아주 우연한 기회에 강단에 섰는데 청중의 반응이 상당히 좋았다. 덕분에 설교자로서의 재능을 깨닫고서 19세라는 나이에 작은 침례교회에서 본격적으로 목회를 시작했지만, 3개월 만에 설교를 금지당하고 말았다.

런던의 뉴파크스트리트침례교회로 자리를 옮기게 된 스펄전은 얼마 지나지 않아 사람들로부터 탁월한 설교 능력을 인정받게 되었다. 그

찰스 스펄전

리고 22세에는 당시 영국을 대표하는 최고 설교자가 되었다. 스펄전의
설교를 듣고 싶어 하는 예배 참석자들의 숫자가 계속해서 늘어갔다.
1854년에는 인원을 수용하지 못해서 옮겨간 교회마저 한계를 넘어서
는 바람에 큰 혼란이 빚어져서 일곱 명이 사망하는 소동까지 있었다.
결국 1861년에 6천석 규모의 메트로폴리탄태버너클로 교회를 옮긴 스
펄전은 세상을 떠날 때까지 영국 침례교회를 대표하는 그곳에서 설교

하는 한편, 침례교 목회자의 배출을 위해 태버너클교회 바로 옆에 설립한 신학교에서 목회자 후보생들을 교육했다.

한 주도 거르지 않고 출판된 스펄전의 설교집은 영국은 물론 대서양 건너편 미국에서까지 상당히 인기가 높았다. 그의 설교는 시적인 정교한 표현을 강조하던 당시 국교회 설교자들에 비해서 내용은 그렇게 특별하지 않다는 평가를 받았다. 그렇지만 단순하고 명료한 문장으로 사람들에게 정서적으로 호소하는 설교는 강력한 메시지를 효과적으로 전달하는 것으로 유명했다. 공식적으로 설교를 위한 교육을 받은 적이 없는 스펄전의 설교 방식은 조금도 꾸미지 않으면서 날카롭고, 강력하면서도 교리적이며, 경험적인 성격을 언제나 고수했다.

그렇다고 스펄전이 복음 설교에만 주력하지는 않았다. 기회가 있을 때마다 사회적으로 예민한 문제에 관해서 자기 소신을 거침없이 쏟아냈다. 이미 1833년 영국에서 폐지된 노예제도를 계속해서 고수하는 대서양 건너편의 신대륙 이민자들을 공개적으로 비난했다. 그뿐만 아니라 스펄전은 신학교 운영 이외에도 5백 명 규모의 고아원과 요양원을 설립했고 노동자들이 빈약한 임금과 노동환경에 불만을 품고 파업을 일으키자 그들 입장에 서서 적극적으로 옹호했다. 하지만 사회개혁이 도덕적 의무나 정의의 실천만으로 해결된다고는 생각하지 않았다. 스펄전이 보기에 진정한 사회 개혁은 건전한 신학이나 그리스도와의 개인적인 관계가 없으면 불가능했다.

언젠가 스펄전은 이렇게 설교했다. "고난을 겪는 사람들이 있습니다. 여러분은 그들을 위로해야 합니다. 무거운 짐을 진 사람들이 있습니다. 여러분은 그들에게 짐을 대신 지는 분을 가르쳐주어야 합니다." 이런 발언에는 목회자 자녀로 성장했던 어린 시절과 감리교회를 통해서 경험하게 된 회심, 그리고 침례교회의 목사이면서 청교도들의 신앙을 여전히 존중하던 태도가 그의 세계관에 복합적으로 영향을 미쳤다는 게 부분적으로 드러나 있다. 사회개혁에 관한 스펄전의 유연한 입장은 근본주의의 극단적 태도를 극복하려고 노력하던 20세기 중반의 신복음주의자들을 연상시켰다.

[낙관주의와 신앙운동]

19세기 초반까지만 하더라도 개신교의 선교활동은 로마 가톨릭과 비교할 경우에는 터무니없을 정도로 열악했다. 개신교인들은 선교가 세력 확산의 효과적인 도구가 될 수 있다는 사실을 제대로 의식하지 못했다. 이것은 16세기 이후로 종교개혁자들이 주로 교회의 내부 문제, 즉 30년전쟁(1618-1648)처럼 가톨릭과의 생존을 다투는 군사적 갈등이나 교파 간 교리 논쟁에 에너지를 집중한 데서 비롯되었다. 칼뱅을 중심으로 한 개혁주의자들의 경우에는 관련된 국가들인 스위스와 독일, 네덜란드와 프랑스, 그리고 스코틀랜드에서 영향력을 확산하는 데 치중했을 뿐 트렌트공회(1545-1563) 이후 예수회를 중심으로 일찍부터 해외 선교에 눈을 뜬 가톨릭을 따라잡으려는 의지조차 갖지 못했다.

물론 이전까지 개신교 진영에서 선교를 시도한 사례들이 전무하지는 않았다. 네덜란드나 잉글랜드 출신 가운데 일부가 선교에 주력했고, 특히 18세기 독일 경건주의자들은 체계적으로 해외선교를 추진했다. 할레대학의 교수를 지내면서 덴마크와 러시아의 선교에 관심을 가진 프랑케(August Hermann Francke, 1663-1727), 친첸돌프와 모라비안 형제단이 중심에 있었다. 하지만 개신교는 선교와 관련해서 원칙적인 합의에 도달하지 못해서 선교를 추진하는 데 어려움을 겪었다. 일차현안은 원주민 성직자들의 양성 여부에 관한 것이었는데, 본국 지도부는 소극적이었으나 원주민과 접촉해야 하는 선교사들은 의욕적이었다. 대표적인 사례가 윌리엄 캐리(William Carey, 1761-1834)였다. 캐리를 비롯한 선교사들의 헌신으로 개신교는 유럽이라는 지역적 경계를 벗어나서 지구적 차원으로 선교사역을 확대했고, 덕분에 성과는 눈부실 정도였다.

✳ 구두수선공 선교사

윌리엄 캐리는 영국 노샘프턴의 가난한 직공 가정에서 태어났다. 일곱 살 때 일하던 공장에서 발병한 피부병이 지병이 되는 바람에 집안에서 감당할 수 있는 직업을 구하다가 결국에는 구둣방의 도제로 들어가서 구두수선공이 되었다. 열 살 이후로 제대로 학교 교육을 받은 적이 없는 캐리였지만 구두수선 기술을 익히면서 외국어 공부에 매달렸다. 덕분에 십대시절에 이미 헬라어와 히브리어, 라틴어 같은 고전어와 이탈리아어와 프랑스어, 네덜란드어를 구사하는 수준에까지 도달했다. 캐리는 언어의 재능을 살려서 언어학교를 개설했지만 의욕과 달리 사업에서 거둔 성과는 기대에 미치지 못했다.

　1785년에 목사안수를 받고 침례교회에서 목회하던 캐리는 26세가 되자 누구도 꿈꾸지 못한 도전을 감행했다. 유명한 "하나님에게 큰일을 기대하고, 하나님을 위해서 큰일을 시도하라!"는 설교를 하고 나서 인도 선교사를 자원했다. 당시에는 해외선교의 전례가 없어서 반응은 부정적이었다. 아내 도로시(Dorothy Plackett, 1752-1807)가 반대했고 아버지 역시 인도로 가는 것은 정상이 아니라고 만류했다. 그 무렵 형이 갑자기 세상을 떠나서 형수의 생계까지 책임지는 처지가 되었다. 동료 목사도 비난에 가세했다. "하나님이 이교도를 개종시키려고 한다면 당신이나 나와는 절대 의논하지 않을 것이다!" 짐을 꾸려 아들과 배에 올랐던 캐리는 어쩔 수 없이 다시 뭍으로 내려와야 했다.

인도로 떠나는 계획을 잠시 접게 된 캐리는 그 사이에 논문

현대 선교의 아버지 윌리엄 캐리가 직접 서명한 자신의 초상화

한 편을 발표했다. 「이방선교를 위해 다양한 방법을 사용해야 할 그리스도인의 의무에 대한 고찰」(1792)은 개신교 최초로 해외 선교를 전문적으로 연구한 논문이었다. 캐리는 그 논문에서 전 세계 인구 7억 3천만 명 가운데 선교 대상자는 4억 2천만 명이라고 구체적으로 제시하면서 이제는 유럽 기독교가 해외 선교에 나서야 할 때가 되었다고 주장했다. 1793년 6월, 윌리엄 캐리는 가족을 영국에 남겨둔 채 의사 한 명과 인도로 출발했다. 누구도 주목하지 않았던 보잘것없는 출발이었으나 지금껏 현대 선교의 신기원을 연 것으로 평가받는 중대한 사건이었다.

캐리는 1800년에 영어를 사용하지 않는 캘커타 주변 세람포에 선교회를 세웠다. 부인 도로시 역시 한 해 뒤에 자녀들을 데리고서 선교

지를 찾아왔다. 하지만 캐리의 불행은 선교지 인도에서도 여전히 계속되었다. 처음부터 뜻을 같이 하고 선교를 시작했던 의사가 선교기금을 개인적으로 유용하고는 갑자기 모습을 감추었다. 엎친 데 덮친 격으로 캐리의 자녀들마저 풍토병 때문에 세상을 떠났다. 그렇게 크고 작은 어려움 속에서 7년을 인도에서 보냈지만 딱히 내놓을만한 성과는 거두지 못했다. 크리슈나 팔(Krishna Pal)이라는 이름의 원주민에게 겨우 세례를 주었을 뿐이었다.

그럼에도 캐리는 꿈을 포기하려고 하지 않았다. 오히려 보다 적극적으로 선교사역에 몰두했다. 1812년에는 창고 화재로 직접 집필한 문법책 두 권과 방대한 사전, 그리고 이미 번역해둔 성서 원고가 모두 불타버린 일이 있었다. 캐리는 별것 아니라는 듯 곧장 작업을 시작해서 뱅골어와 산스크리트어를 비롯한 24개의 인도 방언으로 신약성서를 번역해서 출판했다. 1810년에는 최초의 기독교 대학인 세람포대학을 설립했고 낙후된 인도 사회와 농업을 개혁하는 데 전력을 다했다. 식물을 체계화하려고 린네의 분류를 도입하는 한편, 인도에서 처음으로 과학교재를 출판했다. 만연한 고리대금에 맞서 저축은행의 개념을 도입했고 비인간적인 대우를 받는 한센병 환자 처우 개선에 매달렸다. 캐리는 나중에 자신이 인도에서 거둔 성공의 비결을 조카에게 보낸 편지에 털어놓았다.

내가 세상을 뜬 뒤에 누군가 내 생애를 기록하는 게 값진 일이라고 생각한다면 그를 평가할 수 있는 기준은 한 가지이다. 그가 나를 끈기 있는 사람이라고 평가한다면 정당하게 묘사한 것이다. 그 이상이라면 지나친 것이다. 나는 끈기 있게 일할 수 있다. …나는 분명한 목적을 이루기 위해서 인내할 수 있다. 이것 때문에 나는 모든 것을 할 수 있었다.

* 개신교의 선교사들

윌리엄 캐리가 세상을 떠난 뒤에도 그가 꾸던 꿈은 현실에서 계속되었다. 캐리가 그랬던 것처럼 선교의 열정을 품은 채 미개척지 선교에 나선 이들이 있었다. '미얀마에서 사는 예수 그리스도의 추종자'라는 별명을 얻을 정도로 누구보다 헌신적으로 미얀마 선교에 앞장섰던 19세기 선교사 아도니람 저드슨(Adoniram Judson, 1788-1850)이 대표적인 인물이었다. 지금도 허드슨 테일러, 윌리엄 캐리와 더불어 근대 개신교 선교의 아버지로 일컬어지는 저드슨은 부인 앤(Ann Judson, 1789-1826)과 함께 미국 역사상 최초로 파송된 8명의 개신교 선교사 가운데 한 사람이었다.

저드슨은 회중교회를 담임하는 목사의 아들로 태어나서 브라운대학을 졸업하고서 1808년에 매사추세츠 뉴턴의 앤도버신학대학원을 마친 뒤에 역시 목회자가 되었다. 세례 문제를 놓고서 회중교회와 의견충돌을 빚게 된 저드슨은 침례교회로 소속 교단을 변경한 뒤에 선교사로 파송을 받았다. 그는 윌리엄 캐리의 영향을 받아서 동남아시아에 있는 미얀마(버마)를 선교지로 선택했다. 1812년, 저드슨은 부인과 미얀마로 향했지만 험악한 현지 사정을 고려해서 인도 캘커타로 방향을 선회하지 않을 수 없었다. 저드슨은 그곳에서 동인도회사와의 갈등으로 어려움을 겪다가 부득이 한동안 선교를 중단해야 했다.

결국 저드슨 부부는 처음에 계획했던 대로 미얀마로 향하는 배에 올랐다. 1813년 저드슨이 랭군의 항구에 내리자 어느 세관원이 "앞으로 골치만 썩히게 될 터이니 고국으로 돌아가라"고 권했다. 세관원의 말은 얼마 뒤에 현실이 되었다. 저드슨은 미얀마에서 정부의 박해와 열병에 수시로 시달렸고, 그 와중에 아내와 자식을 함께 잃는 고통을 겪어야 했다.

각고의 노력 끝에 성서를 미얀마어로 번역한 저드슨은 6년 만에 처음으로 개종자를 얻었고, 7년째 되던 해 10명의 미얀마인들에게 세례를 줄 수 있었다. 요즘 우리나라에서도 어렵지 않게 만날 수 있는 미얀마 출신 신학생들에게 저드슨에 관해서 질문하면 그들의 첫 마디는 예외 없이 저드슨의 희생에 대한 무조건적인 감사이다.

윌리엄 캐리가 개신교 선교에 미친 영향은 그뿐만이 아니었다. 1840년에는 19세기의 위대한 아프리카 선교사 가운데 한 사람으로 꼽히는 데이비드 리빙스턴(David Livingston, 1813-1873)이 런던선교회의 파송을 받아서 남아프리카로 향했다. 스코틀랜드 출신 리빙스턴은 방적공장의 직원으로 일하면서 거의 독학으로 대학에 입학했다. 평소에 중국 의료선교사를 꿈꾸던 리빙스턴은 글래스고의 앤더슨대학에서 의학과 신학을 동시에 전공했다. 청나라와 영국 사이의 아편전쟁(Opium Wars, 1840-1842)의 여파로 중국의 정치 상황이 유동적으로 바뀌게 되자 어쩔 수 없이 계획을 변경해서 검은 대륙, 아프리카로 떠났다.

리빙스턴은 선교 초기에 별다른 성과를 거두지 못했다. 그는 효율적으로 선교를 추진하기 위해서 아프리카를 관통하는 선교 도로를 개척하기로 결심했다. 이를 위해서 가족까지 본국으로 돌려보낸 리빙스턴은 기독교와 문명의 혜택을 오지에 거주하는 사람들에게 전할 수 있는 '하나님의 고속도로'를 닦는 일에 주력했다. 리빙스턴이 본격적으

데이비드 리빙스턴

로 대륙을 관통하는 탐험을 시작하기 이전까지 아프리카는 빛을 찾아볼 수 없는 암흑의 대륙이자, 동시에 백인들의 무덤이었다. 이미 제작된 아프리카 지도에는 도로나 국가는 물론이고, 어떤 표지도 찾아볼 수 없을 정도였다.

1851년 백인 최초로 잠베지강을 발견한 리빙스턴은 강의 모양과 너비, 그리고 깊이를 자세하게 기록해서 영국으로 보냈다. 그 덕분에 아프리카 대륙 지도가 새롭게 만들어졌다. 리빙스턴은 나중에 그 공을 인정받아서 영국지리학협회와 빅토리아 여왕(Victoria, 1819-1901)에게서 상과 훈장을, 나중에는 글래스고대학으로부터 명예법학박사학위를 수여받았다. 잠베지강은 육로보다 물자 수송에 한층 더 유리해서 내륙 선교기지의 보급로 구실을 했다. 계속해서 남아프리카, 르완다, 앙골라, 콩고를 비롯해서 여러 나라들을 탐험했고, 그 과정에서 목격한 비인간적인 노예매매를 반대하는 운동을 전개하기도 했다. 리빙스턴은 부인이 세상을 떠난 뒤에도 아프리카에 남아서 나일강 발원지를 조사하다가 최후를 맞았다.

계속해서 1860년에는 허드슨 테일러(Hudson Taylor, 1832-1905)가 부인과 중국내지선교회(China Inland Mission, CIM)를 창립했다. 1854년 이른 봄, 선교를 위해서 중국 상하이에 도착한 허드슨은 중국인들에게 친숙하게 접근하려고 아예 처음부터 중국인이 되는 현지화 전략을 선택했다. 중국인들처럼 변발을 한 채 헐렁한 바지를 입고 다녔다. 선교사가 그런 복장을 하는 것은 아주 획기적인 발상이었다. 동료 개신교 선교사들은 변발에 중국인 복장을 한 허드슨을 이상하게 생각하거나 비난했다. 당시 선교사들은 서양 복장을 하고서 이동을 할 때는 중국인을 고용해 가마를 탈 때가 잦았다. 허드슨이 보기에 그들은 너무

허드슨 테일러

세속적이었다. 대부분의 시간을 영국 사업가들이나 외교관들과 어울리면서 보내는 게 일반적이었다.

허드슨은 도착한 지 몇 개월 지나지 않아서 황푸강을 따라서 중국어로 번역된 성서와 소책자를 중국인들에게 전달했다. 1857년 중국복음화협회(Chinese Evangelization Society)가 더 이상 재정지원을 할 수 없다고 하자, 이후로는 필요한 것을 공급하는 하나님을 의지하고서 독자적으로 활동했다. 중병에 걸려 영국으로 돌아가서도 중국어 성서를 번역하고 선교사를 모집하던 허드슨은 별다른 관심을 보이지 않는 영국인들을 위해 「중국: 영적 필요와 주장」(China: its spiritual need and claims, 1865)을 집필하고 호소했다. "중국의 수많은 이들이 지식이 없어서, 그러니까 영국에서 넘쳐나는 지식이 없어서 죽어가는 마당에 영국 그리스도인들은 어떻게 한결같이 팔짱을 낀 채 가만히 앉아 있을 수 있을까?"

허드슨은 과부들에게 전도자로 활동할 수 있는 길을 열어주었다. 이런 허드슨의 참신한 아이디어 덕분에 로티 문(Lottie Moon, 1840-1912)과 에이미 카마이클(Amy Carmichael, 1867-1951) 같은 여성들이 중국과 인도에서 하나님의 말씀을 전할 기회를 얻게 되었다. 특히 남침례교 총회 선교사로 중국에 파송 받은 로티 문은 40년 동안 문서와 교육을 통해 기독교 복음을 중국인들에게 소개했다.

중국내지선교회는 후원금을 일체 요구하지 않는데, 이것은 기도의 사람으로 유명한 조지 뮬러(George Muller, 1805-1898)가 브리스톨에서 고아원을 운영하면서 사용한 방식이었다. 실제로 뮬러는 허드슨 테일러와 직접 교류하면서 중국내지선교회를 재정적으로 적극 후원했다. 허드슨의 노력으로 선교 초기에 수십 명에 불과하던 중국 선교사들이 그가 세상을 떠날 무렵에는 수천 명이 자발적으로 중국을 찾아와서 복음을 전했다.

월리엄 캐리가 세상을 떠나고 74주년이 되는 해에 스코틀랜드 에든버러에서 선교사들을 위한 집회가 개최되었다. 에든버러 세계선교대회에는 무려 160개 선교협회에 소속된 1,200명 이상의 선교사들이 운집했다. 비록 원주민 교회보다는 서구 교회 중심 선교신학을 탈피하지 못했지만 선교단체와 평신도가 중심이 된 선교대회는 세계 선교사의 한 획을 그은 이정표로 평가받았다.

해외 선교사들의 헌신적인 노력으로 당시 유럽과 아메리카 대륙 이외에 거주하는 그리스도인들의 숫자는 과거에 비해서 무려 1천 퍼센트가 증가했고 선교단체들은 12개가 늘었다. 로마 가톨릭교회 역시 19세기 초반 이후로 보다 적극적으로 선교를 재개했다. 이 모두가 구두수선공을 닮고 싶어 했던 이들의 열정과 영감 덕분에 가능했다.

✳ 대각성운동과 찰스 피니

19세기 초반부터 북아메리카의 북동부 지역을 중심으로 제2차 대각성운동(1790-1840)이 진행되었다. 티모시 드와잇(Timothy Dwight, 1752-1817), 라이먼 비처(Lyman Beecher, 1775-1863), 그리고 너새니얼 테일러(Nathaniel Taylor, 1786-1858)처럼 대학에서 제대로 교육을 받은 설교자들을 중심으로 칼뱅주의의 핵심 개념과 교리가 대중들에게 폭넓게 전달되었다. 하지만 대각성운동의 중심에는 변호사 출신 찰스 피니(Charles Finney, 1792-1875)가 자리 잡고 있었다. 인간의 마음을 극히 사악한 것으로 규정한 찰스 피니는 죄인을 복종시키고, 변명을 용납하지 않고, 생트집에 응대하고, 교만을 꺾고, 마음을 깨뜨

| 피니 부부

리는 것을 목사가 마땅히 해야 하는 일로 규정했다.

피니는 부흥회를 하나님의 놀라운 초자연적 역사로 간주한 선배들과는 달리 과학적으로 접근하려고 했다. 농사가 도구의 선택에 따라서 결실이 달라질 수 있는 것처럼 올바른 도구를 활용해야 부흥이라는 열매를 제대로 거둘 수 있다는 게 그의 지론이었다. 때문에 피니는 1834년 겨우내 한 주에 한 차례씩 교회를 위한 영적 부흥을 주제로 강의했고, 나중에는 그것들을 엮어서 「부흥에 관한 강의」(Lectures on Revival, 1835)라는 제목으로 출판했다.

피니는 강의를 통해 회중의 주의를 집중시키고 회심을 유발하는 방법을 구체적으로 소개했다. 그의 충고를 따르면 목사는 변호사나 배우의 역할을 맡아야 했다. 설교할 때도 구어체를 사용하고 상담과 기도를 바라는 이들을 위해 앞쪽 의자에 '근심하는 자리'를 배치하는 것도 괜찮았다.

19세기를 관통하는 낙관주의라는 시대정신을 기독교 부흥운동과 결합한 찰스 피니는 뉴잉글랜드에서 고등학교를 마치고서 잠시 교사 생활을 하다가 법률사무소에서 견습을 시작했다. 견습 과정을 마친 뒤에 피니는 변호사로서 소송사건들을 처리했다.

1820년 피니는 리디아 앤드류스(Lydia Andrews, 1809~1847)라는 십대 소녀를 우연히 만나게 되었다. 리디아는 피니를 보자마자 그리스도인이 아니라는 것을 곧장 알아차렸다. 피니는 사무실에서 소송과 관련이 있는 성서를 읽고, 어쩌다가 기도할 때도 있었으나 회심을 경험한 적은 없었다. 리디아는 그때부터 젊은 변호사의 구원을 위해서 기도하기 시작했다. 그리고 마침내 한 해 뒤에 그녀의 기도는 응답을 받았다.

어느 날 아침, 찰스 피니는 하나님의 은총을 따르지 않으면 죽음을 택하는 편이 낫다고 생각할 정도로 절박한 심정이 되었다. 그렇게 해서 가을 단풍이 짙게 물든 뉴욕의 숲에서 피니는 그리스도인이 되었다. 리디아는 당시까지 자신의 기도에 대한 응답이 미국 전역에 어떤 종교적 변화를 가져오리라는 것을 알지 못했다.

피니는 회심한 다음 날부터 밖으로 나가서 복음을 전했다. 관심이 사라진 변호사 업무는 주저하지 않고 포기했다. 사무실을 찾아온 의뢰인들에게 이렇게 말했다. "나는 주 예수 그리스도로부터 자신을 위해서 소송을 맡아달라는 의뢰를 받았습니다. 그러니 당신의 소송은 맡을 수 없습니다." 전도에 대한 피니의 뜨거운 열정은 사람들 사이에 순식간에 알려졌다. 그로부터 3년이 흐른 뒤에 리디아 앤드류스는 찰스 피니와 결혼식을 치르고 부부가 되었다.

피니는 다른 부흥사들과 달리 복음전도와 사회개혁을 따로 분리해서 접근하려고 하지 않았다. 대부분 교회들이 한 해에 한 차례씩 교회 참석자들에게 수수료를 거두었지만 피니는 가난하거나 부유하거나 가리지 않고 공개적으로 환영했다. 사람들은 찰스 피니의 성공을 반신반의했다. 심지어 피니가 부흥집회에서 설교하는 것을 반대하고 나서는 목회자들까지 생겨났다. 하지만 대중의 뜨거운 반응에 힘입어서 피니는 뉴욕으로 떠났고 신학교육을 받지는 않았지만 그곳에서 전도목사로 안수를 받고 장로교 소속 목사가 되었다.

피니가 설교를 시작한 이후로 뉴욕주에서는 범죄율이 삼분의 일로 급격하게 줄었다. 뉴욕주 중서부 지역의 경우에는 피니의 주도로 부흥운동이 거듭해서 일어나는 바람에 '불타버린 지역'(burnt district)이라는 별명을 얻을 정도였다. 여성에게 간증을 시키거나 구원을 위해 강단으로 나오게 하는 파격적인 방식으로 반발을 사기도 했지만 물러서지 않았다. 후자는 뒤에서 살펴볼 무디나 빌리 선데이, 심지어 빌리 그레엄까지 차용했다.

1835년, 마흔을 훌쩍 넘긴 피니는 오하이오주 오벌린대학의 교수가 되었고 나중에는 학장까지 지냈다. 오벌린대학은 흑인과 백인, 남성과 여성이 한 강의실에서 교육받는 것으로 유명했고 나중에는 노예탈출을 돕는 조직의 본산이 되었다. 오벌린대학을 졸업한 브라운(Antoinette Brown, 1825-1921)은 여성 최초로 회중교회 목사로 안수 받고서 여성들의 인권과 지위 향상을 위해 노력했다.

[낙관주의의 붕괴]

낙관적 분위기는 19세기 중반을 지나자 서서히 힘을 잃었다. 미국 자유주의 성향 교회들은 대각성운동을 비판하면서 이전까지 소홀히 취급되던 사회적 정의나 공동체 생활과 관련된 '사회복음'(Social Gospel)을 강조하기 시작했다. 이것은 기층민들의 열악한 삶에 주목해서 기독교 교훈을 사회현실에 적용하려고 했던 영국 감리교회나 구세군의 활약과 무관하지 않았다.

광산과 공장노동자들의 노조 결성을 지원하던 웨슬리의 후계자들은 교회 밖의 사회적 삶을 정의와 사랑의 기초 위에서 재건하는 것을 영혼 구원과 마찬가지로 하나님으로부터 위임받은 사명으로 간주했다. 반면에 교회의 전통을 강조하는 보수주의자들은 자유주의자들의 주장과 달리 사회를 개혁하는 것만으로는 충분하지 않다고 생각해서 그들의 새로운 개념에 동의하려고 하지 않았다.

미국 하트포드에서 회중교회를 담임하던 호레이스 부시넬(Horace Bushnell, 1802-1876)은 대각성운동이 강조한 회심 중심의 교육을 신랄하게 비난했다. 부시넬은 1847년에 출판한 「기독교적 양육」(Christian Nurture)에서 당시에 유행하던 복음주의를 추종한 부모들의 세태를 꼬집었다. 타조가 한 번도 알을 품어주지 않은 상태로 깨어난 새끼를 조금도 돌보지 않는 것에서 이름을 빌려온 타조식 양육, 즉 모성애가 없는 양육처럼 온갖 편리한 이유들을 앞세워서 회심이 가능한 연령에 도달할 때까지 자녀를 방치한다는 것이었다. 그리스도인들에게 중요한 것은 회심보다는 적절한 환경에서의 양육이라고 주장했다. 이런 그의 주장은 타당했으나 전체적인 분위기를 반전시키기에는 힘이 부쳤다.

✳ 대각성운동과 미국의 내전

1857년 증권시장의 주식 대폭락 이후에 일어난 제3차 대각성운동은 캐나다에서 시작되어 영국과 미국 전역으로 퍼져나갔다. 그중에서도 감리교의 평신도 출신 여성 피비 파머(Phoebe Palmer, 1807-1874)가 주도하는 기도 부흥운동이 특별히 유명했다. 감리교인 의사와 결혼한 파머는 셋째 아이의 뜻하지 않은 죽음으로 일생일대 전환점을 맞았다.

피비 파머

파머는 아이에게 쏟으려던 헌신적인 마음과 자세를 그리스도에게 오롯이 바치기로 결심하고, 집에서 동생과 함께 '성결을 증진하는 여성들의 화요모임'을 시작했다. 40년 동안 지속된 이 모임에 수많은 지도자들이 모여들었고 영향력도 그만큼 커졌다. 파머는 스스로를 제단에 희생 제물로 부단히 바쳐야 한다고 역설했다. 강렬한 메시지는 사람들의 마음을 파고들어서 대략 2만 5천 명 이상의 미국인들이 회심을 경험했다.

미국의 사회와 정치 상황은 간단하지 않았다. 노예제도 때문에 깊게 팬 북부와 남부지역의 갈등의 골을 봉합하는 게 쉽지 않았다. 이것은 교회 안에서도 마찬가지였다. 전쟁 직전까지도 감리교, 장로교, 침례교 교인들이 노예 문제를 놓고서 서로 첨예하게 갈등을 빚고 있었다.

마침내 미국 역사상 가장 뼈아프고 부끄러운 부분이라고 할 수 있는 노예제도 때문에 남부와 북부가 편을 갈라서 내전(1861-1865)을 벌이게 되었다. 당시 미국 전역에는 4백만 명 이상의 흑인 노예들이 살고 있었는데 링컨이 대통령으로 선출된 게 직접적인 도화선이 되었다. 처음에 링컨은 노예제도를 반대하지 않았던 온건파로 분류되었다. 그런데 링컨의 지지표 가운데 99퍼센트가 북부라는 정보를 접하고 위기를 느낀 남부지역이 연방을 탈퇴했고, 그렇게 해서 양측이 무력 충돌까지 빚게 되었다.

　　전쟁 초반에는 남부 연방이 전세를 주도했으나 남북전쟁 최대의 격전지 게티즈버그에서 철저하게 패배하고 난 뒤로는 두 번 다시 열세를 만회하지 못하다가 결국에는 항복하고 말았다. 미국 교회들은 격렬한 내전을 벌이는 동안에도 서로 자신들이 속한 지역의 정부를 신학적으로 뒷받침하려고 안간힘을 썼다. 어느 한쪽도 하나님이 자신들을 지지하지 않는다고 말하는 법이 없었고, 그래서 그리스도인들끼리 균열의 폭도 상당히 컸다. 전후에 남부와 북부 간의 군사적 적대감은 사라졌지만 남부와 북부지역의 교회들은 관계를 회복하는 데 있어서 적잖은 어

〉〉〉 라이먼 비처의 바이블

회중교회 목사였던 라이먼 비처는 미국 중서부에서 노예제도를 반대하는 세력들을 지원하기 위해서 남몰래 라이플총을 챙겨서 보내는 역할을 담당했다. 그 총이 담긴 상자마다 바이블(성서)이라고 표시가 되어 있었다. 덕분에 그 라이플총은 '비처의 바이블'이라는 이름을 갖게 되었다. 「톰 아저씨의 오두막집」을 쓴 스토우 부인이 바로 라이먼 비처 목사의 딸이다.

| 드와잇 무디

려움을 겪어야 했고 교회의 활기 역시 덩달아서 자취를 감추었다.

✻ 근대의 거부자, 무디

매사추세츠 노스필드 출신 드와잇 무디(Dwight Moody, 1837-1899)
는 17세의 나이에 미국 동부 보스턴에 있는 삼촌의 신발가게 점원이 되었다. 벽돌공이었으나 일찍 세상을 떠난 아버지를 대신해서 가정을 돌보는 어머니와 가족들을 돕기 위함이었다. 무디는 YMCA와 주일학교에 부지런히 참석하다가 주일학교에서 가르치는 에드워드 킴볼(Edward Kimball)의 영향으로 1855년에 그리스도인이 되었다.

그로부터 얼마 뒤에 시카고로 떠났는데 그곳에서 10만 달러를 목표로 정하고 돈을 모으기 시작했다. 부지런히 일해서 5년 만에 7천 달러를 모을 수 있었지만 거기까지가 전부였다. 갑자기 밀어닥친 경제공황 때문에 시카고에 도착하면서 세워두었던 계획은 완전히 틀어지고 말았다.

무디는 구두판매원에서 사회사업가와 전도자로 진로를 바꾸고서 시카고 빈민가에 주일학교를 세웠다. 독일과 스칸디나비아 지역 이민자들에게 주로 관심을 집중했다. 어린이들에게는 사탕과 조랑말을 태

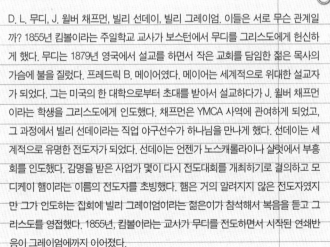

>>> 믿음의 유전

D. L. 무디, J. 윌버 채프먼, 빌리 선데이, 빌리 그레이엄. 이들은 서로 무슨 관계일까? 1855년 킴볼이라는 주일학교 교사가 보스턴에서 무디를 그리스도에게 헌신하게 했다. 무디는 1879년 영국에서 설교를 하면서 작은 교회를 담임한 젊은 목사의 가슴에 불을 질렀다. 프레드릭 B. 메이어였다. 메이어는 세계적으로 위대한 설교자가 되었다. 그는 미국의 한 대학으로부터 초대를 받아서 설교하다가 J. 윌버 채프먼이라는 학생을 그리스도에게 인도했다. 채프먼은 YMCA 사역에 관여하게 되었고, 그 과정에서 빌리 선데이라는 직업 야구선수가 하나님을 만나게 했다. 선데이는 세계적으로 유명한 전도자가 되었다. 선데이는 언젠가 노스캐롤라이나 샬럿에서 부흥회를 인도했다. 감명을 받은 사업가 몇이 다시 전도대회를 개최하기로 결의하고 모디케이 햄이라는 이름의 전도자를 초빙했다. 햄은 거의 알려지지 않은 전도자였지만 그가 인도하는 집회에 빌리 그레이엄이라는 젊은이가 참석해서 복음을 듣고 그리스도를 영접했다. 1855년, 킴볼이라는 교사가 무디를 전도하면서 시작된 연쇄반응이 그레이엄에게까지 이어졌다.

워주고 어른들을 상대로는 저녁 기도모임과 영어공부 모임을 운영하면서 파고들었다. "상대방이 진심으로 당신을 사랑한다고 믿게 하면 구원할 수 있다"는 게 무디의 믿음이었다. 4년간 시카고 지역의 YMCA 회장을 지내면서 누구보다 성실하게 소책자를 건네면서 전도했고, 하루도 거르지 않고 저녁 기도모임을 인도했다. 1861년 남북전쟁이 일어나자 무디는 링컨의 노예폐지론을 지지하면서 군인들을 위한 집회를 인도했다.

1871년에 일어난 시카고의 대화재 때문에 시카고 전역은 물론이고 무디가 설립한 교회와 YMCA 건물, 그리고 집까지 한순간에 잿더미가 되고 말았다. 교회와 YMCA를 재건할 수 있는 기금을 모금하기 위해 뉴욕으로 떠났던 무디는 월스트리트를 걷다가 과거에는 한 번도 경험한 적이 없는 하나님의 '임재와 능력'을 맞닥뜨리고 나서 자신도 모르게 소리쳤다. "주님, 됐습니다. 이제 충분합니다." 그러고는 시카고로 다시 돌아와서 사회사업을 접은 채 세상을 변화시키기 위해 대중에게 하나님의 나라를 설교하기로 생각을 굳혔다.

무디는 대서양을 건너가서 영국인들에게 설교했다. 무디가 제대로 알려지기 이전이었지만 집회에서 모습을 지켜본 어느 목회자는 이렇게 말했다. "세계는 아직 하나님이 자신에게 완벽하게 헌신한 사내를 통해서 어떤 일을 행하실 수 있는지 목격하지 못했다." 이 발언이 무디의 영혼에 불길을 댕겼다. 전도 음악을 위해서 YMCA 집회에 초청한 아이라 생키(Ira Sankey, 1840-1908)를 순회부흥회에 합류시켰다. 무디의 설교는 중산층에 초점을 맞추었는데 그들은 생키의 찬송에 열정적으로 반응했다. 요크, 선더랜드, 재로우를 거쳐서 뉴캐슬에서 집회를 열자 영국인들은 마침내 무디의 설교에 열광했다.

아이라 생키

　2년간 영국에서의 전도 집회를 끝마치고 다시 미국으로 돌아온 무디는 대서양 건너편 영국제도로 떠날 때와 달리 이미 저명한 부흥사가 되어 있었다. 부흥회를 인도해달라는 요청이 쇄도하자 새로운 전도방식을 속속 도입했다. 오늘날처럼 집회 시간이 되기 전에 집집마다 돌아다니면서 전도하고, 교파를 초월해서 서로 협력하고, 찬양을 프로그램에 포함시키고, 대형 집회장소를 임대하는 방식은 모두 무디가 고안해낸 효과적인 장치였다. 브루클린에서 출발한 무디의 도시선교 일정은 영국에서 만큼이나 반응이 뜨거웠다.

1893년 시카고에서 열린 만국박람회는 누구보다 무디의 아이디어가 돋보이는 행사였다. 고종의 지시로 대표자들이 직접 물품을 전시해서 조선을 알린 박람회였다. 박람회의 운영을 맡은 이들이 주일에도 영업을 계속하자 지역 교회들은 박람회를 거부하기로 결의했다. 그런데 무디의 생각은 달랐다. 무디는 교회 지도자들에게 말했다. "설교할 수 있는 공간을 대량으로 확보하고서 사람들이 몰려와서 듣고 싶어 할 정도로 매력적으로 설교하자." 만국박람회가 개최되는 동안 무디가 주관하는 전도 집회는 하루에만 13만 명 이상이 참석할 정도로 성황을 이루었다. 무디는 그런 분위기를 지속시키려고 평신도를 위한 학교를 운영하기도 했지만 학문을 위한 학문이나 이론을 위한 신학 연구는 한사코 거부했다.

무디는 언젠가 이렇게 자랑스레 말하기도 했었다. "한쪽 문으로 들어가서 다른 쪽문으로 나온 것을 뺀다면 나는 단 한 번도 신학대학에 들어간 적이 없었다." 무디의 목적은 신학이 아니라 영혼을 구원하는 데 있었다. 죄악의 물에 빠져 허우적대는 사람들을 구하는 것을 하나님이 자신에게 맡겨준 본격적인 사명으로 간주했다. 일각에서는 회개를 강조하지 않은 전도집회 방식과 칼뱅주의자들의 선택 교리를 부정하고 만인구원을 중시하는 아르미니우스의 견해를 고수한다고 무디를 강력하게 비난하기도 했다. 하지만 무디의 영향으로 수많은 젊은이들이 선교사를 자원해서 세계 곳곳으로 파송되었다. 덕분에 미국 기독교는 19세기 말 전 세계 기독교 교회 가운데 가장 강력한 세력을 형성할 수 있었다.

* 피우스 9세와 제1차 바티칸공회

사회 전반의 변화는 로마 가톨릭교회에도 기존과 다른 태도를 요구했다. 프랑스혁명 이후 황제 자리에 오른 나폴레옹은 로마 교황의 권위를 결코 인정하려고 들지 않았는데, 당시 일반인들의 정서 역시 크게 다르지 않았다. 나폴레옹에게 인질로 잡혀 있었던 교황 피우스 7세(비오 Pius VII, 1800-1823 재위)는 프랑스와 에스파냐의 압력으로 예수회가 해산된 지 40년이 지난 1814년에 교황의 지휘를 받는 친위 세력의 복원을 허락했다. 교황 피우스 9세(비오 Pius IX, 1846-1878 재위)는 가톨릭교회가 급속한 사회 변화에 휩쓸리지 않도록 애썼다. 프랑스혁명과 산업혁명으로 민권사상이 발전하고 봉건적 교권이 도전받고, 과학기술이 발전해서 사회가 급변했지만 가톨릭교회는 중세의 사고를 못벗어났다.

정치적 갈등으로 교황령을 잃은 교황 피우스 9세는 1864년 뮌헨에서 개최된 '가톨릭학자회의'의 결과물을 회칙(Quanta Cura)으로 반포했다. 그리고 여기에 80가지의 '근대적 오류에 대한 교서요목'(Syllabus errorum modernorum)을 덧붙여서 발표했는데, 이것을 대개는 실라부스(Syllabus)라고 부른다. 교황은 가톨릭이 근대 문명과 조화를 이루어야 한다는 주장을 비판하면서 '범신론과 계몽주의, 실증주의, 사회주의와 공산주의, 근대 자유주의와 진보주의'와는 화해할 수 없다고 분명하게 못 박았다. 유럽 개신교인들은 실라부스가 발표되기 전까지 성모 마리아가 어머니 안나 몸에서 잉태될 때 원죄에 물들지 않았다는 '마리아의 원죄 없는 잉태' 교리를 선포한 가톨릭의 수장이 어떻게 신학적으로 방향을 잡을지 관심을 집중했다.

중세적이면서 반종교개혁적인 교리와 전통적 권위를 일체 타협하지 않고 방어하는 동시에 근대 세계에 전면적으로 전쟁을 선언한 교황은 마침내 1868년에 공회소집대칙서를 반포했다. 그다음 해 12월, 공회에 참석하러 로마를 방문한 7백 명의 성직자들이 하나둘씩 바티칸으로 모여들었다. 공회 참석자들도 교황의 새로운 교리 때문에 적지 않은 숫자의 가톨릭 신자들이 상당한 불만을 품고 있다는 것을 알고 있었다. 공회가 진행되면서 일차적인 문제가 '교황의 무오성'(Papal infallibility)이라는 데 의견이 모아졌다. 교황의 무오성은 가톨릭의 수장으로서 교황이 신학적 교리와 언행에 있어서 오류가 있을 수 없다는 뜻이었다.

1년간 공회(1869-1870)가 진행되는 동안 교황은 공회 참석자들을 압박했다. 비오 9세는 "교황의 절대 무오성을 부인하는 자가 있다면 그가 바로 이단이다"라고 선언했다. 참석자들은 대부분 교황이 고수하는 교황 무오성에 호의적이었다. 반면에 140명 정도의 주교들은 거기에 동의하려고 하지 않았다. 그들 가운데 일부는 최종 투표에서 반대표를 던지지 않으려고 서둘러서 회의장을 빠져나갔다.

마침내 '마리아의 원죄 없는 잉태' 교리가 바티칸 공회에서 인정을 받았고 교황은 무오하다고 선언되었다. 외적으로 보면 분명히 교황의 완벽한 승리였다. 하지만 잠시라도 안을 들여다보면 교황이나 공회 어느 쪽도 일방적으로 권력을 장악하지 못했다는 게 바로 드러났다. 이런 애매한 상황은 2016년 가톨릭 진보신학자 한스 큉(Hans Kueng, 1928-)이 교황의 무오성을 주제로 공개 토론을 요청하는 편지를 언론에 싣고, 프란치스코 교황이 거기에 답장을 보낼 정도로 현재까지 지속되고 있다.

거침없이 빠져드는 기독교 역사

Section 12

근대를 지나
다시
새로운 천 년으로

* * * * *

20세기에 들어서면서 기독교와 주변 세계는 급격한 변화를 겪었다. 유럽 교회는 두 차례에 걸친 세계대전을 겪고 나서 이미 성인이 되어버린 세계를 상대로 더 이상 주도권을 행사할 수 없었다. 1914년 7월 28일에 발발해서 1,300만 명의 목숨을 앗아간 제1차 세계대전의 결과는 더욱 참담했다. 역사적으로 그리스도인들끼리 이미 수없이 갈등하고 충돌했지만 그 과정에서 1천만 명 이상의 젊은 그리스도인들이 목숨을 잃어버린 전례는 없었다. 유럽 사회의 낙관적 분위기는 어디에서도 찾아볼 수 없었다. 미래에 대한 19세기말의 장밋빛 전망과 달리 소중한 생명과 재산이 모두 사라졌으나 교회는 그런 상황에 능동적으로 대처하지 못했다. 유럽의 정치와 경제상황은 계속 악화되어갔다.

무기력한 제정 러시아가 혁명으로 붕괴하고 공산당 정권이 들어섰다. 패전국 독일에서는 전승국들이 부과한 가혹한 배상금을 해결하느라 경제적으로 빈사상태에 빠지는 바람에 공산주의와 나치가 득세하게 되었고, 세력을 잃은 오스트리아-헝가리 제국은 광대한 영토를 잃어야 했다. 미국은 제1차 세계대전의 최대 수혜국이었으나 분에 넘치는 경제적 풍요로움과 지나친 자신감이 오히려 독으로 작용해서 1929년 주식시장이 대폭락을 겪었다. 미국에서 촉발된 경제 공황 탓에 대서양 맞은편의 유럽 국가들 역시 경제적으로나 정치적으로 한동안 심각한 몸살을 앓아야 했다.

한편 개신교 교회는 전후에 새롭게 등장해서 활기를 불어넣는 신학적 흐름에 기대를 걸었다. 사실 세계대전 이후의 손실을 따져보면 로마가톨릭교회 측의 피해가 훨씬 더 컸다. 개신교는 나름대로 전쟁의 후유증을 최소화하려고 노력했다. 그런데 독일의 정치 상황이 간단하게 돌아가지 않고 있었다. 전후에 체결된 평화조약에 대해서 대다수의 독일인이 노골적으로 반감을 드러냈다. 패전국으로서 감당해야 할 막대한 배상금은 물론, 알자스와 로렌 지역의 통치권을 프랑스가 회수하자 독일인들은 엄청난 상실감에 사로잡혔다.

독일 나치는 여론을 사로잡을 절호의 기회를 놓치지 않았다. 나치는 권력을 장악하는 데 성공했고, 유럽 전체가 또다시 전쟁의 소용돌이에 빠져들었다. 더 이상 야만적일 수 없다는 전쟁이 끝난 지 대략 4반세기가 지난 1939년, 제2차 세계대전이라는 공포를 마주한 유럽은 전율했다. 전쟁 이후 세계는 미국과 소련이 두 축을 형성하면서 급속하게 세력이 재편되었다. 두 국가 간의 군비경쟁이 계속되는 동안 아시아와 중남미, 아프리카 지역 역시 과거에는 경험하지 못한 새로운 세계로 역시 발을 들여놓고 있었다. 근대 이후, 즉 포스트모던 시대의 시작이었다.

[신학자들의 놀이터에 날아든 폭탄]

1911년 여름, 개혁교회에 소속된 25세의 젊은 목회자가 스위스 자펜빌 (Safenwil)로 떠났다. 임지는 새롭게 공업화가 진행되는 작은 도시였다. 독일에서 신학을 전공하고 귀국한 젊은 목회자는 목회 경험 덕분에 상아탑에서 접했던 세계와는 전혀 다른 진정한 현실에 눈을 뜨는 계기를 갖게 되었다. 나중에 사람들로부터 20세기의 가장 영향력 있는 신학자, 교부로까지 불리던 칼 바르트(Karl Barth, 1886-1968)는 자펜빌에서 보낸 삶을 이렇게 회고했다. "자펜빌에서 지내는 동안 앞으로 해야 할 일에 대해서… 결정적으로 생각이 바뀌게 되었다."

✳ 자펜빌의 종교사회주의자

경건하고 학문적인 분위기의 가정에서 태어난 칼 바르트는 견신례를 준비하면서 목회자가 되기로 결심했다. 자유주의신학의 최후이자, 최고 전성기에 독일로 건너가서 베를린과 튀빙엔, 마부르크대학에서 공부했다. 하르낙(Adolf von Harnack, 1851-1930)과 헤르만(Wilhelm Herrmann, 1846-1922)을 비롯한 바르트의 스승들은 당시 자유주의 신학을 주도하던 거장들이었다.

바르트는 헤르만을 잊지 못할 스승으로 굳이 꼽을 정도로 각별한 영향을 받았고 목회를 시작한 계기 역시 영적 현실성을 강조하던 헤르만의 가르침 덕분이었다. 자유주의신학자들은 바르트에게 하나님의 말씀이 어떻게 일반 사람들의 삶과 접촉할 수 있게 되는지 그 과정을 가르치지 않았다. 그들은 강의실에서 성서본문이 간직하고 있는 역사적 맥락과 일상생활의 중요성을 철저하게 분리시켰다.

처음에 칼 바르트는 하나님과의 연합을 목적으로 삼은 자유주의신학의 전통을 계속해서 발전시키는 게 목사로서 마땅히 감당해야 할 임무라고 생각했다. 바르트의 소박한 이 신학세계는 낮은 임금에 시달리는 방직 노동자들의 비참한 현실을 접하면서 곧장 붕괴하기 시작했다. 바르트는 자펜빌 지역의 노동자들이 자신의 설교를 듣기 위해 하루를 쉬어야만 하는 까닭을 제대로 설명해낼 수 없었다. 슐라이어마허의 교훈을 좇아 주일마다 노동자 계급에 속한 신자들에게 종교적 경험을 고취했지만, 그렇다고 해서 불합리한 노동 조건이 달라지지는 않았다. 열악한 노동현실을 바르트는 피할 수 없는 중대한 도전으로 간주하게 되었다.

바르트는 구체적으로 활동방향을 설정했다. "내가 섬기는 교회에서 구체적으로 목격하는 계급갈등을 통해 처음으로 현실적 삶이 당면한 문제를 접하게 되었다. 그래서 나의 일차 연구는 이제 공장법제정, 보험제도, 노동조합 강좌를 지향하게 되었고, 노동자 편에 서서 열렬히 싸우는 입장을 선택하게 되었다."

바르트는 10년간 목회자로서 노동조합운동가와 교육자로 활동했다. 덕분에 자펜빌 노동자들은 그의 자문을 받아가면서 노동조합을 결성할 수 있었다. 바르트는 사회활동의 근거를 당시 사회주의자들에게서 찾으려고 하지 않았다. 더 거슬러 올라가서 예수 그리스도의 복음을 진정한 사회주의의 근거로 간주했다.

독일 스승들에게서 전수받은 신학 방법을 목회에 활용하면서 한계를 절감하던 바르트는 성서가 인간의 종교나 윤리, 또는 역사보다 하나님나라에 일차적으로 관심을 두고 있다는 것을 새롭게 깨닫게 되었다. 19세기 자유주의신학이 굳이 외면하던 '낯설고 새로운 세계'를 성서

안에서 발견한 것이었다. 만일 성서 내용이 자유주의신학자들의 주장처럼 종교와 윤리, 역사와 깊은 관계가 있다 하더라도 그것은 인간이 아니라 하나님과의 관계 속에서 이해되어야 할 무엇이라는 게 바르트가 도달한 최종 결론이었다.

✽ 자유주의신학과의 결별

1914년 여름, 개신교 신학자를 비롯한 93명의 지식인들이 독일 황제 빌헬름 2세가 추진하는 전쟁 정책을 지지하는 선언문을 발표했다. 선언문에 동참한 명단을 확인한 바르트는 절망했다. 바르트에게 신학을 가르쳐준 교수들 대부분이 명단에 포함되어 있었다. 전쟁 이데올로기 앞에 무기력하게 무릎 꿇은 그들의 모습 때문에 바르트는 이후로 독일 신학자들에 대한 기대와 존경을 접었다.

사회주의에 대한 관심 역시 시들해지기는 마찬가지였다. 노동자들의 삶을 개선하는 데 도움을 줄 것으로 기대했던 사회주의 역시 전쟁의 잔인함과 재앙을 막아내지 못했다는 점에서는 부르주아를 위한 자유주의신학과 크게 다르지 않았다. 바르트는 「19세기 개신교신학」(Evangelische Theologie im 19. Jahrhundert, 1944)에서 당시 감정을 이렇게 토로했다.

> 그해 8월 초 어느 날은 나에게 통탄스런 날이 되었다. 93명의 지성인들이 빌헬름 2세와 그의 자문관의 전쟁 정책을 승인하는 발표를 했는데, 이 명단에서 이때까지 내가 존경한 스승들의 이름을 발견하고는 경악했다. 그들의 윤리를 의심하는 동시에 그들의 윤리학, 조직신학, 성서해석, 역사서술을 더 이상 따를 수

없었고, 19세기 신학은 나에게 미래가 없는 것처럼 느껴졌다.

바르트는 군국주의를 추종하는 독일신학자들의 선언을 진정한 기독교 복음에 대한 배신으로 간주했다. 개신교 자유주의신학과 결별한 바르트는 마침내 과거 종교개혁자들의 신학으로 돌아섰다. 1916년에 행한 한 연설에서 이렇게 말했다. "하나님의 의지는 우리 인간의 올바른 의지의 연장이 아니다. 하나님의 의지는 전적 타자로서 우리의 의지와 관계된다." 이런 바르트의 주장은 키에르케고르, 도스토예프스키, 니체 등의 사상과 밀접한 관계가 있었다. 하나님을 전적 타자(wholly other)로 간주하던 바르트의 신학사상은 1919년 출판한 「로마서주석」(Roemerbrief)에서 절정에 도달했다.

바르트는 「로마서주석」에서 신적 존재, 전적 타자, 그리고 영원한 세계는 우리의 현재 생활에 나타나는 실재라고 주장했다. 바르트는 1921년 「로마서주석」 2판을 출판했다. 초판 내용을 거의 전폭적으로 수정한 「로마서주석」에 대한 유럽 교회들의 반응은 무척 뜨거웠다. 초판에는 거의 무관심에 가깝던 기독교의 여론이 찬반으로 갈렸고, 덕분에 저자는 단숨에 유명해졌다. 바르트 자신도 느닷없이 쏟아지는 관심에 놀라지 않을 수 없었다. 누군가는 그런 바르트의 모습을 어두운 종탑에서 난간으로 나가다가 종에 매달린 밧줄을 엉겁결에 잡아당기는 바람에 종소리에 놀란 사람과 다르지 않았다고 평가했다.

자유주의신학자들 대부분이 한 음성으로 30대 중반의 젊은 목회자가 일방적으로 기존 신학을 난도질했다고 비판했다. 스위스의 종교사회주의자들은 대의명분을 배반한 자가 휘두르는 '단검'에 자신들이 당했다고 생각했다. 심지어 철학자로 활동했던 동생 하인리히 바르트

칼 바르트

(Heinrich Barth, 1890-1965)조차 칼 바르트의 신학을 볼셰비키적이라고 단정했다. 기존 정치와 문화를 일체 부정하는 동시에 단숨에 일소하려고 했던 러시아의 과격한 볼셰비즘을 그대로 답습했다는 뜻이었다. 한동안 바르트 곁에는 누구도 가까이 다가서려고 하지 않았다. 덕분에 한동안 문자 그대로 '사막 지대'를 경험해야 했다.

시간이 지나면서 바르트의 주석은 어느 가톨릭 비평가의 말마따나 "신학자들의 놀이터에 날아든 폭탄"이라는 게 분명해졌다. 현실과 유리된 자유주의신학을 포기하려는 목회자들에게 하나님의 능력과 은총을 새롭게 이해할 수 있는 소중한 도구가 되었다. 교회와 사회의 지배 세력들의 허위의식과 우상숭배에 비판적이고, 현실을 호도하는 그럴 듯한 발언들에 현혹되지 않고서 변화하는 세계에서 살아 있는 하나님을 찾는 일반인들은 바르트의 책을 마치 벼락처럼 경험했다. 그들은 주

바르트가 생활한(1911-1921) 자펜빌의 목사관

석을 읽고 나서 정직하게 죄와 문제, 스스로의 한계와 마주설 수 있었다. 있는 그대로, 행한 그대로 자기가 있는 자리에서 할 수 있는 것을 그대로 받아들이게 되었다.

바르트의 신학적 주장은 아주 명확하고 단순했다. 하나님의 초월성을 강조하고 경험적 신앙을 거부해서 자신이 자유주의신학과 철저하게 결별했다는 사실을 분명하게 선언했다. 모든 인간은 죄인이고, 결국 죽음을 피할 수 없는 존재에 지나지 않는다. 하나님은 그런 인간의 죄를 씻기 위해 이 땅에 오실 수밖에 없고, 오시기를 바라시고 또 오시게될 것이다. 이 위로부터 아래로 향하는 길은 인간이 하나님에게 나갈 수 있는 유일한 길이다. 이런 구속의 사건에서 인간은 주도적일 수 없는 것은 물론, 신적 역사를 파악할 수 없다. 달리 말하자면 "유한은 무한을 포착할 방법이 없다(finitum non capax infiniti)."

루돌프 불트만(Rudolf Bultmann, 1884-1976)을 비롯한 다른 신학자들과 〈시대 사이에〉(Zwischen den Zeiten)라는 잡지를 창간한 바르트는 1921년 괴팅엔대학 교수로 초빙되었다. 초반에는 괴팅엔의 분위기에 적응하느라 애를 먹었지만 그러는 사이에 신학적 주장은 한층 더 정교해졌다. 바르트는 하나님의 말씀이 인간의 언어로 전달되거나 통제할 수 있는 어떤 개념이 아니라고 주장했다. 하나님의 말씀은 예수 그리스도 안에서 더없이 훌륭하게 표현된 일종의 살아 있는 사건이고, 성령이 성서를 통해서 예수를 계시할 때 비로소 성서는 하나님의 말씀이 된다고 바르트는 확신했다. 그가 이렇게 성서와 하나님의 우월성을 일차적으로 강조한 것은 16세기 종교개혁자들의 일관된 주장과 다르지 않았다.

바르트 신학은 처음에 '위기의신학'(Theology of Crisis)이라는 이름으로 불렸다. 여기서 말하는 위기는 제1차 세계대전 이후 중부 유럽에 나타난 지배계층에 대한 위기이자 동시에 영원한 존재의 심판 밑에 있는 시간적 존재의 위기를 뜻했다. '변증법적신학'(Dialectical Theology)이라는 또 다른 이름도 있었다. 이 변증법은 헤겔보다 19세기 덴마크 철학자 키에르케고르(Soren Kierkegaard, 1813-1855)의 그것에 더 가까웠다. 칼 바르트가 키에르케고르의 주장을 수용해서 하나님과 인간 사이의 절대적 대립을 통한 상호작용을 강조했다고 해서 붙여진 이름이었다. 바르트 신학에 가장 널리 사용된 것은 '신정통주의'(Neo-Orthodoxy)였다. 자유주의신학을 비판하면서 루터와 칼뱅 같은 종교개혁자들의 교훈으로 다시 돌아가겠다는 의지가 담겨 있었다. 신정통주의는 1960년대 초반까지 거의 30년간 개신교 신학을 주도했다.

[악과 맞서는 싸움]

바이마르공화국의 대통령 힌덴부르크(Paul von Hindenburg, 1847-1934)로부터 수상으로 지명된 아돌프 히틀러(Adolf Hitler, 1889-1945)는 그로부터 1개월이 지난 1933년 2월 1일, 라디오 연설에 출연해서 본인이 4년 이내에 독일의 고질적인 실업문제를 완벽하게 해결하겠다고 공언했다. 미국의 대공황으로 촉발된 경제위기가 초래한 급격한 불황으로 전체 인구 6천만 명 중 650만 명이 실업자로 전락했다.

연설을 들은 사람들 가운데 누구도 그 발언을 신뢰하려고 하지 않았지만 히틀러는 실제로 약속을 지켰다. 주택자금을 적극 지원하고 군수물자를 생산하는 데 재정을 투자했다. 그리고 고속도로(아우토반)를 건설하는 데 잉여인력을 투입하는 방식으로 실업자 수를 1백만 명으로 줄였고, 1938년에는 그마저 대부분 해결했다. 뉴딜 정책을 시행하던 미국도 독일과는 견줄 수 없었다.

히틀러의 마술은 거기서 끝나지 않았다. 그는 채찍과 당근으로 사회 질서를 유지했다. 노동조합이 해체되고 급진주의자들은 조직에서 제거되었다. 동성연애나 포르노, 그리고 공산주의는 공개적으로 비난을 받았고, 퇴폐적이라고 판정된 예술은 된서리를 맞아야 했다. 아예 예술가 블랙리스트를 만들어서 발표했다. 1920년대부터 30년대로 넘어가는 시점에 황금기를 구가하던 과학자나 철학자, 신학자 역시 예외는 아니었다. 정권에 충성하기를 거부하면 누구든지 대학에서 쫓겨나고 외국으로 추방되었다. 하지만 일반 노동자들을 위해서 여가 프로그램을 운영하고 중산층에게는 휴일과 휴가비를 늘려주어 관광을 즐길 기회를 제공했다. 낮은 실업률과 아낌없는 경제적 후원으로 시민들은

아돌프 히틀러

한동안 만족한 삶을 살게 되었고 독일의 개신교와 가톨릭 역시 그런 히
틀러를 적극적으로 도왔다.

    1930년대 독일은 평온해 보이는 겉모습과 달리 내부에서는 심각할
정도로 중병을 앓고 있었다. 군비 생산을 토대로 재정을 유지하던 독일
정부는 자국의 자원만으로는 더 이상 지탱이 불가능해지자 주변 국가
들과의 전쟁을 돌파구로 간주하기 시작했다. 히틀러는 유럽 전역을 육
체적으로 흠이 없는 게르만족(아리안)이 지배하는 무적의 제국으로 만
드는 것을 명분으로 삼아서 전쟁 준비에 박차를 가했다. 국가의 지원에
절대적으로 의존하고 있던 개신교는 비판과 견제가 필요한 순간에도
굳게 입을 다물고 있었다.

    1938년 3월, 독일군이 오스트리아의 국경을 넘었다. 오스트리아인

들로부터 의외의 환대에 고무된 독일은 오스트리아 침공을 '꽃의 전쟁'이라고 불렀다. 오스트리아를 제국 일부로 편입시킨 히틀러는 선전포고도 없이 그다음 해에 폴란드를 침공했다. 폴란드군이 먼저 국경 부근 라디오방송국을 공격했다는 게 명분이었지만 사전에 짜인 각본에 지나지 않았다. 방송국을 공격한 폴란드군은 사실 위장한 독일군이었다.

히틀러는 전 방위적으로 폴란드를 공격했고, 거기에 반발한 영국과 프랑스가 독일에 전쟁을 선포했다. 제2차 세계대전의 시작이었다. 당시 독일에는 히틀러에 대항하려는 사람들이 그리 많지 않았다. 반대쪽에 선 인물 가운데는 루터교회 출신 젊은 신학자 디트리히 본회퍼(Dietrich Bonhoeffer, 1906-1945)가 있었다.

* 제자가 되기 위한 대가

디트리히 본회퍼는 대부분의 20세기 신학자들과 달리 목회자나 신학자 가문과 거리가 멀었고 부모는 기독교 신앙에 그다지 관심이 없었다. 본회퍼가 신학을 전공하기로 결심하자 가족들이 나서서 적극 만류할 정도였다. 당시 사회 분위기는 뛰어난 젊은이에게는 신학이 어울리지 않는 것으로 간주했다.

본회퍼가 각별히 영향을 받은 학자는 칼 바르트였다. 바르트의 신학으로부터 진정한 신학적 자유와 용기를 발견했다. 본회퍼는 바르트의 정식 제자가 아니었지만 강의를 직접 청강하면서 자신의 판단이 옳았다는 것을 다시 한 번 확신했다. 본회퍼는 21세에 박사과정을 마무리하는 논문을 베를린대학에 제출했다. 교회의 본질을 다룬 본회퍼의 논문을 바르트는 "신학적 기적"이라고 극찬했다.

목사안수를 받기 전까지 기간을 효과적으로 활용하고 싶었던 본회퍼는 1년간(1930-1931) 뉴욕의 유니온신학대학원에 체류하면서 박사후 과정을 밟았다. 자유주의와 근본주의 논쟁이 한창인 미국 신학계와 상류 계층 중심으로 운영되는 백인 교회의 모습에 실망한 본회퍼는 흑인들이 주로 다니는 할렘가의 침례교회에 참석했다. 그곳에는 흑인들 특유의 뜨거운 신앙과 지성, 그리고 사회적 비전이 함께 존재했다. 빈곤과 편견에 시달리면서도 음악과 이야기로 삶을 노래하는 흑인들에게서 복음의 진정한 의미를 발견했다. 예배에서 접한 흑인 영가에 매료된 본회퍼는 음반을 구하러 뉴욕의 음반가게들을 돌아다닐 정도로 몰입했다.

1931년 독일로 돌아온 본회퍼는 베를린대학 강사가 되었다. 하지만 이후로 거듭된 불길한 정치적 사건은 학문의 세계에만 머물 수 없도록 만들었다. 1933년 2월 1일, 라디오 방송에서 있었던 작은 해프닝은 본회퍼의 미래를 암시하는 중대한 사건이었다. 본회퍼는 총통을 뜻하는 독일어를 가지고 말장난을 했다. "만일 지도자(Fuehrer)의 이미지가 유혹자(Verfuehrer)의 이미지로 미끄러져 들어가게 되면 지도자와 그 역할은 하나님의 캐리커처로 신격화될 수 있다." 본회퍼는 권력을 신격화하려는 시도는 무엇이든지 격렬하게 저항했다. "우리가 가진 단 하나의 제단은 바로 하나님의 제단이다. …달리 원하는 자는 우리와 함께 하나님의 집에 거할 수 없다."

아리아인법령(Arian Clause)이 1933년에 의회를 통과하자 한층 더 긴장이 높아졌다. 유대인들이나 혈족 관계에 있는 사람들은 공무원이 될 수 없다는 법령이었다. 유대계 혈통일 경우에는 공직에서 이유 없이 쫓겨났다. 본질상 국가 교회였던 독일 교회의 상황 역시 크게 다르지 않았다. 교회 당국은 그 법령을 성직 안수는 물론, 목회에까지 적용해서 유대계 목사들을 교회에서 배제시켰다. 같은 해 4월, 본회퍼는 유대인들의 숙청에 맞서 분연히 일어섰다. 본회퍼에 따르면 교회는 국가 사회주의가 아니라 종교와 관계없이 사회적 희생자들에게 조건 없는 의무를 가졌다. 그리스도인들이 인종주의라는 이데올로기에 희생되고 있는 독일 지역의 유대인을 돕는 것은 당연한 일이었다.

본회퍼가 보기에 교회는 국가를 국가답게 만드는 데 적극적으로 참여해야 했다. 그것을 위해서 그리스도인들은 국가의 문제를 지적하고 질서를 강제하는 국가 권력에 이의를 제기하는 한편, 희생자들을 도와야 했다. 그리고 거기서 더 나가서 국가의 불의한 시도 자체를 저지하는 것 역시 교회가 감당하지 않으면 안 될 역할이었다.

본회퍼는 교회가 단순히 바퀴에 깔린 사람들에게 붕대를 감아줄 게 아니라 바퀴 자체가 움직이지 못하게 만들어야 한다고 선언하고 행동에 들어갔다. 동료들과 함께 목사긴급동맹(Pfarrernotbund)을 창설하고 독일인들에게 반유대인 교리를 가르치는 교회를 떠나도록 촉구했다. 목사긴급동맹은 계속해서 고백교회의 창설로 이어졌다.

1934년 5월 29일부터 사흘간 루터교회, 개혁교회, 연합교회에 소속된 대표자들 139명이 라인강 지류인 부퍼강 인근 부퍼탈의 바르멘에서 유명한 바르멘신학선언(Barmer Theologische Erklärung)을 발표했다. 신학선언문은 히틀러의 반유대정책에 호의적인 어용 국가 기독교신학과 위선적인 관제 제국교회를 향해서 날선 비난을 거침없이 쏟아냈다. 바르멘신학선언은 히틀러가 지배한 제3제국 시대에 나치스에 저항하는 그리스도인들의 정치 및 신학적 향방을 결정짓는 분수령이었을 뿐 아니라 독일 고백교회의 출발이 되었다. 신학선언의 핵심 내용은 이랬다.

성서의 증거처럼 예수 그리스도는 하나님의 말씀이라서 우리는 살든지 죽든지 그 말씀에 귀 기울이고 순종해야 한다. 우리는 거짓 교리를 배격한다. 교회는 하나님의 말씀 이외의 다른 사건이나 권위, 상징과 진리들을 하나님의 계시로 선언하는 것을 인정할 수 없고 또 인정해서도 안 된다.

선언문의 사전 초안은 칼 바르트가 집필을 담당했다. 농담처럼, 진한 커피와 약간의 브라질 산 엽궐련만 있으면 언제든지 충분히 가능하다고 장담한 대로 초안을 완성한 바르트는 그 일을 계기로 1930년부터 재직하던 독일 본대학의 교수직을 박탈당하는 바람에 스위스 바젤대학으로 자리를 옮겨야 했다. 그래도 바르트의 신념은 흔들림이 없었다. "시대적 사건에 대해 방관하면서 침묵으로 일관하는 공동체는 그리스도교 공동체가 아니다." 바르트는 바젤에서도 유대인을 옹호하는 발언을 결코 멈추지 않았다.

* 유대인과 함께 부르는 노래

1935년 4월, 고백교회 요청으로 런던에서의 목회를 접고 돌아온 본회퍼는 목사 후보생을 가르치는 목사후보생훈련원의 운영을 맡았다. 일종의 수도원 공동체를 지향한 후보생훈련원은 핑켄발데에 자리 잡고서 기도와 성서를 강조하는 영적훈련을 엄격하게 교육했다. 본회퍼는 그곳에서 몇 해에 걸쳐서 산상수훈을 주제로 구상한 원고를 완성했다. 「나를 따르라」(Nachfolge)는 제목으로 1937년에 출판된 그 책은 20세기의 가장 영향력 있는 기독교 저서이자 그리스도인들을 위한 현대의 고전이 되었다. 본회퍼는 산상 수훈과 루터의 사상을 재해석하면서, 진정한 은혜는 그리스도를 따르는 순종의 삶, 즉 성화의 삶으로 부르며, 이러한 성화의 삶은 성도의 교제를 통해, 그리고 성도의 교제를 향해 나아감을 강조한다. 이후로 「신도의 공동 생활」(Gemeinsames Leben, 1939)과 「성서의 기도서」(Gebetbuch der Bibel, 1940) 등을 저술했다.

1938년 11월 9일, 유대인 청년 그린츠판(Herschel Grynszpan)이 파리 독일대사관에 침입해서 외교관 한 명을 살해했다는 소식에 광분한 나치스 폭력단이 유대인 90명을 살해하고 수백 개의 회당(시나고그)에 불을 지른 '수정의 밤'이 발생했다. '수정의 밤'은 수많은 유대인 상점의 깨어진 유리창 조각들이 길바닥에서 수정처럼 빛났다고 해서 붙여진 이름이었다. 고통스런 밤이 지나갔지만 유대인들의 피해는 거기서 끝나지 않았다. 7,500개의 유대인 상점들이 파괴되었고 2만여 명의 유대인들이 체포되었다. 본회퍼는 나치스 정권의 부당한 일 처리 방식에 공개적으로 맞서 독일 그리스도인들에게 말했다. "유대인들을 위해서 외칠 줄 아는 사람만이 그레고리안 성가를 부를 수 있는 자격이 있다."

은밀하게 신학생들을 가르치던 본회퍼는 1939년 뉴욕에 있는 유니온신학대학원으로 떠났다. 징집에 따른 군복무 문제를 해결하기 위함이었다. 하지만 1개월을 채 넘기지 못하고 뉴욕에서 다시 짐을 꾸려야 했다. 급히 떠나온 독일의 상황이 예상과 너무 다르게 흘러가고 있었다. 당분간 미국에서 강의하면서 시간을 보내겠다는 생각은 옳지 않았다. 피하지 않고 함께 고난을 받는 게 주님을 신뢰하는 모습이었다.

본회퍼는 유니언신학대학원에 초대해준 주변 사람들에게 절박한 심정을 털어놓았다. "나는 미국을 방문한 게 잘못된 판단이었다는 결론에 도달했습니다. 지금 우리나라 사람들과 함께 이 시련을 겪지 않는다면 전후에 독일에서 그리스도인의 삶을 재건하는 데 참여할 수 있는 권리를 잃어버리게 될 것입니다."

같은 해 7월 베를린으로 돌아온 본회퍼는 히틀러에 맞서는 크라이사우 서클(Kreisau Circle)이라는 저항조직 핵심부와 연결되었다. 이 모임에는 개신교와 가톨릭의 저명인사들이 은밀하게 참여하고 있었다. 본회퍼는 유대인의 탈출을 돕다가 1943년 4월 5일 자신의 2층 방에서 비밀경찰에 체포되었다. 다음 해 7월 20일 오후, 크라이사우 서클이 히틀러 암살을 시도했다.

나중에 영화로 제작되어 세상에 널리 알려진 이 작전은 암살을 실행하는 날을 따서 '7월 20일'이라고 불렀다. 미리 탁자에 설치해둔 폭탄의 폭발로 고급 장교들 넷이 죽었지만 기대와 달리 히틀러는 멀쩡했다. 비밀경찰은 관련자들을 다그쳐서 암살 계획에 본회퍼의 이름이 포함되었다는 것까지 밝혀냈다.

본회퍼는 자신이 암살계획에 관여하게 된 까닭을 이렇게 설명했다. "죄 없는 구경꾼들의 무리를 향해서 차를 모는 미친 사람을 본다면, 나는 그리스도인으로서 그저 재앙을 기다리다가 상처 입은 사람을 위로하고 죽은 사람을 장사지낼 수 없다. 나는 그 운전자의 손에서 운전대를 뺏으려고 애쓰지 않으면 안 된다."

처음 18개월을 베를린 테겔형무소에서 보낸 본회퍼는 게슈타포교도소로 이감되었다가 1945년 2월부터 두 달간 나치스가 설치한 죽음의 수용소 가운데 한 곳인 부헨발트강제수용소에 수용되었다. 죄수 본회퍼를 목격한 사람의 증언에 따르면, 그는 죽음의 공포가 떠나지 않는 열악한 곳에서도 사소한 것에 행복과 기쁨을 느끼고 단순한 일에도 깊게 감사했다.

본회퍼는 마지막으로 플로센비르크(Flossenbuerg) 강제수용소로 이감되었고, 히틀러는 1945년 4월 5일 사형을 허가했다. 그로부터 사흘 뒤, 부활절이 지나고 돌아온 첫 번째 주일이었다. 본회퍼는 동료 수감자들을 상대로 설교하는 중이었다. 갑자기 비밀경찰 둘이 들어오는 바람에 예배는 거기서 그쳐야 했다. 경찰들이 소리쳤다. "죄수 본회퍼! 우리와 함께 갑시다." 본회퍼는 동료를 옆으로 불러서 나지막이 말을 건넸다. "이것이 끝이지만 내게는 생명의 시작입니다." 다음 날 아침 본회퍼는 교수대 옆에서 무릎을 꿇고 기도했다.

처음부터 그 장면을 지켜본 수용소 담당 의사 피셔 휠스트룽(H. Fischer-Huellstrung)은 나중에 이렇게 증언했다.

나는 본회퍼 목사가 수의를 벗기 전에 하나님 앞에 무릎을 꿇은 채 기도에 몰입하는 모습을 목격했다. …얼마나 경건한지 하나님이 기도를 들어주셨다고 확신할 정도였다. 그는 형장에서도 여전히 기도를 올렸고, 용감하게 교수대로 향하는 계단을 걸어 올라갔다. 처형은 몇 초 만에 끝났다. 나는 지난 50년 동안 직업을 수행하면서 그토록 하나님에게 철저히 순종하면서 죽음을 맞이한 사람을 본 적이 없다.

본회퍼의 시신은 가족들과 협의도 거치지 않은 채 다른 수감자들의 시신과 함께 소각되었다. 2주 뒤에 연합군이 독일군의 저항을 물리치고 플로센비르크강제수용소에 도착했다. 그리고 또다시 한 주가 지난 4월 30일, 소련군의 베를린 점령이 임박하자 히틀러와 친위 세력은 더 이상 전황을 되돌릴 수 없다고 판단했다.

디트리히 본회퍼(1935)

히틀러는 전 세계 유대인들이 자신을 전쟁으로 몰아넣었다는 터무니없는 변명을 늘어놓은 유서를 남긴 채 총통 벙커에서 애인이자 갓 결혼식을 올린 신부 에바 브라운(Eva Braun, 1912-1945)과 목숨을 끊었다. 유럽에서의 전쟁은 그렇게 해서 연합국의 승리로 끝났고, 같은 해 8월에는 히로시마와 나가사키에 원자폭탄을 투하한 미국이 일왕의 항복 선언을 받아냈다. 태평양과 동남아시아 전역에서 전투가 중지되었고, 마침내 제2차 세계대전이 종결되었다.

부고를 접한 미국 기독교윤리학자 라인홀드 니버(Reinhold Nie-buhr, 1892-1971)는 본회퍼를 20세기 순교자라고 부르면서 그의 삶을 "현대의 사도행전"으로 규정했다. 39세라는 본회퍼의 길지 않은 생애가 기독교 역사에서 그 누구보다 밝은 빛을 발하는 것은 그가 제시한 신학의 탁월성과 함께 그리스도 예수를 위해 오롯이 살다간 삶 때문이라고 할 수 있다.

본회퍼는 언제나 예수 그리스도가 오늘 우리에게 누구인지, 또 예수 그리스도는 오늘 우리에게 무엇을 바라는지 묻고, 그 물음에 정직하게 고백했다. 그뿐만 아니라 거기서 더 나가서 스스로의 고백을 좇아 살려고 노력했던 그리스도의 진정한 증인이었다. 본회퍼는 수용소에서 보낸 서신에서 동료들을 격려했다.

순간의 즐거움에 흔들리지 말고 정의를 단호히 행하고,
가능성 속에서 흔들리지 말고 현실적인 것을 담대히 붙들라.
사고의 세계로 도망치지 말라.
오직 행위 할 때에만 자유가 존재한다.
두려워 주저하지 말고 인생의 폭풍우 속으로 나가라.

"종교 없는 기독교"라는 표현을 처음으로 사용한 본회퍼는 세계가 하나님으로부터 해방되면서 불순하게 비종교적으로 변했다고 비판했다. 니체를 비롯한 이들이 하나님의 죽음을 선언해서 변질한 교회에 면죄부를 주었다. 본회퍼는 그와 같은 현실에 기뻐하거나 화를 내지 않았다. 오히려 성서의 하나님과 더 가까운 성숙한 세계, 즉 약하고 고통을 받으면서 박해를 겪는 이들의 세계를 희망했다. 그리고 권력이나 적대감과 맞서 싸우며 하나님과 인간들의 살아 있는 만남의 장소이자 예수 그리스도처럼 세상으로 들어가는 교회 모습을 꿈꾸고 실천했다. 본회퍼는 1933년 7월 23일 주일에 자신의 핵심이 되는 사상을 이렇게 설교했다. "교회여, 교회로 남아라. …고백하라. 고백하라. 고백하라."

✽ 전후의 에큐메니칼운동

권위와 권력으로 통치하는 히틀러에 맞서 세계대전이 진행되는 동안 나치스 정부를 상대로 줄곧 각을 세웠던 독일의 고백교회는 세계적으로 확산되어가는 에큐메니칼운동을 적극적으로 지지했었다. 마침내 1945년에 종전이 선언되자, 고백교회의 지도자들은 세계교회협의회의 창립을 준비하고 있는 교회 대표자들을 찾아가서 만났다. 그들의 목적은 전쟁을 치르는 동안 유대인들을 비롯한 여러 국가와 민족들을 상대로 저지른 독일인들의 잘못을 인정하고, 1938년 봄 이전으로 돌아가서 동료 그리스도인들과 다시 함께하기 위함이었다.

고백교회는 1945년 10월에 세계대전 종전 이후 가장 중요한 독일 교회 문서로 평가를 받는 스튜트가르트 죄책고백을 발표했다. 고백교회의 대표자들은 이렇게 고백했다. "우리는 보다 용기 있게 말하지 못하고, 더 열심히 기도하지 못하고, 더 기쁘게 믿지 못하고, 더 뜨겁게 사랑하지 못한 잘못을 범했다." 실제로 고백교회는 전쟁 중에 두드러진 활동을 하지 못했다. 나치스의 강력한 박해 때문에 그저 존립하는 것만으로도 대단한 일이라고 생각했다. 고백교회는 이 사실을 뼈저리게 후회하면서 동료 그리스도인들에게 용서를 구했다.

그로부터 3년이 흐른 뒤 네덜란드의 암스테르담에서는 세계교회협의회(World Council of Churches, WCC)를 결성할 목적으로 동방정교회, 성공회, 그리고 개신교 대표자들이 자리를 함께했다. 처음에는 동방정교회에 소속된 그리스도인들 가운데 일부가 세계교회협의회에 가입하는 것을 못마땅하게 여겼다. 서구교회가 주축이 되어 결성한 세계교회협의회가 동방정교회가 오랫동안 고수해온 삼위일체의 교리에 소극적이라는 게 그 이유였다.

사실 동방정교회는 서방교회보다 삼위일체 교리를 무엇보다 중시해 왔다. 그래서 서방교회가 삼위보다 일체를 강조하는 것과 달리 동방정교회는 일체보다 삼위를 더 강조하는 것처럼 비칠 때가 많다. 결국 1961년에 세계교회협의회는 자신을 "성부, 성자 그리고 성령이신 한 분 하나님의 영광으로의 공통적인 부름을 성취하려고 노력하는… 교회들의 단체"라고 새롭게 규정했다. 이와 같은 노력으로 굳이 정교회라는 이름을 지금도 선호하는 동방정교회 그리스도인들은 기독교의 다른 교파들과 함께 에큐메니칼 운동에 합류해서 적극 활동하게 되었다.

[근본주의의 등장]

영국 오리엘대학에서 오랫동안 신학을 가르치고 있는 데이빗 브라운

(David Brown)은 자신의 저서 「대륙 철학과 현대 신학」(Continental Philosophy and Modern Theology, 1987)에서 이런 신학적 조크를 소개한 적이 있다. "신학은 독일에서 창조되어 영국에서 교정되고 미국에서 타락한다." 역사적으로 신학의 최종 정착지인 미국이 정통 신학의 성격을 변질시킨다는 지적이다. 간단히 웃어넘길 만한 농담일 수 있지만, 20세기 초반의 미국 그리스도인들이 영국 신학계에서 만들어낸 것으로 보이는 이 말을 들었더라면 간단히 넘어가려고 하지 않았을 것이다.

보수적인 미국 그리스도인들은 제1차 세계대전을 또 다른 십자군전쟁으로 간주했다. 유럽에서 진행 중인 전쟁은 자유주의에 철저하게 물들어 있는 독일 신학에 맞설 수 있는 십자군의 참전을 요구하고 있다고 생각했다. 1918년 〈우리의 희망〉(Our Hope)이라는 잡지의 편집자는 이런 사설을 실었다. "새로운 신학이 독일을 야만국으로 몰아갔다. 결국에는 모든 국가를 동일한 타락의 길로 인도할 것이다." 보수적인 미국 그리스도인들의 이런 생각은 역사를 거슬러 올라가면 1730년 매사추세츠 노샘프턴에서 시작된 제1차 대각성운동, 그리고 보다 가까이는 20세기 초반 뉴욕에서 개최된 나이아가라 성서대회에 뿌리를 두고 있다.

1909년 8월 딕슨(Amzi Dixon)의 설교를 듣고서 감동한 사업가 라이먼 스튜어트(Lyman Stewart, 1840-1923)와 형제 밀튼 스튜어트(Milton Stewart, 1842-1922)가 복음주의자들의 신학을 소개하는 소책자들을 출판할 수 있도록 20만 달러를 기부했다. 1910년에 출판된 「근본: 진리에 대한 증언」(The Fundamentals: A Testimony of the Truth)이라는 소책자에는 다음과 같은 다섯 가지 명제들이 포함되었다.

첫째, 성서에 기록된 문자 하나하나가 모두 하나님의 영감으로 기록되었다는 축자영감설. 둘째, 그리스도 예수의 동정녀 탄생. 셋째, 세상 죄를 위한 그리스도의 대속적 죽음. 넷째, 그리스도 예수의 육신 부활. 다섯째, 앞으로 있게 될 그리스도의 재림. 보수주의 신학자들은 소책자의 이름처럼 자신들의 주장을 근본주의(Fundamentalism)라고 불렀다.

지금 우리들이 생각하는 것과 달리 근본주의자들은 시대정신이나 문화와 격렬하게 충돌하지 않았다. 자유주의적 후천년주의자와 보수적 전천년주의자가 뒤섞여 있었다. 「근본」의 저자들 상당수는 하나님이 진화로써 세상을 창조했다는 것과 인간 이성과 진보에 대한 낙관적 확신을 수용했다. 칼뱅주의 대표자였던 프린스턴신학대학원의 워필드(Benjamin Warfield, 1851-1921)는 유신론적 진화론을 "인류 창조의 신성한 절차"로 간주했다. 오어(James Orr, 1844-1913) 역시 호의적이었다. "진화론을 굳게 믿는 많은 사람이 가정하듯 하나님이 진화 과정에 내재하고 그 안에 그분의 지혜와 목적이 표현되었다면, 지금껏 유신론과 마찰을 빚은 진화론이 한층 더 발전된 새로운 형태의 유신론적 이론으로 자리 잡을 수 있을 것이다." 하지만 이런 견해는 사회 분위기의 급반전으로 기초부터 흔들렸다.

＊ 버틀러 법과 원숭이 재판

1920년대에 들어서면서 미국에서는 자유주의신학에 의해 촉발된 내부의 분열에 대한 불안과 진화론에 대한 불만이 그 어느 때보다도 팽배하였다. 근본주의자들은 성서의 내용과 찰스 다윈(Charles Darwin, 1809-1882)이 주장하는 진화론은 서로 양립할 수 없는 것으로 간주하고서 적극적으로 반대했다. 근본주의와 진화론의 전쟁이 특별히 1920년대에 부활하게 된 것은 두 가지 이유 때문이었다. 한 가지는 20세기에 들어서서 다윈의 주장이 어린이들을 위한 학교교육에 본격적으로 영향을 미치기 시작했다는 것이다. 그 이전까지 근본주의자들은 진화론을 굳이 문제삼으려고 하지 않았다. 그리고 종교적 신앙에 끼치는 진화론의 영향에 대한 근본주의자들의 반감을 누그러뜨리는 데 기독교 생물학자들이 소극적이었다는 게 두 번째 이유가 된다.

새로운 세기가 시작되면서 학교에서 사용되는 교과서는 점차 찰스 다윈적 성격을 띠어갔다. 그러자 진화론 반대자들은 공립학교에서 진화론을 가르치지 못하게 제한하는 법을 만들도록 로비했다. 테네시주는 1925년에 그런 내용을 담은 버틀러법을 통과시켰다. "성서의 가르침인 하나님의 인간 창조이야기를 부정하는 이론을 가르치는 것과 인간이 열등한 동물로부터 유래했다고 가르치는 것"은 불법이라는 게 법안의 요지였다. 버틀러법에 따르면 테네시주의 공립학교에서는 진화론을 전혀 가르칠 수 없었다. 이처럼 서로를 향해서 한 치도 물러서지 않고 마주 보고 달리는 두 대의 기차가 결국 동일 선상에서 충돌하는 사건이 발생했다.

존 스콥스(John Scopes, 1900-1970)는 테네시주의 데이튼이라는 작은 마을의 고등학교 미식축구 코치로 부임한 지 채 1년이 지나지 않았다. 스콥스는 대학에서 법학대학원의 예비과정을 마쳤다. 평소에 미식축구 코치와 수학을 담당하다가 아주 우연한 기회에 전국적으로 유명세를 타게 되었다. 스콥스는 학기 말에 몸이 불편한 생물 교사를 대신해서 두 주 동안 수업에 들어갔다. 버틀러법이 통과되자 데이튼 주민 가운데 일부가 자신들의 동네를 널리 알릴 수 있는 기회를 잡으려고 했

1925년 5월 5일, 존 스콥스는 진화론을 가르쳐서 테네시주법을 위반한 혐의로 체포되었다. ⓒAP

다. 그들은 스콥스가 학생들에게 원숭이와 사람은 같은 조상에서 나온 것으로 가르쳤다고 확신했다. 스콥스는 버틀러법을 위반한 혐의로 기소되었다. 누구도 예상하지 못한 일이었다. 결국 1925년 7월에 재판이 열렸다.

　　재판은 아주 싱겁게 끝날 수도 있었다. 기소된 스콥스가 버틀러 법을 위반했노라고 순순히 인정한 상태였기 때문이다. 하지만 예상과 달리 재판은 간단하게 종결될 수 없는 상황으로 흘러갔다. 진보 진영에서 활발하게 활동하는 것으로 유명한 클래런스 대로우(Clarence Darrow, 1857-1938)가 미식축구 코치의 변호사로 나섰기 때문이었다. 그뿐만이 아니었다. 그에 맞서 스콥스를 기소하는 측에서는 이미 세 차례나

원숭이 재판에 참여한 대로우와 브라이언

대통령 후보로 나선 바 있는 윌리엄 브라이언(William Bryan, 1860-1925)을 검사로 임명했다. 누구보다 화려한 경력을 지닌 두 법률가들이 법정 전면에 나서게 되자 세상의 이목이 온통 재판으로 쏠렸다. 한여름의 찜통 같은 더위에도 법정에 1천 명의 방청객이 운집할 정도로 성황이었다.

닷새째 되는 날 대로우 변호사는 검사 브라이언을 증언대에 세웠다. 대로우가 물었다. "성서의 모든 내용을 문자적으로 해석해야 한다는 게 당신의 주장입니까?" 브라이언이 대답했다. "성서의 모든 내용은 그 자체로서 해석되어야 한다고 믿고 있소. 어떤 성서의 내용은 본보기로 주어진 것이오." 대로우는 창조의 기간을 문제삼아서 브라이언을 몰아붙였다. "'저녁이 되며 아침이 되니 이는 첫째 날이니라'는 十절을 어떻게 생각하십니까?" 브라이언이 대답했다. "나는 그것을 꼭 24시간으로 해석할 필요는 없다고 생각하오. …내 생각으로는 그것이 기간을 가리키는 것 같소." 대로우는 그 '기간'이 무슨 뜻인지 집요하게 묻고 늘어졌다. 결국 브라이언이 고함을 질렀다. "대로우 씨의 유일한 목적은 성서를 모독하는 것이오!" 대로우 역시 물러서려고 하지 않았다. "이의 있습니다! 나는 이 지상에 지능이 있는 그리스도인이라면 믿을 수 없는 당신의 어리석은 생각을 거론하는 중입니다!"

스콥스의 변호를 담당한 대로우는 검사 브라이언에게 마지막으로 발언할 수 있는 기회를 주지 않았다. 재판은 8분 만에 끝났다. 존 스콥스가 버틀러 법을 위반했다는 판결이 내려졌고, 검사 윌리엄 브라이언은 그 미식축구 코치에게 100달러의 벌금형을 선고했다. 재판이 끝나자 근본주의자들은 브라이언을 더 이상 거들떠보지 않았다. 창조는 하루 24시간씩 6일에 걸쳐서 진행되었다고 굳게 믿고 있었기 때문이다. 브라이언은 그들의 주장과 달리 성서가 언급하는 하루를 보다 길게 받아들였다.

그렇다면 근본주의자들은 자신들이 바라던 승리를 손에 넣었을까? 재판에서 이긴 것은 분명한 사실이지만 미국 사회 전체가 근본주의의 주장에 동의하지는 않았다. 그리고 이후에 전개된 상황 역시 무승부에 가까웠다. 항소심에서 벌금은 배심원들이 부과해야 한다는 이유로 유죄판결이 파기되었다. 1967년에 버틀러법은 폐지되었으나 1999년 8월 캔자스주 교육위원회는 교육과정에서 진화론을 배제하도록 허용하는 안건을 근소한 표차로 통과시켰고, 이외에도 13개 주에서 여전히 진화론을 가르칠 것인지에 대해서 논쟁을 벌이고 있다. 그 불씨를 제공한 근본주의는 스콥스 재판 이후로 분열의 길에 들어섰다.

* 근본주의 진영의 분열

1940년대에 접어들면서 근본주의자들 가운데 일부가 현대 세계와는 거의 담을 쌓고 지내다시피 하는 근본주의에 의문을 제기하기 시작했다. 그들이 바로 이른바 '신복음주의자들'이었다. 1942년 3월에 147명의 신복음주의자들이 미국의 부흥을 위해 세인트루이스에 집회를 개최하고서 전국복음주의자연합회(NAE, National Association of Evangelicals)를 결성했다. 그들은 스콥스 재판을 통해서 드러난 근본주의의 부정적이고 파괴적인 이미지를 반복하지 않겠다고 결의했고 계속해서 그 약속을 지켰다. 근본주의자들이 사회를 자유주의에 넘겨준 것을 비판하면서 '거룩한 게토'에서 나오도록 주장했다.

근본주의자들은 여전히 엄격한 교리를 고수했지만 신복음주의자들은 그리스도를 통한 구원에 동의하기만 하면 상대를 가리지 않고 적극적으로 대화를 추진했다. 영국 출신 C. S. 루이스(Clive Staples Lewis, 1898-1963)의 작품들이 복음주의자들에게 상당한 영향력을 발휘했다. 영문학자이면서 20세기를 대표하는 기독교 변증론자였던 루이스는 현대에 들어서면서 사회가 돈과 권력, 섹스에 탐닉하고 진실한 선과 사랑과 기쁨의 매력을 상실해버렸다고 신랄하게 비판했다.

루이스가 대중적으로 알려지게 된 것은 「고통의 문제」(The Problem of Pain, 1940)를 출판하면서부터였다. 1941년 BBC라디오에 출연하면서 유명해졌고, 「스크루테이프의 편지」(The Screwtape Letters, 1942)가 출판되면서 주목받는 기독교 변증가로 인정받았다. 옥스퍼드대학 동료 가운데 루이스의 활동에 냉소적인 교수들도 있었지

| C. S. 루이스

만 다양한 활동으로 기독교에 대한 지적 편견들을 공격하면서 기독교 메시지의 타당성을 역설했다.

다양한 기독교 단체들과 협력을 모색하면서 세력 확대를 꾀하는 신복음주의자들에게 강력한 동력을 제공한 인물들이 등장했다. 복음주의 신학의 대표적 이론가인 칼 헨리(Carl Henry, 1913-2003)와 99세의 나이로 세상을 떠난 대중 설교자 빌리 그레이엄 목사(William Franklin Graham, Jr., 1918-2018)가 그들이었다.

칼 헨리의 「현대 근본주의의 불편한 양심」(The Uneasy Conscience of Modern Fundamentalism, 1947)은 근본주의 진영에 던진 폭탄이라는 평을 들었다. 헨리는 동료 근본주의자들이 사회적 접근을 배제함으로써 정치와 경제에 대한 복음의 음성을 제시하지 못했을 뿐 아니라 기독교 신앙과 사회개혁 운동을 분리시켰다고 강력하게 비난했다. 그는 풀러신학대학원 설립을 도왔을 뿐 아니라 그레이엄이 창간한 〈크리스채너티 투데이〉(Christianity Today)의 편집을 한동안 담당하면서 이론적으로 지원했다.

칼 헨리

윌리엄 그레이엄은 1949년에 개최된 복음주의자들의 집회에서 마치 혜성처럼 나타났다. 집회 주요 강사였던 그레이엄은 지역 라디오방송국 출연을 계기로 대중으로부터 집중적인 조명을 받게 되었다. 집회 초반에는 큰 관심이 보이지 않았지만 끝 날에는 1만 1천 명이 그레이엄의 설교를 들으러 모여들었다. 그 집회 이후로 우리에게 빌리 그레이엄이라는 이름으로 더 친숙한 윌리엄 그레이엄은 미국 기독교를 대표하는 전도자가 되었다.

＊ 신복음주의의 성장

빌리 그레이엄은 언젠가 선교 캠페인을 이끌다가 이렇게 발언한 적이 있다. "아마 전쟁 때문이겠지만 이 세계는 복음을 받아들일 만큼 성숙해진 것 같다." 실제로 그레이엄이 주도하는 집회마다 인파로 뒤덮였다. 1977년까지 185개국의 2억 1천만 명에게 복음을 전했다. 텔레비전이나 라디오방송으로 그레이엄의 설교를 들은 사람들은 더 많아서 수십억을 헤아렸다. 1973년 5월에는 우리나라를 방문해서 여의도에 모인 50만 명 이상의 그리스도인들을 상대로 설교했고 한국 방문은 그 이후로도 계속되었다. 그레이엄은 이런 직접적인 설교 이외에도 문서 매체에 관심을 갖고서 직접 잡지를 창간하기도 했다.

일부 근본주의자들은 빌리 그레이엄이 로마 가톨릭 신자들이나 진보적인 그리스도인들과 허물없이 지내는 것을 불쾌하게 받아들였다. 종교와 이념의 벽을 거침없이 넘나드는 그레이엄의 발 빠른 행보를 문제삼았다. 밥 존스(Bob Jones, 1883-1968) 같은 복음주의자들은 초반에 신복음주의를 지지하다가 공식적으로 결별하는 해프닝을 빚기도 했다. 밥 존스는 "그레이엄이야말로 20세기 악마의 도구"라고 공격했다. 세계교회협의회(World Council of Churches, WCC)가 주도하는 에큐메니컬 운동과의 연계를 문제삼은 것이었다. 주변의 따가운 시선에도 그레이엄을 중심으로 결집한 신복음주의자들의 영향력은 한층 더 강해졌다.

사실 빌리 그레이엄에게도 나름대로 자신이 속한 시대적 한계를 넘어서지 못한 측면이 없지 않았다. 그레이엄이 1998년에 스스로 인정한 것처럼 미국우선주의(또는 아메리카니즘)를 하나님나라와 혼동할 때가 이따금씩 있었다. 애초에 자신에게 신학적 배경이 되어주었던 근본주의자들과 마찬가지로 미국인들이 고수해온 전통적 신념과 기독교의 복음을 동일시한 것이다. 하지만 그레이엄은 진정한 하나님 나라는 미국이 아니라 그리스도인들이 믿음을 갖고 기대하는 나라라는 것을 세월이 흐르자 깨닫게 되었다.

신복음주의는 빌리 그레이엄 이외에도 세계 각국의 기독교 지도자들을 통해서 지속적으로 영향력을 확대해나갔다. 영국에서는 성공회의 지도자이면서 기독교 작가로 활동한 존 스토트(John Stott, 1921-

영국 런던의 트라팔가광장에서 설교하는 빌리 그레이엄(1954)

2011)의 활약이 특히 두드러졌다. 2005년 〈타임지〉가 선정한 세계에
서 가장 영향력 있는 100인에 포함되기도 했던 스토트는 86세의 나이
로 은퇴했지만, 2011년에 세상을 떠나기 전까지 복음주의의 멘터로서
감당해야 할 역할을 마다하지 않았다. 그는 영국 전역의 대학들과 영어
권에 속한 국가들을 상대로 복음주의의 핵심 사상을 전파하면서 자신
을 방문하는 젊은 복음주의자들과 직접 대화하고 교육했다.

남아프리카공화국 원주민 출신 마이클 캐시디(Michael Cassidy)
는 아프리카 복음화와 교단과 종파, 인종을 초월한 그리스도인들의 연

영국 성공회 사제와 작가로 활약한 존 스토트. 어려서부터 조류 관찰에도 큰 관심을 가졌다.

대, 종교의 자유와 인권보호를 위해서 아프리카사업회(AE, African Enterprise)라는 단체를 창립했다. 캐시디는 50년 이상 선교에 주력했다. 2010년에 케이프타운에서 제3차 로잔대회의 개최가 확정되자 캐시디는 자신이 지향하는 선교적 관점을 명쾌하게 제시했다. "제3차 로잔대회를 통해 아프리카 교회가 21세기 세계선교의 사명을 완성할 거대한 기동력을 더할 것이다. …이것은 특히 우리의 세계가 새로운 테크놀로지를 통해 위축되는 상황에서 더욱 중요하고 복음의 바람을 남반구로 코스를 바꾸는데 특히 중요하다." 2012년에는 그런 업적을 인정받아서 만장일치로 로잔운동의 명예의장으로 선출되기도 했었다.

라틴아메리카 지역에서는 빌리 그레이엄과 친분이 두터운 루이스 팔라우(Luis Palau, 1934-)와 지지자들이 선교에 나서 상당한 성과를

루이스 팔라우. 아르헨티나 출신으로 18세 때부터 설교하기 시작했다. 라틴계 그리스도인들로부터 강력한 지지를 받고 있다.

거두었다. 1978년 이후로 빌리 그레이엄 진영과 결별했지만 사역에 있어서는 여전히 유사한 방식을 적극 활용하고 있다. 팔라우는 그레이엄처럼 직접 전도와 집회에 주력하는 선교방식 외에도 에스파냐어와 영어를 섞어 방송하는 라디오와 텔레비전 프로그램을 42개국에 송출하는 방송선교에 집중했다. 공식적으로는 정치와 무관한 행보를 강조하면서도 백악관과 밀접한 관계를 유지하는 빌리 그레이엄처럼 콜롬비아, 파라과이, 과테말라, 페루의 대통령들과 직간접으로 관계를 형성하면서 필요할 때마다 종교적 조언이나 의견을 적극 제시했다. 주로 중남미 국가들과 라틴계 미국인들 대상으로 삼고 있는 선교사역은 이따금 독재정권과 과도하게 밀착되어 있다는 비난을 받기도 했지만, 전반적으로는 특정 정파나 기독교 교파의 색채를 강조하지 않아서 가톨릭교회와의 관계도 우호적인 편이다.

복음주의 계통의 미국 교회들은 1960년대 후반부터 성장세를 지속적으로 유지하고 있고, 그 가운데 상당수는 아주 빠르게 성장을 거듭한다는 평가를 받고 있다. 딘 켈리(Dean Kelly, 1926-1997)는 「어째서 보수적인 교회들이 성장하고 있는가?」(Why Conservative Churches Are Growing?, 1972)에서 실증적으로 자료를 제시한 바 있다. 일각에서는 켈리가 주로 활용한 자료들의 신빙성에 이의를 제기하기도 하지만, 부분적인 해석의 차이가 있을 뿐 침체를 못 벗어나는 전통적인 주요 교단들과 달리 복음주의 계통의 교회들이 계속해서 성장하고 있다는 것은 부인하기 어렵다. 종교사회학자 핑크(Roger Finke)와 스탁(Rodney Stark)은 성장 원인으로 종교적 헌신의 적절한 요구 수준과 변화하는 환경에 대한 적응을 꼽았다. 논란의 여지가 있을 수 있지만 위축되고 있는 진보적 성향 교회들이 주목해야 할 대목이다.

[변화하는 로마 가톨릭]

로마 가톨릭은 20세기 중반기를 넘길 때까지도 딱히 두드러진 변화의 행보를 걷지 않았다. 교회 밖 세상은 걷잡기 어려울 정도로 변모했지만 가톨릭의 지도층은 사회 문제들에 그다지 관심을 보이지 않았다. 20세기 초반에 위협적인 세력으로 등장한 동구권의 공산주의와 팽팽한 대립각을 세우는 한편, 오랜 전통을 강조하고 권위를 유지하는데 만족하는 수준에 머물렀다.

반면에 진보적인 가톨릭 신자들은 물론, 교황의 세계적 리더십을 긍정적으로 평가하는 이들은 바티칸으로 향한 기대의 시선을 거두려고 하지 않았다. 그들이 보기에 로마 가톨릭은 잠들었지만 깨어나면 언제든지 세상을 뒤흔들 수 있는 거인이었다.

한동안 잠잠하던 가톨릭교회의 분위기는 1958년 10월 이탈리아 출신의 안젤로 쥐세페 론칼리(Angelo Giuseppe Roncalli)가 교황 요한 23세(Johannes XXⅢ, 1958-1963 재위)의 자리에 오르면서 급속히 바뀌었다.

＊ 요한 23세와 제2차 바티칸공회

콘클라베에 참석한 세계 각국의 추기경들은 사실, 고령의 교황에게 별다른 기대를 걸지 않았다. 추기경들이 론칼리를 교황으로 선택한 것도 76세라는 나이 때문이었다. 고령의 교황이 적극적으로 정치력을 행사하지 않을 것이라는 게 추기경들의 대체적인 중론이었다. 본격적인 기대는 그 뒤를 잇게 될 교황이었다. 하지만 그런 예상은 보기 좋게 빗나가고 말았다. 교황은 노구를 이끌고서 사회로 걸어 들어갔다. 성탄절에 교도소를 방문한 것으로 시작된 5년간의 행보는 4세기 이상 미동하지 않던 로마 가톨릭에 변화의 물결을 일으켰다.

요한 23세는 1962년 '쿠바 위기' 때 미국과 소련 사이에서 중재자 역할을 자처하면서 핵전쟁을 막는 데 중요한 역할을 했다. 당시 소련은 미국이 중동지역에 핵미사일을 설치했다는 것을 빌미로 삼아 쿠바에 미사일기지를 건설하려고 했다. 미국은 즉각 반발하면서 기지 건설을 중단하지 않으면 전쟁마저 불사하겠다고 선언했다. 일촉즉발의 순간에 요한 23세는 양국에 평화를 요청하는 메시지를 보냈다. 이후 두 나라는 중재안에 서로 합의했고, 이듬해 교황은 사회회칙 '지상의 평화'

(Pacem in Terris)를 발표하고 세계를 상대로 평화를 호소했다. 회칙에서 교황은 군비축소와 핵무기개발 금지를 촉구하면서 "진정한 평화는 무기의 균형이 아니라 상호 신뢰로 이뤄진다"고 강조했다.

이전 교황들은 개신교인들을 주저하지 않고 공개적으로 정죄했다. 그런데 교황 요한 23세는 개신교 신자들을 죄인이 아니라 '떨어져 나간 형제'라고 불렀다. 요한 23세는 개신교 최대 협의체제로 110개국의 장로교, 감리교, 루터교, 성공회, 정교회 등 349개 교단과 5억 8천만 명이 가입한 세계교회협의회(World Council of Churches, WCC) 총회에 참관인을 파견하고, 로마 가톨릭을 현대 세계에 걸맞게 고치는 일에도 적극 관심을 표명했다.

교황은 마침내 공회를 소집하기로 결정했다. 많은 사람들이 이성을 잃은 처신으로 평가했다. 제1차 바티칸공회에서 이미 교황에게 무오성을 부여했으니 신학적으로도 새삼 공회를 개최할 이유가 없었다. 하지만 교황 요한 23세는 부정적인 주장에 동의하지 않았다.

1962년에 2,500명의 추기경과 주교, 그리고 대수도원장 등이 로마 바티칸에 모여들었다. 제2차 바티칸공회의 시작이었다. 500명의 대표자들이 아프리카와 아시아에서 참석했다. 공회의 주제는 아지오르나멘토(aggiornamento), 즉 외부 형식의 '갱신'이었다. 요한 23세는 이 공회를 끝까지 지켜보지 못하고 세상을 떴다. 그 뒤를 이어 교황이 된 바오로 6세(Paulus VI, 1963-1978)가 계속해서 바티칸공회를 주재했다. 1962년부터 1965년 사이에 공회가 네 차례 개최되었다. 공회는 라틴어 대신 각 지역의 일상어로 미사를 진행할 수 있다는 결정과 함께 유대인들에 대한 바티칸의 해묵은 교훈 역시 전폭적으로 바로잡았다.

제2차 바티칸공회의 최종 선언은 교황 바오로 6세와 콘스탄티노플

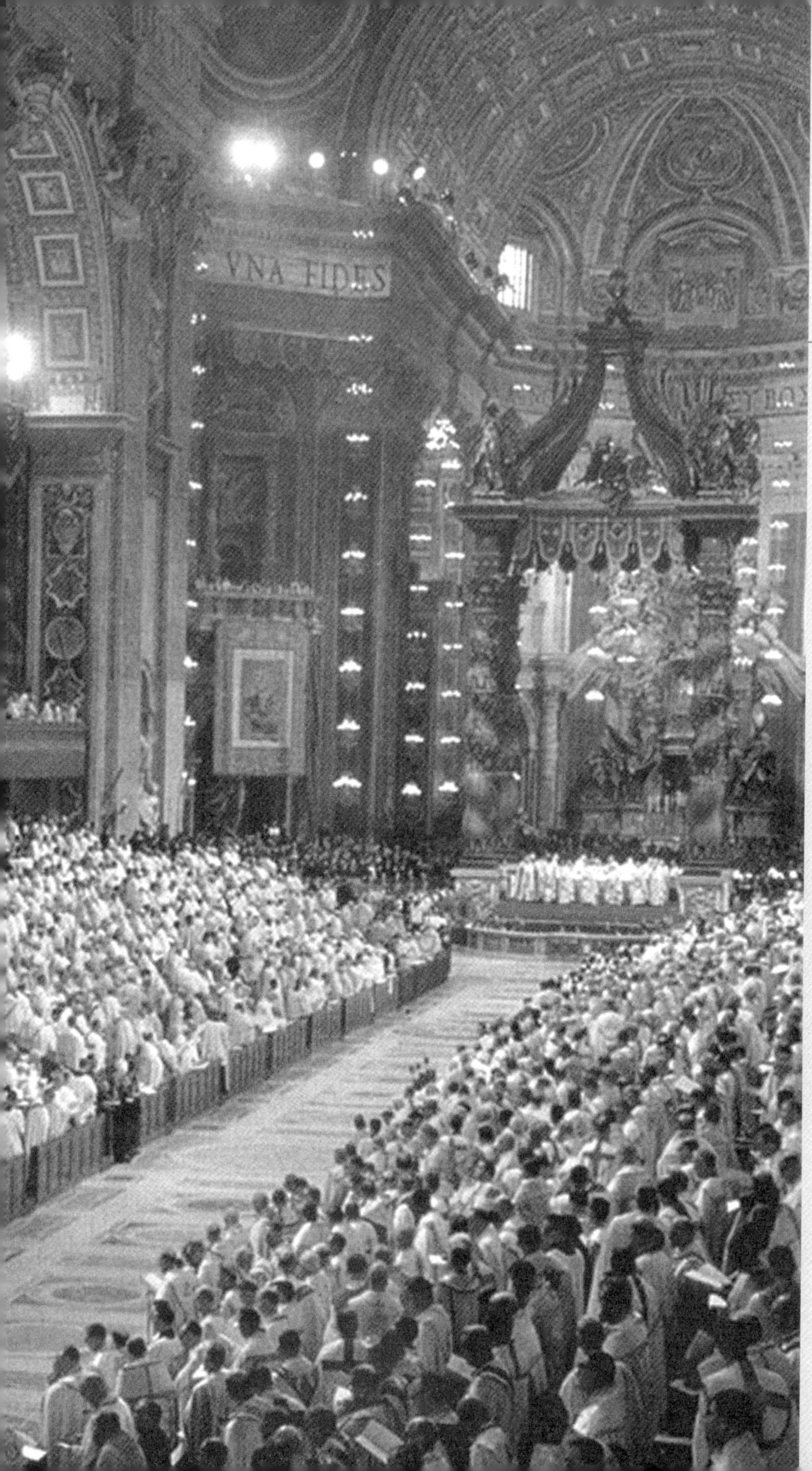
VNA FIDES

의 대주교 아테나고라스 1세(Athenagoras Ⅰ, 1948-1972 재위)의 합동 성명서였다. 공회의 회기가 끝나기 하루 전인 1965년 12월 7일, 교황과 대주교는 911년 전(1054)에 하기야소피아성당에서 서방과 동방 교회가 상대방을 정죄하고 서로 갈라섰던 사건에 대해서 서로 유감을 표명하고 나서 교회가 상대방에게 내렸던 법적 절차를 무효로 선언했다. 두 명의 교회 지도자들은 다음과 같이 선언했다. "이 기간의 슬픈 사건들과 함께… 모욕적인 말을 한 것은 유감이다. 또 그들은 파문을 선고한 것을… 철회한다." 이로써 9백여 년 동안 지속된 불신과 반목의 관계가 화해와 협력 관계로 나아가는 길이 열렸다.

＊ 동방과 서방, 구교와 신교의 화해

로마 가톨릭은 이후에 카롤 보이티야(Karol Wojtyla)라는 이름의 신부가 즉위 33일 만에 세상을 떠난 요한 바오로 1세의 뒤를 이어서 교황으로 선출되었다. 요한 바오로 2세(Johannes Paulus Ⅱ, 1978-2005 재

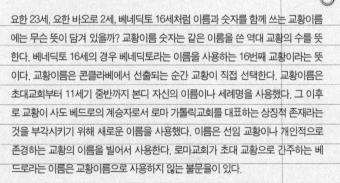

〉〉〉 교황이름에 담긴 뜻은?

요한 23세, 요한 바오로 2세, 베네딕토 16세처럼 이름과 숫자를 함께 쓰는 교황이름에는 무슨 뜻이 담겨 있을까? 교황이름 숫자는 같은 이름을 쓴 역대 교황의 수를 뜻한다. 베네딕토 16세의 경우 베네딕토라는 이름을 사용하는 16번째 교황이라는 뜻이다. 교황이름은 콘클라베에서 선출되는 순간 교황이 직접 선택한다. 교황이름은 초대교회부터 11세기 중반까지 본디 자신의 이름이나 세례명을 사용했다. 그 이후로 교황이 사도 베드로의 계승자로서 로마 가톨릭교회를 대표하는 상징적 존재라는 것을 부각시키기 위해 새로운 이름을 사용했다. 이름은 선임 교황이나 개인적으로 존경하는 교황의 이름을 빌어서 사용한다. 로마교회가 초대 교황으로 간주하는 베드로라는 이름은 교황이름으로 사용하지 않는 불문율이 있다.

요한 바오로 2세

위)는 이탈리아 이외의 지역 출신으로 교황이 된 최초의 신부였다. 요한 바오로 2세는 정력적으로 세계 곳곳을 여행했다.

1979년에는 이스탄불에 있는 콘스탄티노플 총대교구를 직접 방문해서 총대주교 드미트리오스 1세와 함께 가톨릭-정교회 공동 신학위원회를 출범시켰다. 당시 뮌헨 대교구 교구장이었고, 나중에 요한 바오로 2세가 세상을 뜬 뒤에 교황 베네틱토 16세(Benedictus XVI, 2005-2013 재위)가 된 라칭거 추기경(Joseph Aloisius Ratzinger, 1927-)

이 위원회의 창립 위원으로 참여했다는 사실은 주목할 만하다.

계속해서 요한 바오로 2세는 유대인 대학살이 진행되는 동안 가톨릭이 도덕적 지도력을 제대로 발휘하지 못한 것을 공개적으로 사과했다. 이후로도 동유럽이 자유를 확보할 때까지 줄기차게 저항하도록 격려했고, 그런 노력은 20세기 후반에 동유럽이 붕괴하는 데 상당한 이바지를 했다. 요한 바오로 2세는 즉위 이듬해인 1979년 고국 폴란드를 방문해서 공산당 정권에 눌려있는 사람들에게 "두려워하지 말고 용기를 가지라"고 자유와 희망의 메시지를 전달했다. 교황의 방문에 고무된 폴란드 국민들은 공산당 정권과의 투쟁에 적극적으로 나서면서 동구권 공산주의 몰락에 신호탄을 쏘아 올렸다. 1989년 고르바초프 소련 서기장을 만나 개혁과 개방 정책을 지지한 것이 냉전시대 종식을 앞당겼다는 평가를 받았다.

로마 가톨릭은 여성의 성직 안수와 성직자의 결혼을 금하는 것에서 알 수 있듯이 전통적인 교리를 여전히 유지하고 있지만 외형상으로는 제2차 바티칸공회 이후로 상당한 변화를 겪었다. 그 가운데 특히 주목할 만한 사건으로는 루터교회와의 신학적 합의를 이끌어낸 것을 꼽을 수 있다. 덕분에 로마 가톨릭교회와 루터교회 사이에 500년 가까이 계속되어온 칭의 논쟁이 마침표를 찍게 되었다.

1999년 10월 31일, 독일 아우크스부르크에서 루터교세계연맹과 로마 가톨릭교회의 대표자들이 만나서 '구원과 칭의에 관한 공동선언문' (Joint Declaration on the Doctrine of Justification, JDDJ)에 서명했다. 44개 조항으로 이루어진 선언문은 "신앙은 구원에 필수적인 것"이라면서 "우리는 인간의 어떤 덕목에 의해서가 아니라 주 예수님의 은총에 의해서 구원받을 수 있다는 사실을 함께 고백한다"고 밝혔다.

루터교회와 가톨릭교회 대표자들이 종교개혁일에 공동선언문에 함께 서명하고 있다.

대표자들은 "선행하라는 권고는 신앙을 실천하라는 권고"라고 절충하고 "칭의는 신앙만으로도 가능하지만, 선행은 참된 신앙의 핵심적 표지"라는 데 서로 합의를 보았다.

　사실 로마 가톨릭과 루터교회가 대화에 나선 것은 1960년대 후반의 일이었다. 1973년에는 가톨릭과 루터교 협동위원회를 구성하고서 공동으로 저서를 출판하는 등 역사적인 반목과 불신의 벽을 계속해서 조금씩 허물어왔고, 1994년에는 양쪽 신학자들이 한자리에 모여 공동 선언의 초안을 작성했다. 선언에 대한 반응은 제각각이었다.

　교황 요한 바오로 2세는 "신구교의 분열이 발생했던 유럽 전체에 희망을 던지는 표시"라고 공동 선언문을 반겼지만, 소식을 접한 개신교 출신 신학자 2백여 명은 이 선언문이 개신교를 팔아넘기는 행위로 평가절하하고 반대 의견을 피력했다. 루터교세계연맹 크리스티안 크라우제(Christian Krause, 1997-2003) 감독과 교황 요한 바오로 2세는 아랑곳하지 않고 바티칸에서 회합을 갖고 독일 아우크스부르크의 공동선언문을 긍정적으로 평가했다.

로마 가톨릭은 개신교회와 대화를 계속해서 루터교회와의 공동선언에 감리교의 참여를 이끌어냈다. 화해를 주제로 2006년 서울의 금란교회에서 개최된 제19차 세계감리교대회(WMC) 셋째 날에 루터교회와 감리교회, 가톨릭의 대표자들이 함께 서명식을 가졌다. 합의 서명의 내용은 다음처럼 네 개 부분으로 구성되었다.

첫째, 감리교회는 과거 루터교회와 가톨릭 간의 합의에 동의한다는 것, 그리고 둘째는 세부적인 사항에 대한 감리교회의 의견 표명. 셋째, 공동선언에 기초해서 칭의 교리의 이해를 위해 공동으로 노력한다는 것. 그리고 끝으로 "가톨릭교회와 루터교회와 감리교회는 이러한 성과와 약속이 그리스도가 모든 그리스도인에게 바라시는, 온전한 친교와 세상 앞에서의 공동 증언을 위한 노력의 일부로 인정한다"는 내용이었다.

[동방정교회의 수난과 발전]

앞서 거론했듯이 동방정교회는 콘스탄티노플 총대교구를 중심으로 출발한 기독교 종파이다. 동방정교회는 자신들의 교회를 초대교회의 정통성을 계승한 유일한 교회라는 뜻으로 정통 기독교, 즉 정교회라고 부른다. 반면에 서방교회는 그냥 동방교회라고 부르기 때문에 일반적으로는 중립적 성격을 가진 동방정교회라는 이름으로 불린다. 동방정교회는 지역에 따라서 부르는 이름이 달라진다. 가령 러시아 지역에서는 러시아정교회, 그리스에서는 그리스정교회, 그리고 우리나라에서는 한국정교회로 이름이 바뀌게 된다. 동방정교회의 전체 교인 수는 1억 4천만 명을 헤아리지만 대부분이 러시아와 동부 유럽에 거주한다.

동방정교회는 어째서 기독교의 다른 종파와 달리 폭넓은 지역에서 지지를 받지 못하고 있는 것일까? 이유는 크게 두 가지로 정리할 수 있다. 한 가지는 중앙아시아와 중동지역에 위치한 무슬림들의 견고한 세력 때문이었다. 역사적으로나 지역적으로 동방정교회와 이슬람의 본거지는 서로 중첩되었다. 7세기 이후로 무슬림들은 세력을 넓히는 과정에서 콘스탄티노플을 중심으로 비잔티움제국에 강력한 영향력을 행사하는 동방정교회의 확산을 강력하게 저지해왔다. 또 다른 이유는 공산당의 등장이다.

＊ 공산당과 러시아정교회

13세기 키예프대공국의 블라디미르 대공(본명은 알렉산드르 네프스키, Alexandr Yaroslavich Nevsky, 1252-1263 재위)이 동방교회를 국교로 삼기로 결정한 이래 러시아정교회는 경쟁관계에 있는 이슬람권과 노골적인 종교적 갈등을 빚은 적이 거의 없었다. 하지만 20세기 초반부터 러시아에서는 새로운 형식의 종교 박해가 진행되었다. 1917년 러시아 황제가 자리에서 물러났다. 무능력한 제정시대가 막을 내렸으나 정치와 경제는 호전될 기미가 없었다.

같은 해 10월, 공산당의 전신 볼셰비키가 블라디미르 레닌(Vladi-

오래된 볼셰비키(Old Bolsheviks). 왼쪽으로부터 스탈린, 레닌, 그리고 칼리닌(1919)

mir Lenin, 1870-1924)의 지시를 받아 혁명을 일으켰다. 1922년까지 서방의 지원을 받는 백군(白軍)과 러시아 국민의 지지를 받는 적군(赤軍)이 치열한 싸움을 벌였고 승리는 결국 적군의 몫으로 돌아갔다. 레닌은 공산화된 러시아를 지배하는 최초의 독재자가 되었다.

레닌이 고수하는 종교관은 아주 단순했다. 그는 이렇게 주장했다. "신이라는 개념을 부추기는 것은 말할 수 없는 타락이다." 레닌 치하에서 러시아정교회는 기존에 누려오던 사회적 지위를 한꺼번에 잃어버렸다. 1918년 1월 볼셰비키 정부는 교회의 토지를 비롯해서 모든 토지를 국유화했다. 시민들이 교회와 접촉하지 못하도록 결혼식장을 따로 마련하고 공적으로나 사적으로 종교교육을 금지했다.

모스크바 총대주교 찌혼(Tikhon of Moscow, 1865-1925)이 레닌이 추진하는 종교정책을 공개적으로 비난하고 나섰다. 그에 따른 보복으로 레닌 추종자들은 찌혼을 투옥하고 러시아정교회 주교 28명과 사제 1천 명을 살해했다. 하지만 이런 비극은 레닌을 승계한 스탈린의 만행에 비하면 아무것도 아니었다.

러시아의 상트페테르부르크(레닌그라드)에 있는 그리스도보혈성당

　요시프 스탈린(Joseph Stalin, 1878-1953)이 신학생 출신이었다는 사실은 역사의 아이러니이다. 1991년 소련으로부터 독립한 조지아(그루지아) 출신이었던 스탈린은 신학을 전공하다가 마르크스 사상에 심취해서 일찌감치 조지아정교회를 떠난 인물이었다. 레닌이 세상을 떠나자 철저한 무신론자 트로츠키를 누르고 1929년에 권력을 장악한 스탈린의 잔혹한 독재 때문에 수많은 성직자들이 투옥되고 살해당했다. 이미 1922년부터 18세 이하의 청소년과 어린이들에게는 종교를 가르치는 게 법적으로 불가능했지만 스탈린 이후의 상황은 더 나빠졌다. 나중에 공산당 간부들은 그리스도인들에게 고향을 떠나 더 형편없는 곳으로 이주해서 살도록 강요했다. 그리스도인들의 자녀들은 그저 이름뿐인 학교에 다녀야 했다.

　러시아정교회의 상황은 다른 종파들에 비하면 그래도 비교적 양호했다고 할 수 있다. 정교회 이외의 기독교 종파들은 더 혹독한 박해를 감수해야 했다. 19세기말 재세례파 영향을 받아서 출발한 러시아침례교회와 16세기 독일로부터 도입되었다가 1832년 공식적으로 교단을 형성하게 된 루터교회, 그리고 오순절 계통의 교회들이 그랬다. 지도자들의 투옥은 물론이고 교회 재산 전부와 운영하는 학교들 모두가 국유화되었다. 러시아정교회는 공산당의 극심한 탄압을 피하려고 공산당 정부와 우호적 관계를 유지하고 있는 사람들을 교회 지도자로 세우는 편법도 마다할 수 없었다.

＊ 제2차 세계대전 이후의 상황

러시아정교회는 제2차 세계대전이 발발하자 어느 정도 숨을 돌리게 되었다. 러시아정교회가 히틀러의 독일군과 맞서 전쟁을 치르는 소련 군대를 적극적으로 지원하면서부터 가능해진 일이었다. 1941년 독일 나치의 탱크가 레닌그라드와 스탈린그라드까지 밀고 들어오자 다급해진 스탈린은 러시아정교회의 애국주의에 호소해서 병력을 확보했다.

1943년에는 스탈린이 러시아정교회와 화해를 선언했고, 나폴레옹과의 전투에서 거둔 승리를 기념해서 건축한 구세주그리스도대성당(Cathedral of Christ the Saviour)을 파괴한 것을 착오라고 인정했다. 모스크바에서는 부활절 행사가 공개적으로 개최되었다. 공산당 정부는 교리와 교회조직의 정비를 위해 추진한 종교회의를 허용했고, 내친김에 재정적인 도움을 이끌어내려고 버려진 교회 건물들의 복구마저 허락했다. 덕분에 폐쇄된 수도원과 교회, 신학교가 다시 문을 열 수 있었다. 구세주그리스도대성당은 소련 해체 직후인 1992년부터 모금이 진행되고 1994년에 복구가 시작되어서 2000년에 완성되었다.

하지만 사제는 여전히 교회를 비워둔 채 사회에서 일하면서 생계를 꾸려가야 했고 어린이들에게 종교를 가르치는 것 역시 소련에서는 계속해서 불가능한 일이 되었다. 스탈린의 정책을 그대로 계승하면서 등

미하일 고르바초프

장한 흐루시초프(Nikita Sergeevich Khrushchyov, 1894-1971) 역시 러시아정교회에 대한 견제를 늦추거나 박해를 멈추고 싶은 생각이 조금도 없었다. 흐루시초프가 집권하는 동안 수천 개의 교회들과 수도원들이 폐쇄되었고, 신학생들은 학교에 드나들 수 없었고, 열성적인 그리스도인들은 별다른 재판을 거치지 않은 채 체포되어 노동교화소나 정신병원에 보내졌다. 이런 힘겨운 상황은 소련이 미국과의 군비경쟁에 나서는 바람에 경제적으로 상당한 압박을 받아야 했던 1990년대 직전까지 변함없이 계속되었다.

미하일 고르바초프(Mikhail Sergeyevich Gorbachov, 1931-)가 소련의 최고 권력자 자리에 오르면서 러시아정교회에 대한 공산당 정부의 적대적 상황은 180도 달라졌다. 1985년 3월, 소련 공산당 서기장에 취임한 고르바초프는 1989년에 교황 요한 바오로 2세에게 약속했던 내용을 한 해 뒤에 그대로 지켰다. 고르바초프는 러시아 혁명 이전처럼 소련의 시민들을 위해 종교의 자유를 보장하는 법률을 통과시켰다. 그렇게 해서 공산당이 집권하기 이전처럼 성서나 종교서적이 자유롭게 배포하고 성직자들이 별다른 제한 없이 복음을 전할 수 있게 되었다. 사회에서 교회가 전통적으로 담당했던 역할이 현저하게 회복되었고 정부는 과거에 몰수한 교회의 재산을 돌려주었다.

소련에서 종교의 자유가 본격 허용되기 시작되었는데 적극 환영해야 할 러시아정교회가 반대하고 나섰다. 종교 자유가 다른 기독교 종파들의 활동을 자극해서 입지가 줄어들까봐 염려한 것이다. 이중적 태도와 오랫동안 정부와 불편하면서도 협조적인 관계를 유지해온 러시아정교회에 대한 타종파의 시선은 곱지 않다.

오늘날 러시아에서의 그리스도인의 증가추세는 가파르다. 러시아정교회 신자들은 전체 인구 약 3억 명 가운데 5천만 명 정도로 추산된다. 러시아인들은 결혼식이나 장례식을 위해 교회를 찾을 뿐 아니라 매주 예배에 참석한다. 러시아정교회의 견고한 위상은 도처에서 감지된다. 2014년 블라디미르 푸틴(Vladimir Putin, 1952-)의 대통령 취임식장 맨 앞줄에 총주교가 섰다. 공교육 교육과정에는 '정교 문화의 기초'라는 과목이 도입되었다. 모스크바국립대학을 비롯한 주요 대학들마다 정교회 건물을 보유하고 있다. 군대에도 종군성직제도가 마련되었다. 20세기 사회주의 무신론자들은 마르크스와 레닌주의라는 예리한 창으로도 러시아정교회의 오랜 신앙의 방패를 뚫을 수 없었다.

역사상 처음으로 1000년을 눈앞에 둔 중세의 사람들은 엄청난 공포와 전율에 사로잡혔다. 990년대 후반에 들어서면서부터 유럽인들은 신약성서에 거론된 천년왕국이 바야흐로 막이 오를 것으로 굳게 믿었다. 사람들은 신약성서의 계시록의 내용처럼 임박한 그리스도의 심판과 무저갱에서 풀려나 세상을 휘젓고 돌아다니게 될 사탄 때문에 말할 수 없는 두려움에 떨어야 했다. 독실한 믿음을 가졌다고 하는 사람들은 세기말의 공포를 떨쳐내려고 길거리로 몰려나와 지은 죄를 회개하고 구원을 갈구하는 열광 속으로 빠져들었다.

　새로운 천 년을 맞이하는 중세는 이처럼 우울하면서도 열광적이고, 심지어 살벌하기까지 해서 군중들 사이에서는 두려움과 기대가 함께 교차했다. 그로부터 얼마 뒤에 천년왕국이라는 마법에서 한꺼번에 풀려난 중세의 유럽인들은 아무 일 없었던 것처럼 또다시 현실세계로 돌아왔다. 프랑스 출신의 중세 역사학자 자크 르 고프(Jacques Le Goff, 1924–2014)가 지적한 것처럼 이후로 하나님은 구름 바깥으로 나와서 위엄을 확립했고, 사람들은 자신들의 정체성이나 개성을 잃지 않은 채 새로운 시대를 건설하기 시작했다.

그렇다면 세 번째 밀레니엄으로 이어진 길목에 이미 들어선 우리는 어떤 모습일까? 두 번째 천 년이 코앞에 다가왔을 때도 중세의 소박한 두려움은 찾아볼 수 없었다. 새로운 밀레니엄을 적절한 투자소재로 확신한 영화제작사와 일부 사업자들이 벌이는 이벤트만 그저 요란했을 뿐이었다. 하지만 내면을 들여다보면 앞날에 대한 모두의 두려움은 어느 정도 과거와 흡사했다. 19세기 사람들이라면 거침없이 미래를 낙관하고 장담했겠지만 한순간에 21세기로 넘어온 인류는 그렇게 대담하기에는 지나치게 많은 것들을 알고 있는 성인이 되었다. 우리는 지금 누리고 있는 풍요로움이 영구적으로 지속될 수 없다는 것까지 잘 알고 있다.

이제는 기독교 예언자들만 인류와 세계의 종말을 거론하지 않는다. 과학계는 인간들이 맞게 될 종말을 확신하고서 그 시나리오(빅뱅부터 빅크러시)까지 구체적으로 제시한다. 지구 종말의 방아쇠를 당기는 것이 환경파괴에 따른 자연재앙이 될지, 아니면 오래 전 공룡의 멸종을 초래한 9,440여 개에 달하는 근지구소행성(Near-Earth Asteroids, NEAs)과의 충돌이 될지, 그것도 아니라면 머잖아 인류의 강력한 라이벌이 될 인공지능(AI, Artificial Intelligence)이 될지 확실하게 예측할 수 없다. 그렇지만 영구적으로 지속 가능한 미래가 인류의 몫으로 돌아올 수 없다는 것은 굳이 비관론자가 아니어도 대부분 인정하고 있다.

세계대전, 경제공황, 인종청소, 동서냉전, 핵무장, 세속화, 평등, 인권, 성혁명, 우주탐사, 포스트모더니즘, 민주화, 컴퓨터, 테러, 동성연애, 지구촌, 세계화, 문명충돌, 다원주의, 온난화, 생명공학, 그리고 인터넷과 인공지능처럼 겉으로는 무관해보여도 이면에서는 긴밀하게 서

「이기적 유전자」와 「만들어진 신」 등의 저서로 종교를 비판하는 옥스퍼드대학의 리처드 도킨스

로 결합된 낯선 낱말들이 20세기를 줄지어서 장식했다. 우리에게 너무 빨리 다가온 21세기 초반에 등장한 복제인간, 인간의 뇌와 신경과학, 사물인터넷(IoT)과 무인자동차, 고령화 사회와 인구절벽, 그리고 테러를 일삼는 이슬람권의 소프트 타깃을 비롯해서 앞으로도 얼마나 더 많은 생소한 낱말들이 기존의 목록에 추가될지 아무도 모른다.

전 세계에 흩어져 있는 교회들의 행로 역시 불확실하기는 마찬가지다. 합리적 추정이 불가능할 정도로 변수가 지나치게 많을 뿐더러 교회들이 처한 현실에 냉정하게 접근하는 게 쉽지 않기 때문이다. 미국을 비롯한 서구의 주류 교회들은 냉소주의라는 프레임에 갇힌 채 20세기 중반에 잃어버렸던 활기를 회복하지 못하고 있다. 리처드 도킨스(Richard Dawkins, 1941-)처럼 무신론을 따르는 과학자들의 날선 비난이 행보를 한층 더 어렵게 만들고 있다. 옥스퍼드대학의 진화생물학자 도킨스는 「만들어진 신」(The God Delusion, 2006)에서 신앙은 망상에 불과하다고 주장한다. 하나님은 상상의 존재일 뿐인데 마치 실재인 양 착각하고 있다는 것이다. 기독교 신학계 역시 사안별로는 논의가 무성해도 당면한 혼란을 정리할 수 있는 분명한 음성을 듣기는 어려운 상황이다.

미국 서부 지역과 중남미, 싱가포르, 그리고 오스트레일리아와 아프리카 지역 교회들의 성장이 미래를 걱정하는 그리스도인들 사이에서 그나마 위안이 되고 있다. 하버드대학 교수를 지내면서 종교, 문화, 정치의 상호관계에 초점을 맞추고 오랫동안 연구해온 하비 콕스(Harvey Cox, 1929-)는 기독교 중심 세력이 북반구에서 남반구로 이동하고 있는 현재의 상황에 주목하는 게 무엇보다 중요하다고 지적한다. 콕스는 지구적 차원에서의 영적 운동의 변화를 거론하면서 브라질에서 눈부시게 활약하는 오순절교회를 새로운 성령시대의 도래를 알리는 일종의 사인으로 해석한다. 늙은 신학자의 피상적인 주장으로 간주하기에는 그가 제시하는 사례들이 너무 생생하다. 이와 비슷하게 미국, 영국, 캐나다, 오스트레일리아의 전체 교인수보다 서아프리카 나이지리아 한 곳의 그리스도인들이 더 많다.

기독교 전체가 앞으로 맞이하게 될 미래에 대해서는 의견이 엇갈린

1965년부터 하버드대학에서 가르치고 있는 하비 콕스. 「세속도시」(The Secular City, 1965)는 20세기 가장 영향력 있는 개신교 저서목록에 선정되었다. ⓒRNS

다. 우리나라를 비롯한 각국의 교회가 처한 상황을 근거로 장래를 비관하거나 긍정적으로 판단한다. 현실은 그만큼 유동적이다. 하지만 앞으로 기독교가 어떤 도전과 난관에 직면하더라도 한 가지 사실은 결코 달라질 수 없다. 시리아의 안티오키아에서 최초로 그리스도인이라는 이름을 얻은 기독교 공동체는 지금껏 그래왔듯이 그리스도 예수가 다시 올 때까지 맡겨진 선교의 소임을 위해 최선을 다할 것이다(행 1:8). 우리에게는 이런 주장을 확신을 갖고 증언할 구름같이 둘러싼 증인들이 무수하다. "이러므로 우리에게 구름같이 둘러싼 허다한 증인들이 있으니… 인내로써 우리 앞에 당한 경주를 하며 믿음의 주요 또 온전하게 하시는 이인 예수를 바라보자"(히 12:1-2). ■

| 찾아보기 |